인간관계의 사회학

인간관계의 사회학

초판 1쇄 2024년 9월 1일

지은이 허창덕 김태근 안도헌 정윤조 박정희 하기량 서정연 양혜진
펴낸이 최외출
펴낸곳 영남대학교출판부
출판등록 1975년 9월 5일 경산 제16-1호
주소 경북 경산시 대학로 280
전화 053) 810-1802~3
FAX 053) 810-4722
홈페이지 book.yu.ac.kr

ISBN 978-89-7581-962-9 93330

인간관계의 사회학

허창덕 김태근 안도헌 정윤조
박정희 하기량 서정연 양혜진

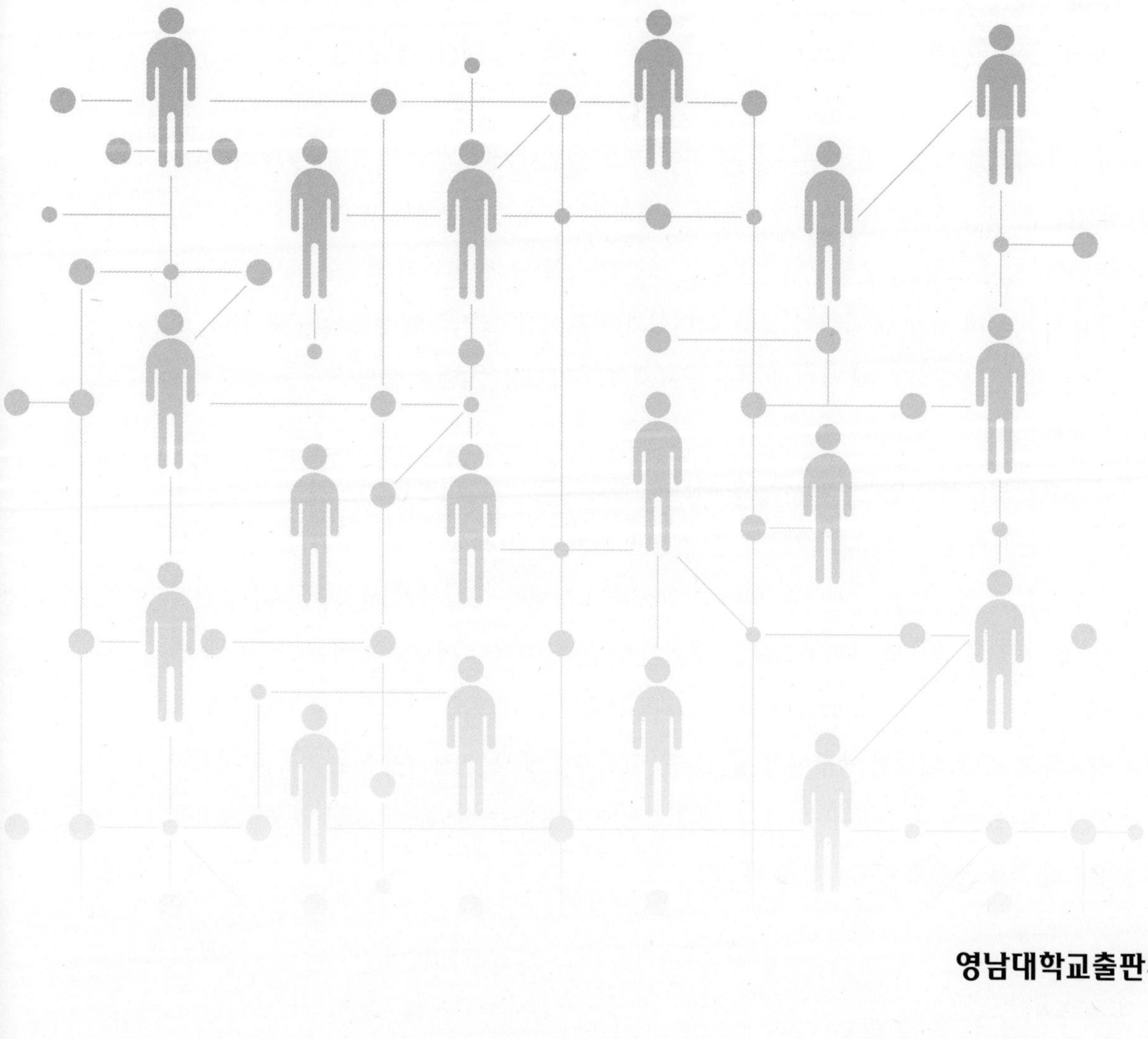

영남대학교출판부

머리말

인간관계는 개인의 인격과 개성을 형성하는 중요한 환경을 제공할 뿐만 아니라 개인의 삶의 질과 행복을 결정하는 중요한 요소로 구성되어 있다. 인간은 본질적으로 사회적 존재다. 다른 사람들과의 관계를 통해 정체성을 형성하고 자신의 위치와 사회적 역할을 이해하게 된다. 이러한 관계는 가족, 친구, 직장 동료, 이웃 등 다양한 사회적 맥락에서 형성되며 각기 다른 규범과 기대가 작용한다. 따라서 인간관계는 단순한 개인 간의 교류를 넘어 사회구조와 문화, 제도와 깊은 연관을 맺고 있으며 이러한 특성을 이해하기 위해서는 미시적 수준의 상호작용뿐만 아니라 거시적 수준의 사회 환경 혹은 사회구조를 모두 고려하여야 한다.

지금까지 사회학적 인간관계 연구는 세 가지 주요 영역에서 이루어져 왔다. 첫째, 미시사회학적 접근은 개인 간의 일상적 상호작용과 관계의 형성 과정을 탐구해 왔으며 이는 사회적 지위와 역할, 정체성 형성, 상징적 상호작용을 포함한다. 둘째, 중범위적 접근은 조직 내 인간관계를 주로 다루며 직장 내 갈등과 협력, 리더십과 팔로워십, 조직문화 등을 연구해 왔다. 셋째, 거시사회학적 접근은 전체 사회의 구조적 관계와 권력이동, 계층과 불평등 등을 중심으로 연구해 왔다.

한편 현대사회에서의 인간관계는 매우 빠르게 변화하고 있다. 디지털 기술의 발전과 글로벌화는 인간관계의 형성과 유지 방식에 큰 영향을 미치고 있다. 소셜 미디어와 같은 새로운 커뮤니케이션 도구는 공간적 제약을 넘어선 인간관계 형성을 가능하게 하지만 동시에 관계의 피상화와 새로운 형태의 사회적 고립을 경험하게 한다. 이러한 새로운 경험은 사회학적 연구의 새로운 과제를 제기하고 있으며 인간관계의 본질과 그 변화를 지속적으로 탐구할 필요성을 강조하고 있다. 이러한 맥락에서 필자들은 인간관계에 대한 사회학적 논의들을 재정리하고 일상생활에서 새로이 경험하는 인간관계 갈등과 대응하는 방법들에 대한 연구필요성을 공감하며 이 책을 공동으로 집필하게 되었다.

이 책은 크게 3부 13장으로 구성되어 있다. 먼저 1부에서는 인간관계의 의미, 중요성, 유형에 대한 다양한 사회학적 논의들을 살펴보고 인간관계에 대한 기본 이해를 목적으로 하였다. 2부에서는 일상 속의 인간관계가 어떻게 이루어지는지를 파악하고 인간관계의 사회학을 이해하는 데 필수적인 관계와 그 내용들로 구성되어 있다. 일상속의 인간관계에는 친구와의 인간관계, 가족 내의 인간관계, 직장 내의 인간관계, 소셜 네트워크(SNS)와 인간관계를 포함한다. 끝으로 3부에서는 인간관계에서 흔히 일어날 수 있는 갈등과 스트레스를 포함한 의사소통 및 공감의 기술을 통해 인간관계에 대한 문제들의 진단과 대처방식을 소개하는 것으로 구성하였다.

오늘날 많은 대학생들이 인간관계를 형성하고 관리하는 데 어려움과 스트레스를 겪고 있다. 이러한 인간관계는 개인의 인격과 개성을 형성하는 중요한 환경을 제공할 뿐만 아니라 개인의 행복을 결정하는 중요한 요소가 된다. 따라서 이 책은 대학생들이 인간관계로부터 오는 스트레스를 극복하고 장차 사회인으로서 경험하게 될 인간관계의 문제점과 갈등 해결의 지식과 기술을 알려주고 이를 연습해 보기 위한 내용으로 구성되어 있다.

마지막으로 바쁜 일정에도 불구하고 이 책의 출간을 위해 애써주신 집필위원들과 출판을 맡아 주신 영남대학교출판부 관계자들에게도 깊은 감사의 마음을 전한다.

2024년 8월 20일

필자 일동

목 차

3부 인간관계의 기술

1부

인간관계의 이해

1부에서는 우리 삶의 본질적 부분인 인간관계의 이해를 돕고자 이론적 접근을 시도한다. 인간관계는 개개인이 서로를 알고, 상호작용하며, 협력하고 경쟁하는 복잡한 과정이다. 이러한 관계의 본질과 특성을 이해하는 것은 개인의 정서적 웰빙과 사회적 성공에도 필수적이다. 따라서 인간관계의 개념과 본질 및 특성, 인간관계의 발전과 해체, 인간관계의 중요성과 다양한 유형, 그리고 사회학 이론을 접목한 인간관계의 이해에 관해 학습한다. 이러한 학습을 통해 독자들은 본인과 타인, 그리고 그 사이에서 전개되는 다양한 관계의 본질을 이해하는 데 필수적인 기초 지식을 익히게 된다. 이것은 사회를 이해하고 자기 자신과 타인과의 관계를 더 깊이 있게 탐구하는 데 도움이 될 것이다.

1장

인간관계의 의미

우리는 다양한 인간관계를 맺으며 살아가고 있다. 최근 디지털 기술의 발전은 우리의 인간관계를 가상공간으로까지 확대했다. 현실과 가상공간을 넘나드는 인간관계 경험은 풍요롭다 못해 현란하다. 그러나 정작 인간관계의 주체인 우리는 바람직한 인간관계를 형성하기도 힘겨워하고, 인간관계 그 자체를 멀리하기도 한다. 왜냐하면, 인간관계에 관해 정확하게 이해할 기회를 얻지 못했기 때문이다. 따라서 본 장에서는 인간관계의 이해를 돕고자 인간관계의 의미를 살펴보고자 한다. 이를 위해 우선, 인간관계의 개념을 일반적 개념과 학술적 개념으로 나누어 검토한다. 다음으로, 인간관계의 본질과 특성에 대해 고찰한다. 마지막으로, 인간관계의 발전과 심화 및 해체에 대해 살펴본다.

1. 인간관계의 개념

1) 인간관계의 일반적 개념

일반적 개념으로서의 인간관계는 일반 사회에서 널리 이용되고 있는 상식적인 의미를 지칭한다. 우리는 상식적으로 인간관계를 사람과 사람 사이의 심리적 관계, 대인관계, 인화人和 등의 의미로 사용하고 있다. 그 의미를 좀 더 구체적으로 살펴보면 다음과 같다.

첫째, 일반적 개념으로서의 인간관계는 사람과 사람 사이의 심리적 관계라는 의미로 사용되고 있다. 이런 의미의 인간관계는 일반적으로 특별한 목적의식이 없이 자연인 상호 간에 형성되는 일정한 심리적 관계 그 자체를 의미한다. 따라서 여기에는 이념이나 가치판단의 의미가 전혀 개재되지 않는다.

둘째, 일반적 개념으로서의 인간관계는 대인관계對人關係라는 의미로 사용되고 있다. 이런 의미의 인간관계는 사람이 다른 사람을 대면할 때, 개인의 언행과 태도에 관심을 두고 형성하는 상호관계다. 그러므로 개인의 교양과 개성(personality) 수준의 정도 및 대인적 교섭과 수용태도에 치중하는 의미의 인간관계로 이해할 수 있다.

셋째, 일반적 개념으로서의 인간관계는 여러 사람의 화합人和이라는 의미로 사용되고 있다. 이런 의미의 인간관계는 공통의 목표 의식이 있는 동일 집단에서 인간 상호 간에 형성되는 바람직한 심리상태로 이해된다. 이런 경우 특정 개인의 대인관계를 형성하는 능력과 잠재능력 및 탁월한 친화력이나 지도력이 중요한 역할을 한다. 그 결과 목표 지향적인 인간관계와 심리적 상태를 조성하여 집단의 효율과 능률의 극대화를 기대할 수 있다.

이처럼 일반적 개념으로서의 인간관계는 명확하게 규정되지 않은 상태에서 일상생활에서 빈번히 사용되고 있다. 대체로 지극히 상식적이면서도 포괄적인 의미로 인간관계를 이해하고 사용한다. 따라서 인간관계의 사회학을 탐구하는 본 교재에서 학문적 개념으로서의 인간관계를 명확히 규정하는 것은 필요한 과제다.

2) 인간관계의 학술적 개념

인간관계(human relation, HR)가 학술용어로 등장한 것은 1930년대다. 미국의 벨(Bell) 전화기 제조회사인 서부전기회사(western electric company)의 호손(Hawthorne) 공장에서 이루어진 소위 호손실험(Hawthorne Experiment)의 결과로부터 전개된 인간관계연구(human relations approach)에서 유래했다. 이후 생산성의 향상 또는 관리의 민주화·능률화의 요청과 더불어 인간관계는 중요한 관심 사항으로 주목받았다.

인간관계의 광의廣義와 협의狹義

인간관계의 학문적 의미는 어떤 학문적 기반을 바탕으로 하며, 어느 범위까지를 포괄하는가에 따라 광의의 개념과 협의의 개념으로 나눌 수 있다. 그리고 광의 개념과 협의 개념 사이의 차이는 다음과 같이 정리할 수 있다.

첫째, 광의의 인간관계 개념은 두 사람 이상의 사람들 사이에서 일어나는 모든 상호작용을 의미한다. 다시 말해, 광의의 인간관계 개념은 두 사람 이상의 사람들 사이의 관계 속에서 일어나는 모든 심리적 조화와 관련성을 갖는 모든 학문적 측면을 포괄한다. 구체적으로 이러한 개념은 경제학, 노동경제학, 정치학, 법학 등의 범위까지를 포괄하는 사회과학적 측면에서 통용된다.

둘째, 협의의 인간관계 개념은 '사람과 사람 사이에 존재하는 어떠한 상태', 즉 다른 사람과 원만하게 서로 화합을 이루고 있는지에 대한 여부의 상황이나 상태를 말한다. 따라서 협의의 인간관계 개념에서는 다른 사람과 좋은 상태를 유지하기 위한 내용에 관심을 보인다. 이러한 개념은 심리학을 기초로 하는 사회심리학, 산업심리학 등의 학문 영역과 사회학을 기초로 하는 사회인류학, 임상심리학 등의 학문 영역에서 통용된다.

뢰스리스버거의 정의

호손실험을 통해 인간과 조직 내의 사회적 관계가 생산성에 미치는 영향을 연구한 뢰스리스버거(Roethlisberger)는 인간관계를 '협동적 인간 행위의 사실을 다루는 적절한 방법론적 기술관점'이라고 정의했다(Roethlisberger & Dickson, 1939). 그는 인간관계를 인간과 인간의 단순한 상호작용, 즉 인간과 인간이 친밀하게 지내는 단순한 관계로 보지 않았다. 경영학적 측면에서 종업원의 근로의욕 고취로 기업과 개인의 목표가 동시에 달성되는 협동 관계로 이해했다. 한마디로 인간관계는 인간들 사이의 협력체계를 의미한다. 그래서 인간관계에 관한 연구는 인간과 인간 사이의 친밀한 상호작용의 연구를 넘어 집단의 건전한 협동 관계를 구축하는 연구로 나아가야 한다고 주장했다.

미이의 정의

미이(Mee, 1963)는 경영관리 측면에서 인간관계를 '종업원과 기업이 고도의 사기士氣를 기초로 하여 더 향상된 생산성과 효율성을 창출하기 위해서 상호 협동하는 수단'이라고 정의했다. 따라서 바람직한 인간관계는 종업원에게 높은 사기와 협동 정신을 갖게 해 종업원의 근로의욕을 끌어올리는 것을 목적으로 한다. 그 결과 기업 전체의 근로의욕이 향상되고, 기업의 협력체계가 확립되어 노사협력을 통한 집단의 목표달성과 더불어 근로자의 수입도 증대하게 된다고 주장했다.

또한, 미이는 인간관계를 소극적 의미와 적극적 의미로 구분했다. 인간관계의 소극적 의미는 인간과 인간 사이에 존재하는 상태를 지칭한다. 그것은 타인과의 화합을 원만하게 할 수 있는 대인관계뿐만 아니라, 더 좋은 관계를 유지하기 위한 모든 내용을 의미한다. 그러나 적극적 의미로서의 인간관계는 일정한 집단 내에서의 진실한 휴머니즘(humanism)에 기초를 두고 집단의 협동 관계를 구축하는 방법, 기술, 태도, 그리고 협동 관계 그 자체도 포괄하는 개념이다.

데이비스의 정의

'미스터 인간관계'(Mr. Human Relation)라는 별명이 붙은 데이비스(Davis, 1967)는 인간관계를 경영학적 관점으로 한정하여 정의했다. 그에 따르면, 인간관계는 '조직 구성원이 조직의 한 구성원으로서 상호 협동적이고 생산적으로 어울릴 수 있도록 하고, 그들의 경제적, 심리적, 사회적 욕구를 충족시켜 주며, 전체적인 조직상황에 적응할 수 있도록 그들을 통합시켜나가는 작용'이다. 다시 말해, 인간관계는 조직 구성원들의 생산적 어울림을 목적으로 한 상호 협동 관계이며, 이를 통해 조직 구성원들의 욕구 충족과 조직에의 적응을 돕고 최종적으로는 조직의 효율성을 증대하는 것을 의미한다.

나아가 데이비스는 인간관계의 목표를 구체적으로 다음과 같이 제시했다. 첫째, 사람들을 생산적으로 만드는 것(to get people produce). 둘째, 상호 관심을 통해 협력하는 것(to cooperate). 셋째, 그들의 관계를 통해 만족을 얻게 하는 것(to gain satisfaction).

2. 인간관계의 본질 및 특성

1) 인간관계의 본질

인간은 태어나면서부터 다른 사람과의 관계를 통해서 삶을 형성하고 유지하며, 생을 마감하는 그날까지 이러한 관계에서 벗어날 수 없는 존재다. 그래서 사람을 가리켜 '사람과 사람 사이'를 뜻하는 '인간人間'이라 했다. 인간이라는 말 자체가 사람들 사이의 관계를 의미하고 있을 만큼 인간관계는 인간의 삶 속에서 매우 중요한 자리를 차지한다. 그래서 인간관계란 우리 인간의 실존에 있어서 하나의 엄연한 현실이다. 우리가 의식하든 의식하지 못하든 혹은 원하든 원하지 않든 그리고 좋아하든 싫어하든 간에 우리의 삶은 여러 가지 형태의 끊임없는 인간관계로 이루어져 있다. 다시 말해, 인간 상호 간의 관계성은 우리 인간의 본질적인 한 측면인 동시에 하나의 필연적인 사실이다. 따라서 우리는 다른 사람들과의 관계를 떠나서는 잠시라도 살아갈 수 없는 존재다. 아래에서는 그러한 인간관계의 본질을 구체적으로 살펴본다.

첫째, 인간관계는 다른 사람과의 상호작용 과정이므로 다른 사람에 대해 생각하고 관심을 두는 것에서 시작된다. 우리가 다른 사람에게 어떤 관심을 보이느냐에 따라 사랑으로, 우정으로, 신뢰에 기초한 거래 관계로, 심지어 건전한 사회관계로까지 발전해갈 수 있다. 다른 사람에 관한 관심과 생각은 언제나 끊이질 않는다. 왜냐하면, 대부분 사람은 다른 사람과 영향을 주고받으며 즐거워하거나 슬퍼하기 때문이다. 또한, 우리가 조직 내에서 생각하는 인간관계도 다른 사람에 관한 관심에서 시작하며 결국은 다른 사람에 관한 관심으로 귀결한다.

둘째, 인간관계는 상대방에 대한 긍정에 바탕을 두고 있다. 만약 우리가 상대방을 긍정하지 않는다면 인간관계 자체가 형성되지 않을 것이다. 상대방에 대한 긍정은 상대방을 인격체로써 존중하고 신뢰하는 것을 의미한다. 따라서 인간관계는 상대방의 인격을 존중하고 신뢰하는 바탕 위에서 형성되는 것이다. 인간행동에 관한 로젠탈과 제이콥슨(Rosenthal & Jacobson, 1968)의 연구는 상대를 긍정적으로 보는 것이 얼마나 중요한가를 보여 준다. 이 연구에 따르면, 선생님이 학생들을 덜 총명하고 능력이 모자라며 동기부여가 되어있지 않다고 생각하면 그 학생들은 그렇게 행동하게 된다. 이러한 연구결과는 우리가 상대방을 긍정적으로 대하는 것이 바람직한 인간관계 형성에 도움이 된다는 것을 보여준다.

셋째, 인간관계는 수단이나 형식의 관계가 아니라 목적의 관계다. 만약 우리가 조직 생활에서 겉치레의 관계만을 계속 유지한다면, 조직 생활에서의 상·하급자 간 관계는 외면적인 것에 한정될 수밖에 없다. 상·하급자 간의 공식관계가 비록 형식이라는 틀을 빌리고 있기는 하지만, 둘 사이의 관계가 형식에 그친다면 일에 대한 소명의식이나 사명감, 책임감, 연대의식 등은 형성될 수 없을 것이다. 따라서 조직의 목적이 바람직하게 성취되기 위해서는 형식보다는 문제의 본질, 문제에 대한 대응능력, 협력 관계를 솔직하게 논의하고 대처해 나갈 수 있어야 한다.

넷째, 인간관계는 살아 있는 사람들 사이의 관계다. 인간은 살아서 더 나은 삶을 추구하기 때문에 다른 사람들과의 관계에 관심을 가진다. 이미 죽은 사람이나 삶을 포기한 사람은 인간관계를 떠올리지 못할 것이다. 살아 있는 사람만이 늘 다른 사람을 의식하고 행동하게 된다. 조직도 마찬가지다. 살아 있는 생명체들의 모임이기 때문에 조직 내에서 활발한 인간관계가 형성되는 것이다. 경영학에서 조직을 생명력을 가진 유기체로 파악하는 것도 같은 맥락이다. 따라서 인간관계는 더 나은 삶을 위한 살아 있는 사람들의 상호작용이다.

다섯째, 인간관계는 경직된 관계가 아니라 유연한 관계다. 인간관계는 모든 상황에 똑같은 방식을 무차별적으로 강요하는 관계가 아니다. 신축성을 갖고 상황에 따라 유연성을 보일 때 더 건전한 인간관계가 된다. 따라서 직장에서 상사는 부하에게 자신감을 심어주고 능력에 따라 목표가 효과적으로 수행될 수 있도록 다양한 방식을 허용할 필요가 있다. 목표를 효과적으로 달성하기 위한 여러 방도가 있음을 이해하고 상황과 능력에 따라 자유롭게 그 길을 선택하여 최종 목표에 도달할 수 있도록 신축성을 허용해야 한다.

여섯째, 인간관계는 조화로운 관계를 추구한다. 집단 내에서의 바람직한 인간관계는 집단의 목표와 개인의 목표를 조화롭게 통합하는 것이다. 집단의 목표달성을 위해 구성원에게 그 목표에 일방적으로 공헌하도록 강요해서는 안 된다. 마찬가지로 개인의 목표달성을 위해 집단에 그 목표를 일방적으로 요구해서도 안 된다. 공급자 위주로 경영하던 종래의 기업경영에서는 구성원들은 관심의 대상이 아니었다. 하지만 오늘날 기업경영에서는 이런 식의 태도로는 집단을 유지할 수 없다. 따라서 경영자는 집단의 목표에 이바지한 만큼 구성원들에게 합당한 보상을 해야 하고, 구성원들도 집단의 목표달성을 위해 이바지해야 한다.

일곱째, 인간관계는 쌍방향적 관계다. 인간관계는 일방이 베푸는 은혜가 아니다. 상호 적극적인 참여와 끊임없는 관계 개선을 위한 노력 속에서 유지·발전되는 관계다. 조직 생활에서 인간관계가 소원해진다든지, 조직 목표달성이 어렵게 되었을 때 그것을 다른 사람의 탓으로만 돌려서는 안 된다. 자신의 탓일 수도 있음을 인식하고 서로 교류하면서 책임을 함께 나눌 때 바람직한 인간관계가 성립될 수 있다. 따라서 인간관계는 상호성의 관계이지 분리나 차별의 관계는 결코 아니다.

2) 인간관계의 특성

인간관계는 다음과 같은 여섯 가지의 특성을 갖는다. 개별성, 대체 불가능성, 상호의존성, 개방성, 내적보상, 참 만남의 희소성 등이 그것이다. 이러한 특성을 살펴봄으로써 인간관계의 이해에 좀 더 다가갈 수 있을 것이다.

개별성

인간관계는 사람마다 다르다. 일반화하기 거의 불가능한 것이 인간 사이의 관계다. 이 세상에 똑같은 친구 사이는 존재하지 않는다. 여행을 함께 떠나고 싶은 친구도 있고, 공부를 같이하고 싶은 친구도 있으며, 우울할 때 그리운 친구도 있고, 기쁠 때 함께 하고 싶은 친구도 있다. 그리고 이 세상에는 친구 관계만 존재하는 것도 아니다. 가족, 이웃, 동급생, 직장 동료 등 매우 다양한 관계가 존재할 뿐만 아니라, 그 관계는 사람마다 모두 다르게 존재한다. 이처럼 인간관계는 개별성이라는 특성을 갖는다. 이러한 특성을 이해함으로써 현실에서 경험하게 되는 인간관계를 더 잘 이해하고 바람직한 방향으로 이끌 수 있다.

대체 불가능성

어떠한 인간관계도 다른 인간관계로 대체될 수 없다. 이것은 앞서 살펴본 인간관계의 특성인 개별성 때문이다. 인간은 삶 속에서 수많은 사람과 만났다가 헤어지고, 또 이런 과정을 반복한다. 하지만 단 한 번도 똑같은 인간관계를 맺지는 않는다. 따라서 모든 인간관계는 사실상 대체 불가능하다. 사랑하던 사람과 헤어진 뒤 또 다른 사람과 사랑에 빠져도 예전의 그 사랑을 대체할 수는 없다. 어쩌면 이별의 아픔이 큰 것도 예전의 관계를 다시는 회복할 수 없다는 절망감 때문인지도 모른다. 이처럼 인간관계는 대체 불가능성이라는 특성을 갖는다. 이러한 특성을 이해하고 관계를 맺는 모든 사람에게 소중한 의미를 부여한다면, 훨씬 더 바람직한 인간관계를 형성하고 유지해 갈 수 있다.

개방성

인간관계에서의 자기 공개는 필연적이다. 자신의 정보는 꼭꼭 숨긴 채 다른 사람의 정보만 파악한다고 인간관계가 형성되는 것은 아니다. 이것은 마치 감시, 훔쳐보기, 엿보기 등과 같은 행위일 뿐이다. 첫 만남에서 다른 사람에 대한 인상을 형성하기 위해 정보를 탐색하는 것은 타당하다. 하지만 친밀한 인간관계로 발전하기 위해서는 자기 공개는 불가피하다. 물론 인간관계의 종류와 깊이에 따라 자기 공개의 차원과 농도는 달라진다. 그러나 자기 생각, 감정, 경험에 대한 공개 없이는 친밀한 인간관계를 형성하지 못한다. 이처럼 인간관계는 개방성이라는 특성을 갖는다. 이러한 점을 이해하고 서로 적절한 자기 공개를 주고받는다면 더 바람직한 인간관계로 나아갈 수 있다.

상호의존성

관계를 맺고 있는 당사자의 운명은 상호 연관되어 있다. 인간관계 속에서 상대방으로부터 완벽하게 독립되어 아무런 영향을 주고받지 않는 사람은 존재하지 않는다. 인생에서의 성공과 실패는 인간관계를 맺고 있는 사람들 사이에서 공유된다. 친구의 성공과 실패에 웃고 울고, 배우자의 성공과 실패로 행복과 불행이 교차하며, 자녀의 대입 결과에 온 가족의 기쁨과 슬픔이 결정되기도 한다. 따라서 한 사람의 자살은 당사자의 죽음으로 끝나지 않는다. 친밀한 인간관계를 맺고 있던 모든 사람(자살 유족)을 죽음과 같은 큰 불행의 늪에 빠뜨린다. 이처럼 인간관계는 상호의존성이라는 특성을 갖는다. 이러한 특성을 이해하고 상대방에게 더 깊은 애정을 쏟을 때 자신도 행복한 인간관계를 유지할 수 있다.

자살 유족

사랑하는 사람을 자살로 잃는 일은 매우 힘들고 고통스러운 경험이며, 남은 사람들의 삶을 완전히 바꿔버릴 수 있다. 일반적으로 자신에게 중요하고 의미 있는 사람을 자살로 잃고 삶의 변화를 겪은 사람들을 자살 유족 혹은 자살생존자(Suicide Survivor)라 일컫는다. 자살 유족은 고인과의 친밀감 또는, 자살로 인한 심리적 충격 정도를 기준으로 크게 세 가지로 분류할 수 있다.

01. 자살한 사람의 친인척 : 실제로 가족이나 친척 내에서 고인과 가까운 관계일수록 자살로 인한 충격을 받는다. 그러나 오랫동안 연락이 끊겼거나 생전에 관계가 친밀하지 않았다면 자살로 인한 영향이 상대적으로 적거나 거의 없을 수도 있다.

02. 심리적으로 가깝고 친밀한 사람 : 친구나 동료, 이웃, 지인처럼 심리적으로 가깝게 지내며 친밀함을 유지했던 관계 중 자살로 인해 영향을 받은 경우, 자살 유족의 범위에 포함 시킬 수 있다.

03. 자살로 인해 스트레스를 받은 사람 : '고인에 대한 심리적인 책임감, 스트레스를 받은 사람'으로 자살 사건 혹은 고인과 직접적인 관계가 없더라도 자살한 사람에 대한 심리적인 책임감이나 심적 스트레스를 많이 받은 사람도 자살 유족으로 본다. 예를 들면, 철로로 뛰어들어 자살한 사람을 치게 된 기관사, 뉴스나 신문 보도를 통해 누군가의 자살 소식을 듣고 우울감이 심해져 자살 충동이 증가한 사람들이 이에 해당한다.

출처: 한국생명존중희망재단, 2024.04.15.

내적보상

우리는 인간관계를 통해 만족감을 느끼고 흥미로운 경험을 하게 된다. 예를 들면, 봉사활동을 할 때도 누군가를 돕는 데서 오는 행복감을 느낀다. 이러한 만족감과 경험은 인간관계를 발전시키고 유지하는 데 매우 중요한 역할을 한다. 어쩌면 우리는 이러한 내적보상을 기대하면서 인간관계를 형성하는지도 모른다. 인간관계를 통해 사업적 이익 같은 외적 보상을 기대하지만, 친밀한 인간관계로 발전하면 인간관계 그 자체에서 느끼게 되는 기쁨, 만족, 행복 같은 내적보상이 더 큰 비중을 차지한다. 이처럼 내적보상은 인간관계의 주요한 특성 가운데 하나다. 이러한 점을 이해하고 내적보상을 증대할 수 있는 인간관계를 많이 만들어나간다면 우리는 더 행복한 삶을 기대할 수 있게 된다.

참 만남의 희소성

참다운 만남을 경험하기는 쉽지 않다. 사람은 평생을 살면서 온갖 종류의 인간관계를 경험한다. 그러나 대부분의 인간관계는 참다운 만남과는 거리가 멀다. 참 만남이란 어떤 외적인 목적을 위해 관계를 맺는 것이 아니라, 관계 그 자체가 목적인 만남을 의미한다. 다시 말해, 상대방의 성장과 행복을 진심으로 기원하며 그러한 과정에서 함께 행복한 경험을 하는 만남이다. 사회생활을 하다 보면, 어떤 특정한 외적인 목적 때문에 의도적으로 협조하는 인간관계를 많이 형성하게 된다. 이렇게 목적 달성을 위해 적당히 가장하고, 진정한 자기를 나타내지 못하는 관계가 많다. 그런 만큼 참 만남은 인간관계에서 더욱 소중한 것이다. 이러한 점을 이해하고 인간관계를 참다운 만남으로 만들기 위해 노력해야 할 것이다.

3. 인간관계의 발전과 해체

1) 인간관계의 발전

인간관계는 일반적으로 크게 세 단계를 거치며 발전한다. 관찰을 통해 첫인상이 형성되는 단계에서 출발해, 사회적 역할에 근거한 상호작용이 일어나는 피상적 역할 단계를 거쳐, 개인적 측면의 교류가 증진되면서 호혜성을 초월한 상호의존성이 형성되는 친밀한 사적 관계로 발전한다. 각 단계별 자세한 내용을 아래에서 살펴보자.

첫인상 형성의 단계

첫인상 형성의 단계는 인간관계 발전의 첫 단계다. 상대방에 대한 관찰을 통해 외모, 행동, 사회적 상황 등에 기초한 첫인상이 형성된다. 따라서 이 단계에서는 첫인상을 정확하게 형성하는 것이 중요하다. 첫인상을 왜곡하는 요인을 살펴보고, 첫인상을 정확하게 형성하는 방법을 알아봄으로써 인간관계의 발전이 순조롭게 진행되도록 해보자.

■ 첫인상의 형성

최초의 인간관계는 두 사람 사이에 직접적인 접촉 없이, 다만 관찰을 통해서 서로를 알고 있는 단계다. 면식面識의 단계라고 할 수 있다. 이 단계에서는 두 사람이 일방적으로 또는 서로 알고는 있다. 그러나 대화나 공동활동 등과 같은 직접적인 접촉이 이루어지지 않는 상태다. 단지 상대방에 관한 관심과 호기심을 지닌 정도다.

사람들은 누군가를 처음 만났을 때 그 사람에 관한 어떤 인상을 받게 된다. 이런 첫인상의 형성 원인을 정확하게는 파악할 수는 없지만, 일반적으로 다음과 같은 요인들이 첫인상 형성에 영향을 미친다고 볼 수 있다. 사람들은 누군가를 처음 만나면 성별, 나이, 인종, 외모, 옷맵시 등을 보고 그 사람에 대한 첫인상을 형성한다. 이 외에도 상대방의 언행을 보고 판단하기도 하고, 어떤 경우에는 시선 접촉과 같은 아주 적은 정보에 의존해서 다른 사람에 대한 전반적인 인상을 형성하기도 한다.

반드시 그런 것은 아니지만, 첫인상은 다른 사람에 대한 섣부른 판단으로 이어질 수 있다. 따라서 우리는 상대방에 대한 첫인상을 가능한 한 정확하게 형성하려고 노력해야 한다. 만약 그렇게 하지 못한다면, 더 깊은 인간관계로 나아갈 소중한 기회를 잃어버리게 될지도 모른다. 하지만 우리의 그러한 시도는 자주 실패하곤 하는데, 인상 형성을 왜곡하는 다양한 요인이 작용하기 때문이다. 아래에서는 그 왜곡 요인과 극복 방법에 대해 살펴본다.

■ 첫인상을 왜곡하는 요인

· 고정관념(stereotype)

누군가를 처음 만났을 때 우리는 외모나 옷차림 같은 부분적인 정보만으로 그 사람을 판단해야 하는데 여기에 고정관념이 개입한다. 개인의 특성을 이와 유사한 특성을 가진 집단 전체에 일반화하려는 고정관념은 자신의 과거 경험이나 주변 사람들에게 얻은 정보나 사회적 통념에 근거해 형성된다. 대표적인 것이 성별 고정관념이다. 사람들은 남자에 대해서는 독립심과 경쟁심은 강하지만 온화하지 않고 정서적이지 않다는 고정관념을 갖지만, 여자에 대해서는 독립심이나 경쟁심은 약하지만 온화하고 정서적이라는 고정관념을 가지고 있다.

신체적 매력에 대해서도 고정관념이 있다. 흔히 아름다운 외모를 가진 사람은 성격이 선하고 성장 환경이 좋을 것으로 생각한다. 또 잘 생긴 사람이 더 지적이고 유능한 사람일 거로 생각한다. 물론 신체적 매력에 대한 고정관념이 늘 긍정적인 방향으로 작용하는 것은 아니다. 이를테면, 전문직 여성들의 성공은 외모 때문이라고 생각하는 경향이 있으며 이로 인해 여성의 실제 능력이 평가절하될 수 있다(Kaslow & Schwartz, 1983). 신체적 매력에 대한 고정관념은 체형에서도 관찰된다. 컴퓨터 그래픽으로 동일인을 마른 체형, 보통 체형, 뚱뚱한 체형으로 변화시킨 후 사람들이 각 체형에 대해 어떤 고정관념을 가졌는지를 조사했다(Gardner & Tockerman, 1994). 그 결과 뚱뚱한 체형에 대해 덜 성실하고, 덜 똑똑하고, 능력이 떨어지는 것으로 평가했다.

사실 고정관념은 복잡한 세상을 단순화시켜 이해하려는 인지적 노력 때문에 생기는 자연스러운 사회적 범주화(social categorization) 현상이다. 하지만 개인 간의 차이를 무시하여 대인지각의 정확성을 떨어뜨린다는 문제를 가지고 있다. 특히, 고정관념은 상대방에 대해 잘 모를 때 더 큰 영향을 미치므로 첫인상 형성에 고정관념의 개입을 최소화해야 한다.

- 후광효과(halo effect)와 악마효과(devil effect)

우리는 논리적 오류(logical error)로 그릇된 인상을 형성하기도 한다. 명확히 말해 우리는 우리가 형성하는 인상을 정당화할 근거를 충분히 가지고 있지 않다. 따라서 추측된 유사성에 근거해 별 차이가 없고 모두가 비슷비슷하다고 생각하기 쉽다. 다시 말해, 우리는 어떤 사람을 만날 때 그 사람에게 있는 어떤 특성 때문에 그 특성과 관련되는 다른 특성도 그 사람이 가지고 있을 것으로 생각하는 논리적 오류에 빠질 수 있다는 것이다.

후광효과(halo effect)는 어떤 사람이 가진 특성으로 그 사람에게 호감을 느끼게 되면 그 사람의 다른 특성에도 호의적인 태도를 보이는 논리적 오류를 말한다. 이를테면, 신체적 매력 때문에 상대방에 대해 긍정적인 인상을 형성하고 나면 신체적인 매력과 무관한 지적 능력이나 성격도 긍정적으로 평가하려는 경향을 보이는 것을 의미한다(Dion et al., 1972).

반대로 악마효과(devil effect)는 어떤 사람이 가진 특성으로 그 사람에게 반감을 느끼게 되면 그 사람의 다른 특성에도 적대적인 태도를 보이는 논리적 오류를 말한다. 예를 들면, 외모 때문에 상대방에 대해 부정적인 인상을 형성하고 나면 외모와 무관한 지적 능력이나 성격도 부정적으로 평가하려는 경향을 보이는 것을 의미한다.

- 초두효과(primacy effect)

초두효과는 우리가 다른 사람에 대한 인상정보를 접할 때 나타날 수 있는 효과다. 먼저 접한 인상정보가 긍정적인 것인지 아니면 부정적인 것인지가 다음에 접하게 될 그 사람에 대한 다른 인상정보의 평가에 영향을 미친다는 것이다. 즉, 긍정적인 정보를 먼저 접하면 다른 정보도 긍정적으로 평가하고, 부정적인 정보를 먼저 접하면 다른 정보도 부정적으로 평가하게 된다. 예를 들어, 가상 인물의 인상정보를 평가할 때 그 인물의 성격을 나타내는 긍정적인 형용사를 먼저 접하게 되면 나중에 제시되는 그 인물의 인상정보를 긍정적으로 평가하지만, 반대로 부정적인 형용사를 먼저 접하게 되면 나중에 제시되는 그 인물의 인상정보를 부정적으로 평가하게 된다(Asch, 1946). 그래서 초두효과는 한 사람에 대한 전반적인 인상에 큰 영향을 미친다.

그렇다면 초두효과가 나타나는 이유는 무엇일까? 첫 번째 이유는 처음에 경험한 인상정보가 맥락을 형성하게 되고, 그런 맥락 속에서 나중에 제시된 인상정보를 해석하기 때문이다. 이를테면, "성실하다"라는 정보를 먼저 접한 뒤에 "영리하다"라는 정보를 접하게 되면 '지적으로 뛰어난'과 같이 긍정적으로 해석할 가능성이 크다. 그러나 "불성실하다"라는 정보를 먼저 접한 뒤에 "영리하다"라는 정보를 접하게 되면 '잔머리를 잘 굴리는'과 같이 부정적으로 해석할 가능성이 크다. 두 번째 이유는 다른 사람에 관한 어떤 인상정보를 인지하게 되면 나중에 제시되는 인상정보에는 주의력이 떨어지는 경향이 있기 때문이다. 즉, 다른 사람의 인상정보에 관한 주의력은 시간이 지날수록 떨어져 먼저 주어진 인상정보가 그 사람의 전반적인 인상을 대표하게 된다는 것이다. 이러한 경향은 상대방에 관해 주어진 모든 인상정보를 꼭 기억하라고 강조했을 때 잘 나타나지 않는다는 연구결과를 통해 밝혀졌다(Anderson & Hubert, 1963).

• 부정성 효과(negativity effect)

부정성 효과는 사람들이 일반적으로 가지고 있는 경향성 때문에 나타나는 효과다. 사람들은 다른 사람에 대한 인상정보를 접할 때 흔히 긍정적인 측면보다는 부정적인 측면에 더 큰 관심을 가지곤 한다. 그 결과 다른 사람에 관해 긍정적인 인상보다는 부정적인 인상을 형성할 가능성이 큰데 이것을 부정성 효과라고 한다(Fiske, 1980). 예를 들어 친구 가운데 공부도 잘하고 운동도 잘하고 거기에 얼굴도 잘생겼지만, 다른 사람을 자주 괴롭혔던 친구가 있다고 했을 때, 그 친구의 좋은 인상정보보다 나쁜 인상정보에 더 크게 영향을 받아 부정적인 인상을 형성하게 된다.

그렇다면 부정적인 효과가 나타나는 이유는 무엇일까? 첫 번째 이유는 긍정적인 인상정보보다 부정적인 인상정보가 눈에 더 잘 띄고 뚜렷이 드러나기 때문이다. 긍정적인 인상정보는 우리가 누군가에게 흔히 기대하는 측면이기 때문에 부정적인 인상정보보다 눈에 잘 띄지 않는다. 그러나 부정적인 인상정보는 일탈적 행동으로 우리의 일상적 기대에서 벗어나기 때문에 훨씬 더 도드라져 보이고, 그 결과 인상 형성에 더 크게 영향을 미치게 된다. 두 번째 이유는 상대방의 부정적인 측면 때문에 자신도 불편함을 경험할 가능성이 있기 때문이다. 앞서 제시한 예에서처럼 다른 사람을 자주 괴롭혔던 친구가 언제 자기 자신을 괴롭힘의 대상으로 삼을지 알 수 없다. 그런 두려움이 상대방의 부정적인 측면에 더 큰 관심을 기울이게 하고, 그 결과 부정적인 인상을 형상하게 된다.

• 가정된 유사성(assumed similarity)

인간은 다른 사람을 객관적으로 인식하기보다는 주관적으로 인식하려는 경향성을 보인다. 다시 말해, 상대방의 실제 모습을 보려고 하지 않고, 상대방을 자신과 비슷하다고 가정한 뒤, 상대방의 실제 모습을 왜곡되게 인식하곤 한다. 이러한 인식의 장애를 가정된 유사성이라고 한다.

이렇게 다른 사람을 자신과 유사하다고 가정하는 이유는 무엇일까? 그것은 누군가를 평가할 때 자신이 중요하다고 생각하는 기준을 적용하려는 경향이 있기 때문이다. 이를테면, 다른 사람과 잘 어울리는 사람은 다른 사람을 평가할 때 어울림을 기준으로 평가한다. 다른 사람과 잘 어울리는 사람과 잘 어울리지 못하는 사람으로 구분하고 잘 어울리는 사람에게는 좋은 평가를 하고, 그렇지 못한 사람에게는 나쁜 평가를 하게 된다. 또한, 인생을 성실하게 살아가는 사람은 다른 사람을 평가할 때 성실함을 기준으로 평가한다. 인생을 성실하게 살아가는 사람과 불성실하게 살아가는 사람으로 구분하고 성실하게 살아가는 사람에게는 좋은 평가를 하고, 그렇지 못한 사람에게는 나쁜 평가를 하게 된다. 결과적으로 이러한 편협한 평가에 기초해 상대방의 전반적인 인상이 형성된다.

■ 정확하게 첫인상을 형성하는 방법

다른 사람에 관해 인상을 형성할 때는 고정관념 같은 인지적 왜곡의 영향에서 벗어나, 상대방이 어떤 사람인지를 정확하게 파악하는 것이 중요하다. 그러기 위해서는 다른 사람에 대해 부정확하게 인상을 형성하도록 하는 요인들을 자각하고, 이를 개선하려고 노력하는 것이 필요하다. 아래에서는 다른 사람에 대한 정확한 인상 형성에 도움이 되는 구체적인 방법을 알아보았다.

· 고정관념에서 벗어나기

다른 사람에 관한 인상은 우리가 의식하지 못하는 사이에 저절로 형성된다. 그리고 인상을 왜곡하는 요인들도 그 과정에서 무의식적으로 영향을 미치곤 한다. 특히, 첫인상 형성 단계에서 접하게 되는 인상정보는 전반적인 인상 형성에 상당히 중요하다. 문제는 이러한 정보의 수집과 해석에 고정관념이나 선입견이 영향을 미친다는 것이다. 예를 들어, 가부장적 사회에 익숙한 사람들은 여성을 만났을 때 의도적이지 않더라도 다정하고 수동적인 모습을 기대한다. 이러한 고정관념은 그 여성에 대한 인상 형성에 영향을 미친다. 자신이 기대했던 모습이 드러나면 좋은 평가를 하지만, 그렇지 않을 때는 나쁜 평가를 하게 된다. 이러한 평가는 인간관계의 형성과 지속에 직접적인 영향을 끼친다. 그래서 우리는 누군가를 만나서 인상을 형성할 때 고정관념이나 선입견으로 형성된 인상은 아닌지 생각해 보는 자세가 필요하다.

· 정확하게 관찰하기

상대방을 정확하게 인식하는 것은 힘든 일이다. 상대방의 부정적인 측면에 먼저 끌리기도 하고, 자기와 비슷하게 인식하려고도 하기 때문이다. 또한, 상대방에 대한 어떤 정보는 무시하는 경향을 보이기도 한다. 따라서 상대방을 정확하게 인식하기 위해서는 상대방의 말이나 행동, 그리고 그가 처해 있는 상황까지도 주의를 기울여야 한다. 자신이 기대한 것만 보려고 하지 말고 상대방에 대한 전반적인 관심이 필요하다. 고정관념이나 편견으로 상대방을 왜곡되게 인식하지는 않았는지 항상 살펴보아야 한다. 더 나아가 상대방의 비언어적 요인, 즉 몸짓, 음성, 시선 등에도 주의를 기울인다면, 상대방을 더 정확하게 인식할 수 있을 것이다.

• 직접 확인하기

상대방이 어떤 사람인지를 파악하는 가장 좋은 방법은 상대방에게 직접 물어보는 것이다. 분명하지 않은 것에 대해서는 추측하기보다 질문하는 것이 더 나은 방법이다. 이를테면, 상대방의 표정이 좋지 않고 말을 하지 않을 때 추측으로 '나에게 불만이 있나?'라고 생각하는 것보다 "너 말도 안 하고 우울한 거 같은데, 혹시 안 좋은 일이라도 있니?"라고 직접 물어보는 것이 더 나을 수 있다. 하지만 직접 묻는 것은 쉬운 일이 아니다. 왜냐하면, 상대방에 대한 부정적 평가를 상대방 자신에게 확인한다는 것 자체가 어려운 일이고, 또 상대방이 그런 질문에 정직하게 대답해 줄지도 의심스럽기 때문이다. 물론 상대방에게 직접 확인하기 어려울 때는 자기 생각을 뒷받침하거나 아니면 반박하는 추가 정보를 찾아보는 것이 더 나을 수 있다. 예를 들면, 상대방이 나에게 화가 난 것 같다고 느꼈을 때는 그 사람의 음성이나 시선 같은 비언어적 단서나 상대방의 말을 주의 깊게 살펴볼 필요가 있다.

• 자기 중심성에서 벗어나기

인상 형성 단계에서 상대방을 자신의 관점에서 판단하는 오류는 자주 발생한다. 다른 사람을 인식하고 평가할 때 중요하게 생각하는 기준은 사람마다 다르다. 그런데도 그러한 차이를 인정하지 않고 상대방을 평가하면 오류가 발생할 수 있다. 예를 들어, 외향적인 사람들은 성실함을 중요하게 생각하는 사람에겐 좋은 평가를 받기 어렵다. 왜냐하면, 외향적인 사람들은 많은 장점이 있음에도 불구하고 다소 산만하고 불성실해 보이기 때문이다. 따라서 상대방을 정확하게 판단하고 올바른 인상을 형성하기 위해서는 자기 중심성에서 벗어나야 한다. 다른 사람을 대할 때 '인간은 누구나 다르고 나름의 장단점을 가지고 있다'라고 인정하는 자세를 가져야 한다.

피상적 역할 단계

인간관계 발전의 두 번째 단계는 두 사람 사이에 직접적인 교류가 일어나는 단계다. 처음에는 상대방의 어떤 매력에 끌려 첫인상을 형성하게 된다. 그러나 오래지 않아 그들 사이에 형성되는 인간관계는 대체로 사회적 역할이나 기대행위에 근거해 이루어진다. 물론 이 단계에서의 접촉은 피상적인 수준에 머무른다. 즉, 오로지 업무와 관련한 역할수행만을 위해 교류하는 형식적인 인간관계를 넘어서지 못한다.

이런 형식적인 인간관계에서는 상대방을 특유의 인격적 존재로 대하기 어렵다. 다만, 상황이나 제도가 부여한 임무를 수행하는 역할수행자로서 상호작용을 하게 된다. 이런 상호작용에서는 상대방의 독특한 인격적 특성에 관한 정보가 그다지 중요하지 않다. 다시 말해, 임무를 수행하는 인간보다 역할 그 자체가 중요시된다. 그래서 이런 인간관계의 발전 단계에서는 상호의존성이나 친밀감이 증진되기 어렵다. 오히려 상호작용하는 두 사람 사이에는 교류의 공정성과 호혜성이 인간관계를 유지하는 주요한 요인으로 작용한다.

한편, 피상적 역할 단계에서 나타날 수 있는 위험성을 살펴보면 다음과 같다. 첫째는 역할 과몰입의 위험성이다. 어떤 역할과 자신을 지나치게 동일시하거나 어떤 역할에 지나칠 정도로 자신을 몰입하는 경우다. 이런 경우는 관계의 인간미가 고갈되어 인간관계의 발전을 방해할 수 있다. 둘째는 역할 방임의 위험성이다. 이것은 자신의 행동을 특정 역할에 거의 개입하지 않으려는 정반대의 위험성이다. 특정 역할에 최선을 다하지도 않으면서 그 역할을 행하는 체하는 경우다. 이런 경우는 관계의 존재 이유가 상실되어 인간관계의 발전을 방해할 수 있다. 셋째는 급격한 변화의 위험성이다. 우리는 급변하는 시대에 살고 있다. 그래서 과거보다 사회적 접촉이 훨씬 더 많고, 자신의 관심사와 인격을 폭넓게 개발할 수 있다. 반면에 대부분의 인간관계는 정서적 깊이와 친근감이 감소한다. 지속기간도 짧고 피상적인 관계에 머문다. 그 결과 상당히 활동적으로 생활하는 사람들조차도 내적 고독감을 경험하게 된다.

대부분 사람은 양적인 인간관계보다 질적인 인간관계를 원한다. 수많은 역할 관계보다 정서적으로 만족할 수 있는 친밀도가 높은 사적인 인간관계를 갈망한다. 그러한 관계를 통해 더 큰 정서적 만족감을 경험하고 더욱 완전한 개인으로 성장하기를 바란다. 이러한 관계를 위해서는 피상적 역할 단계를 넘어서는 단계로 나아가야 한다.

친밀한 사적 관계 단계

인간관계 발전의 세 번째 단계는 두 사람 사이에서 크고 작은 상호의존성이 드러나는 친밀한 사적 관계 단계다. 이 단계에서는 두 사람 사이의 교류가 증진되고 깊어진다. 공유된 경험의 영역도 확대된다. 특히, 이 단계에서는 상호교류가 개인적 측면의 수준까지 발전한다. 사적인 인간관계로의 진전이 일어난다. 이러한 수준에서는 상호의존성이 깊어지고 넓어진다. 왜냐하면, 깊은 내면의 세계인 상대방의 성격, 가치관, 고민 등을 함께 공유할 수 있기 때문이다.

그리고 이 단계에서는 두 사람 사이에 호혜성을 초월한 상호작용이 일어난다. 친밀한 사적 관계가 형성되는 단계이기 때문에 지나친 호혜성은 관계를 경직되게 만들 수 있다. 따라서 희생하는 상호작용이 일어나고 이에 기초해 친밀한 관계가 형성된다. 또한, 이 단계에서는 독특하고 고유한 인간관계가 형성된다. 즉, 관계를 맺고 있는 두 사람 중에 어느 한 사람이 타인으로 대체되면 그 의미를 상실하게 되는 인간관계가 형성된다. 사회심리학자들은 친밀한 연인관계처럼 인간관계가 깊어지는 이런 과정을 사회적 침투(social penetration)라고 부른다.

참고로 인간관계의 여러 모델이론에서 설명하는 친밀성에 관해 살펴보면 다음과 같다. 첫째, 교환모델에서는 친밀성을 주로 각 상대방이 상호 만족할 수 있는 방식으로 자발적으로 주고받는 타산적이지 않은 상호의존으로 설명한다. 둘째, 의사교류분석모델에서는 친밀성을 양 당사자 간에 거짓이 없는 다정하고도 진실한 교제라고 설명한다. 셋째, 역할모델에서는 친밀성을 양자 간의 풍부하고 개방된 의사전달과 역할기대를 뛰어넘는 깊은 정서적 유대감으로 설명한다.

2) 인간관계의 심화

인간관계가 깊어지려면 일반적으로 세 가지 요인과 두 가지 조건이 필요하다. 심화 요인 세 가지는 보상성, 상호성, 규칙성이며, 심화 조건 두 가지는 상황적 조건들과 상호작용적 조건들이다. 인간관계에서 균형 있는 보상을 규칙적으로 주고받을 때, 그리고 상황적 조건들과 상호작용적 조건들이 충족될 때 사람들 사이의 관계는 심화한다. 인간관계의 심화 요인을 먼저 살펴보고, 다음으로 인간관계의 심화 조건을 살펴보자.

인간관계의 심화 요인: 넬슨 존스(Nelson-Jones, 2015)의 3R

존스는 인간관계 심화의 필수요인 세 가지(3R)를 제시했다. 보상성(Rewarding), 상호성(Reciprocity), 규칙(Rules)이 3R이다. 첫째, 보상성은 인간관계에서 얻게 되는 긍정적인 보상의 효과를 의미한다. 인간관계에서의 보상은 정서적 지지와 공감, 보살핌과 친밀감, 신체적 접촉과 즐거운 체험, 현실적 도움과 물질적 선물 등이 포함된다. 이러한 보상의 범위가 확대되고 깊이가 깊어질수록 인간관계는 점점 더 심화한다.

둘째, 상호성은 인간관계에서의 보상이 서로 균형 있게 교류되는 것을 의미한다. 인간관계에 참여한 모든 사람이 보상을 서로 균형 있고 공정하게 주고받을 때 그런 인간관계는 심화한다. 긍정적인 상호교류의 강도, 빈도, 원활성이 높을수록 인간관계는 깊어진다. 다시 말해, 긍정적인 보상의 영역이 넓고 깊을 뿐만 아니라, 더 자주, 더 균형적으로 보상이 교류될수록 인간관계는 더 깊이 있게 발전한다.

셋째, 규칙은 인간관계에서 명료하게 설정된 서로의 역할과 행동에 대한 기대나 지침을 의미한다. 인간관계는 성장배경이 달라 사고방식과 행동 양식이 다른 사람들 사이의 교류다. 그래서 상대방에 대한 애정과 보상을 표현하는 방식에 차이가 날 수 있고, 이러한 차이로 서로에 대한 불만이 형성될 수도 있다. 따라서 분명한 교류규칙을 설정하여 상대방의 행동에 대한 예측성을 증대하고, 또 자신에게 기대되는 행동을 분명하게 자각하게 된다면, 인간관계는 더 깊어지게 된다.

인간관계의 심화 조건

인간관계가 깊어지려면 일반적으로 세 가지 요인과 두 가지 조건이 필요하다. 심화 요인 세 가지는 보상성, 상호성, 규칙성이며, 심화 조건 두 가지는 상황적 조건들과 상호작용적 조건들이다. 인간관계에서 균형 있는 보상을 규칙적으로 주고받을 때, 그리고 상황적 조건들과 상호작용적 조건들이 충족될 때 사람들 사이의 관계는 심화한다. 인간관계의 심화 요인을 먼저 살펴보고, 다음으로 인간관계의 심화 조건을 살펴보자.

■ 상황적 조건

・ 근접성

사람들은 자기와 가까운 곳에서 사는 사람에게 친근감이나 매력을 느끼는 경향이 있다. 학교 기숙사에서 생활하는 대학원생들 간의 친교 관계를 조사한 연구에 따르면, 방의 위치가 가까울수록 서로 친한 경향이 있었다(Festinger et al., 1950). 그렇다면 가까운 곳에서 사는 사람들이 쉽게 친해지는 이유는 무엇 때문일까? 첫째, 가까이 살면 접촉할 기회가 많아지므로 친숙해지고 호감이 증가한다. 둘째, 가까이 살면 만남에 대한 부담이 적어 친숙해지고 호감이 증가한다. 셋째, 가까이 사는 사람들은 유사한 환경이나 배경을 가진 경우가 많아서 친해지기 쉽다.

· 친숙성

우리는 낯선 사람보다 친숙한 사람에게 호감을 느낀다. 가령, 양육자나 보호자에 대해 보이는 호감과 애착은 보살핌과 보호의 기회 증대로 이어져 개체의 생존 가능성을 높인다. 따라서 일반적으로 양육자나 보호자와의 인간관계는 매우 깊게 형성된다. 또한, 낯선 사람보다는 친숙한 사람일수록 상대방의 말과 행동을 이해하고 예측하기가 쉽다. 상대방의 말과 행동을 쉽게 예측할 수 있다는 것은 오해할 우려는 줄어들고 편안한 인간관계를 형성할 가능성은 커진다는 것을 의미한다.

· 유사성

사람들은 관심사, 생각, 환경 등이 자기와 유사한 사람에게 더 호감을 보이는 경향이 있다. 은행원들도 자신과 유사한 태도를 보인 사람에게 더 많은 돈을 대출해 주는 경향이 있고, 배심원들도 자신과 유사한 태도를 보인 피고에게 더 관대한 판결을 내리는 경향이 있다(Byrne & Nelson, 1964). 또한, 기혼 부부나 교제 중인 연인을 조사해 보아도 인종, 종교, 사회계층, 교육 수준, 지능, 신체적 매력 및 태도 등에서 유사할수록 서로에 대한 만족도가 높았다(Brehm, 1992). 그렇다면 유사한 상대를 친밀하게 느끼는 이유는 무엇 때문일까? 첫째, 서로의 생각이나 감정을 지지해 주기 때문이다. 둘째, 자기 생각이나 감정이 옳다고 믿기 때문이다. 셋째, 상대방의 행동을 예측하기 쉬워 오해로 인한 갈등을 줄일 수 있기 때문이다. 넷째, 즐겁고 행복한 체험을 공유할 수 있기 때문이다.

■ 상호작용 조건

· 자기공개

친해지는 과정에서 두 사람은 각각 상대에게 자기 자신을 노출한다. 이렇게 친해지는 과정에서, 그리고 친해지기 위해서 자기를 드러내는 것을 자기공개(self-disclosure)라고 한다. 상대방에게 자신을 공개하면서 상대방에 대한 지식을 얻으려는 것은 관계를 깊게 해 주는 아주 강력한 방법이다. 흔히 친분이 깊어진다는 것은 공유하는 생활 범위가 넓어지고, 자기공개의 정도도 깊어진다는 것을 의미하기 때문이다.

인간관계에서 자기공개는 매우 섬세한 과정이다. 누가, 무엇을, 누구에게, 어떤 단계에서 공개할 수 있느냐는 정교한 규칙에 지배된다. 시드니 주러드(Jourard, 1971)는 자기공개의 위계(Hierarchy of Self-Disclosure)를 밝혀냈다. 자신의 취미, 관심, 태도 등은 비교적 쉽게 공개한다고 한다. 반면에 자신의 재정 형편, 신체에 관한 것, 성격, 성에 관한 것들은 관계가 꽤 깊어지기 전에는 공개하기를 꺼리는 것으로 드러났다. 피상적인 관계에서는 자기공개의 범위가 좁고 깊이가 얕지만, 관계가 친밀해질수록 더 광범위하고 내밀한 주제에 대한 자기공개가 이루어진다.

그리고 자기공개는 쌍방향적인 상호작용이다. 두 사람 사이에 접촉이 시작되면 이들은 상호 조절된 속도에 따라 자기공개를 교환한다. 관계의 특성이나 진전단계에 따라 그 관계에서 허용되는 자기공개의 수준이 존재한다. 사람들은 서로 이 수준을 서서히 증가시킴으로써 인간관계를 발전시킨다. 그러므로 관계의 초기 단계에서 내밀한 사항에 대한 일방적인 자기공개는 오히려 역효과를 가져올 수 있다.

· 호의

사람들은 자신에게 호의를 보이는 사람을 좋아하는 경향이 있다(Berscheid & Walster, 1978). 사람은 누구나 인간관계에서 받는 보상은 최대화하려고 하고 손실은 최소화하려고 하기 때문이다. 그러나 호의를 제대로 전달하기는 쉽지 않다. 상대방과 친해지려고 호의를 보여도 달갑지 않게 받아들이기도 하고, 또 어떤 때는 기분이 나쁠 것 같은 태도인데도 호의로 받아들이기도 하기 때문이다.

그러한 일이 발생하는 이유는 무엇 때문일까? 첫째, 호의를 받아들이는 사람의 자기 존중감이 영향을 미치기 때문이다. 우리는 흔히 상대방에게 좋은 감정이 있다는 것을 전달하려고 칭찬한다. 그러나 이러한 칭찬이 자기 존중감이 낮은 사람에게는 효과가 있지만, 자기 존중감이 높은 사람에게는 별 효과가 없다. 가령, 악기를 처음 익히는 초보자 에게는 칭찬이 큰 힘이 되겠지만, 전문적인 악기 연주자에게는 무례함으로 받아들여지기도 한다.

둘째, 사람은 보상의 절대적 크기보다 보상의 증감에 더 민감하기 때문이다. 사람은 일정한 보상에는 쉽게 적응한다. 그러므로 보상의 가치를 평가할 때 그 보상의 절대적 가치보다 보상의 증감에 더 민감하게 반응한다. 이것을 이득-손실 효과(gain-loss effect)라고 한다(Aronson & Linder, 1965). 이를테면, 사람들은 기대하지 않았던 사람에게 칭찬받을 때 더 기뻐한다. 따라서 자신을 늘 칭찬했던 사람보다는 처음에는 비판하다가 나중에 칭찬해 주는 사람을 더 좋아하기 마련이다.

셋째, 호의를 받아들이는 사람의 처지를 제대로 이해하지 못했기 때문이다. 아무리 상대방을 배려하는 따뜻한 마음에서 비롯된 호의라고 하더라도 상대방에게 전혀 도움이 되지 않거나 오히려 해를 끼치는 예도 있을 수 있다. 「이등병과 인사계」 이야기는 이를 잘 보여주고 있다. 상대방에 대한 배려도 조금 더 생각해 보고 나만의 만족감이 아닌 진정한 배려가 될 수 있도록 노력해야 할 것이다.

이렇듯 호의를 제대로 전달하기는 쉬운 일이 아니지만, 호의가 호의로 제대로 전달되면 바람직한 인간관계 형성에 큰 도움을 줄 수 있다.

이등병과 인사계

한 이등병이 몹시 추운 겨울날 밖에서 언 손을 녹여 가며 찬물로 빨래를 하고 있었습니다. 마침 그곳을 지나던 소대장이 그것을 보고 안쓰러워하며 한마디를 건넸습니다.

"김 이병, 저기 취사장에 가서 뜨거운 물 좀 얻어다가 하지."

그 이등병은 소대장의 말을 듣고 취사장에 뜨거운 물을 얻으러 갔지만, 고참에게 군기가 빠졌다는 핀잔과 함께 한바탕 고된 얼차려만 받아야 했습니다.

빈손으로 돌아와 찬물로 빨래를 계속하고 있을 때 중대장이 지나가면서 그 광경을 보았습니다.

"김 이병, 그러다 동상 걸리겠다. 저기 취사장에 가서 뜨거운 물 좀 얻어서 해라."

신병은 그렇게 하겠다고 대답은 했지만, 이번에는 취사장에 가지 않았습니다. 가 봤자 뜨거운 물은 고사하고, 혼만 날 것을 알고 있기 때문이었습니다.

그렇게 계속 빨래를 하고 있는데, 이번에는 중년의 인사계 부사관이 그 곁을 지나다가 찬물로 빨래를 하는 모습을 보고 걸음을 멈추고 말했습니다.

"김 이병, 내가 세수를 좀 하려고 하니까 지금 취사장에 가서 그 대야에 더운물 좀 받아 와라!"

이등병은 취사장으로 뛰어가서 취사병에게 보고했고, 금방 뜨거운 물을 한가득 받아 왔습니다. 그러자 인사계가 다시 말했습니다.

"김 이병! 그 물로 언 손을 녹여 가며 해라. 양이 충분하지는 않겠지만 동상은 피할 수 있을 거야."

소대장과 중대장, 그리고 인사계 3명의 상급자 모두 부하를 배려하는 마음은 있었지만, 상대방의 처지에서 상황을 파악하고 정말로 부하에게 도움이 된 것은 단 한 사람뿐입니다.

나의 관점에서 일방적인 태도로 상대를 배려하고, 상대에게 도움을 줬다고 혼자 착각하는 어리석음을 범하고 있지는 않은지 되돌아봅시다. 배고픈 소에게 고기를 주거나, 배고픈 사자에게 풀을 주는 배려는 나의 처지에서 단지 내 만족감으로 하는 허상의 배려입니다.

출처: 브라보마이라이프, 2017.12.26.

· 신뢰감

우리가 어떤 사람과 친밀한 인간관계를 유지하기 위해서는 서로에 대한 신뢰감이 필요하다. 서로 간에 신뢰가 형성되어야 자신만 알고 있던 정보를 상대방과 공유하려는 욕구와 용기가 생기기 때문이다. 물론 사람에 대한 신뢰는 쉽사리 형성되지 않을 뿐만 아니라, 그 신뢰를 제대로 파악하기도 쉽지 않은 것이 사실이다. 따라서 신뢰에 기초한 바람직한 인간관계의 형성은 말만큼 쉬운 일이 아니다. 하지만 신뢰 없이는 친밀한 인간관계를 형성하고 유지할 수 없다는 점에서 신뢰 관계를 파악하는 것은 매우 중요한 일이다.

그렇다면 우리는 어떤 사람을 신뢰할 수 있을까? 일반적으로 사람들은 다음과 같은 특성을 가진 사람을 믿을 수 있다고 판단한다(Rempel et al., 1985). 첫째, 상대방의 행동이나 감정을 잘 예측할 수 있을 때 우리는 그를 신뢰한다. 둘째, 상대방이 자기 이익만을 추구하지 않을 때 우리는 그를 신뢰한다. 셋째, 속마음을 잘 털어놓아 서로에 대해 잘 알고 있을 때 우리는 그를 신뢰한다.

이처럼 사람들은 대체로 행동과 감정을 예측할 수 있고, 자기 이익만을 추구하지 않으며, 서로 속마음을 교류할 수 있는 사람을 신뢰한다. 인간관계의 심화에서 매우 중요한 것이 사람들 사이의 신뢰감을 형성하는 것이라고 할 때, 앞서 살펴본 특징을 자신은 얼마나 충족하고 있는지를 성찰해 보는 것도 바람직한 인간관계의 발전에 도움이 될 것이다.

3) 인간관계의 해체

접촉의 감소와 무관심의 증대

친밀한 인간관계가 해체되는 방식과 이유는 매우 다양하다. 첫 번째로 살펴볼 유형은 접촉의 감소와 무관심의 증대로 인간관계가 해체되는 경우다. 이것은 친밀했던 관계가 특별한 계기도 없이 점차 멀어지고 서로에게 무관심해지는 경우를 말한다. '눈에서 멀어지면 마음에서도 멀어진다(Out of sight, out of mind)'라는 말이 있다. 집, 학교, 직장 등을 옮기면서 인간관계의 물리적 거리가 멀어지거나, 바쁜 일이나 업무가 계속되어 시간적 여유가 없어지면 만남의 기회는 감소하고 무관심의 정도는 증대하게 된다.

친밀한 인간관계를 지속하려면 흔히 시간적·물질적·심리적 투자가 요구된다. 하지만 이러한 투자에는 인간적 한계가 있으므로 친밀한 인간관계를 유지할 수 있는 사람의 수는 제한적이다. 보통 평생 100명 이상의 사람과 친밀한 관계를 형성하기 어렵다고 한다. 그래서 새로운 사람과 친밀해지면 기존의 친밀했던 사람과의 관계는 상대적으로 소원해질 수밖에 없다. 새로운 사람과의 친밀한 관계를 유지하기 위해 자신의 시간적·물질적·심리적 투자를 재분배해야 하기 때문이다. 그 결과 기존의 친밀한 인간관계는 특별한 갈등도 없이 만나는 횟수는 점차 줄어들고, 서로에 관한 관심도 줄어들어 소원해지게 되고 만다.

갈등 해결의 실패

친밀한 인간관계가 해체되는 두 번째 유형은 특별한 계기로 두 사람 사이에 갈등이 생기고, 이러한 갈등을 효율적으로 해결하지 못하는 경우다. 아무리 친한 인간관계라고 하더라도 크고 작은 갈등은 생기기 마련이다. 오히려 친밀한 인간관계에서 빈번하고 긴밀한 교류가 일어나기 때문에 그만큼 갈등의 가능성도 커진다. 이를테면, 가벼운 데이트에서는 갈등이 적지만 진지한 데이트에서는 갈등과 다툼이 자주 발생한다. 그런데 인간관계를 해체하는 것은 갈등 그 자체가 아니다. 그보다는 갈등을 해결하려는 노력의 실패로 인간관계가 해체된다. 갈등을 원만하게 해결하지 못하면 감정적 대립은 격화되고 갈등은 확대된다. 확대된 갈등이 해결하기 매우 어려운 상태로 증폭되면 친밀한 인간관계는 해체되고 만다.

물론 갈등은 인간관계를 해치기도 하지만, 때로는 그 해결되는 방식에 따라 관계를 심화시킬 수도 있다. 이러한 갈등과 불만족에 대응하는 방식에는 크게 네 가지가 있다. 첫째는 정식으로 그 관계를 해체하는 것이다. 둘째는 상대방을 비난하고 문제를 무시하며 관계가 무너지도록 내버려 두는 것이다. 셋째는 문제를 토의하고 외부의 도움을 구하며 변화를 시도하는 것이다. 넷째는 관계의 개선을 희망하면서 기다리는 것이다. 갈등이 생겼을 때 어떤 방식을 선택할지는 관계에 대한 만족도, 관계에 투자한 양(예: 시간, 재산 등), 가능한 대안의 질 등에 따라 좌우된다. 관계의 만족도가 낮거나 투자한 양이 적고 대안이 존재한다면 첫 번째와 두 번째 방식을 선택하여 관계가 종결될 것이다. 하지만 관계의 만족도가 높고 투자한 양이 많으며 대안이 부재한다면 세 번째와 네 번째 방식을 선택하여 관계를 유지하려 할 것이다.

투자와 보상의 불균형

친밀한 인간관계가 해체되는 세 번째 유형은 인간관계에서 상대방에게 기대한 성과와 만족을 얻지 못한 경우다. 인간관계는 여러 가지 형태의 투자를 하고 보상을 받는 거래 관계의 성격을 지닌다. 따라서 친밀한 인간관계가 무너져 버리는 것은 일반적으로 그 관계에서 얻는 성과가 줄어들거나 아니면 현재의 관계보다 더 좋은 성과를 얻을 수 있는 관계가 존재하기 때문이다.

사회교환이론(social exchange theory)은 친밀한 인간관계가 유지되고 해체되는 과정을 투자와 보상의 개념으로 명쾌하게 설명한다. 이 이론은 두 사람 사이의 인간관계는 각자에게 돌아가는 성과(outcome)에 따라 그 관계의 존속 여부가 결정된다고 주장한다. 현재의 인간관계에서 두 사람은 보상(reward)과 부담(cost)을 동시에 지닌다. 현재 인간관계에서의 성과는 이러한 보상과 부담의 차이를 의미한다. 다시 말해, '성과 = 보상 − 부담'이다. 일차적으로 현재 인간관계의 만족도는 성과의 정도에 비례한다. 보상은 크고 부담은 적어 성과가 크면 현재의 인간관계를 만족스럽게 느낀다.

비교수준(comparison level: CL)은 인간관계의 만족도를 결정하는 더 중요한 요인으로 평가된다. 비교수준은 현재 인간관계에서 얻고자 하는 기대수준으로, 주로 과거 인간관계에서 받아온 성과의 평균수준이다. 현재 인간관계에 대한 만족도는 현재의 성과와 비교수준과의 비교를 통해 결정된다. 다시 말해, 현재의 성과가 비교수준보다 높으면 만족감을 느끼지만, 현재의 성과가 비교수준보다 낮으면 불만을 느낀다. 따라서 높은 성과라 하더라도 비교수준이 더 높으면 현재의 관계에 대해 불만을 느끼게 되는 것이다. 물론 현재의 성과가 비교수준 이하로 내려간다고 해서 현재의 관계를 당장 청산하고 새로운 관계를 모색한다는 것은 아니다. 가령, 결혼생활이 기대에 못 미쳐 불만을 느낀다고 해서 곧바로 부부 관계를 청산하지는 않는다. 현재의 관계보다 더 나은 성과가 예상되는 대안이 없을 때는 불만스럽지만 현재의 관계 속에 머물게 된다.

대체관계 비교수준(comparison level for alternatives: CL alt)은 현재의 인간관계를 청산할지를 결정하는 중요한 요인이다. 대체관계 비교수준은 다른 사람과 관계를 맺을 때 기대하는 성과 가운데 가장 높은 수준의 성과를 의미한다. 새로운 인간관계에서 기대되는 대체관계 비교수준이 현재 인간관계에서의 성과보다 높으면, 현재의 관계를 청산하고 새로운 관계로 옮겨 간다. 다시 말해, 인간은 현재의 인간관계가 불만스럽더라도 대안적 관계에서 더 나은 성과가 기대되지 않으면 현재의 관계에 머무른다. 반면에 현재의 인간관계가 만족스럽다고 해서 그 관계가 확고한 것은 아니다. 더 많은 만족을 줄 수 있는 대안적인 관계가 나타나면 현재의 인간관계는 해체될 수 있기 때문이다.

| 요약 |

1. 인간관계는 일반적으로 사람들 간의 심리적 연결, 대인상호작용 및 집단 내 화합을 의미한다. 이는 자연스럽게 형성되는 심리상태, 개인의 대인 태도와 교양, 그리고 공동의 목표를 향한 집단적 조화와 같은 다양한 측면을 포함한다.

2. 학술적으로 인간관계는 광의의 개념으로 모든 인간 상호작용을 포함하며, 더 좁은 의미에서는 사람 사이의 조화로운 상태를 뜻한다. 뢰스리스버거는 협동적 인간 행위, 미이는 종업원과 기업 간 상호 협동, 데이비스는 구성원 간 협동과 조직 적응을 강조한 인간관계를 말한다.

3. 인간관계의 본질은 사람들 간의 영속적인 상호작용과 긍정적인 상대방 인정에 있다. 인간관계는 상대방에 대한 존중과 신뢰를 바탕으로 형성되며, 단순한 수단이 아닌 목적 관계로 깊어진다. 살아 있는 사람들 사이의 인간관계는 유연하고 조화롭게 목표를 통합해 추구되어야 하며, 조직 내에서는 상호 적극적인 참여와 노력을 통한 쌍방향적 관계 유지가 중요하다.

4. 인간관계의 특성에는 개별성, 대체 불가능성, 상호의존성, 개방성, 내적보상, 참 만남의 희소성이 포함된다. 개개인의 관계는 독특하며, 일단 형성된 관계는 다른 것으로 대체될 수 없는 가치를 지닌다. 개인들은 서로에게 영향을 주고받으며, 친밀해지기 위해서는 상호 개방이 필요하다. 인간관계는 내적인 만족을 제공하며, 참다운 만남은 드물지만 무척 소중하다.

5. 인간관계 발전 초기 단계에서 첫인상은 관찰을 통해 형성되며, 이때 외모, 행동, 사회적 상황 등에 기초한 인상이 중요하다. 고정관념, 후광효과, 초두효과, 부정성 효과, 가정된 유사성 등이 첫인상을 왜곡하는 요인으로 작용한다. 따라서 이러한 요인들을 인식하고 극복하려는 노력이 필요하다. 인간관계의 피상적 역할 단계에서는 사회적 역할에 근거한 상호작용이 이루어진다. 마지막 친밀한 사적 관계 단계에서는 개인적 측면의 교류가 증진되고 공유된 경험이 확대되며, 호혜성을 초월한 상호의존성이 나타난다.

6. 인간관계의 심화는 세 가지 주요 요인인 보상성, 상호성, 규칙성을 요구한다. 사람들은 인간관계로부터 정서적, 심리적 보상을 기대하며, 이러한 보상이 균형 있게 주고받아질

때 관계는 깊어진다. 또한 명확한 규칙과 역할 기대가 설정되어 있고, 상호작용하는 두 사람 사이에서 유사성, 친숙성, 근접성 같은 상황적 조건들이 만족될 때 인간관계는 더욱 심화된다. 신뢰감 및 호의와 같은 상호작용적 조건들 또한 중요하며, 이를 통해 양자 간의 심오한 연결 및 자기공개가 깊어진다.

7. 인간관계의 해체는 접촉 감소, 무관심 증대, 갈등 해결의 실패, 그리고 투자 대비 보상의 불균형 등이 주요 원인이다. 물리적 거리나 시간 부족으로 인해 관계가 멀어지고, 갈등을 해결할 수 없을 때 관계는 더욱 취약해진다. 사회교환이론에 따르면, 현재의 관계 성과가 기대치 또는 대체 가능한 다른 관계의 기대 성과에 미치지 못할 때 인간관계는 종종 해체된다.

2장

인간관계의 중요성 및 유형

만남을 빼고는 인생을 논하기 힘들다. 『나와 너』의 저자 마틴 부버(Buber, 1995)는 삶 전체에서 가장 참된 것은 만남이고, 너와 나의 관계가 인간 실존의 본질적이고 필연적인 측면이라고 역설했다. 인생은 만남의 연속이다. 너와 나의 만남, 그리고 또 다른 사람들과의 만남으로 이어진다. 사람은 이러한 만남으로 사회적 관계를 형성하고 유지하며 그 속에서 살아간다. 따라서 만남 없이 삶을 영위할 수 있다는 생각은 착각에 불과하다. 어쩌면 인간은 타인과의 관계 없이는 존재할 수도 없고, 존재의 의미도 찾을 수 없을지 모른다. 그러므로 인간을 관계 그 자체로 정의해도 틀린 말은 아닐 것이다.

인간의 삶에서 관계의 의미는 아무리 강조해도 지나치지 않을 것이다. 인간은 출생과 더불어 생존을 위해 관계를 열망한다. 인간은 성장할수록 가족은 물론이고 또래와의 인간관계 속에서 상호작용을 통해 자아를 형성해나간다. 또한, 인간은 자신의 성공과 행복을 위해서도 긴밀한 인간관계를 맺는다. 게다가 바람직한 인간관계는 조직의 효율성을 증대하는 역할을 담당하기도 한다. 이처럼 중요한 인간관계는 인간의 발달 단계에 따라, 또 연구자들에 따라 다양한 유형으로 분류된다. 본 장에서는 개인의 생존과 자아 형성, 성공과 행복, 그리고 조직의 효율성과 깊은 관련이 있는 인간관계의 중요성과 인간관계의 다양한 유형에 대해 자세히 살펴본다.

1. 인간관계의 중요성

1) 인간관계와 생존

인간관계는 인간 생존의 필수조건이다. 인간은 태어나면서 부모와의 긴밀한 관계를 맺게 된다. 하나의 독립된 인격체로 성장하기 위해서는 부모의 보호 아래 오랜 양육 기간을 거쳐야 한다. 동물은 다르다. 태어나면서 걸을 수 있다. 하지만 인간은 홀로 걷기까지 1년 정도의 시간이 필요하다. 이런 인간이 부모나 돌보는 이 없이 방치된다면 어떻게 될까? 아마도 대부분은 생존할 수 없을 것이다. 갓 태어난 인간이 생존하기 위해서는 돌보는 이의 보살핌이 반드시 있어야 한다. 먹여 주고 잠자리를 돌봐주는 이의 수고스러움은 밤낮을 가리지 않는다. 따라서 아기와 돌보는 사람 사이에는 눈에 보이지 않는 강력한 정서적 끈이 형성되게 된다. 유아는 3개월 정도면 돌보는 이를 알아보고, 6~7개월쯤이면 낯가림한다. 이후 돌보는 이와는 밀착하려 하고 다른 사람에게는 안 가려는 애착 관계가 발달하게 된다. 이러한 애착 관계를 통해 아기는 생리적 욕구를 충족하고, 위험에서 보호받으며, 정서적 안정을 유지함으로써 생존할 수 있게 되는 것이다.

유아기에 형성된 애착 관계는 유아의 직접적 생존에만 영향을 미치는 것이 아니다. 애착 관계는 성인기에 도달한 사람에게까지 지속적으로 영향을 미치는 것으로 나타났다. 최근의 애착 관련 연구에 따르면, 애착의 유형을 크게 세 가지로 분류한다. 안정된 애착, 저항적 애착, 회피적 애착이 그것이다. 먼저, 안정된 애착 관계가 어릴 때부터 형성된 사람은 어른이 되어서도 행복한 삶을 영위하며 타인과의 신뢰 관계를 잘 형성하는 것으로 드러났다. 이들은 스트레스를 받는 상황에서도 다른 사람보다 덜 불안해하고, 다른 사람에게 도움을 쉽게 청한다고 한다. 다음으로, 저항적 애착 관계가 어릴 때부터 형성된 사람은 어른이 되어서도 불안한 인간관계를 맺으며, 양면적 태도를 보이는 것으로 나타났다. 이들은 집착이 강하고 소유욕이 클 뿐만 아니라, 스트레스를 받는 상황에서는 감정적으로 대응하는 경향이 높다고 한다. 마지막으로, 회피적 애착 관계가 어릴 때부터 형성된 사람은 어른이 되어서도 친밀한 인간관계에 공포감을 느끼는 것으로 나타났다. 이들은 스트레스를 받는 상황에서도 다른 사람보다 더 불안해하고 적대감을 보인다고 한다.

한편, 현대사회에서 한 인간이 부모에게서 독립해 생활하기 위해서는 대략 20~25년의 기간이 소요된다. 전통사회에서의 15년보다 꽤 오랜 시간이 필요하다. 그만큼 독립생활을 위해 배울 것이 많아졌기 때문일 것이다. 또한, 전통사회보다 현대사회에서의 생활의 범위가 훨씬 더 넓다. 전통사회에서는 자신이 태어난 마을을 벗어나 생활하는 것이 매우 드문 일이었다. 하지만 현대사회에서는 오히려 자신이 태어난 마을에서만 생활하는 것이 훨씬 더 어려울 정도로 생활의 범위가 확장되었다. 따라서 현대인들은 오랜 기간 여러 가지 유형의 인간관계를 형성하고 지속하면서 하나의 독립된 인간으로 성장하게 된다. 그러므로 올바른 인간관계의 형성은 한 인간의 생존과 성장에 절대적인 영향을 미친다고 할 수 있다. 부모와의 관계뿐만 아니라, 또래 집단 내에서의 인간관계에 문제가 발생하면, 성장에 어려움을 겪는 것은 당연하고, 우울감 형성으로 생존에도 매우 큰 위험이 초래될 수 있다.

이러한 정신적 장애의 심각한 후유증은 현대인들의 고질병이라고도 할 수 있다. 사람들은 고독감과 외로움으로 고통받고 있다고 호소한다. 해마다 상당수의 사람이 외로움으로 극단적인 선택을 한다. 다른 사람들은 모두 행복하게 살아가는데 나만 불행하게 버려진 듯한 느낌을 받게 되고 소외감에 휩싸이게 되는 상태가 오래되다 보면, 우울증을 앓게 되고 심지어는 극단적인 선택을 하게 된다. 인간은 관계를 떠나 혼자 살 수 있는 존재가 아니다. 함께 기뻐하고 더불어 슬퍼할 인간관계가 반드시 있어야 한다. 괴로우면 하소연도 하고 위로도 받을 수 있는 관계가 형성되어 있지 않다면, 우리의 삶은 매우 삭막할 뿐만 아니라 심각한 생명의 위협을 느끼게 될 것이다. 이처럼 인간은 유아기와 청소년기는 물론이고, 성인이 되어서도 올바른 인간관계를 형성하면서 살아가야 하는 존재다.

2) 인간관계와 자아 형성

바람직한 인간관계에 대한 경험은 인간이 성장하면서 건전한 자아를 형성하는 데 있어서 필수적인 요소다. 다시 말해, 자아 형성에는 상호작용을 할 수 있는 다른 사람과의 관계가 필요하다(Swensen, 1973). 건전한 정체성과 자아 개념은 자기 주변의 주요한 타인들, 이를테면 부모나 교사나 동료 등이 자신을 존중하고 인정하고 사랑하는 과정에서 형성된다. 부모가 자녀를 키우면서 자식을 사랑하고 신뢰하고 귀중하게 여기는 관계 속에서, 그리고 동료들이 자기를 받아 주고 인정해 주는 관계 속에서, 또 선생님이 제자를 교육하면서 사랑하고 인정해 주는 관계 속에서 긍정적인 자아가 형성되는 것이다. 이처럼 자신을 둘러싼 인간관계가 만족스럽고 흡족할 때 우리는 한 인간으로서 바람직한 자아로 성장하게 된다.

실제로 불우한 여건에도 불구하고 성장하는 과정에서 바람직한 인간관계를 형성하고, 이에 힘입어 자신의 잠재력을 훌륭하게 발휘하는 경우를 우리 주변에서 얼마든지 볼 수 있다. 보잘것없고 말썽만 피우던 학생이라도 학교에서 훌륭한 선생님을 만난 것을 계기로 인생의 전환점을 맞고 자신의 삶을 훌륭하게 다시 설계하며 살아갈 수 있다. 또한, 친구와의 깊은 우정을 쌓고 함께 질풍노도의 청소년 시기를 지나면서 올바른 어른으로 성장하기도 한다. 이처럼 건전한 자아를 형성한 사람들은 긍정적이고 원만한 인간관계를 새롭게 형성하기가 어렵지 않다. 그래서 인간관계와 자아 형성의 선순환 관계가 만들어지게 된다. 올바른 인간관계 속에서 건전한 자아가 형성되고, 건전한 자아를 형성한 사람은 또 다른 바람직한 인간관계를 형성하는 것이 가능하게 된다.

그런가 하면 성장 과정에서 바람직한 인간관계를 경험하지 못한 사람들은 건전한 자아를 형성하기 어렵다(Gazda, 1973). 우리의 인간관계가 불만스럽고 비효과적일 경우 우리의 자아 성장은 방해받게 된다. 부모가 자녀를 양육하면서 미워하고 하나의 인격체로 인정하지 않게 되면 자식은 올바른 자아를 형성할 수 없다. 또한, 학교에서 선생님이 제자들을 사랑으로 훈육하지 않게 되면 그 학생들은 학교생활이 어려워져 자신의 잠재력을 충분히 계발하지 못하게 된다.

한편, 호나이(Horney, 1945)는 인간의 기본적인 불안이나 실존적 불안에 대처하는 세 가지 유형의 인간관계를 제시했다. 사람을 지향하려는 인간관계, 사람에게서 멀어지려는 인간관계, 사람에 맞서려는 인간관계가 그것이다. 건전한 자아를 형성한 인간은 이 세 가지 인간관계 방식을 잘 통합하여 불안을 해결한다고 한다. 하지만 어릴 때부터 부모에게 거부나 무시를 경험하거나 과잉보호나 불행한 대우를 받아 건전한 자아를 형성하지 못한 사람들은 한 가지 인간관계 방식에만 집착한다고 한다. 그래서 그 하나의 인간관계 방식이 자신의 기본적인 불안이나 실존적 불안을 해소하는 데 아무런 도움이 되지 않은데도 불구하고 그 방식을 고집한다. 그 결과 건전한 자아가 형성되지 못한 사람들은 적응상의 어려움을 초래하고 바람직한 인간관계 맺기에 실패한다. 그리고 이런 악순환은 되풀이된다.

또한, 건전한 자아의 형성은 사회성 발달로 이어진다는 점에서 매우 중요하다. 우리는 사회성을 가지고 있어서 사회생활 속에서 자신의 역할을 찾고 타인과도 원만한 관계를 형성해 나간다. 이러한 사회성은 건전하게 형성된 자아의 발달과 밀접한 관계가 있다. 건전한 자아란 자신의 욕구나 특성을 파악하여 그것을 충족하려는 동시에 타인과 원만한 관계를 형성하고 유지하기 위해 자신의 행동을 조절하고 타인을 배려하는 것을 의미하기 때문이다. 건전한 자아가 형성되기 이전의 아이들은 자신의 욕구나 감정에 치우쳐 행동한다. 하지만 시간이 지나면서 부모나 또래와의 인간관계 속에서 그들의 반응을 통해 자신의 행동을 조절할 수 있는 건전한 자아를 형성해 나간다. 길리건(Gilligan, 1982)은 이러한 변화를 세 가지 수준으로 분류했다. 제1수준은 생존을 위해 자신만 돌보는 수준이고, 제2수준은 타인에 대한 책임감만 강조하는 수준이며, 제3수준은 자신과 타인에 대한 배려와 관심을 강조하는 수준이라고 했다. 건전한 자아는 제3수준에 해당하며, 사회성 발달로 이어진다.

3) 인간관계와 성공

바람직한 인간관계는 우리를 성공의 길로 이끈다. 미국 카네기 멜론공과 대학에서는 스스로 인생에 실패했다고 생각하는 졸업생 1만 명에 대해 실패의 원인을 조사한 적이 있다(배정미, 2011). 응답자 가운데 85%가 인간관계를 실패의 원인으로 꼽았다. 전문적인 능력(지식과 기술)의 부족이라고 응답한 비율은 15%에 그쳤다. 또한, 미국 보스턴대학의 헬즈만 교수는 7세 어린인 450명을 선정해 40년이 지난 뒤 이들의 사회경제적 지위, 즉 출세 여부를 조사했다. 그 결과 성공을 가장 잘 설명해 준 요인 가운데 하나로 '타인과 어울리는 능력'이 꼽혔다. 이처럼 인간관계는 성공과 실패를 가르는 중요한 요인이다. 즉, 바람직한 인간관계가 수반되지 않고서는 성공할 수 없다는 것이다. 물론 능력도 있어야 한다. 그러나 바람직한 인간관계 없이는 그 능력도 제대로 발휘되지 못하게 되고, 결국은 성공보다는 실패의 길로 접어들게 되고 만다.

인간관계는 성공의 조건인 개인 능력 발휘의 정도를 결정하는 중요한 변수 가운데 하나다. 개인의 능력이 아무리 뛰어나다고 하더라도 주위 사람들과의 원만한 관계를 형성하지 못하고 자꾸만 마찰을 빚는다면, 자신이 보유한 능력을 제대로 발휘하지 못하게 될 것이다. 그렇게 된다면 자신이 원하는 성공은 점점 더 멀어질 수밖에 없을 것이다. 현대사회는 인간들 사이의 상호작용이 빈번하게 일어나고, 함께 힘을 합쳐 문제를 해결해야 하는 복잡한 사회다. 이런 사회일수록 바람직한 인간관계를 형성하는 능력은 성공의 필수적인 요소가 된다.

인생의 성공을 위한 인간관계의 중요성은 유스투스 폰 리비히(Justus von Liebig)가 주장한 '최소량의 법칙(Law of the Minimum)'으로도 설명이 가능하다. 이 법칙은 식물의 생산량은 그 식물의 성장에 필요한 핵심요소 가운데 가장 적은 양의 요소에 의해 결정된다고 설명한다. 다시 말해, 어떤 핵심요소가 최소량 이하로 존재하면 다른 요소가 아무리 많이 들어 있다고 하더라도 그 식물은 제대로 자랄 수 없다는 것이다. 이 법칙은 최대가 아니라 최소가 식물의 성장을 결정한다는 의미를 내포하고 있다.

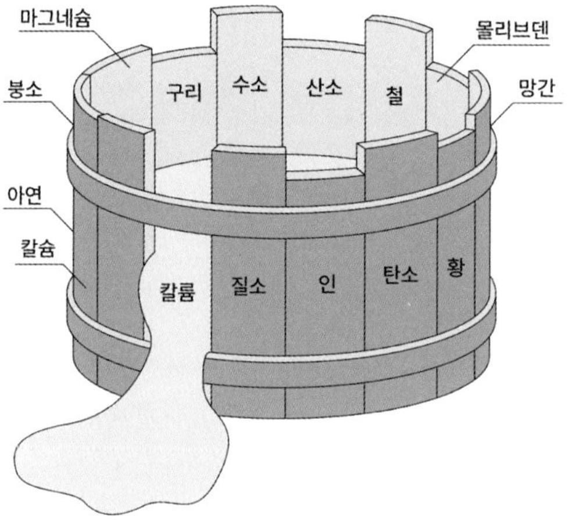

<그림 2-1> 리비히의 최소량의 법칙

이 법칙을 인간관계와 성공에 적용하면 다음과 같이 설명할 수 있다. 만약 어떤 사람이 지능지수, 감성지수, 체력, 자기관리능력 등을 고루 갖추고 있다고 하더라도 인간관계 능력이 바닥에 가깝다면, 그 사람은 사회에서 소외될 가능성이 크고 따라서 자기 능력을 제대로 발휘할 수 없어서 성공할 수 없을 것이다. 다시 말해, 한 사람의 능력 활용 정도를 통에 담긴 물의 양과 같다고 볼 때, 그 사람이 사회에서 어느 정도 능력을 발휘하는가 하는 것은 중요한 여러 가지 능력 가운데서 가장 적은 요소에 의해 결정된다는 것이다. 이것은 한 사람이 모든 능력을 갖추었더라도 인간관계가 원만하지 못하다면, 자신의 종합적인 능력을 최대한 발휘하지 못하고, 결국에는 사회적 성취도 이루어내지 못하리라는 것을 의미한다.

그렇다면 성공을 위해 필요한 인간관계를 우리는 어떤 자세로 바라봐야 할까? 첫째, 인간관계를 긍정적으로 바라보는 태도가 필요하다. 인간관계를 형성할 때 타인의 나쁜 점보다는 좋은 점을 보고 긍정적인 인간관계를 맺는 노력을 해야 한다. 둘째, 인간관계를 개방적으로 대하는 자세가 필요하다. 타인의 비판을 적극적으로 수용하고 성장의 밑거름으로 삼는 개방적인 인간관계를 맺는 노력을 해야 한다. 셋째, 인간관계를 협조적인 시각에서 접근하는 태도가 필요하다. 자신의 목표 달성에 필수적인 요소인 타인과 함께하는 협조적인 인간관계를 맺는 노력을 해야 한다. 넷째, 인간관계를 적극적인 관점에서 바라보는 자세가 필요하다. 성공의 열쇠인 바람직한 인간관계를 맺기 위해서는 적극적인 자세가 요구된다.

4) 인간관계와 행복

인간 삶의 궁극적인 목표 가운데 하나는 행복 추구다. 이 명제에 반대할 사람을 찾기는 어려울 것이다. 현대사회에서는 인간의 행복 추구를 인간의 기본권으로 인정하고 있다. 미국의 독립선언문에는 '행복 추구는 양도할 수 없는 인간의 권리이고, 자명한 진리'라고 명시되어 있다. 대한민국의 헌법 제10조 1항에도 "모든 국민은 인간으로서의 존엄과 가치를 가지며, 행복을 추구할 권리를 가진다"라며 행복추구권을 보장하고 있다.

그러나 행복을 추구하는 방법에 관해서는 의견이 분분하다. 그 가운데서 가장 대중적이고 강력한 주장은 아마도 부의 축적과 행복의 정도를 비례 관계로 보는 의견일 것이다. 더 많은 부를 축적하고 물질적으로 더 풍요로울수록 행복감이 증대할 것이라는 인식이 반영된 것이라 할 수 있다. 하지만 무소유를 주장한 법정 스님은 행복을 물질적 풍요의 증대로 인식하는 현대인들의 의견을 수용하지 않았다. 그는 "행복의 비결은 필요한 것(물질)을 얼마나 갖고 있는가에 있기보다는 불필요한 것에서 얼마나 자유로워져 있는가에 있다"라고 말했다(법정, 2006).

일반적인 인식과 달리 부의 축적이 행복감의 증대와 비례 관계에 있지 않다는 각종 조사를 쉽게 접할 수 있다. 지난 6월 한국은행이 발표한 2024년도 한국의 1인당 국민총소득(GNI)은 3만6,194달러로 인구 5,000만 명 이상 국가 가운데 6위다(한국경제, 2024.06.05). 그러나 유엔 산하의 지속가능발전해법네트워크(SDSN)에서 발표한 '2024 세계행복보고서'에 따르면 한국인의 주관적 행복도는 6.058(만점 10점)으로 조사대상 143개 국가 가운데 52위에 머물러 있다. 경제 수준보다 상당히 낮은 행복도라 할 수 있다.

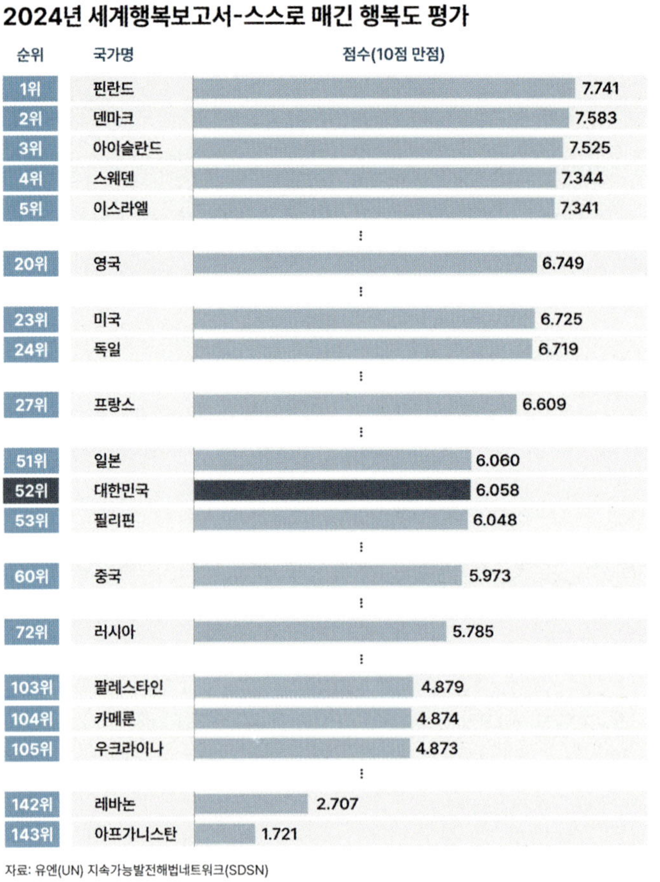

<그림 2-2> 2024년 주요국 행복 순위

미국인도 한국인과 크게 다르지 않다. 미국 갤럽은 2019년 12월 미국인의 행복도를 조사했다(국민총행복전환포럼, 2020). 미국 50개 주에 거주하는 18세 이상의 미국인 1,025명을 대상으로 한 이번 조사에서 응답자의 86%(매우 42%, 상당히 44%)가 행복하다고 답했다. 이 결과는 금융위기로 극심한 고통을 겪었던 2008년 조사결과인 91%보다 낮은 수치이고, 행복하다는 응답 비율이 90% 이하로 떨어진 다섯 번의 역대 조사결과 가운데 하나다. 또한, “너무 행복하지 않다”라는 답변 비율이 14%로 2007년보다 두 배 이상 증가했다. 하지만 2019년 조사 당시 미국의 경제 상황은 상당히 양호한 편이었다. 실업률은 3.5%로 반세기 동안 가장 낮았고, GDP 성장률은 2.1%(2019년 3분기)로 성장세를 보였으며, 2017년 공화당이 추진한 세금감

면 정책으로 기업이익과 주식 가치는 상승했다. 미국인도 경제는 양호했지만 행복하지 않았다.

그렇다면 인간의 행복감은 무엇으로 증대되는가? 『행복의 조건』의 저자 존 포웰(Powell, 1995)은 '사람은 인간관계를 통해 행복에 이른다'라고 했다. 인간관계가 행복한 삶을 위한 필수조건이라는 말이다. 행복은 흔히 알고 있듯이 재산, 명예, 권력 등을 통해 얻을 수 있는 것이 아니라, 사랑하고 존경하는 사람들과 맺는 바람직한 인간관계를 통해 느낄 수 있다. 미국 하버드대 연구팀이 수십 년 동안 진행하고 있는 연구의 결과도 이런 사실을 뒷받침하고 있다. 이들이 1938년부터 지속적으로 연구하는 주제는 '무엇이 인간을 행복하게 만드는가'이다(brunchstory, 2020.03.27). 이 연구팀은 다양한 계층의 소년 724명을 선발해서 2년마다 인터뷰했다. 부모의 직업, 가정생활, 사회생활, 건강, 사회적 성취, 친구 관계 등 삶의 전반을 추적했다. 연구팀의 로버트 월딩거(Robert Waldinger) 정신과 교수가 2015년 발표한 연구결과에 따르면, 결론은 인간관계였다. 사람들은 가족과 친구, 공동체와 긴밀한 관계일수록 행복을 느꼈고, 친밀함과 신뢰도가 높은 인간관계를 맺을수록 더 행복했다. 인간의 행복을 증대하는 측면에서도 인간관계의 중요성을 인식할 수 있다.

5) 인간관계와 조직의 효율성

바람직한 인간관계는 성공적인 조직 생활과 조직의 효율성을 증대하는 중요한 요인이다. 물론 훌륭한 기술이나 재능이 불필요하다는 것은 아니다. 그렇지만 다른 동료들과 잘 어울릴 수 없다면 성공적인 조직 생활도 조직의 효율성도 기대하기 어렵다. 그래서 조직의 수장들이 신규 조직원을 면접할 때 마음에 담고 있는 중요한 기준도 다른 사람과 함께 잘 어울릴 수 있을 것인가이다. 여러 조직 가운데서도 기업체는 조직, 기술, 인간이라는 세 가지 요소로 구성된다. 생산 활동의 주체가 인간이므로 바람직한 인간관계의 형성이 구성원의 욕구 충족은 물론이고 나아가서 기업의 효율성을 증대하는 중요한 요소라는 점은 두말할 나위가 없다.

따라서 조직의 리더나 지도자들은 구성원들의 목표성취를 동기화하고, 협상하고, 중재하고, 결정사항들을 실행하도록 격려하고, 주어진 권위를 행사하고, 신뢰를 증대할 수 있는 인간관계 기술을 익혀야 한다. 이러한 조직 리더의 역할이 잘 수행되는 조직일수록 효율성이 극대화될 수 있다. 그러므로 오늘날 인간관계와 관련한 교육과 훈련에 관한 관심이 높고, 다양한 프로그램들이 개발되어 여러 조직의 리더와 구성원들에게 제공되고 있다.

과거에는 조직의 효율성을 높이기 위해 주로 기술적인 측면이 강조되었다. 그러나 오늘날에는 조직의 활동 자체가 인간관계 요인을 내포하고 있다고 인정되면서 인간관계 측면을 더욱 강조하게 되었다. 사실 효율성 증대는 조직 체계와 기술의 개선에 의해서만 이루어지는 것이 아니다. 조직은 기술, 정보, 인간이라는 여러 요소로 구성되어 있어서 바람직한 인간관계의 발달이 조직 구성원들의 욕구 충족과 효율성 증대에 무엇보다도 중요하다. 그래서 최근 기업체에서도 효율성 증대를 위한 중요한 방법의 하나로 인간관계 훈련 프로그램을 활용하고 있다.

그런데 최근의 언론 보도에 따르면, 현대 직장인들의 가장 큰 문제가 동료나 상사와의 인간관계에서 발생하는 갈등이라고 한다. 잡코리아와 알바몬에서 직장인 1,049명을 대상으로 한 설문조사에서 직장생활 중 가장 버티기 힘들다고 느끼는 부분으로 '인간관계 스트레스'라고 응답한 비율(22.3%)이 가장 높게 나타났다(metro, 2019.05.12.). 그리고 구인구직 매칭 플랫폼 사람인에서 직장인 379명을 대상으로 한 설문조사에서 응답자의 81%가 '사람이 싫어서' 퇴사를 고민해 봤다고 답했고, 업무 관련 스트레스(28.2%)보다 인간관계 스트레스(71.8%)가 훨씬 심각하다고 응답했으며, 직장 선배와 갈등을 경험한 경우는 79.1%에 달했다(디지틀조선일보, 2019.03.26.).

조직은 여러 사람이 함께 모여 공통의 목표를 협동적으로 성취하고자 하는 삶의 현장이다. 하지만 조직 구성원들이 진정으로 추구하고자 하는 목표의 성취를 위해 자신의 에너지와 시간을 충분히 사용하지 못하고, 서로 간의 갈등에 발목이 잡혀 갈등에 대한 고민과 해결책 모색으로 시간과 에너지를 다 소비한다면, 그 조직의 효율성 향상은 요원한 일이 될 것이다. 그러므로 구성원 사이의 얽혀 있는 관계를 풀어 원만한 인간관계를 형성하는 것은 현대 조직사회에서 조직의 효율성 향상을 위한 가장 기초적인 조건이 된다. 아울러 조직 구성원 각자에게도 성공적인 조직 생활을 위한 바람직한 인간관계의 형성은 매우 중요한 문제다. 구성원들의 바람직한 인간관계는 그들 각자의 성공적인 조직 생활을 가능하게 할 뿐만 아니라, 그런 구성원들로 이루어진 조직 전체의 효율성을 증대하는 것에도 이바지한다. 따라서 조직을 구성하고 이끄는 처지에서는 인간관계를 소중하게 다루어야 할 것이다.

2. 인간관계의 유형

1) 인간의 발달 단계와 인간관계 유형

유아기의 인간관계

인간관계는 출생과 함께 시작된다. 인간은 태어나면서 부모나 형제자매와 인간관계를 형성한다. 특히, 갓난아기가 부모와 맺는 상호작용의 성공은 앞으로의 인간관계 형성에 큰 영향을 미친다. 아기는 부모와 친밀한 정서적 유대감을 형성하는데, 이러한 유대감은 아기의 성격, 인지, 정서, 사회성 발달에 큰 영향을 미쳐 바람직한 인간관계 형성의 기초가 되기 때문이다. 또한, 형제자매 관계도 아기의 성격 형성에 영향을 준다. 형제자매의 수나 출생순위에도 영향을 받는 아기의 성격 형성은 부모의 불공평한 양육 태도에 취약하다. 즉, 부모에게 불공평한 대우를 받은 아기는 타인과의 관계 손상을 경험하게 된다. 한편, 유아기가 되면 인간관계의 외연이 확대된다. 또래와 초기 친구 관계를 맺고 사회성을 발달시킨다.

아동기·학동기(學童期)의 인간관계

아동기·학동기의 또래 관계는 유아기보다 양적·질적으로 크게 변화한다. 이들은 주로 동성 친구로 구성된 또래 집단을 형성하게 된다. 이때 이들의 정서와 언어, 인지능력의 발달은 관계를 형성하는 주요한 밑거름으로 작용한다. 그리고 이 시기 아이들의 주된 활동 장소는 가정에서 학교로 바뀐다. 이에 따라 학교에서의 교사 역할이 매우 중요하게 된다. 남미 빈민촌의 한 초등학교에서 있었던 일이다(김광웅·방은령, 1992). 출석률과 상급학교 진학률이 낮고 싸움이 잦았던 이 학교에서 교사들은 학생을 체벌로 다스렸다. 그런데 1학년 담임을 맡았던 한 교사는 학생들을 애정으로 가르쳤다. 학생들을 공평하게 대했으며, 가난하고 힘든 학생들을 성심껏 도왔다. 그 결과 이 반 학생들의 학업 성취도는 물론 졸업 후 사회경제적 지위도 다른 반 출신 학생들보다 상당히 높아졌다. 학동기 초기에 맺은 교사와의 관계가 아동의 발달에 큰 영향을 미친다는 것을 보여주는 좋은 사례다.

청년기의 인간관계

청년기가 되면 부모와의 관계가 아동기와 달라진다. 청년들은 여전히 부모와 친밀한 관계를 원한다. 하지만 동시에 부모에게서 독립하려고 한다. 이러한 독립 욕구는 청년기에 급격히 증가한다. 또한, 청년기의 친구 관계는 어느 시기보다 그 의미가 크다. 친구는 가족보다 영향력이 클 뿐만 아니라, 독립을 위한 후원자의 구실을 한다. 신체와 심리의 급격한 변화에 따른 불안감을 서로 위로하기도 하고, 자아정체성 형성과 장래 인생에 대해 숙고하는 과정에서 경험하는 개인사를 공유하기도 한다. 그리고 청년기에는 친구에 관한 성적 친밀감을 발전시킨다. 청년은 성적 교제를 통해 인격 형성을 도모한다. 타인에 대해 깊게 이해하게 되고, 사랑의 본능을 충족하며, 성인의 사회적 기술과 예의를 배운다. 또 이 시기에는 독립된 가정을 꾸리고, 자신이 부모가 되는 새로운 부모 자식 관계를 경험하기도 한다.

장년기(중년기)의 인간관계

장년기(중년기)의 인간관계는 이중성을 지닌다. 자녀를 돌보는 부모 역할과 노부모를 부양하는 자녀 역할을 동시에 수행한다. 불가피하게 청년기의 자녀와 갈등을 겪기도 하며, 자녀를 독립시키고 부부만 남는 '빈둥지 증후군(Empty nest syndrome)'을 경험하기도 한다. 특히, 자녀만을 위해 헌신한 전업주부는 인생의 허탈함과 공허함을 실감한다. 동시에 이들은 늙고 병들어 경제적·심리적으로 의존하는 노부모를 부양하는 역할을 맡게 된다. 노부모 부양은 자신을 인간적으로 성숙시키는 계기가 되기도 한다. 노부모와의 관계 증진으로 육아나 가사의 지혜를 얻기도 하고, 노화에 대한 경험적 지식을 습득하기도 한다. 또한, 노부모 부양은 자녀에게 부모와 맺는 올바른 인간관계를 교육하는 기회가 되기도 한다. 한편, 장년기(중년기)는 사회경제적 능력이 최고 수준에 오르는 절정기다. 직장에서는 권한이 확대된 상급자의 위치에서 지도력을 발휘해야 하는 새로운 인간관계를 경험한다.

노년기의 인간관계

노년기의 인간관계는 축소된다. 노년기는 신체적·심리적·경제적·사회적으로 위축되는 시기이기 때문이다. 은퇴로 인해 생활반경과 교류의 폭이 좁아진다. 자녀들도 독립해 떠나고 부부만 남게 되고, 자녀에게 의존하는 관계가 형성된다. 어느 때보다 많은 시간을 함께 보내고 의존하는 노년기의 부부관계가 가장 중요한 인간관계로 자리 잡게 된다. 한편, 손자녀가 생기면 조부모의 지위와 역할을 경험한다. 지혜와 사랑으로 손자녀를 대하며 자신의 존재 가치를 확인하고 상실감을 극복하기도 한다. 물론 손자녀 양육방법을 둘러싼 갈등으로 가족관계가 무너지지 않도록 경계해야 한다. 그리고 평균 수명이 증가해 노년기가 길어진 현대사회에서는 노후 생활의 중요성이 더욱 증대한다. 그러나 어쩔 수 없이 노년기는 인간관계의 해체기다. 가까운 친인척과 친구는 물론 가장 친밀했던 배우자도 세상을 떠나고, 자신도 피할 수 없는 죽음으로 이 세상과 영원히 이별할 수밖에 없기 때문이다.

2) 해리스의 인간관계 유형

해리스(Harris, 1967)는 자신과 타인에 대한 태도를 조합해 인간관계의 유형을 네 가지로 분류했다. 인간은 성장하면서 자신과 타인에 대해 다른 태도를 형성한다. 성장 과정에서 경험한 위로의 양과 종류에 따라 자신과 타인에 대한 태도가 형성되고, 이에 기초해 인간관계의 유형이 결정된다. 다시 말해, 자신과 타인에 대한 긍정적인 태도와 부정적인 태도가 조합되어 <그림 2-3>과 같이 네 가지 유형의 인간관계가 만들어진다.

		타인에 대한 태도	
		긍정	부정
자신에 대한 태도	긍정	자기긍정-타인긍정 I am OK, You are OK 개방적 인간관계(성숙형)	자기긍정-타인부정 I am OK, You are not OK 이기적 인간관계(공격형)
	부정	자기부정-타인긍정 I am not OK, You are OK 순종적 인간관계(패배형)	자기부정-타인부정 I am not OK, You are not OK 폐쇄적 인간관계(고립형)

<그림 2-3> 해리스의 인간관계 유형

자기긍정·타인긍정(I am OK, You are OK)

자신과 타인에 대해 '둘 다 옳다'는 태도를 보이는 사람들에게 나타나는 개방적인 인간관계 유형이다. 이 유형은 자신의 장점과 잠재력을 신뢰하면서 동시에 타인의 장점과 잠재력도 발견하고 존중한다. 자신만의 소중한 가치가 있는 것처럼 타인도 그러한 가치가 있다는 것을 인정하는 태도를 보인다. 즉, 자신의 주관도 뚜렷하고 타인의 의견도 존중한다. 이러한 인간관계 유형에 속하는 사람들은 타인에게 개방적이고, 타인과 조화를 쉽게 이룰 수 있어서 갈등의 소지가 작다. 또한, 자기 조절과 성숙한 인간관계로 건강하고 행복한 삶의 주체가 될 수 있다. 따라서 지속적으로 추구해야 할 바람직한 인간관계 유형이다.

자기긍정·타인부정(I am OK, You are not OK)

자신에 대해서는 옳고, 타인에 대해서는 틀렸다는 태도를 보이는 사람들에게 드러나는 이기적인 인간관계 유형이다. 이 유형은 자신은 괜찮고 잘한다고 인식하지만, 타인은 문제가 있다고 경멸하는 독선적이고 자기중심적인 태도를 보인다. 자신의 능력은 과대평가하는 경향이 있고, 타인의 능력은 과소평가해 비하하는 경향이 있다. 이러한 인간관계 유형에 속하는 사람들은 지나친 자신감과 독선으로 주변 사람들과 쉽게 충돌하며, 타인을 불신하고 경계하며 감독하는 태도가 강해 인간관계가 단절될 가능성이 크다. 또한, 문제가 발생했을 때 객관적으로 평가하고 자신을 되돌아볼 줄 모르고 타인의 탓으로 책임을 전가한다.

자기부정·타인긍정(I am not OK, You are OK)

자신에 대해서는 틀렸고, 타인에 대해서는 옳다는 태도를 보이는 사람들에게 나타나는 순종적인 인간관계 유형이다. 이 유형은 자신을 사랑받을 가치가 없는 존재로 인식하는 반면에 타인은 늘 자신보다 더 낫다고 생각한다. 자신의 장점을 발견하지 못하고 언제나 타인의 장점만을 더 크게 평가한다. 이러한 인간관계 유형에 속하는 사람들은 자신의 주장을 포기하고 타인에게 맹종하는 것으로 주변 사람들의 인정과 사랑을 얻으려 한다. 또한, 자기주관이 없고 타인 의존적이며, 자기를 비하하는 소극적인 감정으로 타인과 친밀한 인간관계를 형성하기 어렵다. 기본적으로 우울감, 소외감, 열등감 등을 경험한다.

자기부정·타인부정(I am not OK, You are not OK)

자신과 타인에 대해 '둘 다 틀렸다'는 태도를 보이는 사람들에게 나타나는 폐쇄적인 인간관계 유형이다. 이 유형은 자신도 별 볼 일 없다고 생각하고 동시에 타인도 제대로 된 사람이 아니라고 생각한다. 자신에 대한 불신과 세상에 대한 원망으로 모든 것을 부정적으로 인식한다. 타인의 의견도 무시하지만, 자신도 자신감이 없어 타인의 비판을 두려워한다. 자신은 문제 해결을 회피하면서도 타인의 노력은 못마땅하게 생각한다. 이러한 인간관계 유형에 속하는 사람들은 절망감과 허무감으로 모든 일에 무기력하고 무관심하여 올바른 인간관계를 형성하기 어렵다. 또한, 늘 비관적인 태도는 자신뿐만 아니라 타인을 파멸로 몰고 간다.

3) 키슬러의 인간관계 유형

키슬러(Kiesler, 1983)는 리어리(Leary)의 인간관계 이론을 받아들여 인간관계를 여덟 가지 유형으로 분류했다. 리어리는 사람들의 행동과 태도를 두 가지 차원, 즉 상하(통제)차원과 친밀(관계)차원으로 분석했다. 상하차원은 지위나 권위와 관련된 차원으로 상위자는 지배하려는 행동을 보이고, 하위자는 복종하려는 행동을 보인다. 친밀차원은 감정이나 관심과 관련된 차원으로 친밀한 사람은 우호적인 행동을 보이고, 친밀하지 않은 사람은 냉담한 행동을 보인다. 키슬러는 상하차원의 지배와 복종, 친밀차원의 우호와 냉담을 조합해 여덟 가지 인간관계 유형을 제시했다.

지배형(domineering)

지배형의 인간은 타인에 대해 주도권을 행사하며 강압적인 태도를 보인다. 타인에게 정보를 주거나 지시하는 것을 좋아하고, 자신의 성취를 자랑하는 것을 좋아한다. 다른 사람의 도움이 필요한 상황에 부닥쳐도 도움을 요청하는 일이 거의 없다. 자신만만해 보이기도 하지만, 거만해 보이기도 한다. 타인의 의견을 경청하고 수용하는 자세가 필요하다.

보복형(vindictive)

보복형의 인간은 자기중심적이고 경쟁적이며 자기 이익을 우선하는 태도를 보인다. 타인을 신뢰하지 못하고 다른 사람의 의도가 악의적이지 않은지를 항상 경계한다. 불공평한 대우에 매우 민감하고 보복하는 경향이 있다. 이기기 위해 애쓰고 잘못을 타인의 탓으로 돌리고 비난하는 태도를 보인다. 타인에 대한 신뢰 형성에 관심을 가져야 한다.

냉정형(cold)

냉정형의 인간은 지나치게 이성적이고 냉철하며 의지력이 강해, 타인과의 관계도 거리를 두고 형성하는 모습을 보인다. 다른 사람의 결점을 잘 찾으며 타인의 사과와 변명을 잘 수용하지 않고 반박을 잘한다. 타인의 감정에 무관심하고 상처를 쉽게 줄 수 있어 피상적인 인간관계를 형성할 수 있다. 따뜻하고 긍정적인 감정을 표현하려는 노력이 필요하다.

사회회피형(socially avoidance)

사회회피형 인간은 다른 사람과 잘 어울리지 않으며 혼자 일하는 것을 선호하는 태도를 보인다. 자신의 감정을 잘 드러내지 않고 우유부단한 성향을 지녔다. 타인을 두려워해 사회적 상황을 회피하고 지나치게 억제하는 모습을 보인다. 침울한 기분에 지속적으로 사로잡혀 사회적으로 고립될 우려가 있다. 인간관계를 형성하기 위한 적극적인 노력이 필요하다.

비주장형(nonassertive)

비주장형 인간은 다른 사람과의 관계에서 수동적이고 의존적인 태도를 보인다. 늘 자신감이 없고 타인에게 주목받는 일을 피하는 경향이 있다. 자신의 의견과 태도를 명확하게 드러내지 못하고, 다른 사람의 의견을 잘 따른다. 상급자의 역할 수행에 부적절한 유형이다. 자기표현과 자기주장을 강화하는 노력을 통해 인간관계에서의 독립성을 키워야 한다.

피착취형(exploitable)

피착취형 인간은 다른 사람을 잘 믿고, 자기한테 무례하게 행동하는 것도 너그럽게 봐주는 태도를 보인다. 단순하고 솔직한 성향 때문에 다른 사람에게 쉽게 설득당하고, 이용당할 가능성이 크다. 타인의 의견에 반대하지도 못하고, 화가 나도 드러내지 못하는 경향을 지녔다. 타인의 의도를 늘 염두에 두고서 행동하는 신중함을 키울 필요가 있다.

과잉배려형(overly nurser)

과잉배려형 인간은 자신보다 타인의 활동에 더 큰 관심을 두고 흥분하는 태도를 보인다. 지나치게 관대하여 다른 사람이 못마땅한 일을 해도 비난하거나 항의하지 못한다. 다른 사람을 배려하는 마음이 지나쳐 잘 도와주는 자기희생적인 성향을 보이고, 자신의 실수에는 수치심을 많이 느낀다. 자신의 내면세계에도 관심을 기울이는 노력이 필요하다.

참견형(intrusive)

참견형 인간은 다른 사람들과 함께 일하기를 선호해 타인의 활동에 관심을 자주 보인다. 수다 떨기를 즐겨서 참견하지 않고는 못 배긴다. 다른 사람의 일에 흥분을 잘하고 즉흥적으로 대처하는 모습을 보인다. 타인에 대한 지나친 간섭으로 인해 올바른 인간관계 형성에 어려움을 겪는다. 전반적으로 말을 줄이고 불필요한 간섭은 자제하는 노력이 필요하다.

4) 클라크와 밀스의 인간관계 유형

클라크와 밀스(Clark & Mills, 1979)는 현대인의 인간관계를 공유적 관계와 교환적 관계로 구분하여 유형화했다. 공유적 관계는 상대방의 내면적 특성이나 감정을 공유하는 강한 친밀감을 느끼는 관계다. 가족, 연인, 친한 친구 사이의 관계가 이에 해당하며, 호혜성의 원칙이 적용되지 않고 서로를 '하나'로 생각한다. 반면에 교환적 관계는 상대방과 필요한 것을 주고받는 거래적인 성격의 관계다. 직장동료, 사업 동반자, 일시적인 친구 사이의 관계가 이에 해당하며, 호혜성의 원칙과 형평성의 원칙이 적용되고 서로를 별개의 개체로 생각한다.

클라크와 밀스의 인간관계 유형 분류는 철학자 부버(Buber)의 인간관계 구분과 맥을 같이한다. 부버가 구분한 '나와 너의 만남'과 '나와 그것의 만남'이라는 인간관계는 클라크와 밀스의 공유적 관계와 교환적 관계에 상응한다. '나와 너의 만남'은 두 인간이 진실하게 교류하는 실존적인 만남으로 사랑, 성장, 통합을 체험하지만, '나와 그것의 만남'은 두 인간이 꾸며진 모습으로 교류하는 것으로 타인을 수단으로 경험하게 된다. 클라크와 밀스의 인간관계 유형을 자세히 살펴보면 다음과 같다.

공유적 관계(communal relationship)

공유적 관계에서는 사람들의 내면적 특성이 공유되어 상호의존성이 높아지고 친밀감도 강화된다. 이런 관계에서는 타인의 행복이 나의 행복이 되고, 타인에게 주는 것이 나에게 주는 것이 된다. 나아가 타인의 기쁨과 고통이 나의 것으로 경험된다. 이처럼 공유적 관계에서 타인은 나의 이기적 목적에 이용되는 수단이 아니라, 친교의 경험을 함께 나누는 존재가 된다. 일반적으로 가족, 연인, 친밀한 친구 사이에서 나타나는 인간관계의 유형이다.

공유적 관계의 특징을 살펴보면 다음과 같다. 첫째, 관계를 맺고 있는 각자가 상대방의 행복과 불행에 각별한 관심과 책임감을 느낀다. 둘째, 주는 것만큼 받고 받는 것만큼 되돌려줘야 하는 호혜성의 원칙을 무시하고 초월한다. 셋째, 상호작용하는 사람들은 서로를 별개의 독립적 개체로 지각하기보다 '우리는 하나'라고 지각한다.

교환적 관계(exchange relationship)

교환적 관계에서는 타인의 행복에 특별한 책임감을 느끼지 못한다. 공유적 관계와 달리 사람들의 내면적 특성을 공유하지도 않고 친밀감도 강하지 않기 때문이다. 이러한 관계는 서로 필요한 것을 주고받는 거래적 성격이 강하다. 따라서 거래의 공정성, 즉 이득과 손실의 균형이 무엇보다 중요하다. 주는 만큼 받고 받는 만큼 줘야 하는 호혜성의 원칙과 투자한 만큼 보답이 되돌아와야 하는 형평성의 원칙이 요구된다. 교환적 관계를 지배하는 두 원칙은 경제적 이윤추구가 목표인 자본주의 체제와 개인의 독립성을 강조하는 개인주의 사회의 인간관계를 설명하는 원리다.

그러므로 교환적 관계에서의 이득과 손실의 불균형은 갈등과 대립을 초래하고 지속적인 인간관계를 위협한다. 상대방에게 무언가를 받았을 때는 그에 상응하는 무언가를 줘야 한다는 부담감을 안게 되고, 상대방에게 무언가를 주었을 때는 그 대가가 내게 돌아올 것이라고 기대하게 된다. 그러나 이러한 주고받음의 균형이 깨지면 인간관계는 유지되기 어렵다. 그런 점에서 늘 긴장과 불안이 따를 수밖에 없는 인간관계의 유형이다.

앞서 살펴보았듯이 공유적 관계와 교환적 관계에 적용되는 원칙은 다르다. 그런데도 현대인들은 모든 인간관계에 교환적 관계의 원칙을 적용하려고 한다. 심지어 흔히 공유적 관계로 분류되는 부모-자식 관계, 부부관계, 형제자매 관계, 사제관계, 친구 관계, 연인관계 등도 교환적 관계로 파악하고 호혜성과 형평성의 원칙을 적용하려고 한다. 이러한 관계에서도 이득과 손실의 균형을 따지고, 그것이 충족되지 않으면 인간관계가 깨지거나 불안정해진다. 하지만 교환적 관계에 치우쳐서는 타인과의 친밀한 유대와 신뢰의 욕구가 충족될 수 없다. 공유적 관계와의 균형을 찾을 때 꾸미지 않은 진실한 인간관계를 경험하게 되고, 내면적 안정감을 회복할 수 있을 것이다.

5) 피스크의 인간관계 유형

피스크(Fiske, 1991)는 인간관계를 권력과 연대라는 두 가지 차원에서 분석했다. 권력은 한 사람이 다른 사람에게 영향을 미치거나 통제할 수 있는 정도를 나타낸다. 반면에 연대는 한 사람이 다른 사람과 공감하거나 동일시하는 정도를 나타낸다. 피스크는 이 두 가지 차원을 조합해 인간관계의 유형을 네 가지로 분류했다.

공동체적 공유관계(communal sharing)

공동체적 공유관계 유형은 권력은 약하고 연대는 강한 유형에 해당한다. 따라서 이 유형에 속한 사람들은 서로를 동일 그룹의 일원으로 동등하게 인식하며, 자신의 이익과 재산을 공유하거나 분배한다. 일반적으로 가족관계, 친구 관계, 연인관계 등이 이 유형에 포함된다.

인간은 인지적으로나 사회적으로 개인적 정체감을 발달시키기 전에 한 가족의 구성원으로 태어난다. 그래서 가족은 공동체 의식에 근거한 인간관계의 원형이라 할 수 있다. 이 외에도 인간은 사회생활을 하면서 친구나 연인과도 공동체 의식에 근거한 인간관계를 형성한다. 이러한 인간관계에서는 이해관계를 뛰어넘어 상대방에 대해 갖게 되는 돌봄과 연민의 감정이 핵심적이다. 성장 과정에서 부모와의 상호작용을 통해 형성된 정서적 유대감에 기초하는 돌봄과 연민의 감정은 공동체적 공유관계 형성에 큰 영향을 미친다.

권위적 서열관계(authority ranking)

권위적 서열관계 유형은 권력은 강하고 연대는 약한 유형에 해당한다. 따라서 이 유형에 속한 사람들은 서로를 위계적이고 비대칭적인 관계로 인식하며, 서로의 지위나 권한에 따라 존중받거나 복종하게 된다. 일반적으로 군대의 상급자와 하급자 관계, 회사의 상사와 부하 관계 등이 이 유형에 포함된다.

군대나 회사는 다른 집단과 달리 집단의 목표가 분명하고, 그러한 목표를 달성하기 위한 조직과 서열이 존재한다. 이와 같은 권위적 서열관계에서는 하급자나 부하는 상급자나 상사의 지시나 명령에 따라야 할 의무를 진다. 하지만 최근 여러 회사에서는 직원들의 창의성과 자발성을 높이려고 과업 중심의 서열관계를 도입하고 있다.

대등적 상응관계(equality matching)

대등적 상응관계 유형은 권력도 약하고 연대도 약한 유형에 해당한다. 따라서 이 유형에 속한 사람들은 서로를 독립적이고 상호 균형적인 관계로 인식하며, 자신의 행동이나 자산에 대해 상대와 같은 대가를 지급하거나 요구한다. 일반적으로 친구 관계에서의 술값 내기, 동료 관계에서의 업무 분담, 이웃 관계에서의 물건 빌리기 등이 이 유형에 포함된다.

대응적 상응관계는 태어나면서 주어지는 관계가 아니라, 자신의 의지로 형성하는 관계다. 친구 관계나 동료 관계에서는 위계적 서열이 존재하지 않고 독립성을 유지하며, 대등한 관계에서 상응 교류가 이루어진다. 이러한 관계에서는 상대방이 자신을 배려한 만큼 자신도 배려해야 하는 상응적 규범이 잘 지켜져야 갈등이 발생하지 않는다.

시장적 가치관계(market pricing)

시장적 가치관계 유형은 권력도 강하고 연대도 강한 유형에 해당한다. 따라서 이 유형에 속한 사람들은 서로를 이익과 효율을 중시하는 계약적인 관계로 인식하며, 자신의 행동이나 자산에 대해 상대와 협상하거나 거래를 하게 된다. 일반적으로 고객과 판매자 관계, 고용주와 고용인 관계, 투자자와 기업 관계 등이 이 유형에 포함된다.

사회생활을 하다 보면 각자의 목적을 달성하기 위해 인간관계를 형성하게 되는 경우가 있다. 이러한 시장적 가치관계로 형성된 인간관계는 정서적 지지나 관심사의 공유 같은 개인적 욕구보다 원하는 목적을 달성하는 데 가치를 두기 때문에, 원하는 목적이 달성되었을 때는 관계가 종료되는 경우가 대부분이다.

| 요약 |

1. 인간관계는 생존에 필수적이다. 출생 직후 인간은 돌보는 이의 보살핌 없이 살아남기 어렵고, 애착 유형에 따라 성인의 행복과 인간관계까지 달라질 수 있다.

2. 인간관계는 개인의 자아 형성에 중요한 영향을 미친다. 건전한 자아 형성은 타인과의 긍정적 인간관계에 의존한다. 부모, 동료, 교사와의 상호 존중과 사랑이 자아 발달을 촉진한다.

3. 성공은 바람직한 인간관계와 밀접한 관련이 있다. 미숙한 인간관계는 종종 실패의 주요 요인으로 지목된다. 반면, 타인과 원만히 어울리는 능력은 성공에 결정적이다.

4. 행복은 물질적 풍요가 아니라, 인간관계를 통하여 얻어진다. 인간관계의 질이 전반적인 삶의 행복에 결정적인 영향을 미친다. 사랑하고 존경받는 인간관계가 행복의 주된 원천이다.

5. 바람직한 인간관계는 조직 생활과 조직의 효율성 증대에 중요한 요인이다. 조직의 리더가 되려면 인간관계 기술을 익혀야 한다. 최근 인간관계 훈련과 교육이 주목받고 있다.

6. 인간관계는 성장 단계별로 변모한다. 유아기에 부모와의 친밀함이 기초를 형성하고, 아동기에는 또래와 교사와의 관계가 중요하다. 청년기는 부모로부터의 독립과 친구와의 친밀감이 확대된다. 장년기는 부모와 자녀 역할의 이중성을 지니며, 노년기에는 인간관계가 축소된다.

7. 해리스는 인간관계 유형을 네 가지로 분류한다. 자기와 타인을 긍정하는 개방적 관계, 자기는 긍정하고 타인을 부정하는 이기적 관계, 자기를 부정하고 타인을 긍정하는 순종적 관계, 그리고 자기와 타인 모두를 부정하는 폐쇄적 관계로 나뉜다.

8. 키슬러는 리어리의 이론을 발전시켜 상하차원(지배/복종)과 친밀차원(우호/냉담)을 결합한 여덟 가지 인간관계 유형을 제시했다. 이 유형에는 지배하려는 지배형에서부터 참견하는 참견형에 이르기까지, 각각 타인과의 상호작용이 어떻게 행해지는지를 설명한다.

9. 클라크와 밀스는 인간관계를 공유적 관계와 교환적 관계로 구분했다. 공유적 관계는 내면적 특성을 함께 나누며 강한 친밀감을 느끼는 관계이고, 교환적 관계는 실리적인 필요를 주고받는 관계다. 공유적 관계는 개인을 '하나'로 보는 반면 교환적 관계는 개인을 별개로 본다.

10. 피스크는 인간관계를 권력과 연대에 기반한 네 가지 유형으로 분류했다. 공동체적 공유관계는 서로 동등하게 인식하며 이익을 공유하는 관계이고, 권위적 서열관계는 위계에 따른 존중과 복종의 관계다. 대등적 상응관계는 동등한 관계에서 상응하게 주고받는 관계이며, 시장적 가치관계는 이익과 효율을 중시하는 계약적 관계다.

3장

인간관계의 사회학적 이해

사회학은 학문적 특성상 인간관계를 전제한다. 그러나 그동안 인간관계를 구체적으로 다루는 것에 소홀하였다. 오히려 심리학이나 경영학이 인간관계를 중점적으로 다루어왔다. 인간관계에서 심리적 문제를 겪는 사람들이 늘어나고 있고 직장에서 리더십이 성공의 조건으로 여겨지는 현실이 만들어 낸 결과일 것이다. 이처럼 심리학이나 경영학 관점의 인간관계도 급변하는 현실에서 의미를 찾을 수 있겠지만 사회라는 큰 틀에서 인간관계의 복잡성을 종합적으로 이해하는 것도 매우 중요할 것이다. 본 장에서는 사회학이라는 고유의 학문적 특성에 따라 인간관계를 다루었던 다양한 사회학적 이론을 소개하고자 한다. 사회학적 이론을 통해 바라보는 인간관계는 사회와 개인을 종합적으로 이해하는 통로가 될 수 있을 것이다.

1. 기능주의

1) 근대사회의 질서에 대한 사회학적 기본 이해

기능주의는 사회학의 탄생과 밀접한 관련을 갖는다. 따라서 먼저 간략하게 사회학이 등장하게 된 배경에 대한 설명이 필요하다. 사회학은 근대정신의 산물로서 발전하게 되었다. 르네상스, 인쇄술의 발명, 종교개혁을 거치면서 등장한 개인이 종교 성직자의 권위와 정치 지배자의 권력에서 벗어나 스스로 생각하고 자신의 방식으로 살아가려는 과정에서 서구사회에는 극심한 혼란이 발생하였다. 경제적인 관점에서 보면 봉건사회가 무너지는 상황에서도 새로운 자본주의 경제질서는 아직 본격적인 모습을 드러내지 못한 상태였다. 1789년의 프랑스 혁명은 혼란스러운 정치적 현실을 극명하게 보여준 대사건이었다. 불안정한 현실을 맞이한 사람들에게 불확실해지고 복잡해지는 현실을 이해하고 미래를 전망하려는 시도들이 필요했다. 근대 초기에 데카르트가 제안하고 칸트가 발전시민 근대철학적 담론은 그런 불확실성과 복잡성에 대한 적절한 해답을 줄 수 있을 것으로 기대되었다. 하지만 추상적이고 사변적인 접근방식이었던 근대철학은 그런 기대를 충족시켜 줄 수 없었다. 사람들에게 변화의 명확한 근거와 방향을 제시해 주는 구체적이고 현실적인 이론과 방법이 필요했다. 1800년대 초 마침내 오귀스트 콩트가 등장하였다. 그는 자연과학의 성과에 기초하여 사회를 과학적 연구의 대상으로 삼는 새로운 방식을 고안해냈다. 특히 생물학으로부터 커다란 영향력을 받은 콩트는 사회학과 생물학의 친화성에 주목하였다. 그는 생물학이 개별유기체를 분석하듯이 사회학이 사회유기체를 분석할 수 있다는 생각에 이르렀다. 또한 생물학이 유기체를 해부학적 요소, 조직, 기관으로 분해할 수 있듯이 사회학은 사회를 대상으로 이런 분해를 할 수 있을 것으로 보았다. 개인을 사회의 기본단위로 보지 않고 전체가 부분에 앞선다고 주장한 그는 불확실하고 복잡한 현실 속에서 보편적으로 적용될 수 있는 법칙을 찾아내려고 시도하였다. 자연과학의 발전에 기초하여 콩트는 인류 역사 3단계 발전법칙을 제시하였다. 그는 신학적 단계에서 시작하여 형이상학적 단계를 거쳐 인류가 산업사회라는 실증적 단계에 도달하였다고 확신하였다. 콩트에 따르면 현실을 실질적으로 증명하는 실증과학은 산업사회의 토대였고 최적의 사회조직으로 이끄는 도구적 기능을 가졌다. 그리고 사회적 과정은 과학적으로 조정될 수 있는 대상이 되었다. 그 결과 콩트는 자연과학에 힘입어 등장하고 발전한 사회학이 실증주의에 기초하여 자연과학도 아우르는 과학 중의 과학이 될 것이라고 주장하였다. 사회 전체의 구조와 발전법칙을 강조한 콩트의 이론은 사회 속에 개인의 역할을 강조하는 기능주의적 관점과 자연스럽게 연결될 수 있었다.

영국의 허버트 스펜서(Herbert Spencer)는 사회학에 기능주의의 관점을 구체화한 대표적 선구자였다. 확고한 개인주의적 가치관을 가진 그는 전체를 중시하고 여전히 관념적 세계에 머물고 있었던 콩트와는 달리 사회 전체의 유지를 위하여 개별 부분들의 기능과 역할이 중요하다는 생각을 피력하였다. 특히 진화론에 영향을 받은 스펜서는 낮은 수준의 동질적인 미분화상태에서 높은 수준의 이질적인 분화상태로 사회가 진보한다고 주장하였다. 이후 콩트와 스펜서의 성과를 이어받은 에밀 뒤르켐은 사회학의 학문적 성격을 더욱 공고히 다졌다. 이전의 사회학의 선구자와는 달리 대학에서 안정적으로 학문을 할 수 있었던 뒤르켐은 사회변화와 질서의 가능성에 더욱 집중하였다. 산업사회가 명백하게 봉건사회에 승리를 거두었지만 봉건시대의 전통적 귀족엘리트들은 여전히 사회의 주도권을 유지하기를 원하였다. 불가피하게 프랑스에서는 새로운 질서를 갈망하는 엘리트와 전통적 엘리트 사이의 주도권을 둘러싼 투쟁이 빈번하게 발생하였다. 그 와중에 근대사회에서 사회질서의 가능성에 대한 의문이 제기되었다. 뒤르켐은 이러한 질문에 해답을 찾기 위해 몰두하였다.

콩트처럼 사회구조적 요인을 중시한 그는 개인보다 사회를 우선하였다. 그리고 그는 사회학이 과학이 되기 위해서는 사회적 사실을 설정해야 한다고 주장하였다. 그가 정의한 사회적 사실은 고정된 것이든 그렇지 않은 것이든 개인에 대하여 외적 구속력을 행사하는 모든 형태의 행위양식을 가리켰다. 다시 말해 개인의 외부에 존재하면서 개인에게 구속력을 가지는 규범, 윤리, 관습, 혹은 제도를 의미하였다. 그러나 사회와 구조를 우선한 뒤르켐이지만 개인을 무시한 것은 아니었다. 사회분업론에서 그는 기계적 연대에서 집합의식이 수행했던 연대의 역할을 유기적 연대에서는 분업이 떠맡고 있다고 주장하였다. 스펜서가 주장하였듯이 분업은 개인주의에 기반해서 나타난 사회적 현상이기 때문이다. 다만 공리론적 개인주의의 관점에서 분업을 주장한 스펜서와는 달리 뒤르켐은 도덕적 개인주의에 기반하였다. 마침내 그는 근대사회에서 과거의 집합의식을 대체하는 집합표상을 제시하였다. 뒤르켐에 따르면 근대사회의 집합표상은 도덕적 개인들이 결합하여 형성한 사회가 갖는 고유한 사고 및 감정의 방식이다. 집합의식을 부정적으로 간주한 뒤르켐은 집합표상을 근대사회를 위한 필수적이고 유용한 힘으로 평가하였다. 집합표상이 사회를 결집하고 개인을 집단으로 통합한다고 생각했기 때문이다. 그의 이런 관점은 그의 자살론에서 명확하게 드러난다. 뒤르켐은 19세기의 자살통계에 기반하여 자살이 개인의 심리적 현상이 아니라 사회적 현상이라는 테제를 제시하였다. 자살이 개인적 현상이라면 자살률은 사회별로 큰 차이가 없었겠지만, 뒤르켐은 자살률을 사회의 통합정도와 관련시켰다. 사회적 통합이 높은 종교나 집단에서는 자살률이 낮고, 사회적 통합이 낮은 종교나 집단에서는 자살률이 높다는 것이다. 즉 가톨릭 국가의 자살률은 개신교 국가보다 낮지만 유대인의 자살률보다 높다는 사회적 사실을 밝혔다. 또한 학식이 높은 사람은 학식이 낮은 사람보다, 노인이 청년보다, 남자들이 여자보다 자살률이 높다고 주장하였다. 아이를 가진 부부는 그렇지 않은 사람들보다 자살률이 낮다는 점도 덧붙였다.

그의 저서인 사회분업론과 자살론에서 아노미 상태에 주목한 뒤르켐은 후기에 근대사회의 병리적 현상에 대한 처방에 주력하였다. 그의 해답은 직업결사체였다. 뒤르켐은 사회분업이 정상적으로 작동하려면 개인과 국가 사이에 중재자 역할을 하는 집단, 즉 직업결사체가 필요하다고 강조하였다. 직업별로 구성된 독립적이고 자율적인 단체들로서 직업결사체는 개인의 이익과 국가의 이익 사이에 조화를 이루는 보편적 이익을 추구하는 집단이며, 아노미적 분업에서 결여된 도덕적 통합을 촉진하는 역할을 담당한다고 설명하였다.

뒤르켐을 통해 구체화된 구조기능주의는 인류학자 브로니슬로프 말리노프스키와 알프레드 레지날드 래드클리프-브라운을 거쳐 탈콧 파슨스(Talcott Parsons)에서 정점에 이르렀다. 파슨스는 근대사회를 설명할 수 있는 거대한 분석적 구성물을 구축하고자 하였다. 그는 자원주의적 행위이론에서 시작하여 체계이론에 도달하면서 소위 'AGIL'이라는 모델을 고안하였다. 인간의 행위유형을 의미하는 그의 'AGIL' 모델은 A(adaptation, 적응), G(goal attainment, 목표성취), I(integration, 통합), 그리고 L(latent pattern maintenance, 잠재적 유형 유지)이라는 기능적 요소로 구성된다. 파슨스는 개념적 도식을 사회체계와 하위체계에 적용하였다. 즉 사회체계는 A(경제체계), G(정치체계), I(사회공동체체계), 그리고 L(사회문화체계)의 네 가지 기능적 구분으로 분할하였다. 위의 하위체계에는 각각의 상징적으로 일반화된 커뮤니케이션매체 즉, 경제체계에는 화폐, 정치체계에는 권력, 사회공동체체계에는 영향력 그리고 사회문화체계에는 가치에의 헌신이 작동하면서 사회의 질서를 유지시킨다. 파슨스는 하위체계들이 투입(input)과 산출(output)로 상호작용하면서 사회의 진화적 발전이 지속적으로 이루어지고 있다는 점을 강조하였다.

이처럼 파슨스는 사회체계 내의 다양한 하위체계를 파악한 후 그것들이 체계 안에서 작용하는 구체적인 기능을 전반적으로 보여주고자 하였다. 파슨스의 기능주의적 관점에서는 각각의 하위체계가 자율성을 가진 상태에서 작동함에도 불구하고 질서와 평형, 균형을 유지하기 위해서는 전체적인 틀, 즉 구조가 필수적이다. 그리고 파슨스는 구조가 안정적으로 유지될 수 있는 근거를 근대사회의 문화에서 찾았다. 파슨스가 자의 반 타의 반으로 문화결정론자로 명명되는 이유다.

2) 인간관계의 기능주의적 해석

콩트에서부터 시작된 기능주의는 기본적으로 사회를 유기체와 유사하게 생각하는 것에서부터 시작한다. 유기체의 각 요소가 제대로 작동할 때 병이 없는 상태를 유지할 수 있는 것처럼 사회도 사람들이 각자의 역할을 충실히 수행하고 상호작용을 할 때 질서가 유지될 수 있다는 것이다. 근대사회의 질서유지를 위한 가장 기본적인 토대는 가족이다(Parsons·Bales, 1956). 산업사회가 시작되면서 전통적인 대가족제도는 해체되고 핵가족이 등장하였다. 파슨스와 베일스에 따르면 새롭게 등장한 가족제도가 담당하는 두 가지 기능은 자녀의 일차적 사회화기능과 성인의 인격 안정화(Personality Stabilization)이다. 일차적 사회화는 아동과 청소년이 그들이 태어난 문화를 내면화하고 규정된 사회역할 수행에 필요한 태도와 능력을 습득하는 과정으로서 가족을 통해 이루어지는 역할분담과 관련된다. 먼저 아들은 가족의 생계유지를 경제적으로 책임지는 아버지로부터 도구적 역할을 습득한다. 다음은 자녀양육의 책임자로서 가족 내에서 감정적 지지와 관계를 형성하는 어머니로부터 딸이 습득하는 표현적 역할이다. 세 번째는 상속자로서 자녀역할을 강조한다. 즉 부모는 자녀를 가족체계의 일부로 간주하며 자녀에게 가족의 지속성을 보장하는 역할을 요구한다는 것이다. 네 번째로 소비자의 역할로서 자녀는 가족 내에서 소비 활동을 통해 가족체계의 안정성을 유지하고 경제적인 자원을 소비함으로써 가족 구성원들 간의 상호의존성을 유지한다.

사회적 가치와 규범이 개인의 인성구조 속에 내면화되는 일차적 사회화과정이 아동의 초기 유년기에 집중적으로 이루어진다면 인성 안정화(personality stabilization)는 성인에게 가장 중요한 환경을 제공한다. 인성 안정화(personality stabilization)는 일차적 사회화과정을 통해 개인이 사회적 규범과 역할을 내면화하고 적절한 행동을 일관되게 표현하는 상태를 의미한다. 가정에 이어서 학교의 역할이 중요해진다. 가정에서 습득된 일차적 사회화에 기반하여 성장한 자녀들을 학교는 사회의 질서 속에서 개인의 능력과 소질을 정확히 파악하여 사회에서 담당할 역할을 결정하고 적절히 배치하는 역할을 맡게 된다. 그런 과정을 거치면서 핵가족의 구성원으로 성장한 자녀는 성인이 된 후 사회구성원으로서 자신의 역할을 충실히 수행하는 것과 동시에 인성을 안정화할 수 있다. 문제는 기능주의가 사회화와 인성 안정화를 통해 자연스럽게 사회불평등을 정당화한다는 점이다.

기본적으로 기능주의는 남자와 여자 그리고 부모와 자녀 사이의 역할을 강조하면서 위계질서를 보편적 현상으로 간주한다. 가족 내에서의 위계관계는 사회의 인간관계로 이어진다. 기능주의자들은 사회계층화가 사회의 효율성을 향상하고 역할의 성과를 극대화하는 기능을 가진다고 주장한다(Davis·Moore, 1944). 데이비스와 무어는 기능주의 계층론에서 두 가지 요소를 전제로 한다. 하나는 사회적 지위가 갖는 역할의 기능적 중요성이다. 다른 하나는 '일을 수행할 수 있는 사람들이 수적으로 어느 만큼 제한되어 있는가'라는 것이다. 희소한 능력이나 전문지식 또는 많은 경험을 요구하는 특정한 분야의 경우 높은 보상이 제공될 것이다. 반면 상대적으로 중요성이 인정되지 않으면서 그 일을 하려는 사람들이 많이 있다면 낮은 보상이 뒤따를 것이다. 기능주의는 상이한 기능에 따른 사회적 불평등을 당연하고 보편적으로 받아들인다. 그러나 기존의 질서를 정당화하는 것에 초점을 맞추고 있다는 점에서 비판의 대상이 되기도 한다. 기능주의자들은 이런 비판에 대해 다시 반박한다. 사회질서를 유지하려는 측면이 있지만 동시에 사회변화에 대해서도 열린 자세를 가지고 있다는 것이다. 기능주의는 한편으로는 사회구성원들 각자가 사회가 요구하는 지위에 따라 역할을 충실히 수행한다는 면에서는 사회질서를 유지하는 모습을 보인다는 평가를 인정한다. 하지만 다른 한편으로는 낮은 지위에 있는 사람들은 높은 지위로 올라가기 위해, 그리고 높은 지위에 있는 사람들은 현재의 지위를 유지하기 위해 최선을 다하려는 모습에서 사회를 발전시키는 동력으로 작용할 수 있다는 것이다.

사회의 안정된 질서뿐만 아니라 변화의 가능성도 열어놓은 기능주의는 사회학의 주류로 자리 잡았다. 무엇보다 세계 2차 대전이 끝난 후 자국의 정치적 그리고 경제적 발전뿐만 아니라 폐허가 된 서유럽의 경제재건을 주도하였던 미국사회에서 파슨스의 구조기능주의적 관점은 상당한 공감대를 형성할 수 있었기 때문이다. 그러나 1960년대에 접어들면서 기능주의는 수많은 비판에 직면하게 된다. 당시 혼란스럽고 급변하는 미국과 유럽의 현실을 기능주의가 적절하게 대응하지 못하면서 나타난 현상이었다.

3) 기능주의의 한계와 신기능주의의 등장

기능주의는 앞서 살펴보았듯이 사회적 지위에 따른 역할과 기능을 강조하는 이론이다. 콩트에서부터 시작되어 줄곧 이성에 대한 낙관적 관점을 견지했던 사회학의 기능주의적 관점은 2차 세계대전 이후 자본주의의 황금기와 함께 학계의 주류로 인정되었다. 그러나 그것의 장밋빛 전망은 오래가지 못했다. 1960년대 불확실하고 급변하는 현실과 부딪히면서 많은 문제점을 노출했기 때문이다. 무엇보다 베트남 전쟁, 히피 문화, 환경문제, 68년 학생운동은 미국과 서유럽에 커다란 사회적 동요를 가져왔지만 기능주의는 적절한 해답을 제시하지 못하였다. 게다가 기능주의가 기본적으로 전제하는 불평등문제는 갈수록 사회에 심각한 갈등상황을 연출하였다. 예를 들어 상위 계층에 속하는 경영진이나 대기업의 주주들은 고액의 보상과 이익을 얻는 것을 당연시하였다. 또한 전문적인 의사나 변호사는 높은 교육과 전문지식을 갖추면서 고액의 수입과 함께 사회적으로 인정받는 지위를 누렸다. 반면 노동자와 농민을 포함하는 하위 계층은 낮은 학력과 비전문지식을 가졌다는 이유로 사회적으로 소외되었다. 점차 상류층과 하류층의 불평등은 심화되었다. 더군다나 개인의 노력만이 아니라 사회적 출신에 따라 구조적으로 사회적 지위가 정해지는 상황에서 공정성에 대한 의문이 제기되었다.

기능주의의 관점에서 보면 핵가족을 기반으로 가족 구성원에게는 각자의 역할이 주어졌다. 남편과 부인의 역할, 아버지와 어머니의 역할 그리고 자녀들에게도 아들과 딸의 역할이 할당되었다. 아들은 아버지의 도구적 역할을 그리고 딸은 어머니의 표현적 역할을 학습하면서 각자의 역할을 사회화한다는 것이 기능주의적 관점의 주요 내용이었다. 만약 그들 중 누군가가 사회적 기대에 부합하지 않는 역할을 하면 질서를 깨뜨린 이유로 비난을 감수해야 했다. 이런 기능주의적 이론적 틀에서는 소위 '정상'가족의 범주에서 벗어난 경우를 제대로 설명하지 못하는 한계를 보였다. 다시 말해 개인의 자율성이 더욱 강조되는 현대사회에서 다양한 가족 형태, 즉 동거, 이혼, 동성 부부, 재혼 가족, 한 부모 가족 등의 다양한 가족 유형이 나타남에도 불구하고 기능주의는 이런 현상을 적절하게 다루지 못한 것이다. 가령 기능주의적 관점에서 딸은 가족 내에서 가사일을 도우며 결혼과 함께 모성역할을 수행할 것을 내면화하였기 때문에 다른 역할을 성취할려는 동기부여를 가지기 어렵다. 하지만 현실에서는 '정상'가족만 존재하지 않는다. 독일의 사회학자 르네 쾨니히(René Konig)는 1956년에 서독에서 아버지가 없는 아동의 한부모 가족과 아버지, 어머니로 구성된 '정상'가족의 교육역할을 비교한 연구 결과를 발표하였다. 어린 소녀들의 직업특성에 관한 조사에서 아버지가 없는 소녀들의 평균 능력은 노동부가 밝힌 모든 근로소녀들의 평균능력보다 높다는 내용이었다. 아버지 없이 여성이 도구적 역할을 수행하는 가족이 아버지가 도구적 역할을 수행하는 부부가족보다 딸이 장래를 더 잘 준비할 수 있는 여건이 될 수 있다는 연구결과는 기능주의의 기존이론과는 정면으로 배치되는 것이었다. 이처럼 기능주의는 가족 구성원 개개인의 다양한 가치추구, 욕구 및 성향을 무시하고 자율성을 제한한다는 비판을 피하기 어려웠다.

또한 사회 전체의 안정성과 균형 유지를 강조하는 기능주의는 불평등한 사회구조가 갈등을 야기하고 심지어 혁명을 초래할 수 있다는 점을 간과하였다. 사회적인 변동이나 불평등을 해결하기보다는 기존 구조를 유지하고 강화하는 방향으로 접근하였다. 변동이 일어나더라도 자연스럽게 조절되거나 합리적으로 해결된다는 낙관적인 전망을 견지하였다. 따라서 기능주의적 관점에서는 러시아 혁명이나 1960년대의 다양한 사회운동을 적절하세 실명하지 못하는 한계가 드러났다. 이런 한계는 구조기능주의를 집대성한 파슨스의 이론적 구성에서 비롯된 결과였다. 파슨스는 AGIL의 모델을 제시하고 사회체계들의 상호작용과 상대적 자율성을 강조하지만, 전체 사회는 항상 균형(equilibrium)을 유지하는 방향으로 각각의 부분들을 통합한다고 전제하였다. 그리고 통합의 중심에 서구사회의 근대문화를 설정하였다. 그는 문화가 사회체계의 안정성과 조화를 유지하는 데 중요한 역할을 하고 개인의 가치, 태도, 행동을 형성하고 사회적인 규범과 가치를 전달하는 역할을 한다고 주장하였다. 개인은 문화적인 규범과 가치를 학습하고 이를 행동에 반영한다는 것이다. 파슨스는 이른바 인성이 문화를 내재화하는 과정은 문화의 영향력을 강화하고 사회체계의 안정성을 유지하는 데에 중요한 역할을 한다고 보았다. 마르크스를 경제결정론자로 간주하듯이 파슨스를 문화결정론자로 규정하는 이유였다. 파슨스는 이런 평가를 반박하는 것이 아니라 오히려 인정하는 모습을 보였다.

복잡하고 불확실한 현실에서 균형에 방점을 둔 파슨스의 구조기능주의는(급변하는 현실세계와 함께) 서서히 학계의 이론적 관심에서 멀어져갔다. 이때 파슨스의 구조기능주의를 신기능주의의 이름으로 재구성하려는 움직임이 나타났다. 미국의 제프리 알렉산더(Jeffrey Alexander)

와 독일의 리하르트 뮌히(Richard Münch)였다. 특히 알렉산더는 구조에 천착하고 문화에 개인을 종속시키는 파슨스의 이론적 접근을 새롭게 구성하였다. 인간의 행위와 사회구조 그리고 미시와 거시를 연계시킴으로서 문화결정론에 빠져 있는 파슨스의 한계에서 벗어나고자 한 것이다(박선웅, 2008). 그는 사회의 경제, 정치, 공동체 그리고 문화의 분화를 설명하기 위해서는 전통적 기능주의자들보다 변동의 과정적 역학과 구조적 매개변수를 더욱 적극적으로 조사할 것을 제안하였다. 알렉산더에게 문화는 단순히 사회체계의 안정성과 조화를 유지하는 역할뿐만 아니라 갈등 해소와 사회적 변화를 촉진하는 상대적 자율성을 가지는 영역이었다. 그리하여 문화가 사회적인 갈등과 대립을 조율하며, 사회적인 변화를 통해 새로운 정체성과 의미를 형성하는 데 기여할 수 있는 것으로 간주되었다. 알렉산더가 문화에 신기능적인 역할을 부여할 수 있었던 배경에는 상징적 차원의 문화에 대한 이해와 역사적 관점을 강조한 것에서 비롯된다. 먼저 그는 문화를 단순히 규범과 가치의 집합으로 이해하는 것이 아니라 상징적인 차원에서 이해해야 한다고 생각하였다. 문화는 싱징적 의미와 상호작용의 공간을 형성하며, 사회구성원들이 의미를 형성하고 공유하는 과정을 포함한다는 것이다. 파슨스와는 달리 문화를 역사적인 과정으로 이해한 알렉산더는 홀로코스트를 통해 단순히 합리성만이 존재하는 것이 아니라 몰합리성도 공존할 수 있다는 점을 부각시킴으로써 기능주의적 관점에서도 통합과 균형에만 초점을 맞추는 것이 아니라 사회적인 변화와 의미 형성을 이해하는 데에 기여하였다.

구체적으로 설명하자면 알렉산더는 홀로코스트와 같은 대규모 재앙이 후세대에 지속적으로 재생산되는지를 설명하는 데 문화적 트라우마론을 중심으로 세 가지 주요방식을 나열하였다. 첫째는 상징과 기호의 재생산이다. 말하자면 기념비와 기념행위를 통해 문화체계 내에서 홀로코스트와 같은 사건이 후세대에 전달된다는 것이다. 둘째는 정치적 이용과 선동이다. 홀로코스트와 같은 역사적 사건은 종종 정치적 목적으로 이용되었다. 알렉산더는 이러한 정치적 이용과 선동이 사회적 기억과 기념비를 형성하는 것에 영향을 미친다고 강조하였다. 마지막 세 번째로는 대화와 기억이다. 특히 후세대와의 대화와 교육을 통해 알렉산더는 홀로코스트와 같은 사건의 의미와 경각심이 지속적으로 재생산될 수 있다고 주장하였다.

나치와 홀로코스트의 희생자들인 유대인은 초기에는 선으로 정의된 미국과 악으로 규정된 나치의 이항대립에서 나치의 피해자로서 구제 대상이었지 동일시 대상은 아니었다. 홀로코스트의 비극이 보편성을 아직 얻지 못하였다는 의미다. 하지만 차츰 위에서 언급한 세 가지 방식이 결합되면서 홀로코스트는 수백만 명의 유대인과 다른 소수민족들이 나치 독일의 학살 정책에 의해 희생된 사건으로 인식되면서 전 세계적으로 커다란 트라우마의 경험을 상기시켰고 심리적 동일시의 토대가 마련되었다. 그리하여 홀로코스트의 트라우마는 시공간을 초월하여 모든 지역, 민족, 인종, 성, 세대, 계층이 공유하고 기억하는 반문명적, 반인류적 악의 상징으로 발전할 수 있었다. 알렉산더는 이와 같은 방식으로 변화하는 사회에 적용할 수 있는 기능주의이론을 새롭게 구성하였다.

| 요약 | 기능주의

1. 기능주의는 사회학의 발전에 중요한 역할을 하며, 사회의 다양한 부분이 전체의 안정과 기능 유지에 기여한다고 보는 이론이다. 오귀스트 콩트는 실증과학을 기반으로 사회발전의 법칙성을 밝히고자 하였다. 기능주의를 본격적으로 등장시킨 허버트 스펜서에 이어 에밀 뒤르켐은 사회적 사실과 사회분업, 자살 등을 분석하여 근대사회의 질서가능성을 제시하였다. 탈콧 파슨스는 AGIL 모델로 사회체계의 기능을 분석하였다. 이러한 기능주의 관점은 사회의 구조와 문화가 안정적으로 유지될 수 있다는 근거를 제공한다.

2. 기능주의는 사회를 유기체로 보며, 각 구성원의 역할 수행이 사회질서 유지에 기여한다는 전제에서 출발한다. 가장 기본적인 단위인 핵가족은 사회화와 인격 안정화에 중요하다. 그런 기능주의적 관점이 사회로 확대되면 계층화는 사회의 효율성을 높일 수 있는 것으로 간주될 수 있다. 그러나 이는 사회적 불평등을 정당화하고 기존 질서를 고착화하는 한계를 가진다. 파슨스의 구조기능주의가 변화하는 사회 현실에 적응하지 못했다고 비판받는 지점이다.

3. 기능주의는 1960년대 사회변화와 불평등문제에 대응하지 못한다는 비판에 직면하였다. 무엇보다 핵가족 중심의 역할 분담이 근대사회의 다양성을 제한한다는 것과 사회변동과 갈등을 설명하지 못한다는 비판이었다. 이런 비판에 대해 문화의 상징적 차원을 강조하여 기능주의를 재구성한 알렉산더는 문화가 사회적 갈등과 변화에 기여하며 새로운 정체성 형성에 중요하다는 점을 부각시켰다. 이는 기능주의가 변화하는 사회에도 적용될 수 있음을 시사한다.

2. 갈등이론

1) 갈등이론이 등장하게 된 배경

이론적 차원에서 갈등이론은 1950년대 말 기능주의를 비판하는 과정에 등장하였다. 앞에서 살펴보았듯이 기능주의가 갈등, 분열 그리고 불평등의 영향을 과소평가했기 때문이었다. 갈등이론이 전면에 등장한 것은 1950년대 말이지만 그 기원은 칼 마르크스, 막스 베버, 그리고 게오르크 짐멜에게로 거슬러 올라간다. 갈등개념 자체는 사회질서뿐만 아니라 사회변화를 설명하는 사회학의 핵심 단어이기도 하였다. 그들은 갈등을 근대사회의 보편적 현상으로 인식하였다.

먼저 마르크스의 이론에서 보여지는 갈등이론적 요소다. 마르크스에게서 계급투쟁, 혹은 계급갈등은 자본주의 사회의 특징을 설명하기 위한 핵심개념이었다. 예를 들어 자본가에게 이익 추구와 그것에 기초한 투자와 자본축적은 자본주의 경제에서 필연적 선택이다. 시장에서의 무한경쟁에서 자원의 희소성은 노동자를 대상으로 하는 착취로 이어진다. 자본주의가 발전할수록 노동자에 대한 자본가의 착취와 함께 경제적 부의 불평등한 분배가 심화되면서 두 계급 사이의 이해갈등은 갈수록 커진다. 점차 거세지는 노동자들의 저항과 관련하여 마르크스는 계급갈등 양상을 계급투쟁으로 연결하여 설명하였다. 마르크스는 엥겔스(2018)와의 공저, 『공산당 선언』을 통해 모든 사회의 지금까지 역사는 착취되는 자들과 그들을 착취하는 자들 사이의 계급투쟁에 기반하였다고 주장하였다. 자본주의사회도 예외가 아니어서 자본주의 경제가 발전하면 할수록 피착취자인 노동자들의 경제적 궁핍은 더욱 심해질 것으로 보았다. 마침내 노동자들이 전체 노동자의 계급적 임무를 이해하지 못하는 즉자적 계급에서 자신의 역사적 사명을 자각하는 대자적 계급이 되면 자본가와 노동자의 계급관계는 더욱 첨예화되고 화해 불가능한 수준에 도달할 것이다. 결국 계급투쟁은 전 세계노동자들의 단결과 혁명이 사회주의 실현으로 이어지면서 끝날 수 있다는 것이 마르크스이론의 핵심 내용이었다.

갈등개념은 마르크스뿐만 아니라 막스 베버도 다루었던 주제였다. 근대사회의 사회 문제, 정치적, 종교적, 학문적 문제의 원인을 자본주의 경제질서로 귀결하는 마르크스의 이론에는 경제결정론이라는 비판이 쏟아졌다. 그에 반해 베버는 경제적 차원에서 마르크스의 계급론적 접근을 받아들이면서도 단지 생산수단의 유무가 아니라 영리적 계급이나 사회적 계급으로 다원화하였다. 또한 그는 사회문화적 차원에서 다양한 사회적 지위가 발생하고 있고 그것에 기반하여 지위에 따른 명예 혹은 위신이 지켜진다는 점을 강조하였다. 사회문화적 차원에서 명예는 경제적 허장성세와는 별개의 가치를 나타내는 것이었다. 베버는 정치적 차원에서 다양한 강령과 정책을 내세우며 등장한 정당들 간에 권력관계가 발생한다는 점을 추가하였다. 다원화된 사회적 관계에 기초하여 마르크스의 계급론이 아닌 계층론을 제시한 베버는 세 가지 차원의 유기적 관계를 설명하였다. 즉 경제적 계급상황은 사회적 지위로 재편될 수 있고 사회적 지위의 명예는 경제적 유리함을 이끌어내기 위해 투입될 수 있다는 것이다. 그리고 계급상황과 사회적 지위는 정치권력의 토대로서 활용될 수 있다고 보았다. 그리하여 베버는 다원화된 근대사회는 혁명에 의해 전복되고 새로운 권력이 만들어지는 장소가 아니라 인간의 사회적 행위에 의해 지속적으로 변화하는 공간이 되었다. 베버는 계층론에 입각하여 불평등을 불가피한 현상으로 간주하였지만 부, 명예, 권력을 통해 사회적 이동 가능성이 제한될 때 피지배계급은 정치적 권위의 정당성을 받아들이지 못할 가능성이 크다고 경고하였다. 가령 경제적 엘리트들이 동시에 사회적 그리고 정치적 엘리트일 경우, 부, 지위, 권력으로부터 배제된 대부분의 사람들은 반발하게 되고 갈등을 겪게 된다는 것이다. 다음은 게오르크 짐멜의 갈등에 대한 설명이다.

게오르크 짐멜은 형식사회학의 선구자로 알려져 있다. 형식사회학은 사회적 현상을 조사하고 이해하기 위해 형식과 기호체계의 중요성을 강조하는 사회학적 접근법이다. 짐멜은 사회의 구조적 측면에서 바라보았던 마르크스와는 달리 사회 혹은 구조를 인간관계의 상호작용으로 해체한 후 경험과학적-사회학적으로 파악하려고 시도하였다. 사회적 현상을 의미있는 기호와 상호작용의 유형으로 이해한 그에게 갈등은 사회적 상호작용의 한 형태로서 통일과 대립을 동시에 포함하는 것이었다. 그는 갈등이 존재하지 않고 통합되기만 한 사회는 활력을 상실한다고 생각하였다. 따라서 그는 사회 전체와 사회의 하위 단위들의 유지에 갈등이 미치는 긍정적 영향력을 분석하는 것에 상당한 노력을 기울였다. 갈등의 분석을 위해 그는 갈등의 원인과 결과가 아닌 갈등의 구조와 특징을 의미하는 형식을 중시하였다. 짐멜은 갈등의 형식을 다음의 요소들로 구분하였다. 먼저 첫 번째 요소는 갈등의 주체로서 갈등에 참여하는 개인, 집단, 조직, 국가다. 이 단위들은 갈등의 규모와 복잡의 정도에 영향을 미친다. 두 번째 요소는 갈등의 원인이 되는 목표, 가치, 의견, 자원, 권력, 지위 등이다. 이것은 갈등의 성격과 강도에 영향을 미친다. 마지막 세 번째 요소는 갈등의 과정으로서 갈등이 발생하고 해결되기까지의 단계와 행동이다. 갈등의 과정은 갈등의 효과와 결과에 영향을 미친다.

짐멜은 갈등의 형식을 통해 갈등의 요소들이 어떻게 상호작용하고 변화하는지를 분석할 수 있다고 주장하였다. 즉 갈등의 형식을 이해하면 갈등의 원인과 결과를 파악하는 것과 함께, 갈등을 관리하고 해결하는 데 적절한 전략을 수립할 수 있다는 것이다. 예를 들어, 혼인관계에서의 갈등은 배우자들의 성격이나 의견이 다르기 때문에 발생하는 것이 아니라, 배우자들이 서로의 역할과 권리, 책임과 의무 등에 대해 어떤 협상과 조정을 하는지에 따라 발생한다는 것이다. 혼인관계뿐만 아니라 가족, 종교, 노사관계 등 다양한 측면에서 갈등의 사회학적 성격을 분석한 짐멜은 갈등의 긍정적 측면을 부각시켰다. 갈등이 없으면 통일도 없다고 주장한 짐멜은 비 온 뒤 땅이 더 잘 굳는 것처럼 더 나은 통일을 위해서는 갈등이 필요하다는 점을 강조하였다.

2) 랄프 다렌도르프의 변증법적 갈등이론

마르크스와 베버의 갈등에 관한 논의가 20세기 초 시들해진 반면 기능주의가 주류 이론으로 주목을 받았다. 하지만 앞에서 언급했던 것처럼 1960년대 보수이데올로기로 평가되면서 기능주의는 비판의 집중표적이 되었다. 그 와중에 기능주의를 대체하는 새로운 사회이론으로 부상한 갈등이론은 1970년대 사회학의 주요이론 중의 하나로 자리잡을 수 있었다. 갈등이론을 최초로 제기한 학자는 랄프 다렌도르프(Ralf Dahrendorf)였다. 먼저 그는 자신의 갈등이론을 정립하기 위해 파슨스의 기능주의를 비판하였다. 파슨스의 AGIL모델이 너무 도식적이고 사회통합에 경도되어 있다는 점이 비판의 핵심 내용이었다. 파슨스의 기능주의 이론을 비판한 다렌도르프는 마르크스와 베버와 짐멜로부터 기본개념을 수용하면서 갈등이론을 구체화하였다.

마르크스에게 계급 형성은 사유재산과 생산의 소유권에 기초하였다. 마르크스는 사유재산의 소유로부터 계급관계가 이루어지며, 생산수단과 사유재산의 소유/비소유가 계급형성의 핵심이라고 보았다. 지배계급은 사유재산의 소유권을 누리는 반면, 피지배계급은 자신만의 생산수단을 갖고 있지 않고 지배계급에 의존한다는 것이었다. 다렌도르프는 계급이 필연적으로 서로 적대적이라고 말한 마르크스의 주장에 동의하였다. 그러나 다렌도르프는 그런

계급의 적대적 관계가 경제적 요소에 의해 결정된다는 마르크스의 주장을 거부하였다(다렌도르프, 1982: 128). 그는 베버의 권력개념에 기초하여 마르크스주의의 접근방식을 수정하였다. 다렌도르프에 따르면 모든 지배집단에는 긍정적이고 부정적인 리더십 역할을 담당하는 사람이 있으며 그것에 따라 지배집단과 피지배집단으로 구분된다는 것이다.

또한 다렌도르프는 권위에 대한 정의도 베버로부터 수용하였다. 베버는 권위를 전통적 권위, 카리스마스 권위 그리고 합리적 권위로 구분하였다. 권위를 피지배자들의 동의를 받아 사용되는 정당한 권력이라고 정의한 베버는 권력과 권위의 분배에 의해 갈등이 발생한다고 보았다. 다렌도르프는 베버의 설명에서 권력과 권위를 구분하였다. 그에게 권력과 권위의 중요한 차이점은 권력이 본질적으로 개인에게 부여되는 반면, 권위는 항상 사회적 지위나 역할과 연관되는 것이었다. 그리하여 다렌도르프에게 권위는 계급 형성의 핵심이다. 또한 권위는 보편적인 현상이기 때문에 계급 불평등과 갈등은 항상 존재한다고 주장하였다. 베버가 제시한 사회문화적 차원과 정치적 차원이 결합된 형태의 권위는 부에서 발생하는 것은 아니지만 부를 동반할 수도 있는 대상이 되었다.

마르크스와 대조적으로 사회적 지위나 역할에 따라 권위가 있는 집단과 없는 집단으로 나눈 다렌도르프는 갈등을 오직 두 집단에만 집중시켰다. 새롭게 정의된 지배계급에 자본가 소유자뿐만 아니라 모든 수준의 관리자 및 감독자를 포함하면서 생산수단의 소유 여부는 중요하지 않게 되었다는 것을 의미하였다. 기본적인 이 두 갈등집단을 중심으로 집단들 간의 경쟁을 통한 갈등이 있을 수 있고 경쟁집단 내부에 갈등이 있을 수도 있으며 특정 분쟁에 참여하지 않는 집단이 있을 수도 있다. 다시 말해 갈등은 사회 전반에 걸쳐 내재되어 있다는 것이다. 다만 주어진 이해관계의 충돌이라는 관점에서 볼 때 갈등은 지배적 위치를 둘러싸고 투쟁하고 갈등하는 두 개의 입장 간에 발생한다.

다렌도르프는 사회적 갈등을 구체적으로 설명하기 위해 기본적인 세 가지 집단 유형, 즉 준집단, 이익집단 그리고 갈등집단으로 구분하였다. 먼저 준집단은 룸펜 프로레타리아트처럼 우연히 그리고 무작위적으로 모인 사람들로서 갈등집단이 될 가능성이 없다. 반면 이익에 따라 사람들이 구조적으로 모이면 차츰 갈등집단이 될 조건이 갖추어진다. 상향이든 하향이든 개인의 사회적 이동 정도가 증가함에 따라 계급구조를 규제하는 효과적인 메커니즘이 약화될 것이기 때문이다. 그리고 마침내 경험하게 되는 갈등집단에 대해 다렌도르프는 부정적으로만 평가하지 않았다. 그는 갈등과 함께 합의도 동시에 강조한 것이다. 그는 사회가 합의와 갈등뿐만 아니라 정태와 변화, 질서와 불화, 결속과 권력의 역할, 그리고 합의와 제약이라는 이중적인 측면을 가지고 있다고 생각하였다. 짐멜의 영향을 받은 다렌도르프는 갈등이 없으면 합의도 없을 것이고 합의가 없으면 갈등도 없을 것이라고 강조하면서 변증법적인 관점에서 갈등이론을 정립하였다. 그리하여 중재된 결과로 도달한 조절된 갈등은 시민사회를 성공하게 하는 보증서이며 통합과 변화를 가능케하는 유일한 방법으로 간주되었다. 다렌도르프는 사회가 발전하더라도 권위에 따른 계급 간의 갈등은 지속될 것이라고 보았다. 마르크스에게서 출발하여 베버를 거쳐 짐멜에 도달하면서 다렌도르프의 갈등이론은 기능주의와 대립하는 이론이 아니라 보완하는 사회이론으로 평가되었다. 이런 갈등이론의 특징은 이어서 소개할 루이스 코저의 갈등이론에 의해 더욱 명확해진다.

3) 루이스 코저의 갈등 기능주의

갈등이론의 또 다른 대표적인 학자는 루이스 코저다. 그는 파슨스의 구조기능주의가 사회갈등을 병리현상으로 간주한 것에 대해 비판적 입장을 가졌다, 또한 마르크스와 베버와 짐멜의 영향을 받은 다렌도르프와는 달리 코저는 주로 짐멜의 사회이론을 중심으로 자신의 갈등이론을 정립하였다. 그에 따르면 갈등은 사회에 역기능적인 측면뿐만 아니라 긍정적인 측면도 가져오는 개념이었다. 그가 주장하는 갈등의 원인은 사회의 구조적인 모순과 불균형이었다. 코저는 사회는 다양한 집단과 이해관계로 구성되어 있으며, 이들은 자신의 목표와 가치를 실현하기 위해 서로 경쟁하고 대립한다고 주장하였다. 코저는 갈등의 원인을 다음과 같이 네 가지 유형으로 분류하였다.

첫 번째 유형의 갈등은 실체적 갈등으로서 자원의 부족이나 분배의 불공정으로 인해 발생한다. 예를 들어, 재산, 소득, 권력, 지위 등의 물질적이나 상징적인 자원을 두고 경쟁하거나 분쟁하는 경우다. 두 번째는 목표적 갈등으로서 목표의 상충이나 충돌로 인해 발생하는 갈등 유형이다. 가령 개인의 목표와 집단의 목표가 다르거나, 서로 다른 집단이 상반되는 목표를 추구하는 경우다. 세 번째 유형의 갈등은 가치적 갈등으로 가치의 차이나 불일치로 인해 발생한다. 예를 들어, 정치적, 종교적, 도덕적, 문화적, 성적, 인종적 등의 가치관이나 신념을 두고 대립하거나 갈등하는 경우다. 마지막 네 번째 유형은 인식적 갈등으로서 인식의 오류나 편견으로 인해 발생하는 갈등이다. 예를 들어, 상대방의 의도나 행동을 잘못 해석하거나, 자신이나 상대방의 능력이나 성격을 과대하거나 과소평가하는 경우다.

코저는 갈등에서 중요하게 다루어질 요소인 폭력성 수준에 대해 설명하였다. 그는 갈등의 폭력성이 갈등의 빈도와 강도에 따라 달라진다고 보았다. 갈등이 빈번하고 강도가 낮으면, 갈등은 의사소통과 협상을 촉진하고, 갈등의 당사자들이 서로의 입장과 요구를 이해하도록 하며, 갈등을 비폭력적인 방법으로 해결할 수 있게 한다는 것이다. 그러나 갈등이 드문 반면 강도가 높으면, 갈등은 의사소통과 협상을 방해하고, 갈등의 당사자들이 서로를 적대적으로 인식하도록 하며, 갈등을 폭력적인 방법으로 해결한다고 설명하였다. 이어서 코저는 갈등의 폭력성이 갈등의 구조와 특성에 따라서도 달라진다고 보았다. 갈등이 단순하고 명확하면, 폭력성이 낮아지고, 갈등이 복잡하고 모호하면, 폭력성이 높아진다는 것이다. 또한 갈등이 공정하고 균형적이면, 폭력성이 낮아지고, 갈등이 불공정하고 불균형적이면, 폭력성이 높아진다고 주장하였다. 마지막으로 코저는 갈등의 폭력성이 갈등의 문화와 가치에 따라 달라진다고 보았다. 그에 따르면 갈등이 비폭력과 협력을 강조하는 문화 및 가치와 일치하면, 폭력성이 낮아지고, 갈등이 폭력과 대립을 강조하는 문화 및 가치와 일치하면, 폭력성이 높아진다.

코저는 광범위하거나 모호한 목표를 가진 갈등은 오랫동안 지속된다는 점을 강조하였다. 구체적인 내용으로서 코저는 다섯 개의 요인으로 열거하였다. 첫째, 갈등의 당사자들이 갈등의 원인과 결과를 명확하게 인식하지 못하고, 갈등의 형식에만 집중하는 경우 갈등은 지속될 것이다. 둘째, 갈등이 지속되는 이유는 갈등의 당사자들이 갈등의 해결을 위해 협력하거나 타협하려는 의지가 부족하고, 각자의 입장을 고수하거나 상대방을 공격하는 경우다. 셋째, 갈등의 당사자들이 갈등의 해결을 위해 적절한 수단이나 방법을 선택하지 못하고, 비효율적이거나 비합리적인 행동을 할 경우다. 넷째, 갈등의 당사자들이 갈등의 해결을 위해 외부의 중재나 조정을 받아들이지 못하고, 자신들의 판단이나 권리를 주장한다면 갈등은 중단되기 어려울 것이다. 마지막 다섯째, 갈등의 당사자들이 갈등의 해결을 위해 새로운 대안이나 창의적인 방법을 모색하지 못하고, 기존의 관행이나 관점에 얽매이는 경우다.

코저는 갈등이 가져오는 이와 같은 역기능뿐만 아니라 긍정적인 기능을 언급하면서 갈등으로 인한 사회의 발전 가능성을 열어놓았다. 폭력성으로 이어질 수 있는 갈등이 질서와 발전을 위한 원동력이 될 수 있는 것은 갈등의 강렬성과 빈번성을 적절하게 유지하는 것이다. 그리고 갈등하는 당사자들이 서로의 입장과 요구를 인정하고 존중하며, 갈등을 해결하기 위한 협상과 타협을 추구하는 것이다. 그렇게 된다면 갈등은 사회의 통합과 안정을 촉진하고, 사회의 변동과 적응을 가능하게 하며, 사회의 창의성과 혁신을 증진시킬 수 있을 것이다. 이와 같은 갈등이 긍정적 측면을 이끌어내기 위해 코저는 다음과 같은 네 가지 명제를 제시하였다. 첫째, 갈등이 느슨하게 구조화된 집단의 결속력을 강화하고, 고립된 개인이나 집단의 동맹관계를 유발해야 한다. 둘째, 갈등은 의사소통의 원활함을 가져오고, 갈등의 당사자들이 서로의 입장과 요구를 이해하도록 해야 한다. 셋째, 갈등은 기존의 사회체계에 대한 비판과 평가를 가능하게 하고, 사회의 문제와 불만을 드러내어 해결책을 모색하도록 한다. 넷째, 갈등은 사회의 변동과 적응을 촉진하고, 사회의 창의성과 혁신을 증진시킬 수 있어야 한다. 이와 같은 코저의 갈등이론은 사회질서와 통합에만 천착했던 기능주의의 한계를 보완하는 이론적 접근을 보여주었다.

4) 현대사회의 인간관계에서 갈등의 의미

다렌도르프의 갈등이론은 1950년대와 1960년대 많은 주목을 받았던 마르크스주의의 핵심적 요소, 사회주의사회로의 이행을 부정하였다는 점에서 많은 비판을 받았다. 하지만 마르크스주의 진영 밖의 사람들에게 다렌도르프의 갈등이론은 마르크스주의의 협소한 이론적 틀에서 벗어난 새로운 사회이론이었다. 또한 다렌도르프는 사회통합과 질서에 경도된 구조기능주의가 경시했던 갈등 요소를 적극적으로 고려하게 만든 인물로 평가되었다. 하지만 그가 사회이론의 전체 구성을 사회적 사실과 사회구조에 초점을 맞추면서 구조기능주의의 기본적인 이론적 틀에서 완전히 벗어나지 못하는 한계를 보였다는 비판도 동시에 제기되었다. 게다가 다렌도르프의 이론이 갈등의 원인을 정치적인 권위구조에만 국한하고, 경제적, 문화적, 심리적, 사회적 요인을 간과하였다는 점도 비판의 대상이었다. 마침내 다렌도르프트는 사회갈등의 근간이 계급투쟁에 의한 지배와 강압으로 이어지더라도 갈수록 개인화되는 근대사회에서 집단을 중심으로 구성한 자신의 갈등이론적 한계를 인정하기에 이르렀다(Dahrendorf, 1992; Schmitt, 2012).

코저의 갈등이론에는 갈등의 긍정적 기능이 과도하게 강조되는 반면, 갈등의 역기능이나 비용이 경시된다는 비판이 제기되었다. 갈등의 기능이 긍정적이고 유익하다고 보는 것은 현실과 맞지 않고, 자신이 비판한 기능주의적 관점과 크게 다르지 않다는 것이다. 또한 그의 갈등이론은 구조적인 요인에 대한 설명이 상대적으로 부족하였다. 사회갈등은 단순히 개인 간의 상호작용에 의해 발생하는 것이 아니라 사회적인 구조와 제도에 근거하여 형성될 수 있다는 것이 간과된 것이다.

| 요약 | 갈등이론

1. 갈등이론은 기능주의의 한계를 지적하며 1950년대 말에 등장하였지만, 갈등은 이미 고전사회학자들에 의해 다루어졌던 주제였다. 마르크스는 계급투쟁을 자본주의의 핵심으로 보았고, 베버는 경제, 명예, 권력의 다원화된 계층론을 제시했다. 짐멜은 갈등을 사회적 상호작용의 형태로 보고, 갈등이 없는 사회는 활력을 잃는다고 주장했다. 이들의 주장은 갈등이 사회변화의 중요한 동력임을 강조하는 공통점을 가진다.

2. 1960년대 기능주의에 대한 비판이 증가하면서 갈등이론이 부상했다. 랄프 다렌도르프는 파슨스의 기능주의를 비판하고, 마르크스의 계급이론과 베버의 권력개념과 짐멜의 형식개념을 통합하여 갈등이론을 발전시켰다. 그는 사회적 지위나 역할에 따라 권위가 있는 집단과 없는 집단으로 나누고, 이를 통해 계급 간 갈등을 설명했다. 다렌도르프는 갈등이 사회의 변화와 통합에 필수적이라고 보았다. 그의 이론은 갈등이론이 기능주의를 보완하는 이론으로 자리매김하는 데 기여했다.

3. 루이스 코저는 기능주의적 관점에서 갈등이론을 발전시킨 대표적 학자다. 갈등이 사회에 긍정적인 기능을 할 수 있다고 보았던 그는 갈등의 원인을 자원 부족, 목표 충돌, 가치 차이, 인식 오류 등으로 분류했다. 코저는 갈등의 폭력성이 빈도와 강도에 따라 달라지며, 갈등이 사회의 통합과 안정, 변동과 적응, 창의성과 혁신을 증진시킬 수 있다고 주장했다. 이러한 코저의 이론은 기존의 기능주의 한계를 보완하는 새로운 관점을 제공한다.

4. 다렌도르프의 갈등이론은 기능주의가 놓친 갈등 요소를 강조한 기여를 인정받았다. 그러나 그의 이론에는 정치적 권위에만 초점을 맞추고 다른 요인을 간과했다는 비판도 함께 가해졌다. 코저의 갈등이론은 갈등의 긍정적 기능을 과도하게 강조하고, 구조적 요인에 대한 설명이 부족하다는 지적을 받았다. 두 이론은 갈등을 통한 근대사회의 복잡성을 다루는 점에서는 한계를 보였다.

3. 상징적 상호작용

1) 상징적 상호작용이론의 등장 배경

상호작용을 연구한 최초의 사회학자는 독일의 게오르크 짐멜이다. 그는 애초에 구조나 사회가 아닌 사회로부터 해체된 사회적 상호작용을 학문연구의 중심에 놓았다. 그의 접근방식은 일종의 패러다임의 전환이었다. 그때까지 사회학의 주된 관점은 거시적인 차원에서 사회구조와 체계를 다루었다. 그러나 그는 사회학에 새로운 접근방식을 도입하였다. 즉 사회학을 사회의 보편법칙을 찾아내는 것이 아니라 개인들 사이에서 일어나는 다양한 상호작용의 형식을 연구하는 과학으로 규정한 것이다(김덕영, 2016: 209). 우선 짐멜의 사회학에서 중시되는 형식 개념을 간단하게 설명할 필요가 있다. 철학자이자 사회학자였던 짐멜은 개인들 사이의 정신적이고 주관적인 상호작용을 주장하였다. 이것은 개인의 주관적 특성으로 인해 사회는 실체가 있는 것이 아니라 개인들 사이에서 구체적으로 진행되는 상호작용으로 또는 사회화(Vergesellschaftung)로 해체된다는 주장으로 이어지게 된다. 이와 같은 미시적 접근방식에 따르면 인간관계를 통한 무수히 많고 변화무쌍한 상호작용의 내용이 존재할 수 있기 때문에 이 모두를 사회학의 연구대상으로 삼기는 현실적으로 불가능하다. 그런 이유로 짐멜은 연구의 대상으로 사회적 상호작용의 형식, 즉 상호작용의 기본적이고 일반적인 유형이나 구조에 집중하였다.

짐멜이 주장한 사회적 상호작용의 형식은 다양하고 복잡하다. 앞에서 언급했던 갈등, 지배, 복종 외에도 협동, 분업, 우호관계, 적대관계, 투쟁 등을 사회적 상호작용의 형식으로 분류하였다. 또한 거리, 숫자, 교환, 비밀, 모방, 유머, 유행, 장식, 화폐 등도 사회적 상호작용의 형식에 포함시켰다. 이어서 짐멜은 사회적 상호작용의 형식이 개인의 생각에 영향을 준다고 주장한다. 사회를 그 자체로 존재하는 실체가 아니라 사건이자 과정이라고 규정한 그는 상호작용의 형식들이 개인의 인식과 행동에 어떤 영향을 미치는지를 설명하려고 하였다. 예를 들어 짐멜은 돈이라는 상호작용의 형식이 개인의 생각과 가치에 어떤 변화를 가져오는지를 연구하였다. 그는 한편으로 돈이 개인의 자유와 자기결정을 증진시킨다고 주장하였다. 그러나 다른 한편으로 돈에는 다른 한편으로 개인의 정서와 창의성을 억압하는 측면도 동시에 존재한다는 점을 밝혔다. 덧붙여 개인의 관계와 행위를 추상화하고, 개인의 삶을 단조롭고 무미건조하게 만든다는 점도 강조하였다. 이처럼 형식이 다시 개인들을 사회화하는 과정은 심리적 조건에 따라 다양할 수밖에 없다. 짐멜에게 사회학적 논의가 심리학적으로도 다루어지는 이유다(김덕영, 2016: 230).

거시적 차원이 아닌 미시적 차원에서 짐멜이 제시한 사회적 상호작용이론은 독일사회에 큰 주목을 얻지 못하였다. 그의 글쓰기 방식이 단편적이고 에세이 형식이라는 점은 체계적 사고와 논리전개를 중시하는 독일 지식인의 취향과 맞지 않았다. 게다가 짐멜은 그의 학문적 성향이 독특하고 특히 유대인 출신이라는 이유로 독일의 주류 학계로부터 인정받지 못하였다. 그러나 짐멜의 사회적 상호작용은 미국에서 조지 허버트 미드(George Herbert Mead)에 의해 꽃을 피우게 된다. 그의 제자 허버트 블루머(Herbert Blumer)에 의해 공식적으로 상징적 상호작용이론이 등장하기 전까지 미드는 그의 사후 출간된 저서 『정신·자아·사회』를 통해 주로 자아 또는 자아와 사회와의 상호작용에 관한 연구의 성과를 보여주었다. 그의 상징적 상호작용이론은 거울 이미지 자아를 제시한 쿨리(Charles Colley)와 행동주의 심리학의 선구자 왓슨(James Watson)의 이론을 수용하여 구성되었다.

짐멜이 사회적 상호작용을 형식 개념을 중심으로 탐구하였다면 미드는 상호작용의 내용을 중심으로 연구하였다. 미드는 상호작용이 언어라는 상징을 교환하는 행위라고 정의하였다. 언어는 서로 간의 행위를 조절하고 조율하는 상징적 도구다. 미드는 언어를 통해 개인이 자신의 행위를 타인의 시각에서 객관적으로 평가하고, 자신의 행위에 대한 반응을 예상하고, 자신의 행위를 조정하고 계획할 수 있다고 주장하였다. 그는 이러한 의식과 자아를 사회적 자아라고 부르며, 상호작용의 결과물이라고 강조하였다. 그가 이런 결과에 도달하게 된 과정을 간략하게 소개하면 다음과 같다. 먼저 미드에 따르면 자아(self)는 주체(I)와 객체(me)의 지속적인 결합과정이다. 그는 주체를 "새로우며, 예측하기 힘들고 정돈되지 않는 자신의 모든 것을 발달시키는 중요한 자발적인 힘"으로 규정하였다(그리핀, 2012: 87). 다르게 표현하면 주체는 자아의 혁신적이고 창조적인 모습으로 행위 안에서 새로운 형태의 행동이 발생하는 것을 가능케 하는 요소다(손장권·이성식·전신현, 1994: 60). 반면 하나의 대상 혹은 이미지로 간주된 객체(me)는 다른 사람의 반응을 통하여 투영된 거울(looking glass)를 통해 보여진다. 미드는 자아를 구성하는 주체와 객체의 관계에서 주체를 긍정하지만, 객관적으로 존재하는 외부 세계와의 상호작용에 따라 주관적인 정신과 자아가 생성되었다고 주장하였다. 다시 말해 다시 말해 자아는 사회 공동체에 의해 조직화되며, 일반화된 타자로서의 객체(me)에 대한 개개인의 반응으로서 주체적(I) 창의성을 함께 드러낸다는 것이다(미드, 2010).

2) 갈등하는 자아와 공동체의 일반화된 타자

미드에 의해 기본적인 개념이 구상되고 블루머에 의해 공식적 명칭을 얻게 된 상징적 상호작용은 이후 다수의 학자들에 의해 활발하게 연구되었다. 학자들의 다양한 이론들을 여기에서 일일이 나열할 수 없지만, 상징적 상호작용론에 대한 일반적인 내용을 다음과 같이 정리할 수 있다. 자아에 관한 상징적 상호작용론은 인간이 자기 자신을 대상으로 삼을 수 있다는 원리에 기초한다. 태어나면서 자신의 정체성과 기질을 갖고 태어난 인간은 즉각적이고 자발적이고 충동적인 행위의 국면을 표현한다(I). 인간은 자신의 행위를 시작할 때 자신의 행위를 제대로 알 수 없기 때문에 주체적 행위(I) 혹은 충동을 통제할 수 없다. 따라서 그런 행동에 대해 좁게는 타인과의 관계를 통해 넓게는 공동체적 관계 속에서 대상화된 자아를 형성한다(me). 이것은 사회적 동물로서 인간이 타인과의 관계나 공동체의 규범을 내면화하면서 자신의 행위를 스스로 통제하면서 나타난 현상이다. 다시 말해 사람은 태어나면서부터 지속적으로 공동체의 허용된 범위 내에서 행동하도록 훈육된다는 것이다. I와 me, 충동과 숙고의 이러한 끊임없는 내적 교류의 과정을 통해 자아가 형성된다. 그 과정에는 타인이나 공동체에 순응하는 행위뿐만 아니라 자신의 고유성이나 창조성을 갖기 때문에 I와 me 사이에는 조화뿐만 아니라 긴장도 존재한다(휴이트, 2001: 93).

인간은 영아에서 시작하여 청소년을 거쳐 청년이 되는 과정에 수많은 역할을 학습한다. 먼저 가장 기본적으로 가족 내에서의 부모와의 관계, 학교진학 후 선생님과 친구와의 관계, 대학교 진학 후 대학교수 혹은 아르바이트 사업주와의 관계, 취업과 결혼 후 직장 상사, 배우자, 자식과의 관계로 역할은 갈수록 확대된다. 그 속에서 사회적으로 요구되는 역할과 자신이 스스로 찾는 역할은 충돌할 가능성이 높다. 유치원에서 초등학교로 진학한 아이를 예로 들어보자. 자녀의 높은 성적을 기대하는 부모는 그들을 이곳저곳 학원에 보내면서 열심히 공부하기를 원한다. 반면 교사가 다양한 프로그램으로 전인교육을 위해 노력하는 경우 아이들은 부모의 양육방식과 교사의 교육철학 사이에서 갈등할 수밖에 없다. 이런 예는 단지 초등학생 시기나 중등학생 시기에 한정되지 않는다. 대학교에 진학할 경우 진리를 추구하는 학문체계의 구성원인 대학생으로서의 역할, 학생회의 간부로서 담당해야 할 역할, 혹은 학비를 벌기 위한 아르바이트생으로서의 역할을 동시에 충족하는 것은 결코 쉬운 일이 아니다. 한 여성이 대학교를 졸업한 후 취업과 결혼을 하였다면 그녀는 수많은 사회적 요구에 직면한다. 그녀는 한 아이의 어머니로서 자녀에게 많은 관심을 쏟을 것을 추가적으로 요구받는다. 만약 그녀가 자녀와 함께 하는 시간을 많이 가진다면 자연히 회사 일을 소홀히 하게 되는 경우가 발생한다. 더군다나 한국의 여성에게는 친정집과 시댁의 경조사에도 참여해야 하는 의무가 주어진다. 그리하여 그녀는 자녀의 어머니, 학교에서 학부모, 한 남자의 아내, 친정집의 딸, 시댁의 며느리 혹은 직장의 직원이라는 수많은 역할들 속에서 살아야 한다. 이처럼 가족 내에서, 그리고 학교와 같은 공공 영역에서 야기된 역할갈등이나 역할긴장은 근대사회가 복잡해질수록 흔한 일이 되고 있다.

자신에게 부여된 다양한 역할들 속에서 살아가는 사람들은 집단, 조직, 공동체 등의 구성원으로서 일반화된 타자가 된다. 공동체에서 일반화된 타자는 사람들의 사회적 정체성을 형성시킨다. 사람들은 자신의 행위를 위한 기준으로 공유된 기대, 감정, 규범, 가치체계를 수용하면서 사회통합과 함께 자아의 통합을 이룰 수 있다. 문제는 자신과 공동체를 동일시하게 되면 개인의 정체성이 약해진다는 점이다. 자아를 객관화하는 공동체의 기준은 개인이 다른 관점에서 가치를 정의하고 추구하기 어렵게 만들기 때문이다. 전근대와 근대 초기에 공동체나 조직을 벗어나서 사는 것이 힘들었던 개인은 자신의 정체성을 드러내기보다는 공동체의 규범과 질서를 따르면서 살아가는 방식을 선택하였다. 하지만 근대문화의 기본 구성요소인 개인주의는 개인의 일관적이고 독자적인 자아관을 요구한다. 공동체의 공유된 규범과 가치체계를 한편으로는 수용하지만 다른 한편으로는 저항하거나 거부하기를 원하는 모순된 현실 속에서 살아가는 것이다. 특히 계층적, 인종적, 종교적, 그리고 성별 차이는 사람들로 하여금 기존의 규범과 가치를 순순히 수용하지 못하게 만든다. 더군다나 근대사회에서는 수많은 분업체계가 존재하고 갈수록 확대되고 있기 때문에 공유된 하나의 문화를 만드는 것은 매우 어려운 일이다. 세계화와 함께 사람들은 급변하는 환경 속에서 상징적 상호작용을 통해 일반화된 타자를 바꾸어야 하는 상황도 맞이하고 있다. 따라서 앞으로 상징적 상호작용론은 사회학뿐만 아니라 심리학 및 미디어커뮤니케이션학이나 다른 학문에서도 매우 중요하게 다루어질 수 있는 이론이 될 수 있을 것으로 전망된다.

3) 현대사회에서의 인간관계

현대사회에서 자아 내의 주체와 객체의 관계는 끊임없이 충돌하면서 새로운 관계를 형성하지만, 사회문화적 배경에 따라 상이한 모습을 보여준다. 특히 코로나19 팬데믹은 이런 모습을 뚜렷하게 드러냈다.

서구사회는 중세에서 근대로의 변화 과정에서 개인주의의 등장을 경험하였다. 그러나 중세시대의 강력한 공동체 규범에서 벗어날 수 있었던 개인은 여전히 핵가족, 직장, 노조, 혹은 지역공동체의 일반화된 타자를 내면화하였다. 그러나 68운동과 자본주의 경제의 황금기를 거치는 동안 전반적인 생활수준의 향상을 경험한 서구의 개인은 1980년대 이후 가족, 직장, 노조, 지역공동체로부터의 자유를 선택하였다. 이런 흐름은 현실 사회주의국가의 몰락과 함께 세계화가 가속화된 1990년대 이후 더욱 두드러지게 나타났다. 계급이나 지위의 관례적인 틀에서 벗어나고자 하는 개인들은 이제 자신이 속한 국가로부터도 자유로워지려는 의지를 분명히 보여준다(Beck, 1983; 2008). 개인화현상이 명확해지면서 기존의 정당조직이나 종교조직의 영향력도 약해졌다. 심지어 개인은 기존의 종교적 영향력에서 벗어나 자기만의 신을 새롭게 만들 정도다(벡, 2000; 2013). 이처럼 개인을 과거의 전통적인 공동체 규범이나 윤리로 통제하기 어려운 시기에 코로나19 팬데믹이 발생했다.

2020년 1월 중국 우한에서 발발한 코로나19는 전 세계로 빠르게 확산되었다. 하지만 서구국가는 감염병에 대한 신속한 조치, 즉 감염자의 격리조치, 사회적 거리두기, 그리고 마스크 착용 의무를 시행하지 못하였다. 개인화된 시민들이 당국의 코로나 통제와 마스크 착용방침에 격렬하게 저항하였기 때문이다. 그들의 반발과 저항의 주된 이유는 정부와 방역당국이 코로나 위기를 과장해 개개인의 자유와 사생활을 과도하게 침해하고 있다는 것이었다. 특히 서구인에게 얼굴을 드러내는 것은 개인의 자유와 존재를 알리는 가장 기본적이고 상징적인 표현방식이다. 서구국가들에서 정부의 통제정책에 반발한 사람들은 주체성의 중요성을 강조하며 상징적 상호작용론에서 다루는 주체와 일반화된 타자의 관계 변화를 보여주었다. 이는 코로나19 팬데믹을 통해 서구사회에서 확인할 수 있었던 모습이다.

정부의 통제를 전체주의적 시선으로 보는 서구사회와는 달리 한국과 일본을 비롯한 동아시아국가들은 정부의 통제에 적극적으로 동참하였다. 특히 여전히 공동체 정서가 강한 한국사회는 개인주의가 강한 서구사회에 비해 사회적 거리두기가 잘 지켜지는 경향을 보였다(한

지민·최훈석, 2021: 221). 타인 혹은 공동체의 기대에 민감하게 반응하고 순응하고자 하는 동기가 강하게 작용한 결과였다. 즉 한국사회에서는 주체(I)보다는 일반화된 타자(me)의 영향이 여전히 강하게 나타난 것이다. 이처럼 한국사회가 정치적 그리고 경제적 발전과 함께 개인주의로 전환되는 과정에 있다는 주장이 있음에도 불구하고 집단주의적 요소도 여전히 강하게 남아 있다는 점에서 앞으로도 변화 추이를 지속적으로 살펴보는 것이 중요할 것이다(최혜원, 2023).

| 요약 | 상징적 상호작용

1. 게오르크 짐멜은 사회적 상호작용을 연구한 최초의 사회학자다. 사회학을 개인 간 상호작용의 형식을 연구하는 과학으로 정의한 그는 사회를 실체가 아닌 상호작용의 과정으로 보고, 이를 통해 개인의 인식과 행동에 영향을 미치는 다양한 형식을 탐구했다. 짐멜의 이론은 독일에서는 크게 주목받지 못했지만, 미국에서 조지 허버트 미드에 의해 발전되어 상징적 상호작용이론으로 이어졌다. 미드는 상호작용을 언어를 통한 상징 교환으로 보고, 이를 통해 개인은 자신의 행위를 객관적으로 평가하고 조정하는 사회적 자아를 형성한다고 주장했다.

2. 상징적 상호작용론은 자아의 형성과 사회적 역할의 학습을 중심으로 인간 행동을 이해한다. 이 이론은 개인이 사회적 상호작용을 통해 자신의 정체성을 구축하고, 다양한 사회적 역할에 대응하는 방식을 구체화한다. 개인은 사회적 기대와 개인적 욕구 사이에서 긴장을 경험하며, 이러한 긴장은 근대사회의 복잡성으로 인해 더욱 흔해지고 있다. 여기에서 상징적 상호작용론의 문제가 발생한다. 상징적 상호작용론이 개인이 사회적 정체성을 형성하고, 공동체의 규범과 가치체계를 내면화하는 과정을 강조하면서 이것으로 인해 개인은 자신의 독립적 자아관과 때때로 충돌할 수 있다. 이런 문제를 해결하기 위하여 사회학뿐만 아니라 심리학, 미디어 커뮤니케이션학 등 다양한 학문 분야가 다양한 해답을 찾으려고 노력하고 있다.

3. 현대사회에서 개인의 자아는 사회문화적 배경에 따라 다양한 형태로 발전하고 있으며, 코로나19 팬데믹은 이런 현실을 뚜렷하게 드러냈다. 서구사회에서는 개인주의가 강조되면서 전통적인 공동체 규범으로부터의 자유를 추구하는 경향이 더욱 강화되고 있다. 이는 코로나19 대응에서 정부 조치에 대한 저항으로 이어졌다. 반면, 공동체 정서가 여전히 강한 동아시아 국가들, 특히 한국에서는 정부의 통제에 적극적으로 협력하는 모습을 보였다. 한국의 모습은 개인주의와 집단주의적 요소가 혼재하고 있는 현실을 보여주면서, 앞으로의 변화과정을 지속적으로 관찰할 필요가 있음을 시사한다.

4. 사회현상학과 생활세계

1) 개인의 주관성에 의해 창조되는 인간관계

파슨스의 사회학이론은 거대한 업적을 남겼지만 많은 비판도 받았다. 무엇보다 도식적인 이론 속에 점차 개인이 사라진다는 비판이었다. 비판과 함께 새로운 이론으로 등장한 것이 앞에서 언급했던 갈등이론과 상징적 상호작용론이었다. 여기에 사회현상학적 관점도 포함된다. 사회학적 관점에서 현상학을 다루기에 앞서 그것의 기원을 간단하게 살펴보는 것이 필요하다. 현상학의 기원은 오랜 역사적 기원을 가진다. 단어 그 자체에서 알 수 있듯이 고대 그리스에서 겉으로 드러난 현상을 연구한다는 의미에서 유래된 현상학은 칸트와 헤겔까지의 철학자들이 자신들의 저작에서 사용한 개념이었다. 그러나 현상학을 하나의 독자적인 이론으로 만든 인물은 에드문트 후설(Edmund Husserl)이었다. 후설은 현상학을 이전의 통상적인 이해, 즉 현상에 대한 경험적인 것을 강조하는 방식이 아니라 "의식적 경험에 대한 좀 더 원초적이고 직접적인 어떤 원자료 또는 표상으로 돌아가는 것"으로 정의하였다(터너, 2010: 459). 현상학은 사물이나 사건의 본질을 경험을 통해 이해하려는 사상으로 자리매김하였고, 이 과정에서 주체의 경험과 관점이 중요시되었다. 나아가 과거 철학이 담당했던 주체-객체의 이원론에서 보편성을 추구했던 것과는 달리 현상학은 개개인의 의식 내에서 현상의 본질적 관계를 개인의 경험을 통해 드러내면서 사고의 무한한 가능성을 열어주었다. 따라서 현상을 경험하는 개인의 본질적인 내면을 탐구하는 현상학에서는 각 연구자나 학자마다 그에 대한 해석과 설명 방식이 조금씩 다를 수밖에 없었다. 또한 보편법칙을 추구하는 과거의 이론적 접근방식에서 멀어진다는 것을 의미하였다.

자연스럽게 철학뿐만 아니라 심리학이나 사회학과 친화성을 갖게 된 현상학은 일반적으로 세 가지 특징을 공유한다. 첫째, 후설의 현상학은 기존의 철학적 전제를 거부하거나 부정하는 것이 아니라 단지 유보하면서 여러 가지 가능한 변화를 시도하거나 수정하려고 시도하였다. 후설의 비판은 데카르트를 향하였다. 데카르트의 근대철학은 이성에 기초하여 자연과 인간의 정신에 보편성을 부여하였다. 그러나 후설은 모든 것을 회의하는 데카르트의 철학이 결국 이성을 통해 정신을 자연으로 확장하면서 보편적이고 객관적인 정신을 자신의 주관적 경험과 분리시켰다고 비판하였다. 이에 따라 후설은 현상에 대한 해석을 개인의 경험적 세계로 되돌리고 정신과 자연의 구별이 절대적 자아에 의해 이루어져야 한다고 강조하였다(신호재, 2018: 339). 둘째, 자신의 외부에 존재하는 현상을 관찰하는 사람은 주관적 관점에서 타당성을 되묻게 되면서 자기 성찰을 추구하게 된다. 이러한 특징들은 후설의 현상학과 심리학의 밀접한 관련성을 보여준다. 셋째, 후설의 현상학은 생활세계에 근거하고 있음을 전제한다. 후설이 집중해서 분석한 의식 작용의 주체는 자아였다. 그런 점에서 유아론이라는 비판을 피해 갈 수 없었던 후설은 상호주관성이나 생활세계를 통해 비판을 벗어나려고 했다(강수택, 2020: 14).

사회적 현상이든 자연적 현상이든 인간의 경험을 통해 인식하지 않는다면 의미를 찾기 어려울 것이다. 그러나 자연과학과 기존의 철학이 이성을 통해 객관적 세계를 추구하는 동안 인간, 특히 인간의 주관성이 배제되어 버리는 결과를 초래하였다. 따라서 현상학은 개인들의 상호주관적 생활세계에 근거하여 현상을 새롭게 이해하고 해석하고자 하였다. 이런 주장은 현상학이 철학뿐만 아니라 심리학과 사회학으로 확장되는 논리적 근거가 되었다.

2) 일상생활 세계에서의 상호주관성

개인의 주관성에 초점을 맞추는 현상학은 이후 여러 학문분야에 영향을 미쳤다. 앞에서 언급했던 '상징적 상호작용론'과도 밀접한 관련을 맺었지만, 특히 심리학과 사회학의 '사회 구성주의이론'과 사회학의 '일상생활의 사회학'을 탄생시켰다. 특히 사회학과 관련하여 후설의 현상학은 알프레드 슈츠(Alfred Schutz)를 통해 창의적인 방식으로 재해석되었다. 슈츠는 유럽의 현상학적인 이론 전통 위에 미국의 실용주의 이론 전통을 결합하여 자신만의 독특한 이론을 만들었다(강수택, 1998: 120). 그는 사회 세계를 이미 주어진 구조로 보는 것이 아니라 개인의 주관적 경험의 의미를 통해 구성된다고 보았다(강수택, 2020: 3). 또한 주관적 경험에 의해 구성되는 현실은 복합적이지만 개인에 의해 일정한 구조적인 특징을 가지게 되면서 일관성을 보여준다는 것이다.

슈츠에 따르면 주관성과 일관성을 갖춘 개인이 가져야 할 인식 태도는 '자연적 태도'다. 후설의 현상학은 경험 너머에 있는 사물과 사건의 선험적인 본질을 강조하면서 자연적 태도가 학문활동의 큰 장애물이 될 것이라고 경고하였다. 즉 그런 태도로는 진리를 추구하는 과학적 지식을 획득할 수 없다는 것이다. 그러나 슈츠는 자연적 태도를 일상생활세계에서 유용하다고 증명된 사항에 대해서는 의심하지 않고 당연한 것으로 받아들이는 태도로 정의하였다. 이것은 슈츠의 실용주의적 관점을 뚜렷이 보여준다. 이런 접근방식은 슈츠를 생활세계의 일상적 모습에 더욱 천착하게 만들었다. 그는 주관성과 일관성을 갖춘 개인이 다른 사람과 일하기를 통해 형성된 상호주관성에 의해 자아뿐만 아니라 다른 자아도 포함하게 되면서 독단적이지 않은 방식으로 일상생활세계에서 살아갈 수 있다고 보았다. 자연적 태도에 기반하여 개인들은 일상생활세계에서 자신들의 구체적인 경험을 공유하면서 상식을 구성한다는 것이다.

그리하여 슈츠의 현상학적 사회학에 의해 구성주의적 관점도 등장할 수 있었다. 그의 구성주의는 개인의 사고와 경험을 강조하는 급진적 구성주의(radical constructivism)가 아닌 '사회적 관계' 혹은 '인간관계'가 강조되는 구성주의(constructionism)를 의미하였다(거겐, 2020: 40). 이것은 심리학과 구별되는 사회학적 현상학의 관점을 명확하게 보여주었다. 후설에 비해 상호주관성을 더욱 강조한 슈츠는 사회적 관계 유형을 네 영역, 즉 대면적 관계의 영역, 동시대인 세계의 영역, 선대인 세계의 영역, 그리고 후대인 세계의 영역으로 구분하였다. 그는 열거한 영역들 중 일상생활세계에서 타인과 함께 공존하는 대면적 관계의 영역을 그의 상호주관성 논의의 출발점으로 삼았다(강수택, 2020: 20).

슈츠에 따르면 시간과 공간을 모두 공유하는 대면적 관계에 있게 되면 사람들은 서로의 위치와 견해를 역지사지하게 될 가능성이 더욱 커진다. 여기에 슈츠가 상징적 상호작용론이 전제하는 언어 및 몸짓을 통한 커뮤니케이션을 수용하면서 상호주관성을 통해 공감하는 인간관계는 더욱 명확해지고 구체화되었다. 슈츠는 상호주관성을 강조하기 위하여 문화를 동원한다. 상대방과의 내면세계를 파악하기 위해서는 객관적인 의미를 담고 있는 문화에 대한 이해가 필요하다는 것이다. 그것에 덧붙여 상호주관성을 위해서는 상대방의 내면세계에 대한 이전의 축적된 경험과 지식이 있어야 한다. 슈츠(Schütz, 1981: 240)는 문화적 배경과 개인의 경험이 축적된 상태에서 상황에 따라 상대방과의 관계를 형성하면서 상호주관적인 세계가 구성될 수 있을 것이라고 주장하였다. 이처럼 사람들은 대면적 관계의 직접적 경험에서 시작하여 동시대인 세계의 영역, 선대인 세계의 영역, 그리고 후대인 세계의 영역의 간접적 경험으로 상호주관성의 범위를 확장할 수 있다는 것이 슈츠의 입장이었다.

슈츠의 사회현상학은 이후 그의 제자 피터 버거(Peter Berger)와 토마스 루크만(Thomas Luckman)에게 계승되었다. 그들은 슈츠가 제시한 상식적 지식이 과학적 지식 혹은 객관적 지식이 되기 위한 토대가 될 수 있는지를 탐구하였다. 그들은 공저인 『실재의 사회적 구성』

(2013)에서 주관적 의미가 객관적 사실이 되는 세 가지 계기를 밝혔다. 먼저 그들이 제시한 첫 번째 계기는 외재화다. 인간 유기체에는 동물에 비해 생존에 필요한 생물학적 수단이 결핍되어 있다. 혼자의 힘으로 살기 어려운 인간은 사회를 이루어 살아가는 또 다른 본능을 발전시키기 위해 자신을 끊임없이 밖으로 표출하면서 살아간다. 이 과정에 외재화가 발생한다. 외재화는 세계에 대한 인간의 열린 자세를 통해 폐쇄된 내재성 안에 갇혀 사는 것이 아니라 여러 다른 활동에 참여하도록 독려하면서 사회를 만들도록 한다. 버거와 루크만의 표현에 따르면 인간의 외재화된 표현의 산물이 사회다.

두 번째 계기는 제도화이자 객관화다. 세계를 향한 개방적인 본능을 강조하는 외재화만으로는 인간 사회의 질서를 보장할 수 없다. 인간은 개방적인 상태에서 변화무쌍한 사회를 만들지만 혼란스럽지 않은 질서를 경험한다. 사실 인간의 활동은 습관화되기 쉬우며 반복되는 행위는 하나의 유형을 형성하면서 문화를 만든다. 나아가 사회구성원들이 모두 공감할 수 있는 제도화의 방향에서 객관적인 사회질서를 구성한다. 버거와 루크만(2013: 93)은 "제도화는 여러 유형의 행위자들에 의해 습관화된 행위들의 상호적인 전형화가 이루어지면 언제나 발생한다"고 주장하였다.

마지막으로 세 번째 계기는 내면화다. 버거와 루크만이 설명하는 "내면화는 객관화된 사회세계가 사회화의 과정을 통해서 인간의 의식 안으로 되돌아오는 과정"이다(하홍규, 2013: 124). 사람들은 내면화를 통해 객관적인 진리를 배우기도 하지만 자신의 주관적 경험에 근거하여 지식을 재구성할 수도 있다는 점에서 객관적 지식은 주관적 지식과 조화될 수 있게 된다(버거·루크만, 2013: 110). 다시 말해 개인이라는 단위를 통해 객관적인 사실과 주관적인 경험이 상호작용하여 지식이 형성된다는 것이다.

3) 인간의 해방적 가능성을 보여주는 현상학적 사회학

데카르트의 근대철학은 대상들에 대한 끊임없는 의심에서 출발하였다. 그러나 그의 주관적 회의가 이성을 통해 객관적이고 보편적인 세계를 향하면서 주관적 세계는 점차 희석되었다. 후설의 현상학은 그동안 소홀히 다루어졌던 주관적 경험을 부활시켰다. 이어서 슈츠의 제자인 버거와 루크만은 현상학적 관점에서 일상생활 속의 인간관계를 설명하려고 하였다. 그들은 사회 세계가 본질적으로 인간들에 의해 만들어진 세계이며 따라서 불안정한 세계라는 그들의 스승에 주장에 동의하였다. 여기에서 버거와 루크만은 자신들의 스승인 슈츠의 이론에서 한 걸음 더 나아간다. 슈츠는 일상생활세계에서 유용하다고 증명된 사항에 대해서는 의심하지 않고 당연한 것으로 받아들이는 자연적 태도를 전제하여 그의 현상학적 사회학을 정립하였다. 그러나 버거와 루크만은 자연적 태도 역시 거부할 수 없는 주어진 것이 아니라 사람들의 경험에 의해 구성된 세계라는 점을 다시 확인시켰다.

슈츠가 주장하듯이 자연적 태도에 기초하면 사람들은 자신들이 만들어 놓은 사회세계를 필연적이라고 우기는 경우가 발생하게 된다. 사람은 여기에서 더 나아가 과학이라는 이름으로 사회세계를 객관화한다. 특히 사회학도 이런 의도를 감추려고 하지 않고 분명히 하였다. 그러나 버거와 루크만은 이것을 자기기만이라고 지적하면서 현상학적 사회학은 이런 자기기만을 깨닫고 사회세계를 언제든지 인간들의 자유의지에 따라 새롭게 사회를 구성할 수 있어야 한다는 점을 강조하였다. 이것이 버거가 자신들의 현상학적 사회학을 인문주의적 사회학이라고 정의하고 과학이어야 한다는 강박에서 벗어날 것을 제안하는 이유이다(하홍규, 2014: 145). 버거는 인간이 사회로부터 주어진 역할과 거리를 둘 수 있다면 사회학자가 아니라 누구라도 사회세계의 허구성을 꿰뚫어 볼 수 있다는 점을 강조하였다. 과학적이라는 수단에 의지하여 자신의 자유를 방기하는 것이 아니라 주관적 경험에 의지하여 사회세계의 허구성을 밝혀내는 것이 자유를 향한 첫걸음이 될 수 있다는 것이다.

요약하면 후설에서부터 시작된 현상학적 관점은 이후 슈츠를 거쳐 사회학적 관점에서 사회세계 혹은 인간관계에 대한 다양한 시각을 제공하였다. 버거와 루크만이 이어 받은 사회학적 현상학은 이후 일상생활에서 주관적 경험을 강조하면서 기존의 질서를 해체하고 주관적 경험에 기초하여 사회세계를 재구성하려는 다양한 관점으로 계승되었다. 대표적인 것이 어빙 고프먼(Erving Goffman)의 연극론적 접근방법, 해럴드 가핑클(Harold Garfinkel)의 민속방법론 혹은 미셸 마페졸리(Michel Maffesoli)의 일상생활의 사회학이다.

| 요약 | 사회현상학과 생활세계

1. 사회현상학은 파슨스의 구조기능주의에 대한 대안으로 등장한 이론 중 하나다. 현상학의 기원은 에드문트 후설로 거슬러 올라간다. 후설은 이성에 기초하여 보편성과 객관성을 지향하는 철학을 비판하면서 개인의 경험적 세계로 되돌아가고자 했다. 주관적 경험에 기반하여 자기 성찰과 생활세계를 중시한 현상학은 철학, 심리학, 사회학 등 다양한 분야의 관심을 받게 되었다.

2. 후설의 현상학은 이후 사회 구성주의이론과 일상생활의 사회학에 영향을 미쳤다. 슈츠는 현상학을 재해석하여 사회를 개인의 경험을 통해 구성되는 것으로 보았고, 이는 일상생활에서의 상호주관성과 자연적 태도의 중요성을 강조하는 계기가 되었다. 슈츠의 이론은 버거와 루크만에 의해 계승되어, 그들에 의해 사회적 현실이 개인의 외재화, 제도화, 내면화를 통해 구성되는 과정이 기술되었다. 이러한 과정은 개인의 경험과 사회적 현실이 상호작용하여 지식을 형성하는 방식을 보여준다.

3. 데카르트의 근대철학이 주관성을 희석시킨 반면, 후설의 현상학은 주관적 경험을 부각시켰다. 슈츠와 그의 제자들인 버거와 루크만은 사회세계를 개인의 경험을 통해 구성되는 것으로 보았다. 그들은 사회세계의 허구성을 인식하고, 주관적 경험에 기초하여 새로운 사회를 구성할 수 있는 가능성을 보여주었다. 일상생활에서 주관적 경험을 강조하는 현상학적 관점은 사회세계를 재구성하는 다양한 이론으로 발전했다.

5. 체계이론(니클라스 루만)과 인간관계

1) 차이를 만드는 커뮤니케이션

후설의 현상학은 위에서 언급한 학자들뿐만 아니라 앞으로 설명할 니클라스 루만(Niklas Luhmann)과 위르겐 하버마스(Jürgen Habermas)에게도 커다란 영향을 미쳤다. 그러나 그들은 현상학을 활용하는 방식에 따라 전혀 다른 사회이론에 도달하였다. 먼저 루만은 현상학적 사회학자들이 주관적 세계를 강조한 것과는 달리 객관적 세계를 강조하면서 사회세계에서 폭발적으로 증가하는 커뮤니케이션에 주목하였다. 근대사회에는 독자적인 생각을 하고 커뮤니케이션을 통해 그것을 타인과 교류하는 개인으로 구성된다. 게다가 인쇄술이 발명된 후 사고의 범위가 더욱 확장되었고 커뮤니케이션의 폭발적 증가와 함께 사회세계에는 복잡성과 불확실성이 높아졌다. 루만은 탤컷 파슨스의 체계이론으로부터 영향을 받았지만, 그의 이론이 가진 근본적인 문제점을 지적하였다. 일반적으로 지적되는 파슨스의 AGIL모델이 지나치게 도식적이라는 점과 더불어 복잡하고 불확실한 근대사회의 역동적 현실을 제대로 그려내지 못하고 있다는 비판이었다.

루만(2020)은 파슨스의 체계이론을 새롭게 구성하기 위하여 커뮤니케이션의 기본원리에서 그의 사회이론을 재구성하였다. 사람들은 타인의 생각이 블랙박스처럼 존재하기 때문에 커뮤니케이션을 통하지 않고서는 알 수 없다. 말하지 않은 상태의 인간관계의 비개연성을 개연성으로 만들기 위해 사람들은 언어를 동원한다. 원시시대의 인간은 말을 통해 이후에는 문자를 통해 커뮤니케이션하였다. 하지만 근대사회 전까지 문자가 특정한 사람들에 의해서만 사용되면서 사람들은 신분제의 위계질서 속에 살아야 했다. 그만큼 커뮤니케이션은 활발하게 이루어질 수 없었다. 근대로 넘어오면서 개인들이 자유와 동등한 권리를 요구하면서 상황은 급변하였다. 특히 인쇄술의 발명이 이후 신문, 전보, 전화, 영화, 텔레비전, 컴퓨터, 핸드폰과 같은 대중매체로 확산되면서 사람들의 커뮤니케이션은 폭발적으로 증가하고 가속화되었다. 여기에서 루만은 커뮤니케이션이 인간관계에서 어떻게 작동하는지를 체계이론적으로 설명하고자 하였다.

개인으로서 사람들은 다양한 체계들, 즉 물리체계, 생물체계, 화학체계, 심리체계, 의식체계 등으로 구성되어 있다. 사람들은 커뮤니케이션하기 위해서 다양한 체계들 중 의식체계를 활용해야 한다. 그리고 의식체계에서 사안적 차원, 사회적 차원 그리고 시간적 차원을 바탕으로 의미를 만들고 그것을 타인과 교환하면서 커뮤니케이션을 시작한다. 커뮤니케이션은 일반적으로 정보, 전달, 그리고 이해라는 요소로 구성된다. 사람들은 커뮤니케이션을 위해 의식체계에 존재하는 수많은 정보 중 하나를 선택한다. 예를 들어 친구와 함께 영화를 보러 갈지, 아니면 스터디카페에 갈지, 아니면 과제를 작성하기 위해 박물관에 갈지 고민하고, 여러 선택지 중에서 영화를 보러 가는 것을 선택한다. 다음으로 전화, 카톡, 메일 또는 다른 친구를 통해 물어볼지 등 다양한 전달방법 중에서 카톡을 통해 상대방에게 영화를 보러 갈 것을 전달한다. 상대방은 이에 대한 반응으로 영화를 보러 갈 것인지를 수용하거나 거부할 수 있다. 또는 정보의 전달과는 별개로 카톡으로 보낸 친구의 전달방식을 수용하거나 거부할 수 있다. 이처럼 커뮤니케이션의 구성요소인 정보, 전달 그리고 이해는 독립적으로 작동한다.

여기에서 루만은 그의 독창적 관점을 추가한다. 일반적인 커뮤니케이션에 대한 전제는 말을 건네는 사람에 의해 커뮤니케이션이 시작된다는 것이다. 그러나 루만은 처음 말을 건네는 사람(송신자)에 의해서가 아니라 그 말을 듣는 사람(수신자)이 송신자의 말에 반응하면서 커뮤니케이션이 시작된다고 주장한다. 사실 커뮤니케이션이 송신자에 의해 시작된다고 하는 것은 쌍방향의 교류에 의해 이루어진다는 커뮤니케이션 원리에 부합하지 않는다. 상대방이 커뮤니케이션에 참여하고 있는지를 확인할 수 없기 때문이다. 커뮤니케이션이 수신자가 송신자의 정보에 대한 반응, 전달에 대한 반응 그리고 그 둘에 대한 수용이나 거부를 선택하고 반응하면서 시작되면 다시 수신자는 송신자로, 송신자는 수신자로 바뀌면서 커뮤니케이션은 지속적으로 연결된다. 커뮤니케이션이 이루어지는 과정에 언어는 사람들의 상상을 자극하고 언어를 통해 혹은 책이나 신문을 통해 외부의 사회적 복잡성이 의식 안으로 침투한다. 자연스럽게 다양한 생각을 하게 된 개인들은 커뮤니케이션을 이어가면서 타인과 상호이해에 이르는 것이 아니라 서로 생각이 다르다는 것을 확인하게 된다고 루만은 주장하였다. 이처럼 생각의 차이를 커뮤니케이션을 통해 확인하게 되면 커뮤니케이션은 갈수록 폭발적으로 증가하고 가속화된다. 그리하여 각자의 생각으로 살아가는 개인으로 구성된 근대사회의 인간관계는 복잡하고 불확실한 소용돌이 속으로 휩쓸려 들어갈 수밖에 없다. 루만은 이렇게 근대사회가 복잡하고 불확실해짐에도 불구하고 질서를 유지하고 있는 이유를 설명하기 위해 사회적 체계들에 주목하였다.

2) 인간을 연결시켜주는 사회적 체계들

사람은 물리체계, 화학체계, 생물체계, 그리고 의식체계 등의 다양한 체계들로 구성되어 있다. 루만은 의미체계에서 의미를 만들어내면서 커뮤니케이션을 한다고 설명하면서 커뮤니케이션에 참여하는 존재를 인격(Person)이라 명명하였다. 그는 개개인의 심리적 배경을 통해 커뮤니케이션을 이해하는 심리학과는 달리 세계이론의 사회학은 인격과 인격 사이에서 발생하는 전체 커뮤니케이션을 통해 인간관계와 세계사회를 이해하고 해석하는 특징을 가진다고 자장하였다. 그의 체계이론이 현상학에 기초한 구성주의로 불리는 이유다. 루만은 후설처럼 개인으로 구성된 생활세계를 전제하면서 그것을 세계사회와 동일시하였다. 근대사회의 인격들은 생활세계 혹은 세계사회에서 다른 인격들과 다양한 관계를 맺으면서 살아간다는 것이다.

전통적으로 사회학자들은, 특히 뒤르켐과 파슨스는 개인으로 구성된 근대사회에서 질서가 가능한 이유를 사회적 규범이나 제도가 상호작용을 통해 사람들의 합의를 이끈다는 점에서 찾았다. 반면 루만은 근대사회의 질서를 전혀 다른 관점에서 접근하였다. 그는 근대사회에는 기본적으로 복잡성과 우연성이 지배한다고 보았다. 세상은 인산관계 사이의 수많은 사건과 관계에 기초한다는 점에서 복잡하다. 그리고 수없이 많은 다른 사건들이 일어날 수 있음에도 불구하고 하나의 사건이 일어났다는 사실에서 세상은 우연적이다. 사건들의 높은 우연성은 존재하는 모든 것이 다를 수 있다는 것을 의미한다. 다른 말로 필연적인 원인과 결과는 없다는 뜻이기도 하다. 그렇다면 우연성이 지배하는 세상에 과연 질서가 가능할 수 있는지에 대한 의문이 제기될 수 있다. 루만은 이 문제를 이중적 우연성의 개념을 통해 풀어간다.

심리체계를 가진 인격들은 커뮤니케이션할 때 서로 블랙박스와 같다. 상대방의 내면을 들여다볼 수 없고 생각을 완전히 이해할 수 없기 때문이다. 서로의 생각을 알 수 없는 상황에서 사회학은 앞에서 언급했던 것처럼 인간관계를 이해할 수 있는 다양한 방법론을 발전시켰다. 특히 상징적 상호작용이론이나 현상학적 사회학은 언어나 행위를 통해 개인 간의 사회적 관계를 이해하는 것에 도움을 주었다. 커뮤니케이션 없이는 인간관계에서 진전이 이루어지기 어렵다는 점을 명확히 한 것이다. 그러나 루만은 그들의 학문적 성과를 어느 정도 인정하면서도 여전히 부족하다고 지적하였다. 왜냐하면 두 이론은 인간관계에서 한쪽의 주관성만을 강조하고, 다른 쪽은 동일하다고 가정하는 한계가 있기 때문이다. 인간관계에 대한 반쪽짜리 접근일 수밖에 없다는 것이다. 인격들 사이의 서로를 알 수 없는 이중적 우연성을 전제하는 루만은 체계이론에서 방법론을 찾는다. 즉 사회적 체계들 내에서의 커뮤니케이션을 통해 사회에 질서가 형성될 수 있다는 것이다. 그가 분류한 사회적 체계들은 상호작용체계, 조직체계 그리고 사회체계들이다.

이중적 우연성을 상호작용체계에 적용해 보자. 두 인격이 커뮤니케이션을 시작하기 전에는 상대방의 내면을 들여다볼 수 없다는 점에서 혼돈과 질서의 가능성이 공존한다. 커뮤니케이션을 시작한다는 것은 두 인격 사이에 최소한의 첫 번째 구조가 만들어질 수 있다는 것을 의미한다. A는 B에게 아무런 상황판단 없이 말을 걸지 않을 것이다. B가 현재 어떤 상황이고 자신의 제안을 받을 수 있는 여건이 되는지 A는 고려하면서 말을 건넨다. 말을 들은 B는 A가 건넨 말을 자신의 상황과 A의 상황을 고려하여 반응할 것이다. 이 과정에서 두 인격은 앞에서 설명하였듯이 서로 생각의 차이를 발견하겠지만 지속적인 커뮤니케이션을 이어가면서 둘 사이에 혼돈보다는 질서를 찾아갈 것이다. 질서가 갖추어지면 각각의 인격은 그들의 상호작용체계의 작동방식에 따라 커뮤니케이션해야 한다.

기본적으로 말과 문자를 통해 이루어지는 상호작용체계가 질서를 찾아가지만, 커뮤니케이션 매체의 발전과 함께 상호작용체계를 통한 커뮤니케이션은 전 세계적으로 엄청나게 증가할 것이다. 그리하여 세계사회에는 불확실성과 복잡성도 비례하여 증가할 것이다. 상호작용체계가 두 인격 간의 관계에 질서를 부여했다면 근대에 들어서면서 사회질서를 부여하기 위해 사회체계들이 등장하였다, 즉 정치체계, 경제체계, 법체계, 교육체계, 과학체계, 종교체계 등이다. 이들 사회체계에는 인격들을 연결시켜주는 매체들이 작동한다. AGIL모델을 구상했던 파슨스는 각 기능체계에 따라 경제체계, 정치체계, 사회공동체체계 그리고 사회문화체계에 상징적으로 일반화된 커뮤니케이션매체를 적용하였다. 루만은 파슨스의 개념을 구체화하고 확대하기 위하여 이항코드의 개념을 추가하였다. 경제체계를 통해 그의 독창적인 설명방식을 알아보자(Luhmann, 1988).

돈이 커뮤니케이션매체로 기능하는 경제체계는 지불능력과 지불불능이라는 이항코드를 기본으로 작동한다. 기본적으로 돈을 가진 인격은 지불능력이 있고 돈을 갖지 못한 인격은 지불불능의 상태에 있다. 돈의 순환에 의해 작동하는 경제체계에서 이런 각각의 상황은 고정불변이 아니라 유동적이다. 상품이나 서비스를 구매하기 위해 돈을 지불한 인격은 지불할 수 없는 상태에 빠지게 되지만 열심히 일하고 돈을 저축하면서 지불할 능력을 다시 회복하게 되기 때문이다. 하지만 희소성을 둘러싸고 돈을 중심으로 인간관계가 이루어지는 경제체계에서는 필연적으로 불평등문제가 불거질 수밖에 없게 된다. 안타깝게도 불평등문제는 경제체계에서 자체적으로 해결될 수 없지만, 정치체계에 의해 어느 정도 해소될 수 있다.

경제체계가 돈을 커뮤니케이션매체로 사용하는 반면, 정치체계는 권력을 커뮤니케이션매체로 활용한다. 이러한 차이로 두 기능체계는 직접적인 교류를 할 수 없으며, 따라서 정치체계는 경제체계에 개입할 수는 없다. 그러나 정치체계의 작동방식은 경제체계의 변화를 촉발시킬 수 있다. 정치체계는 선거를 통해 권력을 소유한 인격 혹은 집단과 그렇지 않은 인격 혹은 집단으로 분류된다. 전자는 대통령 혹은 다수당으로, 후자는 야당 혹은 소수당으로 구분된다. 각 정당은 각자의 정치적 이상이나 이념에 따라 강령과 정책을 개발한다. 이로 인해 좌파정당, 중도 좌파 정당, 중도 우파정당, 우파정당 혹은 녹색당 등의 다양한 정당 스펙트럼이 형성된다. 어느 정당이 여당이 되더라도 자신들도 선거를 통해 야당이 될 수 있다는 점을 염두에 두어야 한다는 점에서 정당들은 상호 존중과 협상과 타협을 항상 고려의 대상을 둘 수밖에 없다. 이러한 과정을 통해 정치체계에서 나오는 사회정책이나 복지정책은 경제제계에 영향을 미치며, 결과적으로 불평등문제를 완화할 수 있다고 루만은 주장한다. 정치체계의 영향뿐만 아니라 다른 기능체계들, 과학체계나 교육체계도 경제체계가 내부적으로 불평등문제를 고려할 수 있는 환경으로 작용한다. 루만은 이러한 기능체계들의 관계를 자기생산 혹은 작동상의 폐쇄성의 개념으로 설명한다. 그에 따르면 근대사회에서 기능체계들은 각각의 자율성을 유지하면서도 서로의 작동을 지속적으로 관찰하고 자신의 작동과정에 반영함으로써 진화론적으로 발전한다.

3) 인간관계에서 축소되는 개인의 행위의미

루만은 체계이론에 기초하여 사회학이 개개인의 심리를 통해 커뮤니케이션 현상을 이해하는 것이 아니라 경험적으로 확인가능한 수많은 커뮤니케이션을 관찰하고 이해한 바탕 위에 사회를 이해하는 학문이라고 주장한다. 다른 말로 표현하면 루만의 체계이론은 인간 개개인을 연구의 대상으로 삼는 것이 아니라 개인과 개인, 엄밀하게 말하자면 인격과 인격 사이의 상호작용체계, 조직체계 혹은 사회의 기능체계에서 이루어지는 커뮤니케이션을 연구의 대상 혹은 관찰의 대상으로 설정한 것이다. 그러나 여기에서 루만의 체계이론에 대한 비판이 등장한다. 인격과 인격 사이의 커뮤니케이션 현상 그리고 상징적으로 일반화된 커뮤니케이션매체를 통한 기능체계의 작동방식을 이항코드를 동원하여 해석하는 그의 이론적 접근이 행위자의 행위를 소홀히 다루고 있다는 지적이다.

루만은 사회과학의 기존 전제조건을 거부하고 새로운 전제조건으로 대체한다. 즉 사회적 현상을 인과관계에서 탐구하는 것이 아니라 우연적이라고 규정한 것이다. 인격이 커뮤니케이션을 하기 위해 의식체계에서 단어를 선택하고 결정하는 것이 우연이라고 생각하는 루만에게 인간관계의 모든 과정들은 우연으로 간주된다. 그래서 루만은 우연이라는 비개연성을 개연성으로 연결하기 위해 이중적 우연성이란 개념을 사용하였다. 그러나 상호작용체계에서 이중적 우연성으로 질서를 부여할 수 있었지만 세계사회에서의 우연성은 복잡성과 불확실성의 증대를 피할 수 없게 된다. 근대사회는 질서를 찾아가는 과정에 분화된 기능체계별로 이항코드를 작동시켰다. 경제체계는 돈을 커뮤니케이션매체로 지불능력/지불불능의 이항코드, 정치체계는 권력을 커뮤니케이션매체로 권력우위/권력열세의 이항코드, 과학체계는 진리를 커뮤니케이션매체로 진리/비진리의 이항코드, 법체계는 법을 커뮤니케이션매체로 합법/불법의 이항코드로 작동한다는 것이다. 사회적 현상을 체계이론적으로 재구성하려는 루만에게 인격이 어떤 배경이나 어떤 의도로 행위했는지는 중요하지 않게 된다. 각 기능체계가 각각의 커뮤니케이션매체의 이항코드로 작동하고 있다는 것만이 중요하다. 우베 쉬만크(Uwe Schimank)나 위르겐 하버마스는 이런 루만의 체계이론에 대해 비판적인 대표적인 독일의 사회학자다. 루만의 체계이론에 대해 쉬만크(Schimank, 1988)는 행위자가 부재하다고 지적하고 하버마스(2018)는 사회이론이 아니라 사회공학이라고 비판한다.

| 요약 | 체계이론과 인간관계

1. 후설의 현상학은 루만과 하버마스에게 영향을 미쳤으나, 그들은 현상학을 다르게 활용해 각기 독자적인 사회이론을 발전시켰다. 루만은 주관적 세계보다 객관적 세계에 주목하며, 커뮤니케이션의 증가와 복잡성에 집중했다. 그는 파슨스의 체계이론을 비판하고, 커뮤니케이션을 통한 인간관계의 역동성을 체계이론적으로 재해석했다. 그는 커뮤니케이션을 통해 서로의 생각이 다름을 확인하는 과정에서 근대사회의 복잡성과 불확실성이 더욱 증가한다는 점을 강조하였다. 그럼에도 불구하고 그의 체계이론은 사회질서가 유지되는 근대사회의 특징을 기술한다.

2. 루만이 체계이론을 통해 발견한 방식은 기능적 분화다. 그는 커뮤니케이션을 통해 발생한 경제체계와 정치체계 등 다양한 사회적 체계들이 어떻게 관계를 맺으면서 유지하는지를 체계이론적 관점에서 분석하였다. 이러한 접근은 근대사회의 복잡성 속에서도 질서가 유지될 수 있는 메커니즘을 제공한다.

3. 루만의 체계이론은 개인의 심리가 아닌, 인격 간의 상호작용과 사회의 기능체계에서 발생하는 커뮤니케이션을 이론연구의 중심으로 삼았다. 그는 사회적 현상을 우연성에 기반하여 이해하고, 이중적 우연성을 통해 질서를 설명했다. 루만은 경제, 정치, 과학, 법 등의 사회적 체계들이 각각의 이항코드로 작동한다고 주장하며, 이를 통해 근대사회의 복잡성과 불확실성 속에서도 질서가 유지될 수 있음을 강조했다. 그러나 루만의 체계이론에 대해 쉬만크는 행위자의 역할을 소홀히 다룬다는 비판하였고, 하버마스는 사회공학적 접근이라고 지적했다.

6. 인간관계에 대한 의사소통행위이론(위르겐 하버마스)의 이해

1) 상호이해를 위한 의사소통

루만이 인격과 인격의 커뮤니케이션이나 사회체계의 기능적 분화에 천착하는 이유는 주체철학에 대한 비판에서 비롯된다. 근대 초기 계몽주의철학은 인간의 이성적 사고능력과 행위능력을 강조하였다. 나아가 주체적 개인들이 건설할 합리적인 근대 사회의 미래에 대해 낙관적이었다. 하지만 이성에 대한 강조는 역설적으로 합리적인 사회와는 정반대의 전체주의국가, 특히 독일의 히틀러의 등장을 초래하였다. 이성을 독점한 권력이 국민들에게 계몽의 이름으로 획일적인 훈육을 강요하면서 나타난 결과였다. 독일의 철학자 혹은 사회학자들은 계몽주의 철학에 의문을 가지기 시작하였다. 비판이론가인 막스 호르크하이머와 테오도어 아도르노(Max Horkheimer & Theodor Adorno, 1995)가 비판적 견해를 가진 대표적인 인물들이었다. 그들은 계몽주의 철학이 전제한 이성을 하나의 환상으로 규정하고 근대철학이나 근대사회에 대한 근본적인 문제의식을 제기하였다. 루만이 그런 비판을 이어받아 체계이론을 통해 사회를 이해하고 해석하려고 했다면 하버마스는 의사소통행위이론으로 계승하였다.

커뮤니케이션을 공통으로 강조하는 루만과 하버마스의 이론적 차이는 현상학에 대한 접근방식의 차이에서 확인할 수 있다. 루만은 경험하고 관찰하는 현상의 밖으로 드러나는 면을 연구의 대상으로 삼은 반면 하버마스는 현상의 이면 혹은 본질을 연구의 대상으로 삼았다. 또 다른 차이는 앞에서 언급했듯이 루만은 복잡성과 불확실성이 증가하는 근대사회에서 커뮤니케이션을 통해 인격들 간의 생각의 차이가 발생하고 따라서 행위자들의 상호이해는 불가능하다는 입장이었다. 반면 하버마스는 행위자들 간의 상호이해에 도달하기 위한 사회이론을 모색하였다. 그는 그 가능성을 18세기 유럽사회의 공론장에서 찾았다. 여기에서 하버마스는 그의 비판이론의 스승이었던 호르크하이머와 아도르노와 다른 관점에 서 있었다.

하버마스(2001)는 공론장을 전통적 신분질서를 거부하고 이성에 기초한 합리적 토의를 가능하게 만든 영역이라고 주장하였다. 초기에는 문학적이고 사적인 대화와 토론의 장이었던 공론장은 점차 영향력을 확대하여 전통적인 근대적 전제군주의 권력에 대항하는 부르주아의 정치적 영향력 확대로 이어졌다는 것이다. 혁명을 통해 전제군주를 몰아낼 수 있었던 진원지로서 부르주아 공론장은 부르주아만의 이익을 대변하는 것을 넘어서서 전체 사회의 일반의

지를 상징적으로 대변하는 영역이 되었다.

그러나 공론장의 기능은 20세기에 들어 축소되었다. 이런 현상은 시장기능의 확대와 국가권력의 강화로 인해 발생하였다. 자신들의 이해를 관철하기 위해 이성의 독점적 권한을 주장한 부르주아가 18세기 그들이 발전시킨 공론장의 역할을 축소한 것이다. 점차 공론장은 자본주의 경제논리에 의해 잠식된 대중매체를 통해 대중을 조종하고 소비문화를 선전하는 장으로 전락하였다. 또한 공론장은 정치권력을 장악한 부르주아에 의해 정치적으로도 오염되었다. 즉 정치는 공개토론이 아닌 밀실에서 이뤄졌고, 비판적이고 합리적인 '공중(public)'이 아닌 무비판적이고 수동적인 시민 '대중(mass)'으로 채워진 공론장은 정치인들을 위한 대중동원의 장소로 변용되었다는 것이다. 하버마스는 변질되고 탈정치화된 공론장이 정치적 중요성을 상실하게 된 것을 지적했다. 그는 공론장의 위기가 바로 1970년대 서구의 복지국가의 정당성 위기로 이어졌다고 주장하였다. 시장의 기능을 확대할 것을 주장하는 우파와는 다른 관점에서 복지국가가 시민들을 개인적인 복지혜택의 수혜에만 몰두하고 자신들의 개인적인 생활에 집착하도록 만들었다는 것이다. 그리하여 하버마스는 근대사회에서 경제체계의 돈과 정치체계의 권력에 의해 공론장, 나아가 생활세계가 갈수록 종속된다는 주장에 이르렀다. 그는 그런 상황을 체계를 통한 생활세계의 식민화라고 규정하였다.

하버마스(2006)는 공론장과 생활세계의 위기를 극복하기 위해 의사소통행위이론을 정립하였다. 그는 칸트의 철학서, 즉 순수이성비판, 실천이성비판 그리고 판단력 비판에 근거하여 크게 세 가지 언어행위를 구분하였다. 먼저 첫 번째는 정확한 객관적 진실을 강조하는 진술적 언어행위다. 두 번째는 사회적 세계와 관련하여 규범적 타당성을 중요하게 여기는 규범규정적 언어행위다. 마지막 세 번째는 주관적 솔직함을 드러내는 드라마적 언어행위다. 하버마스는 이와 같은 세 가지 언어행위에 커뮤니케이션적 행위를 추가하였다. 이해지향적 행위를 의미하는 커뮤니케이션행위는 상호 대화하는 행위를 의미하며, 화자와 청자는 이 대화를 통해 상호이해에 도달하게 되면서 상호주관성의 단계에 도달할 수 있다는 것이다. 그는 커뮤니케이션 행위가 최종적으로 사회적 통합을 가능케 해 주는 특성을 가진다고 주장하였다.

그러나 커뮤니케이션 행위만으로는 상호이해에 도달하지 못하는 상황이 발생할 수 있다. 하버마스가 담론을 강조한 이유다. 담론의 참여자는 동일한 자격으로 커뮤니케이션에 참가하여 자신의 의견을 밝히고 비판에 대해 논증해야 한다. 그리고 담론을 통해 도달한 최종적

합의는 참여자에게 수용할 수 있는 합리적 동기를 부여하면서 사회적 구속력을 가질 수 있다는 것이 하버마스 의사소통행위이론의 핵심내용이다. 하버마스는 생활세계가 체계의 논리에 굴복하지 않고 긴장관계를 유지하면서도 생활세계에 내재하는 해방적 잠재력을 드러내고 표출하는 것이 근대사회의 과제라고 주장하였다. 그에게 이런 과제는 여전히 미완의 기획으로 간주되었다.

2) 상호이해를 방해하는 사회병리적 현상

하버마스는 근대사회에서 상호이해를 방해하는 현상들이 지속적으로 발생한다는 점을 경고하였다. 고도로 발전된 자본주의의 경제체계와 이에 상응한 관료제에 기반을 둔 정치체계가 자신들의 위기를 모면하고자 생활세계를 병합하고 종속시키려고 시도한다는 것이다. 이른바 체계를 통한 생활세계의 식민화 현상이다. 하버마스는 이런 현상에서 발생하는 세 가지 문제점을 지적하였다. 먼저 금전화의 문제다. 현대사회에서 자본주의의 시장논리는 모든 것을 금전적 가치로 치환한다. 가령 텔레비전의 프로그램은 시청률을 높이기 위하여 한 명의 시청자를 모니터 앞으로 유인해야 한다. 시청률에 따른 광고유치가 방송국의 생사를 결정하기 때문이다. 돈이 지배하는 경향을 대학도 피해 갈 수 없다. 대학은 기본적으로 진리를 추구하는 것을 자신의 존재 근거로 삼아야 한다. 하지만 현실에서는 다른 선택을 강요받는다. 다른 대학교와 경쟁에서 이기기 위해 더 많은 신입생들을 유치하고 기업의 후원을 끌어내야 한다. 대학은 그렇게 모은 경제적 재원으로 학문발전을 위해 노력하는 것이 아니라 외형적인 화려함으로 자신을 광고하는 것에 소비한다. 그처럼 대학들은 기업의 경영논리를 적극적으로 도입하는 방식을 선택하면서 점차 기업화되고 있다. 대학이 기업화되듯이 갈수록 돈은 사람들의 의식을 지배하면서 인관관계에 개입할 뿐만 아니라 사회 전체의 직업윤리를 약화하는 요인으로 작용하고 있다.

두 번째 문제는 관료화다. 서구의 복지국가는 역사적으로 사회통합을 이끌어내고 국가의 정당성을 확보하는 과정에서 탄생하였다. 그러나 복지국가를 지속적으로 유지하는 과정에 점차 국가는 관료조직을 확대하면서 생활세계의 일상생활을 통제하게 되었다. 복지정책을 시행한다는 명분으로 국민들의 생활세계에 너무 많이 개입하였고 그것을 통해 생활세계를 위축시켰다. 그리하여 생활세계가 활력을 잃어버렸다는 것이 하버마스의 진단이었다. 대학의 예를 들면 국가행정은 지원을 위한 기준을 정한다는 명분으로 대학을 획일적인 방식으로 서열화하고 대학에 대한 지나친 지시나 간섭을 강화하고 있다. 마지막 세 번째 문제는 법제화다. 법은 사회구성원 모두에게 구속력을 가지는 제도적 장치이므로 공론장에서 논의된 후 정해져야 한다. 하지만 점차 법은 국민의 의사와는 관계없이 소수의 엘리트들과 그들의 카르텔에 의해 밀실에서 결정된다. 하버마스는 그런 현상을 법제화라고 규정하고 공론장을 통해서 입법이 이루어지는 법치국가와 구별하였다.

하버마스에 따르면 이런 문제들은 생활세계에서 왜곡된 커뮤니케이션을 야기하면서 근대사회의 위기를 초래한다. 먼저 문화적으로 사람들은 의미를 상실한다. 사람들 사이의 커뮤니케이션이 단절되면서 명제내용의 진실성, 규범에의 정확성의 준수 혹은 발언자의 솔직함이라는 개인적 차원의 기본전제가 의심된다. 각각의 개인들은 자신만이 진실되게 진술하고 규범을 정확하게 준수하며 솔직하다고 주장하지만, 타인으로부터 인정받지 못한다. 그리하여 의미에 기초한 문화적 재생산에 심각한 문제가 발생하게 된다는 것이 하버마스의 지적이다. 둘째, 사회는 구성원들의 연대가 약해지면서 무규범상태 즉, 아노미적 상태에 빠질 가능성이 높아진다. 셋째, 개인적 차원에서는 사회화가 제대로 이루어지지 못하고 개인의 책임능력이 약해지면서 심리적 이상을 경험할 가능성도 커진다.

3) 재강조되는 공론장의 의미와 현실적 한계

세계사회는 갈수록 민주주의의 위기를 경험하고 있다. 영국의 사회학자 콜린 크라우치(Colin Crouch)는 그의 저서 『포스트 민주주의』(2008)에서 민주주의 국가의 모델이자 교과서로 평가되었던 미국과 영국의 민주주의 위기를 진단하였다. 그는 주요 국가의 형식적 법은 과거에 비해 더욱 민주주의의 틀을 갖추고 있지만 실질적으로는 오히려 퇴보하고 있다고 경고하였다. 기성세대들이 기존의 기득권을 강화하기 위해 강고한 카르텔을 구축하면서 더 이상 정치적 효능감을 느끼지 못하는 청년층의 정치에 대한 무관심이 만들어 낸 결과라는 것이다. 그가 예시로 들었던 국가들 중 특히 공론장에서 심각한 문제들을 노출하고 있는 미국은 민주주의의 심각한 위기상황을 극명하게 보여준다.

1930년대 미국에서 저널리즘의 자율성을 강조하는 전문저널리즘이 등장하였다. 1980년대까지 돈과 권력으로부터 자유로운 저널리즘의 원칙은 제대로 작동하였다. 그러나 1980년대에 상황은 급변하였다. 신자유주의적 정책을 추진하는 레이건정부가 들어서면서 이윤의 극대화를 지향하는 미디어기업이 등장하였고 점차 전문저널리즘의 의미가 희석되기 시작한 것이다. 시장에 맡겨진 매스미디어가 소수의 미디어 기업에 의해 장악되면서 1983년 50개의 복합미디어기업이 2018년에는 5개로 대폭 축소되었다. 그 결과 언론인들은 더 이상 정치적 중립성이나 객관성과는 거리가 멀어지고 있다. 경제에 종속된 언론인과 권력을 지향하는 정치인과의 유착관계가 형성된 것이다. 정치인은 선거에 승리하기 위하여 막강한 영향력을 가진 미디어에 의존하고 언론은 정치인의 천문학적 정치광고로 수익을 올리는 일에 몰두하고 있다. 경영에 종속되고 정치와 유착되는 언론에 대한 신뢰도가 하락하는 것은 어쩌면 당연한 결과다(맥체스니, 2006; 2009).

언어철학자 노엄 촘스키(Noam Chomsky)와 에드워드 허먼(Edward S Herman)(2006)은 『여론조작: 매스미디어의 정치경제학』에서 미국의 공론장이 시장논리에 의해 지배하면서 공개토론의 장이 아닌 상품매매를 위한 공간이 되고 있다고 비판하였다. 더군다나 공론장이 미디어기업으로부터 외면되면서 탈정치와 민주주의의 위기에 대한 우려의 강도는 커지고 있다. 미국의 공론장에서 인종주의, 환경오염, 인권문제는 더 이상 주목받는 주제가 되지 못하는 현실이다. 하버마스가 언급한 정치체계와 경제체계를 통한 생활세계의 식민화현상이 미국에서 확인된 것이다.

하버마스는 생활세계의 식민화를 통해 발생하고 있는 사회병리현상을 해소하기 위하여 공론장의 역할을 재강조한다. 문제는 1990년 이후 전 세계가 거스를 수 없는 신자유주의 흐름을 맞이하고 있다는 것이다. 그동안 돈과 권력으로부터 자율성을 지키면서 자신들의 역할을 충실하게 수행했던 독일의 언론도 예외가 아니다. 사실 저널리즘이 시장에 종속될 경우 발생할 수 있는 문제는 간과하기 어려운 결과를 초래할 것이다. 무엇보다 저널리즘 경영자들이 비용절감을 이유로 장기간의 탐사보도를 외면하면서 공론장이 왜곡될 수 있을 것이다. 나아가 단순히 공론장의 문제만이 아니라 민주주의의 위기를 초래하게 될 가능성도 높아진다. 이런 상황에 독일의 유력 정론지인 '쥐트도이체 차이퉁(Süddeutsche Zeitung)'이 경영난으로 매각될 처지에 놓이게 되었다. 인터넷의 확대와 함께 기존의 종이신문의 구독률이 떨어지면서 광고시장이 얼어버렸기 때문이었다. 전통적 기존 언론의 재정적 위기라는 현실을 마주하면서 하버마스는 근본적인 질문을 한다. 즉 신문을 비롯한 매스미디어들이 변화하는 환경을 수용하여 소비자들의 욕구를 충족하고 독자의 선택의 자유를 확대한다는 명분으로 돈과 권력에 대한 비판적 역할을 철회하는 것이 정당한가라는 질문이었다.

하버마스의 주장에 따르면 공론장이 제 역할을 하기 위해 국가는 경영난에 허덕이는 종이신문을 재정적으로 지원해야 한다. 고품질 언론인 종이신문이 정치적 의사소통의 영역에서 활발한 토론과 논쟁을 촉진하여 사회적 공익을 실현할 수 있는 역할을 할 수 있다고 보았기 때문이다. 또한 종이신문을 통한 사회구성원들의 소통은 사회적 성찰과 함께 참여 민주주의를 가능하게 하는 최소한의 조건이라는 것이다. 그의 표현에 따르면 숙의 민주주의의 실현 가능성이다. 그러나 그의 주장에도 불구하고 현대의 언론시장에 경쟁이 치열해지면서 공론장의 역할에 대한 회의적인 시각이 우세한 실정이다. 독일도 예외가 될 수 없는 상황이다. 특히 인터넷과 SNS의 확산이 공론장을 더욱 복잡하고 불확실한 세계를 조성하는 현실에서 상호이해와 사회통합은 더욱 어려운 과제가 되고 있다. 이러한 이유로 하버마스와 루만의 커뮤니케이션에 기초한 사회이론이 한계에 부딪치는 지점에서 사람들은 권력이론에 주목한다.

| 요약 | 인간관계에 대한 의사소통행위이론의 이해

1. 루만과 하버마스는 커뮤니케이션을 중심으로 한 사회이론을 발전시켰지만, 그들의 접근 방식은 상이하다. 루만은 인격 간의 커뮤니케이션과 사회체계의 기능적 분화에 집중하며, 복잡성과 불확실성이 지배하는 근대사회에서 생각의 차이를 강조했다. 반면, 하버마스는 공론장을 통한 상호이해와 사회적 통합의 가능성을 탐구했으며, 공론장의 변질과 생활세계의 식민화를 비판하면서 의사소통행위이론을 통해 합의와 상호이해에 도달하는 방법을 모색했다. 하버마스는 근대사회의 과제로 생활세계의 해방적 잠재력을 드러내고자 했다.

2. 하버마스는 근대사회의 위기를 초래하는 세 가지 주요 문제를 지적했다. 금전화 문제와 관료화 문제와 법제화 문제다. 이러한 문제들은 사회의 문화적 재생산, 연대감, 개인의 책임능력에 심각한 영향을 미치며, 근대사회의 커뮤니케이션 왜곡과 아노미적 상태를 초래한다고 주장하였다. 그는 이런 현상을 '생활세계의 식민화'로 규정하였다.

3. 콜린 크라우치는 미국과 영국의 민주주의가 형식적으로는 발전했으나 실질적으로는 퇴보하고 있다고 지적했다. 그의 주장은 하버마스의 비판과 매우 밀접한 연관성을 가진다. 갈수록 전문저널리즘의 약화와 미디어 기업의 집중화로 인해 언론의 중립성과 객관성이 훼손되었으며, 이는 민주주의의 위기를 가속화하고 있다. 하버마스가 명명한 '생활세계의 식민화'다. 하버마스는 공론장의 역할을 재강조하며, 민주주의 위기를 해결하기 위한 방안으로 언론의 역할을 강조하였다. 그러나 인터넷과 SNS의 확산으로 공론장은 더욱 복잡한 형태로 변하고 있다. 이런 현상은 하버마스의 사회이론에 대한 새로운 접근을 요구하는 요인이 되고 있다.

7. 권력이론과 인간관계

1) 인간의 기본욕구인 권력

근대사회에 들어서면서 데카르트에 의해 제시된 근대철학과 계몽주의철학은 인간의 이성을 절대적으로 신뢰하였다. 과거의 신에 대한 절대적 믿음이 이성에 대한 절대적 신뢰로 대체된 것이다. 근대의 철학자들은 이성을 통한 합리적 사회의 건설 가능성을 낙관하였다. 그러나 19세기 후반부터 이성에 대해 의문을 가지는 철학자와 사상가들이 등장하였고 그중 프리드리히 니체가 있었다. 절대적 진리를 부정한 니체는 보편타당한 원칙이 있다는 칸트의 주장을 도덕적 광신으로 규정하였다. 도덕이 이성에만 토대를 두었을 리 없고, 설사 그렇더라도 나의 이성과 타인의 이성이 똑같지 않을 수도 있다는 것이다.

미셸 푸코(Michel Foucault)는 이성을 개인의 창조적 정신을 저해하는 요소로 간주한 니체의 사상을 이어받았다. 그는 이성을 가진 자와 이성을 가지지 못한 자들 사이의 권력관계에 주목하였다. 다시 말해 푸코는 권력의 재생산이 이성에 근거한 지식의 생산과 깊은 연관을 가진다고 보았던 것이다. 이성에 근거하여 지식을 축적한 자들은 지배자가 되어 피지배자들을 감시하고 처벌하며 훈육한다고 주장하였다. 따라서 푸코에게 권력관계와 정치는 별도로 분리된 영역이 아니라 일상생활에 존재하는 영역이었다. 자연스럽게 하버마스와의 관점의 차이를 보여주었다. 생활세계에서 커뮤니케이션을 통해 상호이해에 도달할 수 있다는 하버마스와는 달리 푸코는 권력관계가 커뮤니케이션에 내재하는지에 대해 관심을 가졌다.

푸코(2023)는 무엇보다 권력이 담론의 절차에 강하게 개입하는 세 가지 방식을 지적하였다. 첫째, 외부에 의해 담론을 제한하는 절차방식이다. 여기에도 세 가지가 나열될 수 있다. 먼저 어떤 것에 대해 말할 수 있는 것이 허락되지 않는 금지다. 다음은 이성과 광기를 구분하면서 비정상의 광기가 아닌 정상의 이성을 선택하도록 강제하는 방식이다. 마지막으로 과학의 발전과 함께 정통으로서 진리를 추구하고 이단인 비진리를 배제하도록 하면서 지식생산은 권력체계의 등장과 긴밀하게 결합된다는 것이다. 둘째, 담론을 제한하는 내부적인 절차방식이다. 푸코는 여기에서도 세 가지를 나열한다. 먼저 어떤 것을 새롭게 생산하지 못하게 규제하는 논평이다. 결국 담론은 이전에 확정된 지식을 재생산하면서 내부적으로 제한된 범위에 머무를 수밖에 없다. 다음은 담론의 담지자에게 논리의 일관성을 요구하면서 비일관성에 대해서는 해명을 요구하는 것이다. 그리하여 그는 기존 자신의 담론구조를 깨트리고 창조적인 담론에 참여할 수 없게 된다. 마지막으로 담론을 제한하는 학문조직이다. 담론에 참여하기 위해서 개개인은 각각의 학문을 지배하는 언어를 학습한 결과, 학문조직의 범위 내에서 사회를 지배하는 생각과 체계적으로 결합하게 된다는 것이다.

셋째, 담론에 접근할 때 요구되는 태도다. 여기에서 나열된 세 가지 요소는 다음과 같다. 먼저 담론에 접근하기 위하여 가지고 있어야 하는 자격으로서 의례다. 즉 올바른 태도방식, 관점, 몸동작이다. 다음은 일정한 자격을 갖춘 사람을 받아들이는 담론조직들이다. 법이나 의학에 관한 담론을 독점하는 변호사협회나 의시협회가 대표적이다. 마지막으로 반드시 지키겠다는 맹세로서 신조다. 담론에서 신조가 확정되자마자 말하고 행동할 수 있는 것과 말해서는 안 되고 행동하지 말아야 하는 것으로 통제된다. 이러한 요소들이 존재하는 한 담론은 기존의 권력을 유지하고 강화하는 방향으로 작용할 수밖에 없다는 것이 푸코의 주장이다. 커뮤니케이션을 통제하는 지배자에 의해 재생산되는 권력은 근대사회에서 더욱 합리성의 이름으로 더욱 정교하고 은밀하게 작용하게 된다.

푸코(2009)는 그의 저서 『처벌과 감시』에서 근대사회에서 권력체계의 변화과정을 밝혔다. 그는 책의 앞부분에서 1757년 루이 15세 살해미수범인 다미엥의 처벌상황을 보도한 <암스테르담 신문>을 소개하였다. 사지를 절단하는 무자비한 처벌방식은 사람들에게 공포를 심어주고 다시는 반란을 일으킬 의지를 사전에 차단하는 것이 목적이었다. 하지만 그것으로 군중들의 절대적 복종을 끌어낼 수는 없었다. 공개적 처형을 바라보는 그들은 겉으로는 복종하지만, 속으로는 오히려 범죄자와 피지배층 간의 연대의식을 형성하면서 저항감을 불러일으킬 수 있기 때문이었다. 인본주의사상이 확산되고 합리적인 사회를 지향하는 근대사회는 새로운 처벌방식을 모색했다. 권력자는 민중을 사회구성원으로서 복수 같은 잔인한 처벌방식이 아니라 은밀하고 정교한 합리적인 방식을 고안했다. 근대사회가 찾아낸 방식은 제러미 벤담이 제안한 파놉티콘 모델이었다.

파놉티콘은 제러미 벤담이 제안한 원형감옥으로서 일종의 중앙통제장치였다. 그가 고안한 건물의 구조는 다음과 같다. 중앙의 감시탑은 어둡고 내부 바깥쪽의 각 방들은 밝다. 적은 수의 감시자가 다수의 수감자를 감시할 수 있는 방식이다. 설정된 조명의 차이에 의해 수감자들은 감시자가 자신을 보고 있는지를 알 수 없다. 감옥에 들어온 초기에 자신의 행동을 조심하던 수감자들은 차츰 권력의 감시를 내면화하면서 순종하는 태도를 익히게 되고 규율에 복종하게 된다. 푸코는 비록 현실화되지 못했지만 벤담의 제안이 감옥뿐만 아니라 학교, 공장 혹은 병원에서도 적용되는 근대사회의 기본원리라고 주장하였다. 공간 내에서 시선을 통한 규율은 신체의 관리나 통제와 함께 시간에 의한 통제와 연결된다. 특히 학교나 공장에서 시작과 끝을 알리는 종소리는 시간을 통해 사람들 통제하는 전형적인 사례들이다.

2) 구조화된 권력에서 인간관계

푸코가 분석한 권력은 문화와 결합되면서 구조화된 모습을 띠게 된다. 여기에서 주목할 대상은 프랑스사회의 역사와 부르디외의 문화이론이다. 부르디외(1995)에 따르면 프랑스는 연속되는 혁명이 발생하는 과정을 거치면서 귀족이 지배하는 신분제사회에서 자본가 중심의 상층계급이 지배하는 계급사회가 되었다. 부르디외는 프랑스사회를 중심으로 구조화된 권력관계를 보여주는 계급사회의 특징을 기술하였다. 근대사회에서 개인의 자유는 형식원리일 뿐 실질적으로는 매우 제한되어 있다는 것이다. 따라서 사회적 계층이동도 매우 제한적이다. 무엇보다 사회를 정의하는 위치에 있는 상층계급이 경제자본뿐만 아니라 사회자본과 특히 문화자본을 통해 불평등구조를 재생산하기 때문이다. 다음은 지배계급이 문화자본을 통해 불평등구조를 재생산하는 방식에 대한 부르디외의 설명이다.

부르디외(Bourdieu, 1983)는 문화자본을 크게 세 가지로 구분한다. 먼저 체화된 문화자본이다. 문화의 축적은 체화되는 과정에 신체와 결합된다. 가정에서의 양육과 학교에서의 교육을 거치는 과정에 시간이라는 요소가 중요한 역할을 한다. 체화된 그리고 그것으로 내면화된 자본은 부르디외가 문화자본에서 특별하게 강조하는 아비투스의 핵심적 요소다. 아비투스는 특정한 집단, 계급, 계층에 속한 사람들에게 실현되는 세계관, 관점, 행동 그리고 행위성향 및 취향의 전형을 뜻한다. 동일한 사회구조적 배경을 공유하는 사람들은 동일한 아비투스를 발전시킬 가능성이 높다. 선대부터 부모를 거쳐 자신에게 전해진 체화된 문화자본은 상세하게 의도되지 않은 채 실현된다는 점에서 증여, 상속, 구매 혹은 교환을 통하여 단기간에 축적될 수 있는 경제자본과 구별된다. 따라서 체화된 문화자본은 벼락부자가 전통적 상류계급에 의해 거부되는 강력한 조건이 된다.

문화자본의 두 번째 유형은 객관적 문화자본이다. 체화되고 내면화된 문화자본과의 관계를 통해서만 규정되는 일련의 속성을 갖는 자본이다. 체화된 문화자본이 드러나지 않은 반면 이런 유형의 자본은 상징적으로 계급적 지위를 드러내는 특징을 갖는다. 물질적으로 전용될 수 있는 서적, 그림, 공구 혹은 악기로 드러나는 객관적 문화자본에는 경제자본과 긴밀하게 연결될 수 있을 정도로 돈이 중요한 역할을 한다. 마지막으로 세 번째 문화자본의 유형은 제도화된 문화자본이다. 칭호, 학위 혹은 자격증은 제도화된 문화자본의 종류로서 특히 학위는 소유자에게 지속적이고 법적으로 보장된 전례적인 가치를 전달하는 문화적 수용능력을 증명한다. 시간을 투자한 자신의 헌신과 가족의 지원을 통해 제도화된 문화자본을 획득하면 전부 아니면 전무의 원칙에 따라 많은 권리가 주어진다. 때때로 그것을 소유한 사람에게는 '어느 만큼의 지식이나 능력을 가지고 있는가'와는 상관없이 인정되는 마술적인 이미지가 씌워지기도 한다. 갈수록 경쟁이 치열해지면서 학위나 자격증을 취득하려는 시도들이 증가하는 추세다. 제도화된 문화자본이 경제자본을 획득할 가능성을 높여주기 때문이다. 하지만 희소성에 의존하는 제도화된 문화요소에 다수의 사람들이 몰려들면서 교육과열과 학위인플레이션을 초래하고 있다. 그 결과 기대했던 것보다 적고 제도화된 문화자본의 실망하는 사람들이 늘고 있다.

문화자본이 개별 집단, 계층 혹은 계급의 아비투스로 나타나면서 인간관계로 이어진다. 먼저 자신들의 생활수준을 당연한 것으로 받아들이는 노동계급은 높은 계급 출신의 사람들에 대해 존경심을 가지는 반면 자신감이 결여된 상태다. 손님을 초대하는 경우 그들은 모든 음식을 식탁 위에 올려놓고 거리낌 없이 자유롭게 식사한다. 또한 사용한 티스푼을 돌려가며 사용하고 어정쩡하게 대접하기보다는 '후하게 대접하는 것'을 자신의 명예로 생각한다. 미래를 설계할 수 없는 노동자에게 쾌락주의는 그들의 유일한 철학이다. 특히 남성들은 마초적인 모습에 집착하는 경향이 있다. 노동계급에 속한 일부는 연예인이나 운동선수에 대한 극렬 팬이 되기도 한다. 문화적 박탈을 보상하는 수동적이고 허구적인 참여에 불과하지만, 열정을 가지고 대상에 참여하고 심지어 광신적 배외주의로 흐리기도 한다.

다음은 중간계급이 보여주는 인간관계다. 끊임없이 위를 향한 계층이동을 원하는 중간계급은 그들만의 독자적인 문화를 가지지 않는다. 노동계급과 거리를 두고 상층계급으로 올라서기 위해 그들은 저명한 교수, 유명음악인, 지적인 주간지, 교양 TV 프로그램을 통해 높은 수준의 문화를 습득하려고 노력한다. 또한 그들은 미래의 욕구를 충족하기 위해 목전의 식욕과 쾌락을 희생할 줄 아는 생활태도를 보인다. 그것에 기초하여 쾌락을 위해 시간을 허비하거나 다른 사람과 함께 시간을 보내는 것을 삼간다. 금욕적 엄숙주의의 경향을 보이는 중간계급은 주로 혼자서 하는 체조나 산책을 통한 건강관리에 관심을 가진다. 다만 외출 시에나 직장에서는 최소한 노동자보다 훨씬 더 외모, 의복 혹은 미용에 신경을 쓰는 경향이 있다.

마지막으로 상층계급은 지배분파와 비지배분파로 나뉜다. 지배분파는 전통적 대기업의 소유주들, 정부 행정 및 기업의 고위직 그리고 저명한 귀족가문으로 구성된다. 이들이 오랫동안 누려온 제한 없는 부는 사치취향으로 나타나고 따라서 사회의 다른 계급을 내려다보는 위치에 있다. 고귀한 문화자본을 체화한 상층계급은 육체적 폭력, 언어폭력 혹은 무절제한 신체사용을 배제하면서 골프, 테니스, 요트, 승마, 스키 등을 즐긴다. 그들이 식사에서 보여주는 모습은 다른 계급과 확실하게 구별된다. 무엇보다 음식에 대한 즉각적인 탐닉을 비천한 저속함으로 거부하면서 기다림, 절제, 질서, 그리고 예의 바른 행동의 아비투스를 보여준다. 남성들의 신중한 태도는 여성스러움으로 비치기도 한다.

상층계급의 다른 한 축인 피지배분파는 대학교수, 문화예술인 혹은 상급기술직으로 구성된다. 특히 지식인은 스스로를 해방하고 타인에게 해방의 수단을 제공할 수 있는 특권을 가진다. 금욕적 귀족주의를 보여주는 피지배분파는 과시와 장식을 선호하는 부르주아적 취향을 거부하고 순수성과 순화의 이름으로 수행되는 모든 예술혁명을 지지하는 경향을 보여준다. 지배분파가 상대적으로 경제자본을 많이 가지는 반면 문화자본을 더 많이 소유한 피지배분파는 전체 사회를 위한 보편성의 정의와 주도권을 놓고 지배분파와 경쟁하는 위치에 있다.

3) 해체를 주장하는 포스트모더니즘 시대의 인간관계

푸코나 부르디외는 권력구조에 관심을 가진 사회이론가들이다. 푸코가 감옥, 병원, 학교, 군대와 같은 국지적 미시 권력구조에 관심을 가진 사회이론가라면 부르디외는 문화에 기초한 계급별 권력구조를 분석한 사회이론가였다. 여기에서 권력구조에 천착했던 두 이론가들의 출신국가가 프랑스였다는 점을 상기할 필요가 있다. 이성과 그것에 기반한 지식을 통해 합리적 사회를 건설할 수 있다는 낙관적인 전망이 아니라 그것을 통해 오히려 불평등한 권력구조가 형성된다는 논리를 찾아낸 프랑스의 사상가들은 푸코의 권력이론을 이어받아 마침내 포스트모더니즘을 주장하기에 이른다. 대표적인 포스트모더니즘의 학자들인 질 들뢰즈(Gilles

Louis René Deleuze), 자크 데리다(Jacques Élie Derrida), 프랑수아 리오타르(Jean-Fransois Lyotard), 자크 라캉(Jacques Lacan)은 계몽주의 전통을 거부하고 전통질서의 해체를 주장하였다.

여기에서 포스트모더니즘을 이해하기 위해서는 구조주의에 대해 간략하게 파악하는 것이 중요하다. 계몽주의 철학은 철저히 이성에 대한 믿음을 근거로 세상에 대한 이해를 시작하였다. 특히 칸트는 인간 본유의 선험적 특징인 이성을 통해 합리적이고 보편적인 사고를 할 수 있다고 생각하였다. 하지만 구조주의자들, 사회학의 경우 에밀 뒤르켐은 선험적인 전제를 부정하면서 현재 인간들이 만든 사회적 사실을 통해 세상을 이해할 수 있다고 주장하였다. 다시 말해 뒤르켐에게는 현존하는 구조가 사회적 사실이었다. 문제는 이들 초기 구조주의자들이 선험적 지식을 부정하였지만 사회 구조의 객관성이나 법칙성을 부정하지 않았다는 점이다. 에밀 뒤르켐은 사회적 사실을 통해 사회의 객관적인 규범이나 사회발전의 법칙을 찾아낼 수 있다고 주장하였다. 반면 후기 구조주의자이자 포스트모더니스트들인 학자들은 이것조차도 비판하면서 인간사회의 객관성이나 법칙성 자체를 거부하기에 이른다.

먼저 푸코에 이어 계몽주의 비판에 나선 데리다는 '차연(différance)이라는 개념으로 이성이 비이성으로, 혹은 자유가 억압으로 전락할 수 있는 배경을 밝혔다. 소쉬르가 음소적 차이만을 강조한 것에 반해 데리다는 차연을 통해 문자적 차이를 동시에 강조하면서 대상의 복합적 구조를 밝혔다. 그것을 통해 그는 대상의 구조가 불변적이고 단일한 것으로 보는 전기 구조주의자들을 비판할 수 있었다. 레비스트로스(Claude Lévi-Strauss) 및 소쉬르(Ferdinand de Saussure)와 같은 초기 구조주의자들은 겉으로 드러난 소위 기표에 진리가 있다고 믿었기 때문에 기표 속에 포함된 다른 의미들을 배재하면서 구조에 내재한 복잡성을 간과했다는 것이다(이병창, 2009: 278). 데리다에 따르면 개인들이 만드는 복잡한 구조 속의 다양한 관계들은 열린 상태에서 유동적일 수밖에 없다. 따라서 법칙성과 보편성이 존재할 수 없게 되었음에도 불구하고 그동안 이데올로기화된 근대사회는 법칙성과 보편성의 이름으로 구조를 단순화시켰다고 데리다는 비판하였다. 그는 이런 신화를 해체할 것을 주장하였다. 데리다를 통해 발전한 포스트모더니즘은 인간의 이성이 아닌 무의식을 그리고 이성이 아닌 욕망을 강조한 라캉의 등장과 함께 더욱 발전하였다.

철학과 예술의 영역에서 발전한 포스트모더니즘은 사회학에도 영향을 미쳤다. 특히 지그문트 바우만(Zygmunt Bauman)은 해체와 욕망의 관점에서 근대사회를 기술한 대표적인 사회학자다. 바우만(2009)은 그의 저서『액체근대』에서 해체의 과정을 겪는 근대사회의 징후가 어느 정도까지 관철되고 있는지를 추적하였다. 그에 따르면 과거 명확한 공동체적 질서에 따라 살았던 개인은 이제 스스로 자신의 정체성을 찾아야 한다. 그는 과정에서 공동체의 소속감과 개인의 정체성의 변증법적 관계에서 방황하고 완전한 자유와 완전한 안전의 두 극점 사이에서 혼란을 느낀다는 점을 밝혔다(바우만·레온치니, 2020). 바우만이 언급하는 액체근대의 혼란은 남녀 간의 관계에서 구체적으로 확인된다. 그에 따르면 끊임없는 변화가 이어지는 근대사회에는 영원히 지속되는 관계는 존재하지 않는다. 인간은 자유와 안전이라는 양극단에서 방황하면서 한편으로는 자유를 원하면서도 다른 한편으로는 파트너와의 관계 속에 안전에 대한 욕구를 충족하려는 양면성을 보여준다. 이처럼 상충된 욕구들로 가득한 근대사회에서 개인화된 인간관계는 불확실한 질서를 피할 수 없게 되었다. 따라서 바우만은 포스트모더니즘의 시대에 고립분산된 개인에게 어떻게 살 것인가라는 과제를 환기시킨다.

| 요약 | 권력이론과 인간관계

1. 근대철학은 이성에 대한 절대적 신뢰를 바탕으로 합리적 사회 건설의 가능성을 낙관했으나, 니체와 푸코와 같은 철학자들은 이성의 절대성에 의문을 제기했다. 푸코는 권력과 지식의 생산이 밀접하게 연관되어 있으며, 권력관계가 일상생활에 내재한다고 주장한 인물이다. 그는 담론에 권력이 개입하는 방식을 세 가지로 분류하고, 근대사회에서 권력이 어떻게 은밀하고 정교하게 작용하는지를 설명했다. 파놉티콘은 푸코의 권력이론을 이해할 수 있는 적절한 사례다.

2. 부르디외는 문화자본을 통해 계급사회의 권력관계를 기술하였다. 그가 문화자본의 권력관계에서 제시한 가장 핵심적인 개념은 아비투스다. 부르디외는 문화자본의 구조가 사회적 계층이동을 제한하고, 계급 간의 권력관계를 명확하게 보여준다고 주장했다.

3. 푸코와 부르디외는 각각 미시적 권력구조와 문화에 기반한 계급의 권력구조에 주목한 프랑스의 사회이론가들이다. 그들의 이론은 포스트모더니즘으로 발전했으며, 데리다와 바우만과 같은 학자들은 계몽주의의 이성 중심적 전통을 거부하고 해체와 욕망을 강조했다. 뒤르켐과 같은 구조주의자들은 사회적 사실을 통해 세상을 객관적으로 이해하려 했지만, 포스트모더니스트들은 사회의 객관성과 법칙성 자체를 거부했다. 바우만은 개인의 정체성 탐색과 공동체 소속감 사이의 혼란을 설명하며, 근대사회에서 지속적인 관계의 부재와 개인화된 인간관계의 불확실성을 지적하였다.

8. 경제학 모델과 사회이론의 결합 : 합리적 선택이론, 게임이론, 사회 연결망이론

1) 합리적 선택이론의 등장과 사회학의 수용

앞선 사회학 이론들은 대부분 철학의 영향을 받았거나 일부의 경우 심리학에 기원을 두었다. 반면 본 절에서 다룰 이론들은 경제학으로부터 많은 영향을 받았다. 특히 합리적 선택이론이 대표적이다. 1960년대 경제학에 기원을 둔 다양한 사회이론이 등장하기 전까지 사회학은 경제적 모델에 대해 비판적이었고 일정한 거리를 두었다. 초기 사회학자들, 특히 에밀 뒤르켐은 아담 스미스에서부터 데이비드 리카도를 거쳐 제레미 벤담으로 이어지는 정치경제학자들에 대해 매우 비판적이었다. 그는 그들의 경제이론을 공리론적 개인주의로 규정하면서 사회질서를 위한 도덕적 개인주의를 주장하였다. 개개인이 경제적 이익에만 몰두한다면 아노미와 같은 부정적 현상이 발생할 가능성이 높다고 보았다. 그는 사회질서가 유지되기 위해서는 최소한의 조건으로서 사회적 규범이나 도덕이 갖추어져야 한다고 생각하였다. 철학적 전통에 기반한 사회학은 합리화를 주장하면서도 사회 전체의 질서도 염두에 둔 것이다. 1960년대 이런 기존의 경향은 변하기 시작하였다. 그동안 경시했던 경제의 논리를 사회학이 적극적으로 반영한 것이다. 그렇게 해서 등장한 사회이론은 기존의 사회이론과는 달리 개개인의 행위 합리성 개념에 초점을 맞추었다.

합리적 선택이론 이전에도 경제학에서 유래한 교환이론이 존재했다. 하지만 교환이론은 철저히 개인의 합리적 행위와 그 결과로서 사회적 제도나 문화의 관계를 추적하였다. 경제학에서 시작하여 인류학이나 심리학으로 확대되었지만, 현실을 이해하고 분석하기에는 한계를 보였다. 개인의 합리성 추구가 비합리적인 결과를 초래할 수 있다는 측면을 설명하지 못한 것이다. 합리적 선택이론은 이런 한계를 극복하기 위해 등장했다. 게리 베커(Gary Becker)에 의해 경제학에서 제기된 합리적 선택이론은 미국의 제임스 콜만(James S. Coleman), 독일의 하르트무트 에써(Hartmut Esser), 그리고 프랑스의 레이몽 부동(Raymond Boudon)에 의해 사회학에도 적용되었다. 사회학적으로 응용된 합리적 선택이론은 교환이론과 같이 기본적으로 개개인은 항상 자신의 효용 극대화를 모색하고 행동한다는 것을 전제하면서도 개개인의 합리적 행위가 반드시 사회 전체의 합리성으로 이어지는 것은 아니라는 점을 부각시켰다.

합리적 선택이론을 위한 전제조건으로서 먼저 방법론적 개인주의를 이해할 필요가 있다. 방법론적 개인주의는 모든 사회현상이 개별 행위자들의 행위로 소급될 수 있으며, 또 그래야 한다는 것을 원칙으로 한다. 또한 합리적 선택이론이 가장 중요하게 여기는 핵심요소는 경쟁원칙이다. 합리적 선택이론은 그런 원칙들 위에서 행위의 합리적 특성, 즉 효용을 극대화하려는 특성이 전체 사회제도에 긍정적으로 작용한다고 보았다. 도덕적·종교적 규범이 아니라 개인적인 이해관심을 추구하는 경쟁을 통해 모든 사람에게 가장 이익이 되는 세계 상태가 실현될 수 있다는 것이다(로자·슈트렉커·콧트만, 2016: 322). 만약 다른 사람들을 속이는 사람들은 사회적 지탄을 받게 되고 결국 경쟁에서 도태되어 모든 기회를 잃을 위험에 빠지게 될 것이다. 합리적 선택이론에게 비판의 대상은 서구의 복지제도였다. 그동안 도덕적·종교적 규범에 따라 복지제도를 시행한 결과 오히려 수많은 도덕적 해이를 초래하였고 다수의 불만을 초래하였다. 그런 부작용을 생각하면 점차 개인의 책임에 맡기고 개인적 효용을 극대화하는 사회제도로의 변화는 합리적 선택이론의 유의미한 이론적 특징을 명확하게 보여준다. 그러나 합리적 선택이론은 해결되지 않은 문제를 여전히 가지고 있다. 그것은 그동안의 전통적 사회학자들이 끊임없이 제기한 문제이기도 하다.

합리적 선택이론은 기본적으로 개인의 사적이익, 특히 경제적 이익의 극대화를 전제한다. 합리적 행위자들은 경쟁에서 유리한 위치에 서기 위해 각자의 '선호 순서'에 따라 최적의 비용-효용 결과에 이르도록 행동한다. 그럴 경우 합리적 선택은 의도하지 않은 부작용을 초래할 수 있다. 합리적 선택이론가들은 그것을 부정하지 않는다. 만약 누군가 자신의 사적이익을 포기한다면 그는 비합리적이고 비현실적인 사람으로 간주될 가능성이 높다. 경쟁원칙을 받아들이는 사람들 사이의 불평등뿐만 아니라 높은 강도로 경쟁원칙을 이행하려는 사람과 그것을 거부하는 사람 사이의 간격은 사회적 신뢰와 연대를 서서히 파괴하거나 유명무실하게 만드는 요인이 될 수도 있다. 나아가 자신의 경제적 이익을 극대화하는 합리적 선택이론은 자신의 이익만을 추구하는 사람들을 양산하고 장려할 가능성도 커질 수 있다는 것이다. 이것이 교환이론과 다른 핵심적 요소다. 합리적 선택이론은 근대사회가 가지는 양면성을 보여주지만 그럼에도 불구하고 국가의 규제는 더 큰 부작용과 비효율을 초래할 가능성이 크기 때문에 국가의 개입에 대해서는 회의적이다. 결국 구조와 개인의 관계 속에서 합리적 선택이론은 사회적 상호작용의 과정을 중시한다. 즉 사회구조를 받아들인 개인들은 합리적 선택, 특히 비교적 안정된 희망 순서 또는 선호 순서에 따라 다시 사회구조를 변형시킬 수 있는 계기를 마련할 수 있다는 것이다. 따라서 다음과 같은 도식이 가능하다.

정치문화/제도적 구조(거시) → 개인의 선호들(미시) → 정치 → 정치문화/제도적 구조(거시)

출처: 로자·슈트렉커·콧트만, 2016. p. 325 일부 수정.

<그림 3-1> 합리적 선택이론의 전개과정

기존의 사회이론이 거시-미시 혹은 미시-거시의 관계를 설명했다면 위의 그림이 주는 메시지는 합리적 선택이론의 특징을 설명해 준다. 즉 거시-미시-거시의 연결을 통해 미시 차원의 개인들이 합리적 행위를 통해 발생하는 다양한 결과들을 설명해 준다는 것이다.

2) 게임이론과 죄수의 딜레마

합리적 선택이론과 함께 경제이론의 영향을 받은 사회이론은 게임이론이다. 게임이론은 수요와 공급의 시장논리를 지나치게 신뢰하는 신고전학파를 비판하는 과정에서 등장하였다. 초기 경제이론으로부터 파생한 게임이론은 단지 경제영역뿐만 아니라 사회적, 심리적 요소들을 함께 고려하면서 사회이론의 영역에서도 다룰 수 있게 되었다. 게임이론은 합리적 선택이론과 비교하면 행위자의 상호작용을 수리적 계산으로 정식화하는 특징을 보여주었다. 게임이론에서 자주 사용되는 죄수의 딜레마가 전형적이다. 죄수의 딜레마와 함께 게임이론은 한 행위자가 선택한 행동의 결과가 다른 행위자들의 행동 및 반응과 밀접하게 연관된다는 가정에서 출발한다. 다음과 같은 쉬만크(Schimank, 2000)의 죄수의 딜레마에 대한 설명을 통해 게임이론을 조금 더 구체적으로 이해하도록 한다.

일반적으로 엘리트 스포츠 선수들은 승자가 되기 위해 최선을 다한다. 경쟁하는 두 선수의 경우 서로 우위를 점하기 위해 한 번쯤 도핑의 유혹에 빠지게 된다. 그리하여 발생할 수 있는 경우의 가능성은 <그림 3-2>와 같다.

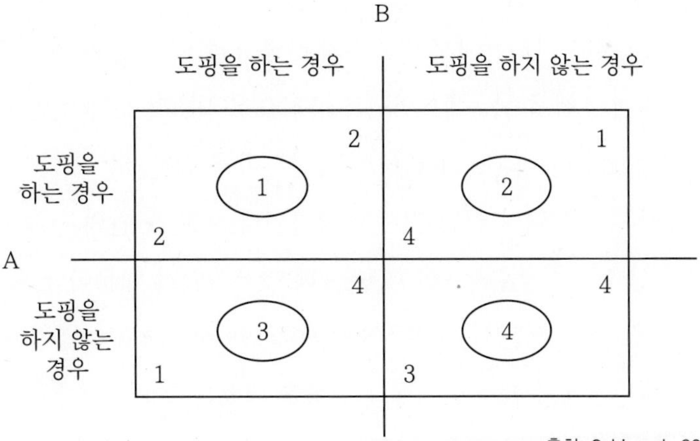

출처: Schimank, 2000. p.215 그림 재구성.

<그림 3-2> 선수들의 죄수 딜레마

먼저 모두 도핑을 하는 ①의 경우는 도핑을 했음에도 다시 똑같은 조건에서 동일한 결과를 가져다주기 때문에 두 선수 모두에게 차악의 결과다. ②의 경우 도핑을 하지 않은 B에 비해 도핑을 한 A는 최고의 결과를 거둘 수 있다. ③의 경우 도핑을 하지 않은 A에게는 최악의 결과를 가져다주지만, B에게는 최고의 결과를 가져다준다. 마지막으로 ④의 경우는 서로 승리를 보장해 주기 못하지만, 도핑을 하지 않았다는 점에서 차선의 결과다. 서로 정정당당하게 경쟁하고 그 결과에 승복하는 것이 바람직하지만, 상대방이 승리하기 위해 도핑을 할 것인지를 알지 못하는 상태에서 선수들이 도핑을 결정할 가능성은 높아질 것이다. 어느 선수는 승리를 위한 매우 공격적 선택으로, 어느 선수는 불리한 조건에서 기대하지 않은 결과를 피하기 위한 방어적 선택으로 도핑을 하게 될 것이기 때문이다. 도핑을 하지 않는 경우 두 사람 모두에게 최선의 결과를 가져다 줄 것이지만 상대를 신뢰하지 못하는 상태에서 자신만이 이득을 취하려는 선택을 하게 되면서 두 사람 모두 도핑을 하게 되고 결국 누구에게도 이익을 가져다주지 못하는 결과를 초래한다는 것이다. 그래서 사회가 필요하다. 게임이론에서 "사회는 이익을 선택하는 합리적 행위자들이 죄수의 딜레마에서 벗어나도록 도움을 주는 인위적 형성체"다. 자극과 제재를 통한 정치적 조정이 없다면 합리적 행위자들은 그들 자신의 선호에 입각해서 비합리적인 세계를 만들어낼 것이기 때문이다(로자·슈트렉커·콧트만, 2016: 321).

3) 사회 연결망이론

사회 연결망이론은 최근 사회학에서 다루어지는 중요한 이론 중의 하나로서 사회 구성원들 간의 관계와 그 관계가 형성하는 네트워크를 중심으로 사회를 이해하고 분석한다. 사회 연결망이론에는 앞에서 설명한 이론들과 다양한 방법론이 총망라되어 있다. 초기의 사회 연결망이론에는 경제이론의 영향력이 컸던 것으로 평가된다. 사람들 간의 관계와 네트워크를 중심으로 주로 경제활동에서의 상호작용을 다루는 데 활용되었기 때문이다. 예를 들어, 비즈니스 세계에서의 네트워크나 공급망은 사회 연결망이론의 개념으로 설명될 수 있다. 또한 개인 간의 신뢰와 협력이 경제적 활동에 어떻게 영향을 미치는지를 분석하는 데에도 사회 연결망이론은 매우 유효한 것으로 인정된다. 합리적 선택이론이나 게임이론과의 선택적 친화성이 언급되는 이유다. 점차 사회 연결망이론에는 구조주의론, 기능주의론, 짐멜의 형식사회학과 상호작용론, 상징적 상호작용론, 부르디외와 퍼트남의 사회자본의 개념이 동원되었다. 여기에 자연과학이나 공학과도 긴밀한 관계를 맺으면서 매우 복합적인 사회이론의 특징을 가지게 되었다. 이러한 다양한 이론을 통해 근대사회의 복잡한 사회구조와 인간행위를 구체적이고 효과적으로 분석하려고 시도하는 사회 연결망이론에는 과학기술의 발전과 함께 다양한 방법론이 활용되었다. 특히 통계적 방법론과 빅데이터 방법론이 대표적이다.

예를 들어 통계분석을 통해 사회 네트워크에서의 중심성 지표를 계산하거나, 다양한 연결관계를 분석할 수 있다. 네트워크 분석을 통해 특정 인물이 네트워크상에서 차지하는 중요한 위치나 정보의 흐름을 파악할 수 있다. 또한 빅데이터 분석을 통해 대규모의 데이터를 활용한 사회 연결망 분석도 가능하다. 소셜 미디어 데이터나 온라인 커뮤니티의 데이터를 분석하여 사람들 간의 관계를 파악하고, 그 관계가 어떻게 형성되는지를 이해할 수도 있다. 컴퓨터 프로그램은 수많은 연결 관계를 한 눈에 파악할 수 있는 패턴을 일목요연하게 그림으로 보여주면서 사람들의 이해를 돕는다.

다양한 방법론을 통해 정교해진 사회 연결망이론이 적용될 수 있는 연구대상의 범위는 갈수록 확대되고 있다(김용학, 2010). 먼저 개인 간 관계의 미시적 연구는 가장 선호되는 연구대상이다. 즉 친구, 가족, 동료, 이웃 등의 관계를 분석하여 개인 간의 상호작용과 관계를 이해할 수 있도록 도움을 준다. 또한 사회 연결망이론을 통해 기업이나 조직 내에서의 인적 네트워크와 상호작용을 연구할 수 있다. 조직 구조나 의사결정 과정에서의 인간관계를 분석하여 조직 내 네트워크가 어떻게 형성되고 작용하는지에 대한 이해를 돕기도 한다. 나아가 사회 연결망이론은 거시적 차원에서 사회 전체의 구조와 다양한 집단 간의 관계를 분석하여 사회 시스템을 이해할 수 있도록 해준다. 사회적 계층구조, 집단 간의 상호작용, 정보의 흐름 등을 연구하여 사회 시스템의 복잡한 구조를 파악할 수 있도록 해준다는 것이다. 과학기술의 발전과 세계화는 사회 연결망이론을 한 단계 더 발전시킨 동력으로 작용하였다. 그리하여 현실세계뿐 아니라 가상세계도 연구의 대상에 포함되었다. 인터넷이나 소셜 미디어를 통해 형성된 온라인 커뮤니티나 소셜 네트워크 서비스 등을 분석하여 온라인상에서의 관계와 상호작용을 이해할 수 있게 되었다. 이렇게 다양한 대상으로 연구를 확대할 수 있게 됨으로써 사회 연결망이론은 사회적 관계와 상호작용을 다양한 영역에서 탐구하고, 사회구조의 이해를 높일 수 있는 중요한 사회이론으로 자리 잡고 있다.

| 요약 | 경제학 모델과 사회이론의 결합

1. 합리적 선택이론은 경제학에서 유래하여 사회학에 적용된 이론으로, 개인의 합리적 행위와 사회 전체의 합리성 사이의 관계를 탐구한다. 이 이론은 개인의 효용 극대화를 추구하는 행위가 사회적 제도에 긍정적으로 작용할 수 있다고 보지만, 의도하지 않은 부작용을 인정한다. 개인의 경제적 이익 추구가 사회적 신뢰와 연대를 약화시킬 수 있음에도 불구하고 합리적 선택이론은 국가의 규제보다는 개인의 책임에 맡기는 것을 선호하는 입장이다. 기본적으로 방법론적 개인주의와 경쟁원칙을 중요시하기 때문이다. 이 이론은 거시-미시-거시의 연결을 통해 개인이 사회구조에 영향을 미치는 과정을 설명하며, 사회적 상호작용의 중요성을 강조한다.

2. 게임이론은 경제학의 신고전학파를 비판하며 발전한 이론으로, 합리적 선택이론과 달리 행위자 간의 상호작용을 수리적으로 분석한다. '죄수의 딜레마'의 예를 통해 볼 수 있듯이 개인의 선택이 다른 이들의 반응에 따라 달라질 수 있음을 보여준다. 게임이론은 사회가 합리적 행위자들이 비합리적 결과를 초래하는 죄수의 딜레마를 피하도록 돕는 역할을 한다고 주장하며, 정치적 조정 없이는 개인의 이익 추구가 사회 전체에 부정적인 영향을 미칠 수 있음을 강조한다.

3. 사회 연결망이론은 사회구성원들 간의 관계와 네트워크를 분석하여 사회를 이해하는 이론이다. 이 이론은 경제활동뿐만 아니라 사회적, 심리적 요소를 포함한 다양한 상호작용을 고려한다. 통계적 방법론과 빅데이터 분석을 통해 네트워크의 중심성과 연결관계를 파악하는 사회 연결망이론은 오프라인의 현실적 인간관계뿐만 아니라 온라인 커뮤니티와 소셜 네트워크 서비스 등을 분석하여 온라인상의 다양한 관계를 이해할 수 있도록 해준다. 사회 연결망이론은 개인 간의 미시적 관계부터 조직 내 인적 네트워크, 거시적 사회구조에 이르기까지 다양한 연구 대상에 적용되며, 사회적 관계와 상호작용을 다각도에서 탐구하는 중요한 사회이론으로 활용되고 있다.

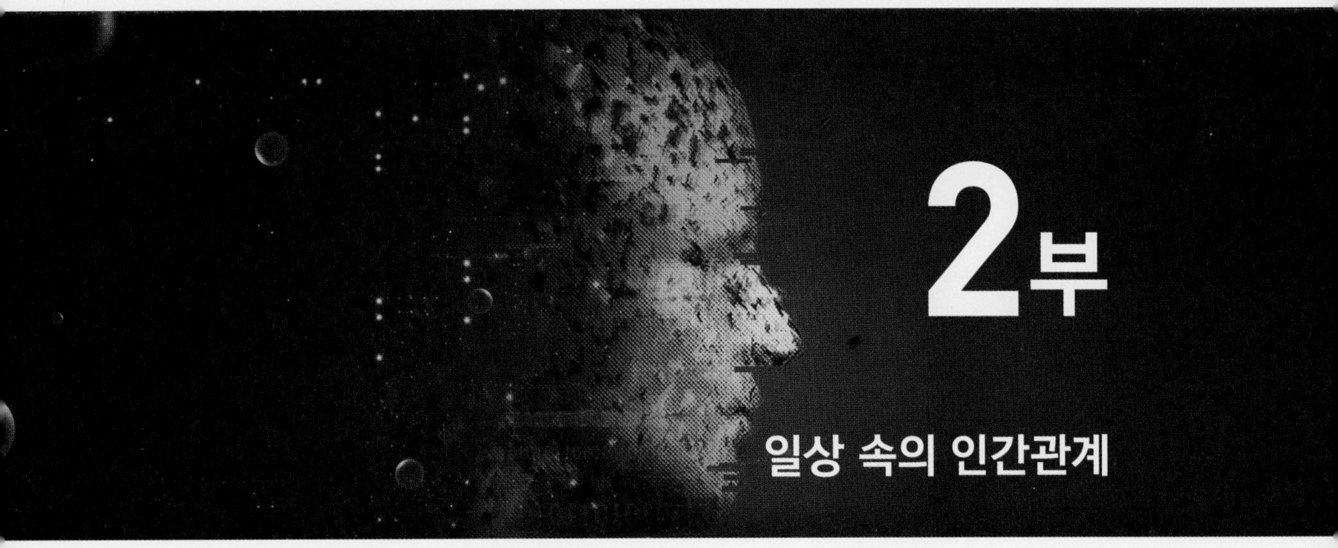

2부

일상 속의 인간관계

우리의 삶은 다른 사람들과의 만남과 교류를 통해 형성된다. 인간이 맺는 수많은 관계는 단순한 대인 관계를 넘어 개인의 정체성, 감정 변화, 사회적 역할 및 기능에까지 영향을 미친다. 따라서 2부에서는 친구, 가족, 직장, 소셜 네트워크(SNS) 등 여러 영역에서의 인간관계의 의미와 특성 등을 이해하고 더 나아가 다양한 형태 속에서 어떻게 해야 관계를 좋게 맺을 수 있을지를 이야기하고자 한다.

4장은 '인간관계의 주체'로서, 우리가 누구인지 자기 자신을 알아가는 과정을 다룬다. 자아개념의 이해부터 건강한 자존감과 성격 형성에 이르기까지, 삶의 다양한 상황 속에서 어떻게 스스로를 인식하고 그러한 자기 인식이 인간관계에 어떠한 영향을 미치는지를 설명한다. 5장에서는 친구와의 인간관계를 심도 있게 다루며 친구관계의 발전, 해체, 그리고 이를 관리하는 전략을 제시한다. 다음으로, 6장에서는 가정 내에서의 복잡하고도 정교한 관계망을 탐구하면서 부부, 부모-자녀, 형제자매관계를 중점적으로 조명한다.

7장은 직장 내 인간관계에 초점을 맞춘다. 진로 선택부터 직장생활의 적응과 부적응, 직장에서의 인간관계 형성에 이르기까지, 행복한 직장 생활을 위한 구체적인 방안을 모색한다. 마지막으로 8장은 디지털 시대의 필수 요소로 등장한 소셜 네트워크가 인간관계에 어떠한 영향을 미치는지 살펴보고자 한다. 긍정적 및 부정적 영향력을 확인하고 새로운 시대의 인간관계가 어떠한 모습으로 진화하고 있는지를 파악할 수 있다.

이러한 내용을 통해 2부에서는 개인적인 경험과 사회적 상호작용을 이해하고 인가관계에 대한 통찰력을 제공하고자 한다. 여기서 제시하는 다양한 이론적 관점과 실질적 전략들은 스스로의 인간관계를 성찰하고, 나아가 건강하고 유익한 관계를 구축하는 데 도움을 주는 나침반 역할을 할 수 있기를 기대된다.

4장

인간관계의 주체

인간관계를 이해하고 향상하는 데 있어 중심에는 항상 자신에 대한 깊은 이해가 필요하다. 자아에 대한 통찰은 사람들과 어떻게 상호작용하고, 갈등을 어떻게 해결하며, 서로를 어떻게 지지할 수 있는지를 결정하는 데 막대한 역할을 한다. 또한 각 개인의 성격은 그들이 외부 세계와 연결되는 독특한 방식을 형성한다. 이 개성이 인간관계에서 특히 중요한 이유는 사람들 간의 상호작용과 갈등 해결 방식을 크게 좌우하기 때문이다. 이 장에서는 자아개념 및 성격에 대해 다각적으로 이해함으로써 이들이 인간관계를 형성하고 발전하도록 하는 데 어떠한 영향을 주는지 살펴보고자 한다. 이를 통해 자신과 타인을 보다 깊이 이해하고 인간관계를 발전시키는 데 필요한 전략을 배울 수 있을 것이다.

1. 나는 누구인가?

'나는 어떤 사람인가?', '나의 능력은 어느 정도인가?', '나는 지금 어떤 처지에 있는가?'라는 질문은 자아 개념을 이해하기 위한 가장 근원적이고 기초적인 질문이다. 이 질문에 대하여 스스로 자신에게 응답을 제시하는 것이 자아개념이다. 자아개념은 개인이 어떻게 행동할 것인가를 결정한다. 즉, 자아개념은 자기 자신에 대해 지니고 있는 생각, 감정, 태도에 따라 다른 사람을 대하는 태도가 달라지기 때문에 자아개념이 대인관계에 미치는 영향은 매우 크다. 따라서 한 사람이 긍정적인 자아개념을 발달시키는 것은 중요하므로 이 장에서는 자아개념의 정의와 유사한 개념들에 대해 살펴보고자 한다.

1) 자아개념의 정의

스스로를 어떻게 인식하고 이해하는지는 자기 인식의 여정에 필수적인 몇 가지 핵심 개념들에 의해 결정되는데, 이러한 여정의 길잡이 역할을 하는 것이 바로 '자아개념', '자아정체성', '자아존중감', '자의식'이다. 이 개념들은 상호작용하면서 자신을 보는 방식, 느끼는 바, 그리고 정의하는 방식에 각기 다른 영향을 미친다. 각각 독립적인 의미를 지니면서도 서로 긴밀히 연결되어 있는 이들 개념의 구체적 의미와 이들 간의 차이점에 대해 본론에서 다루어 보고자 한다.

자아개념

인간의 자아 개념은 각자가 자신을 어떻게 인식하고 이해하는지에 대한 근본적인 틀을 제공한다. 이것은 단순한 자기 인식을 넘어서, 개인의 행동, 동기, 관계 형성 및 삶의 전반적인 질에 심오한 영향을 미치는 내적 기준이다. 자아 개념은 어릴 때부터 다양한 경험을 통해 형성되며, 이는 자신의 능력, 외모, 가치관 등의 자기 평가에 근거를 둔다. 자신에 대한 긍정적인 인식은 자신감과 자기 효능감을 높여, 적극적인 삶의 태도로 이어질 수 있기에, 삶의 각 분야에서 긍정적인 자아 개념의 발전을 촉진하는 것은 매우 중요하다.

그렇다면 자아란 무엇일까? 사전적 의미의 자아(自我, self)란 자기(自己, self), 즉 그 사람 자신을 뜻하는 것과 동의어다. 자기는 신체와 정신조직을 포함한 실제 개인의 전체 인격을 가리키는 말이며, 다른 사람들 또는 자기 외부의 대상들과 대조되는 '자기 자신'을 뜻한다(정신분석용어사전, 2002). 자아개념의 정의는 학자에 따라 다소 견해 차이를 보이고 있다.

자아개념이란 인간이 자기 자신에 대한 총체적인 지각으로 자기 자신의 신체적 외모, 성, 행동, 경향, 정서, 능력, 흥미, 목적을 포함한 개인적인 평가다. 즉 자기 자신에 대해 총체적으로 지각하는 '나'라는 것과 관련된 모든 자기지각을 의미한다(송인섭, 1998).

자아개념에 대한 접근하는 방식에 따라 정신분석학적 관점, 사회심리학적 관점, 현상학적 관점 등 세 가지로 구분 할 수 있다(이경화 외, 2009).

정신분석학적 관점에서 프로이드(Freud, 1923)는 원초아(id), 자아(ego), 초자아(super-ego)의 세 가지 부분으로 나누고 자아는 원초아에서 오는 원시적 충동과 초자아에서 오는 도덕적 체제의 틀에서 이를 조정하고 외부의 현실적 요구에 중재하는 역할의 기능을 하는 것을 보았다. 원초아는 우리 내부의 깊은 곳에서 오는 강한 원시적 충동이나 욕구로, 뭔가를 하고 싶다는 생각이 갑자기 떠오를 때 바로 그것이 본능이다. 예를 들어, 배가 고프면 바로 먹고 싶다는 생각이 본능에 해당한다. 자아는 마음속의 실무자 같은 역할을 한다. 원초아가 우리 안에서 "먹고 싶다!"라고 외치면, 자아는 '언제, 어디서, 무엇을 먹을지'를 생각하며 이런 충동을 현실 세계에서 어떻게 적절히 만족시킬 수 있을지 계획한다. 초자아는 마음속의 도덕적 나침반이다. 자아가 무엇을 계획할 때 초자아는 "이것이 옳은 일인가? 사회 규범에 맞는가?"를 물으며 자아를 지도한다. 예를 들면, 매우 배가 고플 때 당신이 가게의 음식을 훔치고 싶다는 본능적 충동을 느낄 수 있다. 하지만 당신의 초자아가 "훔치는 건 잘못된 일이야"라고 말해서 그 생각을 억제하게 한다. 이렇게 원초아, 자아, 초자아는 우리의 생각, 행동, 감정에 영향을 미치면서 상호작용하며, 이 모든 관계가 우리 마음을 어떻게 움직이게 하는지 설명한다.

제임스(James, 1980)는 자아라는 개념을 이해하는 데 있어서 자아를 세 가지 다른 부분으로 나누었다고 본다. 그는 자아를, 한 사람이 그것을 '나의 것'이라고 말할 수 있는 모든 것들의 총합으로 보았다. 물질적 자아(material self)는 개인의 외모, 신체, 그리고 소유한 물건들, 예를 들어, 옷, 집, 자동차 등을 포함한다. 이것들은 단순히 소유하는 것들을 넘어서, 그 사람이 누구인지를 타인에게 보여주는 실체적 부분을 나타낸다. 사회적 자아(social self)는 다른 사람들과 연결되어 있는 방식을 의미한다. 이것은 친구, 가족, 연인들과의 관계뿐만 아니라, 사회적 지위나 해당 사회에서 차지하는 위치도 포함한다. 예를 들어, 어떤 이가 회사에서 매니저로써 다른 사람들과 상호작용하는 방식이 사회적 자아에 속한다. 심리·영적 자아(psychic or spiritual self)는 개인의 가치관, 믿음, 감정 그리고 생각과 같이 내면적인 요소들을 포함한다. 여기에는 각자가 세상을 어떻게 바라보며, 어떻게 자기평가를 하고 타인과 비교하는지와 같은 자기 인식도 포함된다.

사회심리학적 관점에서 쿨리(Cooley, 1902)의 '거울자아(looking-glass self)' 개념은 인간이 자기 인식을 어떻게 형성하는지에 대한 중요한 이해를 제공한다. 쿨리는 개인이 타인을 통해 자기 자신을 반영하는 '사회적 거울'을 사용한다고 주장한다. 이 이론은 우리가 먼저 다른 사람들이 우리를 어떻게 보는지를 상상하는 것에서 시작하여, 그들이 우리에 대해 어떠한 감정 또는 평가를 가질지를 상상하고, 그 평가에 기초해 자존감이나 자괴감 같은 감정적 반응을 경험한다는 세 가지 단계를 포함한다. 예를 들어, 당신이 그룹에서 발표하고 청중이 긍정적으로 반응하면, 당신은 스스로를 유능한 발표자로 인식하게 될 것이다. 반대로, 청중의 반응이 부정적이라면, 당신은 자신의 발표 능력에 의문을 가지게 될 것이다. 쿨리의 이론은 자아상이 자기 계발과 사회적 상호작용 속에서 형성되고 재형성된다는 점을 강조한다. 이는 개인의 자아 인식과 유대 관계 형성에 중대한 영향을 미친다.

현상학적 관점에서 로저스(Rogers, 1961)는 자아개념이란 개인이 자신에 대해 가지고 있는 인식과 태도의 총체로 정의하였다. 그는 자기 일치성(self-congruence)이 개인의 심리적 건강에 결정적인 역할을 한다고 보았다. 정신 건강의 핵심은 개인이 자신에 대한 지각과 실제 경험 사이의 조화를 찾는 것이며, 이 일치성이 높을수록 개인은 보다 완전하고 기능적인 삶을 영위하게 된다. 로저스는 개인이 갖는 자신에 대한 긍정적인 인식과 자아존중감이 실제 자기 경험과 조화를 이루어야 건강한 자아개념을 형성할 수 있다고 강조한다. 예를 들어, 한 학생이 수학 문제를 해결하는 능력에 대해 자신이 뛰어나다고 믿고 있을 때, 이 학생이 실제로 시험에서 높은 점수를 받거나 수학적 문제를 효과적으로 해결하는 경험을 한다면, 이러한 경험은 학생의 자아개념과 일치하게 된다. 이 경우에 학생은 자신의 자아개념이 자신의 실제 능력과 일치하는 것을 경험함으로써 자신감을 더욱 공고히 하고, 이는 긍정적인 자아존중감으로 이어질 수 있다. 반면에, 만약 학생이 자신이 수학에 매우 뛰어나다고 생각하지만 실제로는 문제를 해결하는 데 어려움을 겪는다면, 이것은 자기 일치성이 낮은 상황을 의미하며, 이는 자아개념과 실제 경험 사이에 불일치를 가져와 자기 의심이나 불안감을 증가시킬 수 있다.

자아정체성

자아정체성(self-identity)을 처음으로 소개한 학자는 에릭슨(Erikson, 1950)이며 그는 자아정체감을 자신의 여러 느낌과 경험들을 하나의 조화로운 전체로 결합하는 과정으로 설명하였다. 이 과정을 통해 사람들은 자신이 다른 사람들과 구별되는 독특한 개인임을 인식하게 된다는 것이다. 한편, 로젠버그(Rosenberg, 1965)는 자아정체감을 자기 자신에 대한 긍정적인 느낌의 정도로 이해했다. 즉, 자신을 얼마나 존경하고 가치 있게 생각하는지를 나타내며, 이는 결국 개인이 자기 자신을 어떻게 바라보는지에 대한 관점이다.

그러므로 자아정체성이란 사람마다 자기만의 특별한 성격이나 스타일을 자각하는 것을 뜻한다. 자신이 어떤 사람인지 일관되게 이해하고, 삶의 목표나 가치를 자신다움으로 나타내려고 노력이다. 이렇게 자기 자신을 잘 이해하고 일관된 모습으로 나타내는 것이 자아정체성을 만드는 과정이라고 할 수 있다.

한편, 자아정체성의 의미는 세 가지 측면으로 정의된다.

첫째, '~로서의 나' 간의 통합감이다. 이것은 사람이 다양한 지위와 역할을 수행하면서도 동일한 '나'를 유지하고 있다는 인식을 나타낸다. 예를 들어 회사에서는 팀장, 가정에서는 부모, 밴드동아리에서 기타리스트로 활동한다고 가정했을 때 이런 상황에서 그 사람이 모든 역할에서 일관되게 '나'라는 존재를 유지하는 느낌을 가지고 있다면 '나로서의 나'의 통합감을 가지고 있다고 말할 수 있다.

둘째, 과거, 현재, 미래에 걸쳐 나의 존재에 대한 연속감이다. 이러한 시간적 연속감은 개인이 일관된 정체성을 유지하며 자신의 행동에서 꾸준히 신뢰감을 느끼고 있음을 의미하고, 이를 통해 자신과 타인 사이에 신뢰를 주고받으며 정신적 안정감을 얻고 삶의 가치를 분명히 하고 있다. 예를 들어, 그림 그리기를 어린 시절부터 즐겨온 개인이 성인이 되어 그 열정을 직업에 반영하여 전문적인 그래픽 디자이너가 되었다면 그는 자신의 일과 전공이 어린 시절부터 이어온 창작 활동과 깊이 연결되어 있음을 느낀다. 또한, 이러한 일관된 흥미와 역량을 바탕으로 미래에는 예술 분야의 강사나 멘토로서 자신의 지식과 경험을 전달하고자 하는 포부를 가질 수 있다.

셋째, '나는 나다'라는 실존 의식이다. 이는 개인이 자신을 실존적으로 의미 있는 독립된 존재로 인식하고 있으며, 이러한 존재는 어떠한 외부 간섭도 받지 않는 절대적인 자유를 가지고 있다. 예컨대, 오토바이 여행을 좋아하는 사람은 주변 사람들이 이해하지 못하는 선택을 해도 자신의 자유를 가장 소중히 여기며 '나는 나다'라는 실존 의식을 느끼고 있다고 말할 수 있다.

요컨대, 자아정체성은 단순히 자신을 판단하는 데 그치지 않고, 개인의 사고방식, 감정, 욕망, 미래의 자신이 되려는 목표 등 여러 면에 깊숙이 영향을 미치는 복잡한 개념이다. 자아정체성을 확립한 개인은 자기 자신을 수용하고 안정된 자기관을 형성하게 되면서 직업, 종교, 정치, 이념 등에 있어 확고한 약속과 헌신을 할 수 있는 기반을 갖추게 된다. 내면의 조화를 이룬 사람은 자신의 능력, 기회 및 한계를 인정하며 현실에 부합하는 목표를 세울 수 있는 능력을 갖추게 된다.

그러므로 자아개념과 자아정체성의 공통적으로 두 개념 모두 개인의 자기 인식에 관련되어 있으나, 자아개념이 자신에 대한 보다 기초적이고 기술적인 인식에 초점을 맞춘다면, 자아정체성은 개인이 자신의 삶 속에서 나아가고자 하는 방향과 삶의 목적에 더 많이 연관되어 있는 보다 심층적인 개념이라고 할 수 있다.

자아존중감

자아존중감(self-esteem)이란 자신에 대한 긍정적 혹은 부정적인 인식을 의미한다. 자아존중감은 자아개념 중에서도 개인이 자신을 얼마나 긍정적으로 느끼는지에 대한 부분이다. 즉, 나에 대해 어떻게 생각하고 느끼는지를 넘어서서, 나 자신을 좋게 평가하고 사랑하며 가치 있게 여기는 감정에 초점을 맞춘다. 자아존중감은 자신에 대한 긍정적인 느낌이나 자기만족감과도 관련이 깊다. 그러므로 자아개념은 '나는 누구인가'에 대한 답이고, 자아존중감은 '나는 나를 얼마나 소중하게 생각하는가'에 대한 답이다. 자아존중감에 대한 정의는 인간의 다양한 경험과 상황 속에서 형성되므로 그 내용은 학자마다 다양하게 기술한다.

브랜든(Branden, 1969)은 자아존중감을 자신의 능력에 대한 신뢰와 자신의 가치에 대한 존중으로 해석하며, 이를 자존감의 핵심 구성 요소로 보았다. 또 다른 학자인 로젠버그(Rosenberg, 1965)는 자아존중감을 자기 자신에 대한 긍정적 또는 부정적 태도라 정의하고, 그것이 개인의 정체성 및 행동 결정에 근본적 역할을 한다고 설명하였다. 그렇기 때문에 삶의 모든 과정에서 자기 자신을 긍정적으로 보고 자신에 대해 '나는 누구다'라고 말할 수 있는 자존감을 느끼는 것 자체가 삶을 풍요롭게 한다고 하였다.

반두라(Bandura, 1997)는 자아존중감을 자기효능감의 개념과 밀접하게 연결지었다. 자기효능감이 높은 사람은 자신의 능력을 신뢰하고 자신이 원하는 결과를 달성할 수 있다고 믿으며, 이는 자아존중감을 증진하는 중요한 요소로 작용한다는 것이다. 즉, 자아존중감은 개인이 성취 가능성에 대한 자신의 믿음을 바탕으로 형성되며, 이러한 믿음은 성공적인 경험을 통해 강화될 수 있다.

드웩(Dweck, 2006)은 자아존중감이 자신의 능력과 기능을 개선하려는 긍정적인 자세, 즉 '성장 마인드셋'을 가져야 고취될 수 있다고 하였다. 고정된 자질이나 성취를 바탕으로 형성된 것이 아닌, 오히려 개인이 변화하고 발전할 수 있는 잠재력을 인식하고, 도전과 난관을 극복하면서 스스로를 개발해 나가는 과정에서 자아존중감이 촉진된다는 것이다. 즉, 성장 마인드셋을 가진 사람들은 자기 가치를 인정하고, 계속해서 배우고 성장하는 자신의 노력을 중시하여 더 높은 자아존중감을 경험할 가능성이 크다.

앞서 말한 학자들의 이론을 정리해 보면 자아존중감은 여러 가지 측면에서 접근되는데 개인의 능력, 신체, 도덕적, 사회적 특성과 같은 복합적인 영향력에 의해서 형성되고 개인적인 가치 판단에 의해 정의되기도 한다. 그러므로 자아존중감이란 개인이 자신을 성공적이고 유능하며 가치 있다고 믿는 정도라고 할 수 있다.

한편 자아존중감의 기능은 다음과 같다. 자아존중감이 높은 개인은 자기 가치를 긍정적으로 인식하며, 이는 자기 결정력과 내적 동기부여를 강화하고, 불안과 우울과 같은 부정적인 정서 상태로부터의 회복탄력성을 높이는 데 기여한다. 또한 자아존중감은 개인이 사회적 도전에 적극적으로 대응하고 긍정적인 대인관계를 형성하는 데 있어서 중심적인 역할을 한다. 더 나아가 건전한 위험 감수 및 목표 지향적 행동을 유도함으로써 주체적인 삶을 영위할 수 있는 기반을 마련한다.

반면에 자아존중감이 낮은 개인은 종종 자신의 능력을 지나치게 저평가하고, 이는 부정적인 감정과 동반된다. 지속적으로 낮은 자아존중감은 정서적 안정성의 부재를 초래할 수 있으며, 이는 사회적 고립, 성과에 대한 불안, 심지어 우울증과 같은 심리사회적 어려움으로 발전할 가능성이 증가한다.

그러므로 자아존중감은 학업뿐 아니라 삶의 모든 영역에 영향을 주며 인생을 살아가면서 부딪치는 많은 문제들은 자아존중감이 높은 사람일수록 해결할 가능성이 더 높기 때문에 그러한 사람들은 가정이나 사회에서 올바로 적응하고 긍정적인 태도로 살아갈 수 있다.

자의식

자의식(self consciousness)은 자기 자신의 존재, 생각, 감정, 물리적 상태 등에 대해 인식하고 이해하는 능력을 말한다. 이는 개인이 스스로를 객관적으로 바라보고 평가할 수 있는 정신적 능력을 포함하며, 자신의 행동이나 생각이 주변 환경이나 다른 사람들에게 미치는 영향을 파악하는 데 중요한 역할을 한다.

골먼(Goleman, 1995)은 자의식을 감성 지능의 핵심 구성요소 중 하나로 보고, 이를 '자신의 감정을 정확하게 인식하고, 자신의 강점과 약점을 알고, 자신에 대한 확실한 자기 이미지를 가지는 능력'으로 정의하였다.

로저스(Rogers, 1961)는 자의식과 관련하여 '자기 일치성(self-congruence)'의 개념을 중요하게 다루었다. 그는 사람들이 실제 자신의 경험과 그들이 자아상에서 지닌 개념 사이에서 일치를 이룰 때 높은 수준의 자의식을 가진다고 보았다.

이 두 학자는 각각 다른 관점에서 자의식을 정의했지만, 둘 다 개인이 스스로를 인식하고 이해하는 과정을 중요시하는 공통점을 가졌다.

자의식은 사적 자의식, 공적 자의식으로 구분되는데 사적 자의식(private self-consciousness)은 자신의 사고와 감정에 관심의 초점을 두어 스스로가 항상 나 자신을 이해하려고 노력하는 것을 뜻한다. 공적 자의식(public self-consciousness)은 사회적 대상으로서의 자기에 주목하는 경향성을 말한다. 즉, 타인이 자기를 인식하는 것으로, 나는 다른 사람이 나를 어떻게 생각하는지에 대해 신경이 쓰는 것을 뜻한다.

자의식은 개인이 자신의 감정, 생각, 행동을 더 잘 이해하게 함으로써 자기 인식을 높이는 데 기여한다. 이를 통해 인간은 감정 조절, 동기 부여, 스트레스 관리 등에서 자기 통제의 능력을 개선할 수 있으며, 자신의 장점과 약점을 명확하게 파악함으로써 자기 개선과 성장을 촉진하게 된다. 또한, 건강한 대인 관계를 유지하고 의사소통 능력을 향상하는 데 중요한 역할을 한다.

반면 자의식이 지나치게 발달하면 부정적인 영향을 끼칠 수 있다. 과도한 자기 비판이나 반성은 자존감 하락과 부정적인 자기 이미지로 이어질 수 있으며, 자신에 대한 과잉 분석은 결정 불안이나 행동의 마비를 초래할 수 있다. 끊임없는 자기 의심은 불안이나 우울증과 같은 정신 건강 문제로 발전할 가능성이 있으며, 개인이 현재 순간에 충분히 몰입하는 것을 방해할 수 있다.

요컨대, 자아는 개인의 고유한 정체성이나 자기 개념을 말하며, 한 사람이 스스로를 어떻게 정의하고 인식하는지에 대한 전체적인 구조다. 반면, 자의식은 자신의 감정, 생각, 목표, 행동 등에 대한 순간적이고 지속적인 인식 능력을 의미하며, 자아에 대한 보다 깊이 있는 이해와 자기 모니터링 능력을 포함한다.

2) 자아개념의 기능과 발달

거울에 비친 우리의 모습은 겉모습 이상의 의미를 지닌다. 마찬가지로 내면의 거울인 자아개념 역시 우리가 자신을 어떻게 인식하고 있는지를 보여준다. 본문에서 살펴볼 자아개념의 기능과 그 발달 과정은 개인이 자기 자신을 인식하는 방식과 그 인식이 어떻게 자신의 행동과 심리 상태에 영향을 미치는지를 탐구하는 데 근본적인 이해를 제공한다. 그러므로 자아개념이 가지고 있는 중요한 기능들과 그것이 어떻게 형성되어 가는지, 그리고 어떻게 인간의 삶의 질을 높이는 데 기여하는지에 대해 탐색할 것이다.

자아개념의 기능

자아개념은 개인이 자신과 타인을 어떻게 인식하는지에 대한 근원적인 부분으로, 타인의 반응과 시선에 의해 형성되기도 한다. 자아개념은 인간관계의 중심에서 자신을 어떻게 인식하고 다른 사람과의 관계에서 어떻게 행동할지를 결정하는 중추적인 역할을 한다. 자아의 주요 기능 다섯 가지를 다음과 같이 정리할 수 있다(Erikson, 1950; Rogers, 1961; Maslow, 1954).

첫째, 정체성 형성에 기여한다. 자아는 개인의 자기 인식과 자신이 속한 사회적 환경에 대한 인식을 기반으로 한다. 개인은 자신의 성격, 신념, 가치관, 역할, 취향 등 다양한 요소를 통해서 '나는 누구인가'에 대한 답을 찾는다. 이 과정에서 자아는 독특한 개성을 나타내며 자신을 다른 사람과 구별할 수 있는 자기 고유의 정체성을 구축하며 유지하는 데 도움을 준다.

둘째, 자기 평가의 기반을 제공한다. 자아는 스스로를 객체적으로 평가하고, 개인의 능력, 성취, 외모, 인기 등 여러 가지 측면을 자가 평가하는 기능을 한다. 자아는 이러한 자기 평가를 통해 자신의 장점과 단점을 인식하고, 자존감과 자신감을 형성한다. 또한, 자신의 위치를 사회적 기준에 비추어 평가하며, 이를 바탕으로 개인적인 발전을 도모한다.

셋째, 자기 조절 역할을 담당한다. 자아는 내면의 욕구와 충동을 관리하고 조절하는 중추적인 역할을 한다. 자아는 금지된 행동을 억제하고, 사회적으로 수용 가능하거나 긍정적인 행동으로 이끈다. 이와 같은 자기 조절 기능은 개인이 장기적인 목표를 추구하고, 지연 만족을 경험하며, 충동적인 결정으로부터 자신을 보호하는 데 도움이 된다.

넷째, 대인 관계 방식을 결정한다. 자아는 개인이 타인과 건설적인 관계를 맺고, 갈등을 해결하고, 사회적 상호작용을 통해 타인과 협력할 수 있도록 돕는다. 자아는 대인 관계에서의 자신의 역할과 타인과의 관계 속에서 자신의 위치를 이해하고, 그에 따른 기대를 인식하며, 타인과의 관계를 적절하게 조율하는 데 중요하다.

다섯째, 목표 설정과 동기 부여한다. 자아는 개인의 목표를 설정하고, 설정된 목표를 향해 나아갈 여러 원동력을 제공한다. 목표를 달성하기 위한 계획, 전략을 세우고, 성취가 필요한 이유에 대해 자신을 설득함으로써 내적 동기를 부여한다. 자아는 이 과정에서 내부의 동기뿐만 아니라 외부의 동기 요인들을 조절하고, 동기유발 과정에 적극적으로 관여하여 개인이 성취를 위해 필요한 행동을 이끌어낸다.

한편, 긍정적인 자아개념과 부정적인 자아개념은 각각 자신과 타인에 대한 반응에 있어서 차별화된 특성을 보여준다.

긍정적 자아 개념을 가진 사람은 스스로를 가치 있게 여기며 자신을 사랑하고 스스로의 약점까지도 수용한다. 자신의 생각과 감정을 따라 행동할 수 있으며 자기의 주장이나 견해가 틀린 것이 드러나면 수정한다. 매사에 진취적이고 적극적인 인간관계가 원만하다. 스스로를 유능한 사람이라고 믿으며 맡겨진 일을 잘 해낼 수 있다고 믿는다.

부정적 자아 개념을 가진 사람은 자기비판을 하고, 다른 사람도 자기를 멸시한다고 생각하며, 자신을 다른 사람과 비교하며 열등의식을 강화한다. 생각과 감정의 표현이 부자연스럽고, 자신을 드러내기 꺼려하며 자기 약점을 알면 무시하리라 생각하기 때문에 약점을 잘 드러내지 않는다. 너무 자신에게 몰두해 있어서 다른 사람들이 자신에 대해 느끼는 태도를 바르게 깨닫지 못한다. 다른 사람으로부터의 거절을 두려워하기 때문에 새로운 시도 자체를 꺼려한다. 또한 자신감이 없고, 아무것도 할 수 없을 것 같은 무기력증(helplessness)에 잘 빠진다. 즉

'노력해 봤자 별 수 없다'는 상태가 무기력 상태다.

<표 4-1> 상황에 따른 반응

상황	긍정적 자아개념 소유자	부정적 자아개념 소유자
택시기사가 거스름돈(동전)을 주지 않았을 때	'기사님, 말씀드리기 좀 그렇습니다만, 동전을 안 주셨네요'라고 자연스럽게 자기 권리를 주장한다.	기사에게 달라는 말도 못하고 '운전 참 잘 하시네요'라고 불필요한 칭찬까지 한다.
사람을 만나야할 때	'나는 남에게 호감을 주는 사람이고 사랑받을 만한 사람'이라고 믿으니 사람들을 만날 때 마음이 즐겁고 편하다.	'사람들이 자기를 좋아하지 않아'라고 생각하기 때문에 사람만나는 것이 힘들고 대인기피증도 많다. 단둘이 만날 자리를 세 사람 이상이 만나는 자리로 만들어서 불편한 대인 관계를 희석시키기도 한다.
시험 공부할 때	합격의 희망을 가지고 공부한다.	'공부해 봤자 떨어질 거야'라는 자기 예언을 가지고 공부한다.

출처: 문은식·박선환·정미경·최순영, 2022.

자아개념의 발달

인간은 태어날 때 자아개념이 형성되어 있지 않으며, 기본적인 생존 욕구만 가지고 있다. 성장하며 가족, 친구, 이웃과의 상호작용을 통해 자기 인식을 시작하고 자아개념이 점점 발전하게 된다. 나이가 들면서 자아개념의 수준에 일정한 변화가 생길 수 있으며, 자아개념과 관련된 발달에는 여러 가지 요인들이 영향을 미친다(Shavelson, 1979; Coopersmith, 1967).

첫째, 자신이 중요하다고 생각하는 사람에게 인정받는 정도에 의해 자아가 발달된다. 만약 어린이가 부모로부터 지속적으로 격려와 칭찬을 받는다면, 그 어린이는 자신이 가치 있는 존재라고 느끼게 된다. 예를 들어, 아이가 그림을 그리거나 집안일을 도왔을 때 부모가 '잘했다'고 말해준다면, 아이는 중요하고 가치 있는 일을 성취했다고 인식하게 되고, 이는 자기 자신에 대한 긍정적인 인식을 강화한다.

둘째, 자신에게 맡겨진 과제 수행 능력의 지각에 의해서 자아가 발달한다. 학생이 어려운 수학 문제를 해결하거나 어떤 프로젝트를 완성했을 때 스스로를 능숙하고 유능한 사람으로 인식할 수 있다. 이것은 자신감을 향상하고 자아개념의 발달에 기여한다.

셋째, 자아의 논리적 도덕적 기준에 어느 정도 도달할 수 있는가에 따라서 발달한다. 한 청소년이 사회적 문제에 대해 자신의 의견을 정립하고, 도덕적 기준을 세우며 그에 따라 행동할 때, 그는 자신의 논리적이고 도덕적인 신념 체계에 도달했다고 느낄 수 있다. 예를 들어, 환경보호 봉사활동에 참여하며 자신이 선택한 가치관에 따라 행동하고 있는 것을 경험할 때 자아는 발달한다.

넷째, 자신과 다른 사람의 생에 자기 자신이 얼마만큼 영향을 미치는가 하는 지각에 의해 자아개념이 형성되고 발달한다. 어떤 직장인이 팀 프로젝트를 이끌거나 동료들에게 긍정적인 영향을 미쳤을 때, 그는 자신과 다른 사람의 삶에 영향을 미칠 수 있는 능력을 인식하고 자아개념을 발달시킬 수 있다.

그러므로 자아개념은 어떤 한 시기에 전체가 발달하거나 어떤 특정시기에서 정지되는 것이 아니라 개인의 생리적, 심리적, 사회적, 문화적, 환경적 제반 여건을 토대로 끊임없이 변화하고 발달한다.

3) 자아개념의 유형

다양한 학자들은 자아개념의 유형을 서로 다른 방식으로 분류하고 해석하였다. 이들 각각의 이론은 자신만의 고유한 관점과 연구를 통해 자아의 다양성과 복잡성을 설명하려 하며, 이에 따라 변화하는 자아, 안정된 자아 등과 같이 다양한 자아 유형들을 제시한다. 따라서 자아개념의 유형은 자아의 발달을 이해하는 데 도움을 준다.

또한 자아개념의 유형은 우리가 스스로를 어떻게 보고 타인과 어떻게 상호작용하는지를 매우 다양한 각도에서 분석할 수 있는 도구를 제공한다. 예컨대, 변화하는 자아는 새로운 경험과 적응을 중시하는 반면, 안정된 자아는 일관된 자기 인식과 행동 패턴을 강조한다. 이러한 이해는 우리가 인생의 여러 상황에서 보다 유연하거나 단호하게 행동해야 할 때 자신의 경향을 인식하는 데 도움을 줄 수 있다. 더 나아가, 자아개념의 다양한 유형을 이해함으로써, 우리는 개인 간 의사소통을 향상하고, 인간관계를 개선하며, 개인의 정신적 안정과 성장을 추구에 있어 보다 효과적인 전략을 세울 수 있다.

그러므로 이 장에서는 마샤(Marcia)의 자아정체성 유형, 번(Berne)의 PAC모델, 마스톤(Marston)의 DISC 등을 통해 현재 본인이 가진 자아유형을 파악하고, 개인이 어떻게 다른 사람과 소통하는지, 나아가 그들의 행동 및 감정이 어떻게 내면적인 자아에 영향을 받는지를 살펴보고자 한다.

마샤(Marcia)의 자아정체성 유형

마샤(Marcia, 1966)는 에릭슨의 정체감 발달이론에 기초해 위기와 전념을 기준으로 자아정체감 상태를 네 가지로 구분하였다. 위기란 정체감 형성과 관련된 위기 경험이며, 전념이란 특정 역할에 대한 전념을 의미한다. 정체감 성취, 정체감 유예, 정체감 유실, 정체감 혼미 등으로 구분된다.

첫째, 정체감 성취(identity achievement)는 정체감 위기를 성공적으로 극복하여 직업, 개인적 신념, 삶의 목표, 정치적 견해 등에 대해 스스로 의사결정을 할 수 있는 상태다.

둘째, 정체감 유예(identity moratorium)는 자신의 삶과 정체감에 대해 고민하면서 다양한 정보를 수집하고 탐색하며 다양한 역할, 신념, 행동 등을 실험하고 있으나, 여전히 불확실한 상태로 선택과 결정을 하지 못한 채 구체적인 과업에 몰입하지 못하는 상태다. 마샤는 정체감 성취를 위해서는 정체감 유예상태가 꼭 필요한 단계라고 보았다. 유예상태를 거치지 않은 사람은 정체감을 성취한 것 같지만, 외적 충격이 오면 쉽게 정체감 혼란에 빠진다.

셋째, 정체감 유실(identity foreclosure)은 자신의 가치관이나 진로에 있어서 의문을 제기하거나 가능한 대안을 생각하는 것과 같은 위기를 경험하지 않고, 부모나 다른 역할 모델의 가치, 기대 등을 그대로 수용하여 그들과 비슷한 선택을 한 상태다. 예를 들어 부모가 좋은 직업이라고 권하면 자신의 적성을 탐색해 보지 않고 선택하는 것이다.

넷째, 정체감 혼미 혹은 정체감 혼란(identity diffusion)은 정체감 위기나 신념(수행)을 아직 경험하지 않았을 뿐만 아니라 직업이나 자신의 신념에 대한 의사결정도 하지 않은 상태다. 의사결정을 내리지 못한 면에 있어서는 정체감 유예와 비슷하지만 위기의 상태를 해결하려는 노력이 없다는 점에서 차이가 있다.

<그림 4-1> 마샤(Marcia)의 자아정체성

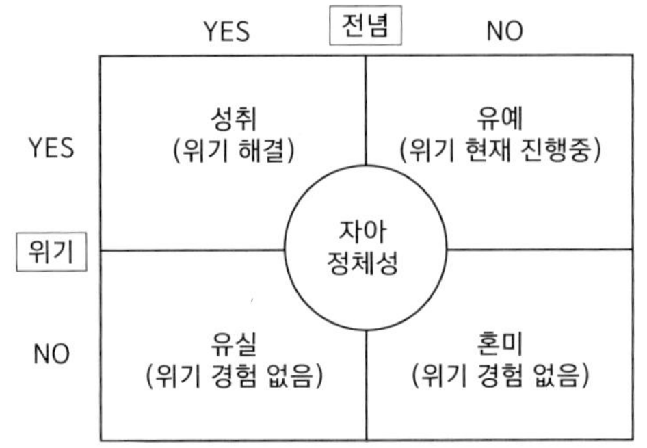

(2) 번(Berne)의 PAC 자아유형

인간은 어떤 때는 어린이같이 생각하고 느끼고 행동하며, 어떤 때는 어른처럼 생각하고 느끼고 행동한다(Berne, 1964). 따라서 사람은 세 가지 종류의 자아, 즉, 부모 자아(Parent), 성인 자아(Adult), 어린이 자아(Child)의 세 가지 자아 상태가 있다. 이 세 가지 지아상태는 어릴 때부터 부모 등 타인과의 상호작용 과정에서 형성된다. 이 세 가지 자아 상태가 바로 행동의 원천이며 개인의 성격의 구조다. 각각에 대해 보다 상세히 살펴보면 다음과 같다(강갑원, 2004; 노안영, 2005).

■ 부모 자아(P)

부모 자아는 5세 이전에 부모를 포함한 중요한 인물의 말이나 행동을 보고 무비판적으로 받아들여 내면화한 것이다. 부모 자아는 기능상 비판적 부모 자아(Critical Parent: CP)와 양육적 부모 자아(Nurturing Parent: NP)의 두 가지로 나눈다.

· 비판적 부모 자아(CP)

부모의 윤리, 도덕, 가치판단 기준이 그대로 자녀에게 내면화된 부분으로서 비판적, 편견적, 징벌적 특징이 있다. 이 자아가 강한 사람은 명령이나 지시 등 자신의 가치관을 강요하는 지배적인 언행을 보인다.

자신의 신념에 따라 '아니다'라고 분명히 말하는 장점도 가지고 있지만, 자신이 최고라는 식으로 행동하며 유쾌하지 않고 완고하여 배우자나 자녀를 불안하게 만들기도 한다. CP가 작용하는 언어 형태는 '여자가 밤늦게 돌아다니면 안 된다', '요즘 애들은 버릇이 없어' 등과 같은 것들이다.

- 양육적 부모 자아(NP)

부모가 자녀를 사랑하고 돌보는 등 자녀를 양육하는 말이나 행동이 내면화한 부분으로서 동정, 보호, 양육, 배려의 특징이 있다. 이것은 아이의 성장을 도와주는 어머니 같은 부분이며, 상대가 원조를 필요로 할 때는 보살펴 주고 위로해 주고 따뜻한 말을 해준다. 이 자아는 원만한 인간관계를 위해 필요하다. 그러나 지나치면 상대방에게 심적 부담을 줄 수 있다. NP가 작용하는 언어 형태는 '힘들지, 어서 와 이것 좀 먹어', '너무 무리하지 말고 좀 쉬세요' 등과 같은 것들이다.

■ 성인 자아(A)

성인 자아는 생후 10개월부터 자신에 대한 자각과 독창적 사고가 가능해지고 혼자서도 어떤 일을 해낼 수 있다는 자신감이 생기면서부터 점진적으로 발달한다. 성인 자아는 객관적, 합리적, 분석적, 지성적, 논리적, 현실적인 특징이 있다. 성인 자아는 부모 자아와 어린이 자아가 가지고 있는 정보를 평가해 보고 그 정보의 사용 여부를 결정하는 기능을 한다.

개인의 기능은 바로 이러한 성인 자아의 기능에 의해 좌우되는데, 성인 자아는 감정에 지배되지 않는 이성적이고 냉정한 부분이지만 반드시 정신적으로 성숙한 인간을 의미하는 것은 아니며 그 기능 자체를 의미한다고 할 수 있다. A가 작용하는 언어형태는 '외식하는 돈으로 장을 봐서 집에서 해 먹으면 훨씬 싸고 위생적이지', '저 친구의 진의가 무엇인지 좀 더 자세히 살펴보자'와 같은 것이다.

■ 어린이 자아(C)

어린이 자아는 자연스럽게 발생하는 모든 충동과 감정, 5세 이전에 부모와의 관계에서 경험한 감정과 그것에 대한 반응 양식이 내면화한 것이다. 상대방이 부모처럼 행동하거나 스스로 즐거운 생각이 들 때 잘 나타난다. 어린이 자아는 그 기능에 따라 자유 어린이 자아(Fred Chil d : FC)와 순종적 어린이 자아(Adapted Child: AC)로 구분된다.

●자유 어린이 자아(FC): 부모나 어른의 반응에 구애받지 않고 자신의 욕구를 자연스럽게 나타내는 자아로서 본능적, 적극적, 감정적, 즉흥적인 특징이 있다. 따라서 윤리나 예의, 남의 눈을 별로 의식하지 않고 현실에서도 아랑곳하지 않으며, 즐거움을 추구하고 불쾌한 것은 피한다. 이 자아가 적절히 작용하면 주위 사람들에게 즐거움을 주고 매력적이지만, 지나치면 자신을 통제하지 못하고 경솔하다는 말을 들을 수 있다. FC가 작용하는 언어 형태의 예는 '야, 주말이다. 놀러가자', '이거 사 주실래요', '나 그것 싫은데요' 등과 같은 것이다.

●순종적 어린이 자아(AC): 부모나 권위자의 관심을 얻기 위하여 이들의 요청에 부응하려는 기능을 한다. 이것은 부모나 권위자에 의해 형성된 자아다. 순종적, 순응적, 소극적, 의존적인 특징을 보인다. 이 자아는 인간관계를 원만하게 이끌어 가는 것 같으나, 사실은 자신을 억제하고 있기 때문에 내부적으로 여러 가지 심리적 문제가 있을 수 있다. 즉, 감정을 억압하거나 열등감에 사로잡히거나, 앙심을 품거나, 갑자기 성을 내는 행동을 보일 수 있다. AC가 작용하는 언어 형태는 '이거 하나 먹어도 돼요?', '네, 안 그럴게요' 등이다.

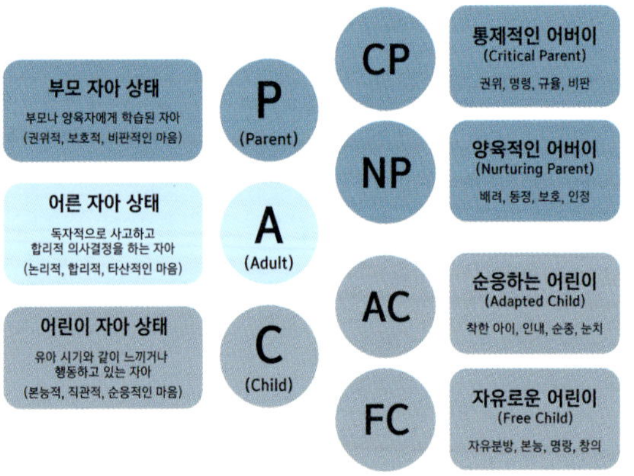

<그림 4-2> 번(Berne)의 PAC 자아유형

에고그램(egogram)이 작성되면 다음과 같이 해석을 한다. 해석할 때는 첫 번째는 에고그램에서 어느 자아 상태가 가장 높은지를 본다. 두 번째는 어느 자아 상태가 가장 낮은지를 본다.

세 번째는 P가 높은 사람은 CP와 NP와 비교한다. C가 높은 사람은 FC와 AC를 비교한다. 네 번째는 A가 어느 정도 높으며, A가 다른 자아상태와 비교해서 높은지 혹은 낮은지를 본다.

■ 채점 및 해석

<표 4-2> 에고그램 해석

유형		높을 경우	낮을 경우
P	CP	이상이 높고 자기주장이 강하다. 지시적이며, 제한하려 하고, 규칙을 만들며, 징벌적이다. 가치체계를 강화하고 권리를 세운다. 과다하면 완고하고 독선적이다. 타인 부정적이다.	우호적이며 타인이나 사회를 비판하거나 공격하지 않는다.
	NP	마음이 선하며, 감정 이입적이고, 성장을 촉진하며, 양육적이다. 너무 많으면 타인을 질식시킨다. 타인 긍정적이다.	폐쇄적이고 타인에게 그다지 관심이 없다. 동정심이 없고 쓸쓸해 한다.
A	–	두뇌가 명석하고 논리적이며 합리적이다. 타인에게 차가운 느낌을 준다. 중립적이다.	비합리적이고 생각하는 것이 고역이며 현실 인식이 왜곡되어 있다. 의외로 감정적이다.
C	FC	자연스럽고 호기심이 강하며, 놀기 좋아하고, 재미있고 자유롭다. 열정적이고, 자발적이며 창조적인 행동파로 직관적 판단한다. 과다하면 통제하기가 어려운 사람이 된다. 자기긍정적이다.	감정을 억제하고 사물을 즐기지 못하며, 향락적인 사람을 좋아하지 않는다.
	AC	어리광 부리고 의존적이며, 타인에게 순응적이다. 타협과 양보를 잘 하며, 적응적이고 순종적이며, 불평이 있다. 과다하면, 여러 가지 방식으로 행동을 표명하며, 흔히 있는 일도 죄의식을 갖거나 우울해 하며 때로는 로봇처럼 보인다. 자기 부정적이다.	비협조적이고 완고하고 융통성이 없다. 타인에게 이용당하지 않는다.

출처: 문은식·박선환·정미경·최순영, 2022.

마스톤(Marston)의 DISC 자아유형

마스톤(Marston, 1928)의 DISC모델은 사람들의 행동 성향과 성격을 이해하기 위한 틀 중 하나다. DISC 검사의 주요 목적은 개인의 행동 성향과 동기를 이해하고, 이를 바탕으로 더 나은 대인 관계와 업무 성과를 달성하는 것이다. DISC는 두 가지 기준에 따라 성격 및 행동 특성을 분류한다. '외향형 대 내향형', '일 중심 대 사람 중심'이 그것이다. 두 가지 기준에 따라 주도형(D형), 사교형(I형), 안정형(S형), 신중형(C형) 등 네 가지 유형이 도출된다.

■ 주도형 Dominance(D형): 외향형 + 일 중심

D유형인 사람들은 일에서 외향적이면서도 업무 지향적인 특성을 보인다. 이들은 맡은 일을 추진함에 있어 저돌적이고 경쟁적이며, 눈에 띄는 성과 달성에 주력한다. 불확실한 상황에서도 과감히 도전하는 것을 즐기며, 성공과 승리에 대한 강한 욕구가 있다. 대화 시에는 다른 성격유형의 사람들로부터 "화가 난 것처럼 보인다"라는 평가를 받을 정도로 지시적이고 공격적인 어조를 사용하며, "빨리 움직여라!"와 같이 재촉하는 발언을 자주 한다. 의사결정 과정에서 팩트와 데이터, 근거에 근거하여 판단하는 모습을 보인다. 이와 동시에 업무적 관계에서 공감, 애착, 감성, 이해와 같은 요소들을 중요하게 여기기 어렵고, 타인의 불평이나 고민을 듣는 것을 시간 낭비로 여긴다.

주로 경쟁적이고 이익 추구가 중요한 분야에서 이들의 역량이 두드러진다. 직장 분위기가 매우 긴박하고 바쁘게 움직이는 상황이라면, D유형의 지휘 하에 일하는 것이 가장 효과적일 수 있다. 높은 관리직에 올라가면 D유형이 아닌 리더를 찾기 어려울 정도로 이 유형이 우세한 경향이 있다.

D유형인 상급자 아래에서 일할 때 가장 피해야 할 행동은 상급자와 논쟁을 벌이려고 드는 것이다. 실무적인 근거 자료를 충분히 제시한다면 인정을 받을 수도 있지만, 대개 이들을 설득하는 것은 어려운 일이다. D유형 상사가 지시사항을 내린 경우, 원칙적으로 먼저 동의를 보이고, 이해가 되지 않는 부분은 이득이 될 수 있는 실무적 대안을 제안하면서 접근하는 것이 바람직하다.

D유형은 다루기 까다로운 성격으로 보인다. 직선적인 사고방식과 명확한 솔루션을 선호하기 때문에 간접적인 도움을 주는 코칭 활동이 직접적인 업무 성과와 관련 없다고 여겨 비협조적인 태도를 보일 수 있다. 이뿐만 아니라 자기중심적인 성향이 강해 타인이 자신에게 맞추기를 기대하는 경향이 있으며, 주변 사람들의 업무에 대한 관심이 부족해 보일 때 이들을 어

떻게 하면 끌어안고 프로젝트를 추진할 수 있을지에 대한 명확한 해결책을 요구한다. '역지사지'를 강조하지만, 이것만으로는 주변의 커뮤니케이션 문제를 해결하기 어렵다.

■ 사교형 Influence(I형): 외향형 + 사람 중심

업무 중에 외향적이며 사람 지향적인 행동을 보이는 I형은 사무실 내에서 밝고 생동감 넘치는 분위기 조성을 중요하게 생각한다. 이들은 업무보다는 사람 간의 상호작용에 중점을 두며, 업무 관계를 친밀한 인간관계로 발전하고자 하는 경향이 강하다.

항상 유쾌하고 활기차게 업무에 임하며, 일터에 좋은 분위기를 조성하는 데 큰 가치를 둔다. 업무적인 만남이라 할지라도 근본적으로는 인간 대 인간의 교류로 받아들이며, 인간관계를 통해 형성된 네트워크를 장점으로 삼아 업무에 활용한다. 사소한 대화는 물론, 유머로 즐거운 분위기를 유지하는 것이 특징이다. 정기적으로 업계 동료나 클라이언트들과 식사 약속을 하는 것도 이들의 일과 중 하나이다. 조직 내에서는 모든 구성원이 소외되지 않도록 감정을 배려하며 조화롭게 움직이려 노력한다. 그러나 이런 성향이 과해지면 개인의 사생활에 대한 과도한 간섭으로 비칠 수 있고, 때론 업무 집중도를 저하하는 원인이 되기도 한다.

영업 부문에서는 이런 I유형의 사람들이 재능을 발휘한다. 사람들을 만나 쉽게 친분을 쌓고, 협상이나 거래에서 자신의 인간적 매력을 한껏 활용하는 것이 적성에 맞다. 부하직원이 고객과의 대화나 관계 형성에 어려움을 겪는 것을 이해하지 못할 때가 많으며, 사내 행사나 동료들과의 친목 회동을 주도하는 데 적극적이다.

I유형이 상급자인 경우, 가장 조심해야 할 것은 조직의 긍정적 분위기를 해치는 행동이다. I유형 리더들은 직원의 부정적인 표정이나 태도에 매우 민감하게 반응하기 때문에, 비판적인 의견이 있더라도 화기애애한 분위기를 지키며 접근해야 한다. 납득하기 어려운 상급자의 지시에도 친절하고 건설적인 태도를 유지하며 문제가 발생할 것으로 보이면 눈치 있게 조용히 해결책을 찾아내면 상급자에게 호감을 얻기 쉽다.

■ 안정형 Steadiness(S형): 내향형 + 사람 중심

내향적이면서도 사람 지향적인 행동을 보이는 유형은 일반적으로 차분하고 예의 바르면서 협조적인 태도로 일에 임한다. 다른 사람의 의견을 존중하고 집단 내 의사결정 과정에서 민주

적인 접근을 중시하는 것을 중요하게 생각한다. 이들이 공개적으로 단호하게 자신의 의견을 표현하는 경우는 드물며, 보통은 다른 사람들과의 조화를 우선시하고 상황을 원만하게 만들려고 노력한다.

이런 S유형이 많은 조직에서는 팀원들 간의 의견을 경청하고 존중하는 문화가 발달해 있으며, 문제가 발생했을 때 조직 구성원 모두가 서로 돕기 위해 앞장서는 경향이 있다. 하지만 이러한 성향은 압박이 심한 환경에서는 신속한 결정과 강력한 추진력을 기대하기 어렵게 만들며, 때로는 결단력의 부족과 자기 의심으로 인해 업무 효율성을 저해할 수 있다.

D유형의 상급자 바로 아래에서 일하는 S유형의 직원들은 종종 억울한 심정을 느낄 수 있지만, S유형 또한 고객 서비스, 비영리 단체 관리, 협력적인 조직 환경 등에서 큰 성과를 낼 수 있는 기회를 잡을 수 있다. 일관성 있고 충성심이 높으며 꾸준히 노력하는 특성 때문에, S유형은 일단 신뢰를 얻게 되면 매우 믿을 만한 존재가 된다. 또한 그들은 종종 동료들에게 마음을 열고 솔직하게 대화할 수 있는 안정적인 존재로 인정받으며, 경험이 쌓일수록 조직 내에서 중요한 정신적 기둥으로 자리매김할 가능성이 높다.

S유형이 상급자인 조직에서는 대체로 융통성이 있으며 서로 간의 문제에 대해 이해하는 분위기가 조성된다. 비상식적인 상황이 아니라면, S유형의 리더는 부하 직원의 실수를 용인하고 이해할 준비가 되어 있다. 그러나 S유형에게 인간적인 따뜻함이 없는 태도를 보이는 것은 금물이다. 자신이 개인적으로 모욕을 받는 것으로 받아들일 수 있으며, 그 결과로 마음의 문을 닫고 방어적인 태도를 취할 가능성이 있다. 만약 상급자의 지시에 동의하기 어려운 경우, 조용히 다가가서 친절하고 공감 가는 태도로 자신의 의견을 표현하는 것이 합리적인 접근 방식이다.

- 신중형 Conscientiousness(C형): 내향형 + 일 중심

내향적이면서 업무 지향적인 행동을 보이는 C형은 체계적이고 조직적인 접근으로 업무를 처리한다. 이들은 일을 처리하는 데 속도보다 정확성과 완벽함을 추구하며, 안정성, 예측 가능성, 그리고 통제 가능한 환경에 편안함을 느낀다. 매우 체계적으로 근무 환경을 관리하는 경향이 있으며, 사소한 것까지도 세심하게 살피고, 완성도 높은 결과물을 낼 수 있도록 집중한다. 보고서 작성에 있어 마침표 하나를 놓치지 않는 철저함을 보이며, 업무의 모든 세부 사

항에 대해 정밀한 검토를 거치는 습성이 있다. 그러나 이들은 가끔 큰 그림을 놓치고 지나치게 사소한 부분에 집착함으로써 업무의 진행을 늦출 수 있다. 일의 띄어쓰기 하나에도 촉각을 곤두세우는 정도로 세부 사항에 과도하게 신경을 쓸 때가 많다.

C유형은 변화가 적은 안정된 환경에서 가장 잘 작동한다. 공공 분야, 회계, 원가 계산, 품질 관리, 데이터 분석 등 특화된 업무 분야에서 탁월한 능력을 발휘할 수 있다. 대면 직무의 필요성이 적은 것을 선호하므로, 사무실에서 혼자 작업하는 것이 부담스럽지 않은 경향이 있다. 빈번한 실수를 하고 그것을 쉽게 개선하지 않는 동료나 부하 직원에 대해 인내심이 적을 수 있다.

C유형의 상급자는 불필요한 방해를 받는 것을 싫어한다. 일에 대한 집중을 방해하는 과다한 대화를 좋아하지 않으며, 문제가 발생했을 때는 정중하고 완곡한 방식으로 대화를 이끌어 가는 것을 선호한다. 까다롭고 꼼꼼한 기준에 대해 불만을 가질 수 있지만, 그들의 의견과 피드백은 팀의 성과 향상에 큰 도움이 될 가치가 있다. 납득이 어려운 부분에 대해서도 부드럽고 신중하게 표현하면서 상급자의 조언을 구하는 것이 현명하다.

4) 건강한 자아개념 형성 방법

낮아진 자존감은 회복할 수 있을까? 그렇다. 유아기의 부정적 경험을 통해 형성된 부정적인 자아개념도 조건에 상관없이 자신을 좋아해 주고 인정해 주는 경험을 반복하면 낮아진 자존감을 회복할 수 있다. 셀리그만(Seligman, 1983) 실험에 따르면, 무기력한 개도 긍정적 경험을 반복하면 다시 자신감을 회복한다고 하였다. 이 개는 전기가 흐르는데도 피할 생각을 하지 않고 전기가 흐르는 바닥에 엎드려 가만히 있을 만큼 무기력의 타성에 젖은 상태였다. 마치 '난 안 돼, 전기고통은 피할 수 없는 거야'라고 생각하고 있는 것처럼 보이는 이 무기력한 개에게 치유 실험을 했다. 실험실 바닥에 전기를 흘린 후에 개는 무기력하게 엎드릴 때마다 목줄을 당겨서 안전한 방으로 옮기는 것을 반복해서 경험했다. 그러던 어느 날 놀랍게도 전기 고통을 주었을 때 개는 전과 달리 벌떡 일어나서 안전한 방으로 뛰어 들어갔다. 긍정적 경험을 반복하면 자신감이 회복된다는 것을 보여주는 실험결과다. 인간은 어느 동물보다 더 학습 능력이 뛰어나다. 그러므로 인간 역시 반복적으로 긍정적인 경험을 하면 건강한 자아개념을 얻을 수 있다(이무석, 2009; 김혜숙 외, 2017).

무조건적 수용

무조건적 수용(unconditional acceptance)이란 말 그대로 '조건 없이, 나를 있는 그대로 인정하고 받아주는 경험'이다. 자존감을 키워나가기 위한 핵심은 나를 끊임없이 수용하는 것이다. 장점과 단점, 나의 잘못까지 인정함으로써 있는 그대로의 나를 수용할 수 있을 때 비로써 균형 잡힌 자존감을 가질 수 있기 때문이다. 이 같은 경험으로 외모나 능력 등과 같은 외적인 조건과 상관없이 자신의 가치를 인정하고 자기 권리를 주장할 수 있다.

예를 들어, 한 부모가 자녀가 시험에서 나쁜 성적을 받았을 때, 부모는 아쉬운 마음이 들 수 있다. 그러나 무조건적인 수용의 태도로 자녀를 대한다면, 부모는 성적에 관계 없이 자녀를 사랑하고 지지한다는 것을 보여줄 것이다. 부모는 성적보다는 자녀의 노력과 정직성, 배움에 대한 열정을 중요하게 여기며, 자녀에게 "네가 누구든, 어떤 결과를 냈든, 너는 소중하고 우리 가족의 일원이다"라는 메시지를 전달한다. 이러한 태도는 자녀가 실패에 대해 부끄러워하지 않고, 다음번에 더 열심히 시도하고 도전하는 긍정적인 사고를 갖게 하는 데 도움을 준다.

또 다른 예로, 친구 관계에서 무조건적인 수용이 작용할 수 있다. 친구가 실수를 저질렀거나 부적절한 행동을 했을 때, 그 행동을 비판할 수는 있지만, 친구를 개인으로서 여전히 존중하고 이해하는 태도를 취한다면, 그것은 무조건적인 수용의 실천이다. 우정에 있어서 무조건적인 수용은 신뢰와 이해를 쌓는 데 중요하며, 친구가 자유롭게 자신의 감정을 나누고 서로 간의 유대를 강화할 수 있는 기반이 된다.

유년기에 잘못 형성된 자기 인식은 한 인간으로서 자기 가치를 인정받는 경험을 할 때 변할 수 있다. 보통은 사랑하는 사람을 통해서 이런 경험을 하거나 성직자, 심리상담가, 정신치료자 등을 통해서도 이런 경험을 할 수 있다.

현실적으로 실현 가능한 이상 설정

자존감을 높이는 방법으로는 욕심을 줄이고 성공 경험이 많으면 된다(James, 1890). 성공은 개인이 자신의 노력과 행동을 통해 달성한 것들을 의미한다. 이는 사회적 성공, 학업 성취, 직장에서 승진, 인간관계의 긍정적 경험 등 개인의 기준에 따라 다르게 정의될 수 있다. 욕심은 개인이 자신에게 설정한 목표나 기대치, 욕구 및 욕심을 말한다. 이는 개인이 이루기를 바라는 이상을 나타내며, 자아를 형성하는 데 영향을 미친다.

$$자존감 = \frac{성공(success)}{욕구(need)}$$

<그림 4-3> 제임스(James)의 자존감 공식

자기와의 싸움에서 이기는 성공의 기록이 많이 올리면 자존감이 올라가기도 하지만 혹은 자기에게 거는 기대 수준인 욕심을 낮출 때도 자존감은 높아진다. 현실적인 자신과 이상적인 자신의 차이가 클수록 열등감이 커진다는 것을 의미한다. 자신에게 거는 환상적인 기대나 이상을 버리고, 현실적으로 실현 가능한 이상을 설정하고 그것을 실현하는 것이 자존감을 높이는 방법이다.

반면, 욕심을 줄이면 자존감이 올라간다. 욕심이 많을수록 자존감은 낮아진다. 사실 모순되는 것같이 보이지만 열등감의 심리에는 욕심이 있다. 이는 남을 밟고 우위에 서려는 욕심이다. 자신의 욕심을 채워 주지 못하는 자신의 외모, 능력, 재산, 집안이 부끄럽고 싫은 것이다. 이런 욕심은 주로 유아기의 사랑 결핍이 원인인 경우가 많다. 애정결핍을 경험한 사람은 과도한 주도권과 인기를 탐낸다. '스타처럼 예쁠 필요는 없어. 그래도 나는 나야. 내게는 내가 실현해야 할 내 가치가 따로 있어'라는 마음은 건강한 자기애를 가진 사람이다.

긍정적인 자기대화

자기대화(self-talk)란 자기 자신과 이루어지는 내면적 의사소통이다. 자기대화의 내용은 자아존중감에 따라 다르다. 긍정적인 자기대화는 자신감을 높이고, 동기 부여를 하며, 스트레스 관리에 도움을 준다. 예를 들어, "나는 이 일을 할 수 있다", "나는 충분히 준비했다", "나는 계속해서 발전하고 있다" 등의 내용이다. 부정적인 자기대화는 불안, 낮은 자존감, 우울증을 야기하거나 악화할 수도 있다. 예컨대, "나는 실패할 거야", "나는 충분히 좋지 않다", "나는 무엇을 해도 항상 실수한다" 등이 있다. 자기대화는 대체로 자동적이고 무의식적으로 발생하며, 개인의 기본적인 믿음 체계와 태도를 반영한다.

긍정적 자기대화 자기 가치감을 높여 줌으로써 대인관계 및 행동 전반에 긍정적인 영향을 미친다. 2016년 리우 올림픽 펜싱 결승전에서 박상영 선수는 연속 실점으로 상대 선수와의 점수 차가 벌어진 상태로 2라운드를 마무리했고, 마지막 3라운드를 위해 잠시 쉬는 동안 자신에게 '할 수 있다'라는 말을 끊임없이 외쳤다. 그리고 그는 '할 수 있다'라고 외쳤던 말을 증명하듯이, 3라운드에서의 역전으로 금메달을 차지하였다. 이처럼 자기대화는 집중력이나 자신감을 높이기 위한 방법으로 사용된다. 혹은 수행에 필요한 구체적인 행동을 촉구하기 위해서, 또는 불안을 조절하고 동기를 강화하기 위한 방법으로도 활용한다.

원활한 자기대화를 위해서는 가장 먼저 자신의 감정과 느낌을 알아차려야 한다. '내가 지금 불안한가?, 어느 정도의 긴장감을 가지고 있는가?, 무엇에 집중해야 하는가?' 등 스스로를 살펴보는 것이 중요하다. 다음으로, 부정적 생각과 말도 빠르게 차단할 수 있어야 한다. 만약 부정적 생각이 머리 속에 떠오르면 바로 알아차리고 차단할 수 있는 자신만의 방법을 만들어 놓아야 한다. 예를 들어, '스톱'을 외치거나 '손뼉을 치는' 등 자신만의 말과 행동으로 부정적 생각을 차단한 후, 그 상황을 긍정적인 생각과 언어로 바꾸는 연습이 이어져야 한다. 마지막으로 자기 확신을 위한 대화(오늘 잘 할 거야, 느낌이 좋아), 자신을 격려하고 분발할 수 있는 대화(화이팅, 할 수 있어) 등 어떤 자화가 자신에게 필요한지 구분하여 자신과의 대화 시간을 갖는 것이 좋다.

시각화하기

시각화(visualization)란 목표 달성이나 긍정적인 자아개념 형성을 위해 자신이 원하는 결과나 상태를 마음속에 그려보는 것이다. 자신감을 높이고, 동기를 부여하며, 불안을 감소하는데 유용하다. 시각화의 과정은 다음과 같은 단계를 포함한다.

첫째, 편안하고 조용한 환경을 선택하여 집중력을 높인다.

둘째, 깊게 숨을 쉬고 몸과 마음을 이완시킨다.

셋째, 선명하고 구체적인 이미지를 마음속에 그린다. 여기에는 자신이 성공하는 모습, 어려움을 극복하는 장면, 자신이 원하는 긍정적인 자질을 발휘하는 모습 등이 포함될 수 있다.

넷째, 시각화 중에 경험하는 감정들을 느끼고 강화한다. 예를 들어, 성공했을 때의 기쁨이나 만족감을 느껴본다.

예를 들어, 한 테니스 선수가 대회에서 우승하는 장면을 상상해 보라. 선수는 조용한 방에서 편안하게 앉거나 눕고, 깊은 호흡을 통해 몸과 마음을 이완시킨다. 선수는 대회의 분위기를 상상하며, 경기장의 모습, 관중들의 응원 소리, 라켓을 쥔 손의 느낌 등 세부적인 요소들을 선명하게 그린다. 선수는 자신이 완벽한 서브를 넣고, 멋진 스트로크를 구사하고, 결정적인 포인트를 탈환하는 모습을 상상한다. 경기에서 승리한 뒤 상을 받는 순간의 모습까지 마음속에 그려본다. 선수는 성공적인 플레이 후에 느끼게 될 기쁨, 자신감, 흥분하는 감정들을 마음속에서 체험한다. 시각화를 마치고 나서, 선수는 그 경험이 현실로 이루어질 것이라는 확신을 갖고 최선을 다할 것이라고 자기 자신에게 다짐한다. 이렇게 선수는 시각화를 통해 자신의 몸과 마음을 실제 경기에 필요한 최적의 상태로 조절한다.

한편 시각화는 반복적으로 수행될 때 더욱 효과적이며, 이러한 연습은 실제 상황에서 긍정적인 결과를 내는 데 도움이 되는 긍정적인 마음가짐을 더욱 강화한다. 또한, 자신의 가능성에 대한 믿음을 굳건히 하고, 행동을 이끌어 내어 실제 성과로 이어지게 한다.

솔직하고 친밀한 대인관계 갖기

솔직하고 친밀한 대인관계는 긍정적인 자아개념을 구축하는 데 중요한 기반이 된다. 솔직한 의사소통은 타인과의 신뢰를 구축하고, 서로의 진정한 감정과 생각을 나눌 수 있는 환경을 제공한다. 이러한 환경에서 사람들은 자신을 있는 그대로 보여주는 데 더욱 자신감을 갖게 되며, 타인의 긍정적인 반응을 통해 자신에 대한 긍정적인 평가를 내리게 된다. 또한, 솔직한 피드백과 지지는 개인이 자신의 강점과 약점을 보다 명확하게 인식하도록 도와주며, 이는 자아인식의 정확성과 자신감을 향상하는 데 기여한다.

한편, 친밀한 대인관계를 통해 사람들은 자신의 신념과 자기 가치를 공유하고, 상호존중과 이해를 기반으로 한 긍정적인 상호작용을 경험하게 된다. 이러한 안정적인 관계 속에서 개인은 자신의 정체성을 긍정적으로 받아들이고 강화하며, 삶의 어려움을 극복하는 데 필요한 정서적 지지를 받게 된다. 긍정적인 대인 관계는 자존감을 높이며, 자신을 타인과 비교할 때 자신에 대한 만족감과 자부심을 증대시킨다. 이러한 과정은 자기 수용을 촉진하고, 자신에 대한 긍정적인 이미지를 강화하며, 결국에는 건강한 자아개념의 형성과 발전으로 이어진다.

<DISC 유형 간의 검사지>

- 검사지의 15개 문항에 대해 주변에서 보여주는 자신의 행동 스타일을 생각하시면서 응답하시오.
- 각 문항마다 4개의 문장을 읽고 자신이 학교/직장이나 가정에서 생각하고 행동하는 것과 가장 일치하는 순서대로 점수 칸에 4, 3, 2, 1 우선순위를 적으시오.(단, 문항별 동점을 적을 수 없음)
- 자신이 희망하는 행동이 아닌 평소 편안하게 행동하는 스타일을 생각하시면서 응답하시오.
- 4점(가장일치)→3점(조금일치)→2점(조금불일치)→1점(가장불일치)순서로 점수를 적으시오.

문항	질문	C (신중형)	점수	S (안정형)	점수	I (사교형)	점수	D (주도형)	점수
1	내 성격은…	진지하고 세심하다		태평스럽고 느리다		사교적이며 감정 표현을 잘한다		명령적이고 주도적이다	
2	다른 이에 대한 나의 태도는…	차갑고 객관적이다		넉넉하고 자제력 있다		친절하고 싹싹하다		시원 시원하다	
3	다른 사람의 말을 들을 때…	사실에 초점을 맞추고 분석한다		기꺼이 주위를 기울여 듣는다		듣기가 힘들고 내가 말하고 싶다		종종 참을성이 없다	
4	나는 타인에게…한 경향이있다.	가치와 질로 평가하는		잘 용납하는		사람들에게 영향을 미치는		사람들에게 지시하는	
5	다른 사람과…에 대해 이야기하는 것을 좋아한다.	사건, 정보, 조직		가족과 친구		나 자신과 다른 사람들		내 업적	
6	나에게 시간은…	시간의 중요성을 알고 시간 활용을 잘하는		시간을 중시하지만 그리 부담이 없는		교제에 많은 시간을 사용하는		항상 바빠하는	
7	나의 기본욕구는…	질 높은 과제 완수		현재 상태를 그대로 유지		재미있는 활동		도전	

8	나의 장점은…	정확한		협조적		낙천적		결단력	
9	나의 단점은…	비판 적인		수동적(스스로 보다는 남이 시켜야 함)		비계획적인		고집 센	
10	내가 좋아하는 것은…	논리적 분석적인 것		부드러운 팀으로 일하기		사람을 좋아하고 명랑함		경쟁에서 이기기	
11	내가 싫어하는 것은…	애매한 기준		갑작스러움		틀에 박힌		우유부단(결정 못 내림)	
12	나의 의사소통방식은…	분석적이며 세부사항에 관심		공감해 줌		생생하고 설득력 있게 말함		핵심을 직선적으로 말함	
13	나의 의사결정방식은…	많은 자료를 심사숙고 후 결정		인간관계를 반영한 의사결정		즉흥적		중요사항에 근거하여 빠름	
14	내가 안정감을 얻는 상황은…	미리 준비할 시간이 충분할 때		현재 상태를 그대로 유지할 때		유연성과 다양성이 풍부할 때		내가 상황을 통제할 수 있을 때	
15	나를 잘 표현하는 말은…	꼼꼼한		절제하는		표현력 있는		강력한	
총 점		C (신중형)		S (안정형)		I (사교형)		D (주도형)	

출처: 이우경·이원혜, 2019.

<에고그램 검사>

- 다음 항목의 질문에 대하여 보기에서의 점수를 □란에 적으시오.
- 언제나=3점 종종=2 가끔=1점 좀처럼=0점

1	규칙을 지키지 못하는 사람에게 주의를 준다.		■	■	■	■	CP
2	상대방을 잘 칭찬한다.	■		■	■	■	NP
3	과거에 사로잡히지 않고 현재를 중시한다.	■	■		■	■	A
4	남 앞에서 자유롭게 행동할 수 있다.	■	■	■		■	FC
5	싫다고 말하지 않고 가슴속에 파묻어 둔다.	■	■	■	■		AC
6	어린이는 스파르타식으로 훈육한다.		■	■	■	■	CP
7	상대방의 기분이 되어서 돌봐준다.	■		■	■	■	NP
8	과거의 실패를 참고로 한다.	■	■		■	■	A
9	영화나 쇼의 오락을 즐긴다.	■	■	■		■	FC
10	생각한 것을 말하지 못하고, 나중에 후회한다.	■	■	■	■		AC
11	어린이나 부하들이 불편이나 불만을 말하지 못하게 한다.		■	■	■	■	CP
12	동물을 귀여워한다.	■		■	■	■	NP
13	돈으로 해결하는 것에 저항을 느끼지 않는다.	■	■		■	■	A
14	멋 부리는 것을 좋아한다.	■	■	■		■	FC
15	후회의 상념에 언제까지고 사로잡힌다.	■	■	■	■		AC
16	자신의 주장을 쉽게 굽히지 않는다.		■	■	■	■	CP
17	어디서든 간사 역을 자진해서 떠맡는다.	■		■	■	■	NP
18	감정적이기보다는 이성적이다.	■	■		■	■	A
19	희노애락의 감정을 솔직하게 표현한다.	■	■	■		■	FC
20	다른 사람들의 비위를 맞춘다.	■	■	■	■		AC
21	타인의 장점보다 결점이 마음에 걸린다.		■	■	■	■	CP
22	어려운 사람에게 도움을 주고 싶다.	■		■	■	■	NP
23	냉엄한 현실이라고 받아들인다.	■	■		■	■	A
24	노는 데 돈 쓰는 것을 마다하지 않는다.	■	■	■		■	FC
25	다른 사람들이 결정한 일에 따른다.	■	■	■	■		AC

26	타인의 잘못이나 결점 등을 추궁한다.		■	■	■	■	CP
27	타인이 행복해지기를 기원한다.	■		■	■	■	NP
28	자신이 손해인지 이득인지를 곰곰이 생각한다.	■	■		■	■	A
29	어린이나 동물과 노는 것을 좋아한다.	■	■	■		■	FC
30	내심 불만이라도 표면에는 나타내지 않는다.	■	■	■	■		AC
31	타인의 무책임한 행동을 질책한다.		■	■	■	■	CP
32	타인에게 원조의 손을 뻗친다.	■		■	■	■	NP
33	숫자나 데이터를 사용한다.	■	■		■	■	A
34	떠들어 대거나 수다를 떨거나 한다.	■	■	■		■	FC
35	걸핏하면 공상의 세계로 도망쳐 버린다.	■	■	■	■		AC
36	항상 리더십을 쥐고 싶다.		■	■	■	■	CP
37	사람들의 실패나 실수에 대해 관대하다.	■		■	■	■	NP
38	무슨 일이든지 정보를 모아서 냉정하게 판단한다.	■	■		■	■	A
39	자신이 생각한 것을 말할 줄 안다.	■	■	■		■	FC
40	불쾌한 기분을 웃는 얼굴로 얼버무린다.	■	■	■	■		AC
41	사람을 깔보거나 무시하거나 한다.		■	■	■	■	CP
42	남의 편의를 봐주거나 돌봐 준다.	■		■	■	■	NP
43	남의 의견을 듣고 참고로 한다.	■	■		■	■	A
44	스킨십을 즐긴다.	■	■	■		■	FC
45	불쾌해도 불평하지 않는다.	■	■	■	■		AC
46	남이 잘못했을 때 곧바로 힐책한다.		■	■	■	■	CP
47	대가를 기대하지 않고 일을 하는 것이 즐거움이다.	■		■	■	■	NP
48	사물을 사실에 입각하여 객관적으로 본다.	■	■		■	■	A
49	저항 없이 기발한 일을 할 수 있다.	■	■	■		■	FC
50	본래의 자신을 억누르고 생활하고 있다.	■	■	■	■		AC
	1~50의 세로줄을 합계한 점수						
		CP	NP	A	FC	AC	

출처: 이우경·이원혜, 2019.

2. 나의 성격은 어떠한가?

성격은 각 개인을 독특하게 정의하는 근본적인 특성들로 이루어져 있으며, 이러한 특성들은 삶에 대한 인식, 대인 관계, 문제 해결 방식에 깊은 영향을 미친다. 이 장에서는 성격의 개념을 탐구하고 구성 요소들을 살펴보면서, 다양한 성격유형이 어떻게 개인의 행동과 경험에 영향을 끼치는지를 이해할 것이다. 또한 건강한 성격 형성 방법에 대해서도 다루고자 한다. 이를 통해 개인은 자신의 성격을 더 잘 이해하고, 이를 적극적으로 활용하여 만족스럽고 의미 있는 삶을 향해 나아가는 데 필요한 지침을 얻을 수 있을 것이다.

1) 성격의 개념

성격의 사전적 의미는 개인이 가지고 있는 고유의 성질이나 품성을 뜻한다(국립국어원, 2017). 성격(性格, personality)의 어원은 그리스어의 '페리조나(persona; per: ~를 통하여, sonare: 말하다)'로 원래 고대 그리스의 연극에서 배우들이 쓰던 가면을 일컫는 말이다. 페리조나는 어떤 사람의 참모습이라기보다는 배우가 가면을 쓰고 무대에서 연극하듯이 사람들이 사회장면 속에서 피상적으로 나타내는 사회적 이미지를 뜻한다. 따라서 성격이란 사회라는 커다란 다란 무대에서 사람들이 나타내는 외현적 행동양상으로 개인의 독특하고, 안정적이며, 일관성 있는 성격요소들을 형성되어 있다.

성격은 학자들 나름대로의 관점이나 기준에 따라서 다양하게 정의하고 있다. 올포트(Allport, 1961)는 성격이란 개인의 특유한 행동과 사고를 결정하는 심리·신체적 체계인 개인 내의 역동적 조직으로 정의하였다. 미쉘(Mischel, 1968)은 성격이란 보통 개인이 접하는 생활 상황에 대해 적응의 특성을 기술하는 사고와 감정을 포함하는 구별된 행동패턴을 뜻한다. 릭먼(Ryckman, 2000)은 성격이란 개인이 소유한 일련의 역동적이고 조직화된 특성이며 이러한 특성은 다양한 상황에서 개인의 인지, 동기, 행동에 독특하게 영향을 준다고 하였다.

이처럼 성격의 정의를 바탕으로 성격의 특성을 다섯 가지를 요약하면 다음의 내용과 같다.

첫째, 성격은 개인의 독특한 개성을 나타내는 전체인 개념이다. 성격은 비교적 일관되고 안정적인 행동패턴과 관련된다. 그러므로 성격을 통해 사람들의 행동을 이해하고 예언하는 것은 성격에는 일관성이나 안정성이 반영되기 때문이다.

둘째, 성격은 선천적 유전에 의한 생리적 기반을 바탕으로 개인이 사회문화 환경과 작용하는 과정에서 형성되어 간다. 즉, 인간은 자신이 처한 상황에서 생존하기 위해 자신의 성격을 발달하고 형성하는데 이때 선천적 요인과 사회문화적 요인이 함께 작용하여 성격을 형성한다.

셋째, 성격은 사람들이 보편적으로 공유하는 공통성과 사람들을 구별할 수 있는 개인의 독특성을 반영한다. 예를 들어 내향성 혹은 외향성으로 분류하는 것은 사람들이 보편적으로 갖는 성향을 의미한다. 하지만 동일한 내향성 혹은 외향성이라도 개개인이 갖는 독특한 개성이 존재한다.

넷째, 성격은 개인의 일반적인 태도에서 나타나는 표면적이고 피상적인 측면과 개인의 심정(sentiment)에 깊숙이 묻혀 있는 핵심적인 측면으로 구성되어 있다.

2) 성격의 구성요소

일반인들은 자신과 타인의 성격을 기술할 때 외향적, 신경질적, 따뜻한, 소심한 등 형용사를 사용한다. 이러한 것은 모두 사람들의 성격 특질을 나타내는 말이다. 성격특질은 한 개인이 꽤 지속적이고 안정적으로 보이는 자기 나름의 독특한 사고, 감정, 그리고 행동 방식이라고 할 수 있다(Allport, 1937). 영어의 경우 17,000개 이상의 성격 특질을 나타내는 형용사가 있는데, 이것을 크게 성격 5요인(big five)으로 묶을 수 있다. 이 다섯 가지 요소를 OCEAN모델이라고 불리며, 개방성(openness to experience), 성실성(conscientiousness), 외향성(extraversion), 친화성(agreeableness), 신경증(neuroticism) 등이다.

개방성(openness to experience)

개방성은 새로운 경험에 대한 개방성과 호기심을 의미한다. 높은 개방성을 가진 사람은 창의적이고 상상력이 풍부하며 다양한 관심사를 가질 수 있다. 반면 낮은 개방성을 가진 사람은 보수적이고 전통적인 가치를 선호할 수 있다. 예를 들어 예술, 여행, 다양한 음식을 시도하는 것에 열정을 가진 사람은 개방성이 높다고 설명한다.

성실성(conscientiousness)

성실성이란 목표의 성취를 추구하는 성향이다. 성실성이 높으면 자신의 목표를 달성하기 위해 충동을 억제하고 체계적으로 행동을 조절하고 관리한다. 즉, 자기 통제, 목표 지향성, 조직력, 규칙 준수 등이 나타나며, 책임감이 강하고, 계획적이며, 업무에 대한 집중력이 높다. 반면 낮은 성실성의 사람은 종종 자유분방하거나 조직화된 방식으로 일을 하지 않는다. 예컨대, 매일 체크리스트를 만들고 일과를 철저하게 계획하는 사람은 성실성이 높다고 이해한다.

외향성(extraversion)

에너지 원천이 외부에 있으며 빠르게 결정하고 행동하는 성향이다. 외향성이 높은 사람은 강렬하고 빈번한 상호작용을 선호하며 에너지가 넘치고 낙관적이다. 활동적이고 사교적이며 주변과의 인간관계를 중요시한다. 대화를 즐기고 주도적으로 행동하며, 새로운 사람들과의 만남을 즐기는 경향이 있습니다. 반면 내향적인 사람들은 혼자 있는 시간을 선호하고 상대적으로 조용하고 내성적이다. 가령 파티나 모임에서 주도적으로 대화를 이끌고 새로운 사람들을 만나는 것을 좋아하는 사람은 외향성이 높은 것이다.

친화성(agreeableness)

친화성은 사회적 조화와 타인의 공동체적 관계를 추구하는 성향이다. 친화성이 높은 사람은 다른 사람을 공감하고 배려하며 비이기적으로 행동한다. 다른 사람과의 협동성, 이타심, 관용, 상호 이해 등이 나타나며 갈등을 회피하려는 경향이 있다. 팀 활동에 잘 적응할 수 있다. 반면 친화성이 낮은 사람은 경쟁적이고 비판적일 수 있다. 예컨대, 다른 사람의 의견을 잘 듣고 도울 준비가 되어 있는 사람은 친화성이 높다고 설명한다.

신경증(neuroticism)

신경증은 불안, 우울, 긴장, 취약성 같은 불쾌한 정서를 쉽게 느끼는 성향이다. 신경증이 높으면 정서적 스트레스, 비현실적 생각 그리고 부적절한 충동을 경험한다. 신경성이 낮은 사람들은 직장 생활에서 스트레스와 긴장 상태를 잘 극복하고 차분하게 다른 사람과 상호작용을 하며, 갈등을 심화하지 않는다. 반면 신경성이 높은 사람은 스트레스를 받기 쉽고 감정적으로 불안정할 수 있다. 예를 들어, 비평을 받았을 때 쉽게 화를 내거나 불안해하는 사람은 신경성이 높다고 할 수 있다.

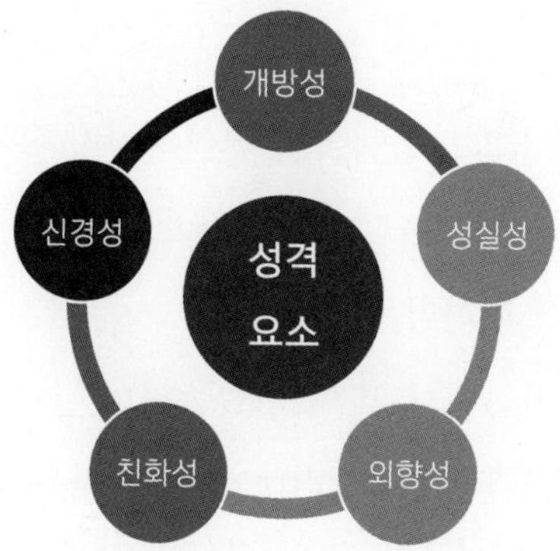

<그림 4-4> 올포트의 OCEAN모델

3) 성격유형

사람의 성격 또는 품성이 어떻게 결정되느냐 하는 것은 고대부터 현대에 이르기 가지 동서양을 막론하고 다양하게 전개되어 왔다. 각 개인의 성격을 결정하는 데에는 선천적·후천적(nature-nurture) 또는 유전적(본성)·환경적(양육 또는 교육) 요인이 함께 작용하고 있다는 사실은 공통적인 의견이다. 다만 어떤 요인이 더 많이 작용하느냐에 있어서는 학자들 간에 주장이 각기 상이하다.

성격은 염색체와 같은 유전적인 것과 생화학적인 특징 등과 같은 생리적인 것에 따라서 결정되기도 하나, 개인의 성장과 발달과정에서 경험하는 학습에 따라서 크게 달라지기도 한다. 성격은 비교적 안정되고 지속적인 특징을 지니고 있으나 발달 단계에 따라서 또는 새로운 학습에 따라서 변화된다고 보는 경향이 강하다(채성준, 2020).

이재마의 사상체질

성격의 유전적 요인은 흔히 타고난 기질적 특성으로 개인의 성격이 유전체에 의해 결정되며 부모로부터 자녀에게 전달되는 유전자에 의해 결정되는 것을 의미한다.

조선 후기 의학자이자 유학자인 이제마는 인간은 태어날 때부터 사람의 마음과 몸의 체질적 특성에 따라 태양인, 태음인, 소양인, 소음인으로 구분하는 사상체질을 제시하였다.

첫째, 태양인은 리더십이 강하며 집단의 우두머리 성격이 강하고 적극적이며 결단력이 빠르며, 남의 말을 귀담아듣지 않고 계획적이지 못하다. 대인관계에 적극적이며 자신의 성격을 잘 드러낸다.

둘째, 태음인은 정직함이 강하고 도전적이지 진취적이지 못한다. 행동이 올곧아 믿음직스러우나 보수적인 성향이 강해서 변화를 싫어하며 새로운 것을 시작하는 데 부정적이다. 하지만 일단 시작하면 끝까지 가는 노력파가 많다.

셋째, 소양인은 적극적이고 민첩해서 일 처리에 능하다. 솔직담백한 성격에 다정다감한 면이 많아서 주위 사람들에게 인기가 많다. 그러나 자신의 것을 잘 챙기지 못하고 대외적 활동에 열성적이나 집안의 일에는 소홀한 면이 있다. 또한 시작은 빠르나 쉽게 포기하는 경향이 강하다.

넷째, 소음인은 성격적으로 말수가 적은 편으로 내성적이고 수줍음이 많아서 표현을 많이 하지 않는다. 자신의 성격을 잘 드러내지 않지만 질투심이 강한 편이고 매사를 꼼꼼하게 확인하는 성향이 강한 체질이다.

토마스와 체스(Thomas & Chess)의 기질유형

미국의 정신과 의사인 토마스와 체스(Thomas & Chess, 1957)는 1956년부터 뉴욕종단연구를 통해 기질을 구성하는 아홉 가지 요소, 즉 활동수준, 규칙성, 접근·회피, 적응성, 산만성, 지속성, 기분, 반응강도, 반응역치 등을 바탕으로 기질의 유형을 까다로운 기질, 순한 기질, 느린 기질로 분류하였다. 순한 기질이 40%, 까다로운 기질은 10%, 느린 기질은 15%로 나타났으며, 35% 정도는 어느 유형에도 포함되지 않았다.

순한 기질 아이(easy child)는 대부분 차분하고 긍정적인 기분을 가지고 있다. 충분한 수면으로도 행복해하며, 혼자서도 장난감을 갖고 잘 놀며 낯선 사람에게 쉽게 적응한다. 규칙적인 일과를 형성하고 새로운 경험에 쉽게 적응한다. 자신의 욕구를 표현하지 못하는 경향이 있으므로, 감정 상태를 물어보고 솔직하게 표현하도록 연습해 보는 것이 좋다.

까다로운 기질 아이(difficult child)는 생리적 기능이 불규칙하고 환경 변화에 적응이 느리다. 수면과 식사의 일과가 규칙적이지 않으며, 낯선 사람에 대해 거부와 의심을 보인다. 음식습관도 까다롭고, 욕구 좌절에 부정적인 기분을 강하게 나타낸다. 규칙적인 일과보다는 정서 상태에 따라 융통성 있게 생활할 수 있도록 지원해 주는 것이 좋다.

느린 기질 아이(Slow-to-warm-up child)은 새로운 자극에 회피적이고 적응 속도가 느리다. 활동 수준이 적고 반응 강도가 약하며, 낯선 사람이나 사물에 대해 부정적인 반응을 보인다. 일상생활 규칙성은 순한 기질보다는 규칙적이지만 까다로운 기질보다는 불규칙적이다. 느리다고 재촉하지 말고, 충분한 시간을 가지고 기다려주면 차츰 관심을 보이며 적응해 갈 수 있다.

기질은 좋고 나쁨이 없으며, 적절한 양육과 지원이 필요하며 주양육자는 아이의 기질적 특성을 고려하여 융통성 있게 지원하면 보다 건강한 성격을 형성할 수 있다.

<표 4-3> 기질을 구성하는 아홉 가지 요소

관찰 요소	내용
활동성	• 신체적 에너지 • 활동 많은가? 얼마나 움직이는가?
규칙성	• 예측 가능성 • 먹고 자는 패턴이 규칙적인가?
접근과 회피	• 초기 반응 • 새로운 환경, 장소, 사람에 얼마나 접근하고 관심을 가지는가?
적응성	• 변화 적응 시간 • 새로운 환경이나 활동에 얼마나 빨리 적응하는가?
반응강도	• 긍정적 부정적인 상황에 얼마나 빨리 반응하는가?
반응역치	• 큰소리에 얼마나 반응하는가? • 혼자서 잘 자는가, 음식은 잘 먹는가?
기분의 질	• 태도의 경향 • 긍정, 부정 정서를 얼마나 크게 표현하는가?
주의산만	• 외부적 관심 • 다른 자극이 오면 주의가 잘 분산되는가?
주의력	• 인내, 몰두 • 한 가지 놀이를 끈기있게 지속하는가?

출처: Thomas & Chess, 1957.

김종운·박성실의 RODE 유형

김종운 외(2010)는 효과적인 인관관계를 나의 욕구와 상대방의 욕구가 무엇인지 관심을 갖고 나의 욕구와 상대방의 욕구가 잘 충족될 수 있도록 유연성을 발휘하는 것을 강조했다. 따라서 자신과 타인의 성격을 적절하게 파악하기 위해서는 인간의 욕구를 분석하는 것이 중요하며, 욕구를 토대로 RODE 성격유형을 구분하였다

■ R: 주의 깊게 생각하고 다른 사람을 배려하는 친화형

당신은 상냥한 태도를 취하고 정이 담긴 대화를 하는 능력이 있기 때문에 처음 보는 사람이라도 쉽게 다가갈 수 있고 편안하게 느낄 수 있다. 또한 상대방의 이야기를 경청하고 잘 공감해 주기 때문에 대인관계의 폭이 넓으며, 주변에서 편안하게 고민을 상담할 수 있는 사람으로 인식하고 있을 가능성이 크다. 타인에게 온화하고 관대하기 때문에 의견 대립이 거의 없는 당신은 누구에게나 친근한 모습으로 인정받는다.

그러나 이렇게 부드럽고 편안한 이미지를 가지고 있는 당신은 다른 사람의 부탁에 주의를 기울여야 한다. 왜냐하면 주변 분위기나 다른 사람의 기분 변화에 예민한 당신은 다른 사람으로부터 부탁을 받게 되면 거절을 잘 하지 못하는 경향이 있기 때문이다. 당장의 상황 때문에 무리한 부탁을 받아들이게 되면 결과적으로 우유부단하거나 무책임한 사람으로 비춰질 수 있다. 따라서 공적인 상황과 사적인 상황을 잘 구별하여 때에 맞는 단호함과 온화함을 발휘할 필요가 있다.

■ O: 어느 곳에서나 주목받는 분위기 메이커인 개방형

당신은 새로운 곳이나 사람들과도 즐겁게 대화를 하면서 흥을 돋우기 때문에 다른 사람들에게 밝고 쾌활하다는 인상을 주게 되고 친구도 많은 편이다. 또한 미래 지향적인 사고를 가지고 남들이 해내지 못한 창의적인 사고를 많이 하고 주변 사람들에게 행복의 에너지를 뿌려줄 수 있는 사람이다. 당신은 호기심이 많고 자신에 대해 다른 사람들과 공유하기를 바란다.

그러나 당신은 행복 에너지를 조절할 필요가 있다. 도를 넘어선 에너지 발산으로 자신감이 자만으로 보인다거나 말실수를 할 수 있기 때문이다. 또한 반대되는 성격의 사람을 만났을 때 당신의 밝음이 상대에게 부담으로 작용하여 당신의 호의가 반감으로 돌아오게 될 수도 있다. 상황과 상대에 따라 수위를 조절하여 당신의 밝음을 보여줄 수 있는 정서적 조절 능력이 필요하다.

■ D: 독립심이 강하며 계획적인 주도형

당신은 다른 사람들에게 끌려가기보다는 자신이 주도해서 일을 이끌어가는 편이다. 따라서 어떤 모임에서 카리스마 있는 리더십을 발휘하는 경우가 많다. 또한 이상적인 것보다 현실적인 것을 선호하기 때문에 의사결정이 신속하고 한 번 결정을 내리면 강한 추진력을 밀고 나가는 편이다.

그러나 과정보다는 결과를 중시하는 성향 때문에 주변에서 당신을 냉정하고 사무적인 사람이라고 생각할 수도 있다. 당신과 다른 유형의 사람들이 답답해 보이더라도 포옹하고 인정하는 마음가짐을 가진다면 어떤 곳에서나 최고의 리더로 인정받을 수 있을 것이다.

■ E: 약속을 중히 여기고 잘 지키는 평가형

당신은 숫자나 정보를 이행해서 이야기하는 것이 익숙하기 때문에 주변 사람들에게 신뢰받고 있다. 또한 방법이나 과정을 중시하고 늘 배우려는 자세를 보여 겸손한 사람으로 인정받고 있을 것이다. 정보를 분리하는 능력이 뛰어나고 현상을 관찰하고 분석하는 것을 즐기기 때문에 누구보다 객관적인 판단을 할 수 있다.

그러나 과거의 경험이나 성과를 중요시하는 성격을 주의해야 할 필요가 있다. 믿을 만한 정보를 얻을 때까지는 결정을 하지 않는 성향 때문에 사람들이 답답하고 고지식하게 느낄 수도 있다.

4) 건강한 성격의 특징

성격은 각자를 독특하게 만들며, 일상생활과 대인 관계에서 어떻게 행동할지를 결정짓는 중요한 요소다. 이 장에서는 네 가지 저명한 이론을 통해 건강한 성격의 개념을 탐구하고자 한다. 올포트의 이론은 성숙함을, 로저스는 진정한 자신의 감정과 생각을 이해하고 수용하는 능력을, 프롬은 창의성과 사랑의 중요성을, 매슬로우는 개인의 잠재력을 최대한 발현하는 것을 각각 건강한 성격의 지표로 본다. 이 다양한 관점을 통해 성격 발달의 핵심 요소를 살펴보고, 그것이 개인의 성장과 행복에 어떻게 기여할 수 있는지를 이해하는 데 깊이 있게 다가설 것이다.

성숙한 사람: 올포트(Allport)의 특질이론

일반적으로 성격이라는 말을 사용할 때 전형적으로 마음에 떠오르는 것이 특질(trait)이다. 예를 들어, 한 친구의 성격에 대해 설명해 달라고 부탁했을 때 많은 학생은 상냥하고, 친절하고, 게으르고, 변덕스럽고, 수줍음을 잘 탄다 등의 이야기를 하게 된다. 이렇듯 우리 자신과 타인을 묘사할 때 시간의 변화나 상황의 다양성과는 상관없이 개인이 가진 안정적인 특성들을 이야기하게 된다. 달리 말하면, 사람들은 성격을 기술할 때 영속적인 자질이나 특성을 확인하려고 한다.

성격 연구에서 '특질'이라는 개념은 사람들이 일상에서 보여주는 행동, 감정, 사고의 일관된 패턴을 말한다. 이런 패턴은 상황에 따라 변하는 것이 아니라 개인의 내면적 특성에서 비롯된다. 즉, 어떤 사람이 어떻게 행동할지 예측하고 싶을 때, 우리는 그 사람의 성격 특질을 살펴봄으로써 좀 더 정확한 예상을 할 수 있다. 이처럼 성격을 개인의 고유한 특질이나 생물학적 요소로 설명하는 관점을 '성향적 관점'이라고 한다, 이 관점은 우리가 각자 타고난 성향이나 본성에 따라 행동한다는 생각을 바탕으로 하며, 한 사람의 성격을 이해하려면 그 사람 안에 내재된 고유한 특성을 봐야 한다고 강조한다.

이 같은 관점을 가지고 있는 올포트의 특질이론에 따르면, 성격이란 개인의 특유한 행동과 사고를 결정하는 개인 내의 역동적 조직으로 정의내렸다(Allport, 1961). 즉 성격은 계속 변화하고 성장하는 조직이며, 정신(심리)과 신체의 결합에 따른 상용작용이란 것이다. 또한 성격의 모든 측면은 구체적 행동과 생각의 방향을 잡아주며, 개인의 성격은 독특하다는 의미가 내포되어 있다.

■ 특질(trait)

올포트 이론의 핵심 개념은 '특질'이다. 특질이란 다양한 종류의 자극에 같거나 유사한 방식으로 반응할 경향 혹은 사전성향(predisposition)이라고 정의했다. 특질은 환경의 자극측면에 반응하는 일관적이며 지속적인 방식이다. 성격 특질의 특성을 다음과 같다.

첫째, 특질은 실제적이다. 개인 안에 실제로 존재한다.

둘째, 특질은 행동을 결정하거나 혹은 행동의 원인이 된다.

셋째, 특질은 경험적으로 증명될 수 있다. 특질은 실제적이기 때문에 눈으로 보이지 않을

지라도 그들의 존재와 본질을 입증하는 것이 가능하다.

넷째, 특질은 서로 관련되고 중복될 수 있다. 특질이 서로 다른 특성을 나타내지만 서로 밀접한 관계가 있다.

다섯째, 특질은 상황에 따라 변한다.

■ 건강한 성격 특징

올포트는 성숙하고 정서적으로 건강한 성인의 성격은 다음과 같다고 제시한다.

첫째, 성숙한 성인은 자기 외의 사람 및 활동에 자아감을 확장한다.

둘째, 성숙한 성인은 친밀감, 애정, 인내를 보이면서 타인과 따뜻하게 관계한다.

셋째, 성숙한 성인은 자기 수용을 보이고 정서적 안전감을 가진다.

넷째, 성숙한 성인은 현실적 지각을 보이고, 하는 일에 매진한다.

다섯째, 성숙한 성인은 자기에 대한 이해와 통찰로 유머감각 및 자기 객관화를 보인다.

여섯째, 성숙한 성인은 미래 목표로 성격을 지향하게 하는 통합된 철학이 있다.

충분히 기능을 발휘하는 사람: 로저스의 현상학이론

로저스(Rogers, 1961)는 각자가 일상에서 겪는 일들을 개인적으로 어떻게 느끼고 해석하는지가 중요하다고 강조하였다. 인간이 경험하는 것들은 각자만의 방식으로 보고 판단하기 때문에, 각자의 경험은 다르며, 이런 경험이 인간의 행동에 큰 영향을 주기 때문이다. 그는 누구도 다른 사람의 마음을 완전히 이해할 수 없다고 판단하였고, 그렇기 때문에 결국 각자가 자기 자신에 대해 가장 잘 알고 있다고 주장하였다. 그의 이론에서는 '객관적인 현실'보다는 '주관적인 현실', 즉 인간 개개인이 느끼고 경험하는 세계가 중요하다고 언급하였다.

또한 로저스는 모든 사람이 가지고 있는 성장의 욕구, 즉 자기 실현을 성취하려는 원동력을 강조하였다. 즉, 인간은 모두가 태어날 때부터 자신의 잠재력을 발휘하고자 하는 기본적인 욕구가 있다. 삶을 통해 이런 성장의 욕구를 이뤄 가려고 계속해서 노력하며, 이 과정에서 자신이 무엇을 추구하고, 어떤 사람이 되고 싶은지에 대한 내부적인 목소리에 귀를 기울이는 것이 중요하다.

■ 가치의 조건(condition of worth)

가치의 조건(condition of worth)이란 개인이 자신을 가치 있다고 느끼기 위해 충족해야 한다고 여겨지는 외부적인 기준이나 기대를 말한다. 아이들은 부모를 통해 가치 있는 인간으로 인정되고 싶다면 적어도 이 정도는 만족시켜야 한다는 보이지 않는 조건들이 있다는 것을 알게 된다는 것이다. 그리고 이러한 조건을 따라 살다 보면 진짜 자기와 경험 사이의 불일치가 발생한다. 예를 들면, 어린이가 부모로부터 "공부를 잘해야만 좋은 아이라고 생각해 줄게"라는 메시지를 받았다고 가정해 보자. 이 아이는 공부를 잘하는 것을 자신의 가치를 증명하는 수단으로 보게 되고, 성공적인 성적은 부모의 사랑과 승인을 받는 방법이 된다. 즉, 이 아이는 성공적인 학업 성취 없이는 충분히 가치 있는 존재라고 느끼기 어렵게 된다. 이와 같은 상황에서 아이는 자신이 진짜 원하는 것보다는 부모의 기대를 만족하는 데에 더 중점을 두게 된다. 따라서 아이는 본래의 흥미나 열정, 자신이 진정으로 중요하다고 믿는 가치와 상관없이 학업 성취에만 집중하게 된다. 이러한 조건화는 자신의 내면적 가치와 다른 외부적 기준 사이에 갈등을 만들어 내고, 아이가 '진짜 자기 자신'이 아닌 '타인이 바라는 자기'를 되도록 노력하게 만든다. 결국, 아이는 잘못된 신댁을 하기니 성적이 떨어졌을 때, 큰 불안과 두려움을 겪게 될 수 있다. 더 나아가 자신이 가치가 없는 존재라고 느끼게 만들고, 어른이 되어서도 이러한 가치의 조건은 깊은 자기 의심과 자아존중감 저하를 가져올 수 있다(Rogers, 1961).

■ 건강한 성격 특징

로저스는 자신의 자아를 완전히 자각하는 사람을 충분히 기능하는 사람 혹은 완전하게 기능하는 사람으로 표현하였다. '충분히 기능하는 사람(the fully functioning person)'은 심리적으로 성숙하며, 경험에 완전히 개방되어 있고, 계속적으로 변화하는 사람으로 과정 중에 있는 사람이다. 로저스가 제안했던 충분히 기능하는 사람의 몇 가지 특성은 다음과 같다(Rogers, 1961).

첫째, 경험에 개방적이다. 가치의 조건에 구애받지 않고 모든 감정과 태도를 자유롭게 경험한다. 위협받는 것이 전혀 없으므로 방어해야 하는 것도 전혀 없다. 긍정적, 부정적 정서들을 폭넓게 받아들인다.

둘째, 실존적 삶, 즉 매 순간에 충실한 삶을 영위한다. 매순간의 경험을 새롭고 신선하게 느낀다.

셋째, 자신의 유기체를 신뢰한다. 자신을 신뢰하기 때문에 자신이 옳다고 느끼는 대로 행동하며, 그것이 이성적이거나 지적인 요소들을 보다 더 믿을 만하다고 생각한다. 결정에 도달하는 데 사용된 자료가 왜곡되지 않고 정확하므로 그들 스스로를 신뢰한다.

넷째, 창조적이다. 모든 영역에서 창의적인 소신과 삶으로 스스로 표현한다. 문화에 단순히 적응하는 것이 아니라 자신이 원하는 방식으로, 그리고 자신만의 독특한 방식으로 살아간다.

다섯째, 제약 혹은 억제 없이 선택의 자유를 가진다. 선택과 행동에서 자유롭다. 외적인 압력이나 강압으로부터도, 그리고 자신의 내적인(혹은 잠재적인) 긴장이나 근심으로부터도 자유롭다.

여섯째, 어려움에 직면할 수 있다. 위험이나 위기를 회피하지 않고, 문제를 직면하여 해결방법을 모색한다.

생산적인 사람: 프롬의 성격유형

프롬(Fromm, 1941)은 성격의 개인차가 사회적 과정에 기인한다고 보았다. 프롬은 인간이 본능적인 생물학적 요인에 의해서만 영향을 받는다는 프로이트의 견해에 찬성하지 않았다. 프롬은 개인행동이 사회에 의해 형성된다는 관점에서 인간의 성격이 생물학적 요인뿐 아니라, 사회적이며 문화적 요인에 의해 영향을 받는다고 주장하였다. 그는 현대인의 고독, 소외감, 무가치함에 관심을 두었다. 그는 수많은 사회제도로부터 많은 자유를 얻었음에도 불구하고, 역설적으로 인간의 고독감과 소외감은 더욱 심해졌다고 생각하였다. 너무나 많은 자유가 또 다른 덫이 되어서 벗어나고자 하는 부정적 조건이 되어 버렸다고 프롬은 주장하였다.

인간은 보편적으로 안전을 얻고 고독을 도피하려는 추동과 자유를 추구하고자 하는 창조를 위한 추동을 가진다. 인간의 모든 갈망은 두 가지 추동의 대립에 의해 결정된다. 이러한 대립은 인간의 여섯 가지 기본적 심리적 욕구로 나타난다.

■ 심리적 기본 욕구

첫째, 관계성의 욕구다. 이는 다른 사람과 관계를 형성하고, 타인의 안녕에 관심을 갖고자 하는 욕구다. 관계성 욕구의 실패로 자기애(narcissism)가 나타난다. 자기애를 가진 개인은 객관적으로 세계를 지각하지 못한다. 자기애에 빠진 사람의 현실은 자기의 생각, 감정, 욕구에 대한 주관적 세계다. 예를 들면, 친구들과 함께 웃고 이야기하는 것 같은 경험을 통해 인간은 연결되어 있음을 느낀다.

둘째, 초월에 대한 욕구다. 초월은 상상력과 사고력을 이용하여 창의적인 활동을 하고자 하는 욕구다. 이 욕구가 좌절되면 파괴적으로 된다.

셋째 소속감에 대한 욕구다. 소속감은 가족, 집단 혹은 지역사회에의 유대관계를 배양하고자 하는 욕구다. 개인은 혈연관계를 통해 가장 만족스러운 소속감을 갖게 된다.

넷째, 정체감에 대한 욕구다. 정체감은 자신만의 독특한 자질과 능력을 개발하고자 하는 욕구다. 동조(conformity)는 정체감 욕구를 만족하는 건전한 방법이 아니라고 지적한다. 왜냐하면 개인이 자기의 특성보다 집단의 특성을 따르는 동조에 의해 정체감을 형성하기 때문이다. 그러므로 이러한 자아는 진짜 자아가 아니다.

다섯째, 지향틀에 대한 욕구다. 지향틀이란 자신의 경험을 조직화하고 자신이 전념할 수 있는 의미 있는 대상이나 목표를 찾기 위해 일관된 관점을 발달하고자 하는 욕구다. 즉, 사람은 자기 인생에 목표와 의미를 부여하고 싶어 하며 주로 종교적 믿음이나 삶의 목표 등을 통해 이 욕구를 충족할 수 있다.

여섯째, 흥분과 자극의 욕구다. 이는 개인이 일상생활의 요구에 적응할 최고의 민감성과 에너지를 유지할 수 있도록 자극하는 환경에 대한 욕구다. 인간의 뇌는 최적 수행을 유지하기 위해 어떤 수준의 자극을 요구한다. 그러한 흥분이 없다면, 개인은 일상생활을 유지하기 어려울 것이다.

■ 건강한 성격 특징

첫째, 생산지향이다. 생산적 성격을 지닌 사람은 자신과 타인을 있는 그대로 존중한다. 외부 환경과의 교류 시에도 정확한 지각 능력을 바탕으로 주변 환경을 왜곡하지 않는다. 또한 지각된 내용에 자신의 창의력을 덧붙여 풍요롭게 만든다. 반면 비생산 성격유형은 수용지향, 착취지향, 저장지향, 시장지향 등이 있다. 수용지향은 자신이 원하는 사랑, 지식, 만족 등을 타인에게서 얻기를 기대한다. 사랑하기보다는 사랑받기를 원하며 다른 사람에게 매우 의존적이며, 홀로 있을 때에는 무력감을 느낀다. 외부적인 지원이 없이는 아주 작은 일도 할 수 없다. 착취지향적인 사람은 타인이 갖고 있는 가치 있는 것을 힘 혹은 책략으로 탈취한다. 저장지향적인 사람은 자신이 저장하여 자기수중에 가지고 있는 것에 안전을 느낀다. 이러한 구두쇠 행동은 돈과 물질 소유뿐만 아니라 정서적인 측면에서도 자신의 둘레에 장벽을 쌓고 자신을 보호한다. 시장지향적 성격유형은 현대 자본주의 사회에서 확인되는 유형으로 개인의 성공 혹은 실패는 자신을 얼마나 잘 파는가에 의존한다. 개인의 성격은 단순히 팔려는 상품이 된다. 그러므로 중요하게 여겨지는 것은 개인의 내적 특성과 능력보다 겉으로 포장된 모습이 중요한 것이다.

둘째, 삶을 지향한다. 이러한 사람은 삶 자체에 사랑이 있으며 성장, 창조, 건설에 매력을 느낀다. 또한 힘에 의해서가 아니라 사랑, 이성, 솔선수범에 의해 타인에게 영향을 주려고 한다. 삶 지향적인 사람들은 자기와 타인의 발달에 관심을 가지며 그들의 견해는 미래 지향적이다. 반면 죽음을 지향하는 성격은 죽음에 매력을 느끼는 비생산적 지향성이다. 이런 성격을 가진 사람은 병, 죽음, 시체, 매장 등에 얘기할 때 행복을 느끼며 과거에 집착하고 냉정하다.

셋째, 실존을 지향한다. 있는 그대로의 자신에 의해 자기를 정의하고 타인과 비교한 가치보다 자기 내부에서 비롯된 가치를 존중한다. 이러한 사람은 타인과 협동적이고, 사랑하며, 생산적으로 삶을 살아간다. 또한 타인과의 공유가 자신의 삶을 즐겁게 한다고 생각한다. 반면 소유를 지향하는 지배적인 사람은 자신의 의미를 그가 가진 소유물에 의해 정의한다. 이러한 사람은 자신이 가진 것과 소비하는 것이 자기라고 생각한다. 즉, 자신의 소유물이 자신과 자기 정체감을 구성한다고 믿는다. 이러한 유형의 사람은 매우 경쟁적이고 고립적이며 자신의 소유가 타인의 것과 비교하여 얼마나 좋고 많은가에 가치를 둔다.

자아실현의 사람: 매슬로우의 욕구위계이론

매슬로우(Maslow, 1945)는 인간은 자신의 잠재력을 발달, 성장하고, 완성할 수 있는 본능적 욕구를 가지고 태어난다고 보았다. 매슬로우는 인간이 균형을 유지하거나 좌절을 회피하는 것에만 관심이 있다기보다는 성장에 더 많은 관심이 있다고 생각했다. 그는 인간을 거의 항상 뭔가를 갈망하는 '소망을 갖는 동물'이라고 묘사하였다. 매슬로우는 욕구위계를 제시하였다. 실제로 욕구위계에 따라 인간은 하나의 욕구가 충족되면, 곧이어 다른 욕구가 발생하고, 그것을 충족하려고 한다. 인간은 생존적 경향(기본적 욕구)과 실현적 경향(성장욕구)을 가지는 데 생존적 경향은 생존을 유지하는 경향이다. 충족되지 않을 경우 신경증이 유발된다. 여기에 생리적 욕구, 안전 욕구, 소속과 애정 욕구, 자기존중의 욕구가 포함된다. 실현적 경향은 잠재능력, 재능을 발휘하려는 경향이다. 생존적 경향이 충족되었을 때 발현된다. 자기실현 욕구만 포함된다.

■ 욕구의 다섯 단계

첫째, 생리적 욕구는 먹고, 자고, 종족을 보존하는 욕구 등 최하위 단계의 욕구다. 예를 들어, 음식물, 물, 산소, 잠, 성, 추위나 더위로부터의 보호, 휴식, 건강 등이 있다. 가장 기본적이고 강하며 분명한 욕구이며, 생물학적 유지와 직접적으로 관련된다. 다음 단계의 욕구를 충족하기 전에 생리적 욕구가 충족되어야 한다.

둘째, 안전의 욕구는 확실하고, 조직화되고, 예측 가능한 환경에서 생활하고자 하는 욕구다. 성인에 대한 아동의 의존, 재정적 안정, 종교, 의식주를 해결할 수 있는 직업, 저축, 보험가입, 철학 등은 안전의 욕구와 관련된다. 사회의 법, 질서, 권위에 대한 위협이 있을 때 절박해지며, 안전하지 못하면 불안과 누려움을 느낀다.

셋째, 애정과 소속의 욕구다. 타인과 애정적인 관계를 형성하고 가족이나 집단에 소속되고 싶은 욕구다. 사랑을 받는 것뿐만 아니라 주는 것까지 포함한다.

넷째, 존경의 욕구다. 이 욕구에는 자기로부터의 존중과 다른 사람으로부터의 존경받고 싶은 욕구로 나누어지며, 전자는 능력, 신뢰감, 개인의 힘, 적합성, 성취, 독립, 자유 등이 있으며, 후자는 명성, 수용, 주목, 평판, 영광과 명예 등을 예로 들 수 있다. 매슬로우에 의하면, 타인으로부터 받는 존경보다 자신에 대한 자아존중 욕구가 더 중요하다고 보았다.

다섯째, 자기실현의 욕구다. 자기실현은 자신의 잠재력을 최대한 발휘하여 자기가 원하는 사람이 되는 것이다. 자기실현 욕구의 구체적 형태는 작가, 화가, 운동선수, 교수, 사업가 등 사람마다 다르게 나타난다.

■ 건강한 성격 특징

매슬로우는 인간행동을 이해하기 위해서는 심리적으로 건강한 사람을 대상으로 강점, 장점, 잠재능력 등과 같이 긍정적이고 건설적인 측면을 연구해야 한다고 보았다. 심리적으로 건강한 사람은 상위의 욕구까지 충족하며 살아가는 사람이다. 누구에게나 존재하는 욕구지만 극소수의 사람만이 충족하게 되므로 최상위 욕구인 자기실현의 욕구까지 삶에서 충족하며 살아가는 사람이 누구보다 건강하게 살아가는 사람으로 보았고, 이를 '자기실현자'라고 일컬었다. 자기실현자의 특징은 다음과 같다.

첫째, 현실을 정확하게 지각하며 타인과 편안한 관계를 맺는다. 그들 주변에 있는 물체와 사람들을 객관적으로 지각하며, 세계를 단지 자기들이 원하거나 또는 필요한 방식으로 생각하지 않고 있는 그대로 본다.

둘째, 불만 없이 자신의 본성과 타인, 자연을 수용한다. 자신은 물론 그들이 알고 있는 사람들의 결점 및 모든 인류의 결점에 대해 관대하다.

셋째, 삶의 모든 측면에서 솔직하여 자기의 정서를 숨기지 않고 솔직하게 표현한다.

넷째, 자기 자신 이외의 어떤 일에 대하여 책임감을 가지며, 문제를 적극적으로 해결한다.

다섯째, 타인에게 의존하거나 매달리지 않고 독립적으로 생활할 수 있다.

5) 건강한 성격 형성을 위한 노력

성격은 우리 삶에 끊임없이 영향을 미치는 중요한 요소로, 건강하고 조화로운 성격을 형성하는 것은 개인적 행복과 사회적 성공을 위한 기초가 된다. 그런데 '건강한 성격'이란 구체적으로 무엇을 의미하며, 우리는 어떻게 이를 발달할 수 있을까? 이 본문에서는 자기 자신을 있는 모습 그대로 수용하기, 자아를 객관적으로 바라보는 능력 함양, 사고의 유연성 강화, 사회와 타인에 대한 관심을 어떻게 확대할지를 탐구한다. 이러한 노력은 개인이 더 건강하고 활동적인 성격을 함양하도록 돕고, 인생의 다양한 상황에 대응하는 역량을 기르는 데 기여할 것이다.

자기 자신을 있는 모습 그대로 수용하기

인간은 완벽할 수 없기 때문에 부족한 점은 누구에게나 있다. 이것을 온전히 수용하느냐가 자기수용이다. 즉, 자신의 장점과 단점을 있는 그대로를 받아들이고 수용하는 것이다. 다시 말해 자기수용 능력이 있는 사람들은 자신의 장점만을 받아들이려 하지 않고 단점에 대해서 스스로를 무능력하다고 생각하지 않는다. 건강한 성격을 가지기 위해 자기 자신을 그대로 만족스럽게 받아들이고 인정하는 것은 중요하다. 자기의 특정 부분을 미워하고 부인하는 것이 아니라 순간순간의 생각과 행동을 있는 그대로를 인정하고 수용하는 것이다. 그리고 자신의 부족한 점을 받아들이고 그것을 개선하기 위해 노력하는 데 에너지를 사용한다. 실수와 부족함을 배움의 기회로 삼는다.

다시 말해, 열등감을 연약한 인간에 자연이 준 축복이라고 여기며 열등상황을 극복하여 우월의 상황으로 밀고 나아가게 하는 자극제 또는 촉진제로서 역할을 하도록 한다(Adler, 1927). 어린 시절 불우한 환경이나 가난이 자신의 잘못이 아닌데도 남들과 끊임없이 비교하면서 자신의 행복을 무너뜨리기도 한다. 자기수용이 높은 사람은 자신의 한계를 인정하고 자신의 능력 내에서 최선을 다하려고 자신뿐만 아니라 상대방까지 수용할 수 있게 된다. 반면, 자기수용이 낮은 사람은 보기 싫은 부분을 감추려고 하고 은폐하려 한다. 따라서 가식적인 행동을 하게 되고 자신을 추정하거나 왜곡할 수도 있다. 이뿐만 아니라 인간관계에서도 내면으로 숨어들게 되고 '체'하는 사람이 되거나 현실의 인간관계보다 온라인의 인간관계를 선호하게 된다.

자아를 객관적으로 바라보는 능력 함양

자기객관화란 자신을 외부 관찰자의 시점에서 바라보고 평가하는 경향을 뜻한다. 이는 자신의 외모, 행동, 능력 등을 중점적으로 관찰하고 외부 기준에 따라 자기 가치를 판단하는 과정이다. 일반적으로 객관화는 외부로부터 평가받는 것과 연관되며, 때때로 부정적인 정서적 결과를 낳을 수 있지만, 건설적인 방식으로 활용될 때 긍정적인 기능도 할 수 있다. 자기객관화는 개인이 자신을 중립적인 관점에서 분석하게 함으로써 자기 인식을 향상하는 데 도움을 줄 수 있다. 자신의 강점과 약점을 이해함으로써 목표 설정과 개인적 성장에 도움이 되기 때문이다. 또한 성찰적 사고를 촉진시킬 수 있으며, 이는 자신의 행동과 동기를 더 깊이 이해하고, 이에 따른 위험과 기회를 더 잘 파악하게 한다. 무엇보다 자기 조절 능력을 강화함으로써 개인적 성장과 발전을 도모해야 한다.

사고의 유연성(cognitive flexibility) 강화

사고의 유연성은 개인이 다양한 상황에서 쉽게 생각을 전환하고 여러 관점을 고려할 수 있는 능력을 의미한다. 이는 적응적 사고와 문제 해결에 있어 매우 중요한 역할을 하며, 새로운 정보나 환경 변화에 효율적으로 대응하는 데 기여하는 지적 기능이다.

만약 우리가 넓은 바다에서 배를 움직인다고 생각을 해보자. 우리는 날씨나 바람, 파도의 높이와 같은 다양하고 복잡한 상황 속에서 배가 앞으로 잘 나아갈 수 있게 배를 조작할 것이다. 이러한 상황에서는 정해놓은 법칙은 의미가 없으며, 예기치 못한 상황에서 살아남기 위해서는 '유연'하게 대처를 해야 한다. 사고의 유연성도 바로 그런 의미의 유연성이다. 상황에 따라 달라지는 요구들에 대해서 자기 자신이 가진 생각을 언제나 변화시킬 준비가 되어야만 한다. 어떤 상황에서는 옳은 생각이고 적절한 반응이라 할 지라도 또 다른 상황에서는 그것이 틀릴 수도 있다는 것을 받아 들여야 한다는 것이다. 즉, 내 생각이 옳다면 다른 사람의 생각도 옳다는 것을 받아들일 수 있어야 하며, 내가 가진 단점이 때로는 장점이 될 수도 있고 나의 장점이 때로는 단점이 될 수도 있다는 차이를 인정할 수 있다면 우리는 건강한 성격을 가질 수 있다.

사회와 타인에 대한 관심 확대

아들러(Adler, 1938)는 사회적 관심(social interest)이란 개인이 개인적인 욕구와 욕망을 넘어서 사회와 다른 이들에 대한 관심을 갖는 것이라고 설명하였다. 그는 이 개념을 인간의 본성 중 하나로 보았으며 사회적 관심은 인간이 건강한 정신 상태를 가질 수 있는 중요한 기반으로 간주된다. 예를 들어, 지역 사회의 노인들을 위한 자원봉사 활동에 참가하는 것과 같이, 타인의 필요를 살피고 지원함으로써 사회적 관심을 나타낼 수 있다. 또한 동료나 친구의 어려움이나 삶의 고민을 이해하고 공감하거나 직장이나 동호회 등에서 협력적이고 사회적으로 책임감 있는 행동 역시 사회적 관심으로 볼 수 있다.

사회적 관심을 통해 개인과 사회가 통합되고, 타인과 협력하고 그들을 돕는 행위는 개인에게 긍정적인 자기 가치와 만족감을 제공한다. 그리고 이타적인 행동은 스트레스를 감소하고, 행복과 삶의 목적감을 증가시킨다. 다시 말해, 개인이 사회적 관심을 강화함으로써 보다 충족되고 생산적인 삶을 살 수 있으며 건강한 성격을 형성할 수 있다.

<RODE 검사>

- 다음 문항을 읽고 나에게 해당하는 것에 체크 하시오. 가장 많은 점수를 받은 유형이 나의 성격 유형입니다.

항목	전혀 아니다	대체로 아니다	보통이다	대체로 그렇다	매우 그렇다
1. 어떤 일에 대해서 경우의 수를 많이 생각해 보고 결정하는 편이다.					
2. 상대방이 잘못을 했더라도 그 사람의 입장을 고려해서 행동하려고 한다.					
3. 감정 변화나 분위기 변화에 민감하여 내적으로 갈등을 많이 겪는다.					
4. 친구나 선배의 부탁을 거절하지 못해 일을 떠안은 적이 많다.					
5. 다른 사람으로부터 상냥하다는 말을 듣는 편이다.					
6. 기분이 나쁘면 예민해져서 말이나 행동으로 표현하는 경우가 많기 때문에 조심하는 편이다.					
7. 다른 사람과 의견이 다른 경우에는 다른 사람의 의견을 우선시하는 편이다.					
8. 다른 사람들로부터 우유부단하다는 말을 듣는 편이다.					
9. 말을 하다가 말끝을 흐리는 경우가 많다.					
10. 화가 나더라도 상대방이 상처 받을까봐 먼저 화를 내지 않는 편이다.					
1~10번 점수의 합계					
11. 분위기 메이커라는 말을 많이 듣는다.					
12. 분위기가 가라앉았을 때 분위기를 띄울수 있는 비장의 무기가 많다.					
13. 갑자기 다른 사람들 앞에서 발표를 하게 되었을 때 임기응변을 발휘해 위기를 넘긴 적이 많다.					
14. 다른 사람을 자주 칭찬하는 편이다.					
15. 다른 사람들이 생각하지 못하는 엉뚱한 상상을 많이 한다.					
16. 다른 사람의 한 마디 말이나 태도로 기분이 급격하게 변하는 경우가 많다.					
17. 내가 이야기를 하면 주변 사람들이 재미있어 한다.					
18. 다른 사람들로부터 '솔직한 것 같다'는 말을 많이 듣는다.					
19. 지금 당장 전화를 걸어서 고민을 이야기할 수 있는 친구가 5명 이상 있다.					

20. 기분이 나쁘다가도 칭찬이나 선물을 받으면 기분이 나아지곤 한다.					
11~20번 점수의 합계					
21. 일을 하다 보면 어느새 내가 주도하고 있는 경우가 많다.					
22. 나는 오늘, 내일, 모레 등 가까운 시일 내에 이루어야 할 목표를 가지고 있다.					
23. 공부를 하기 전 '어디까지 해야지'를 먼저 계획하고 하는 편이고, 중도에 포기하는 일이 거의 없다.					
24. 다른 사람으로부터 충고를 받거나 간섭받는 것을 좋아하지 않는다.					
25. 내 일은 내가 가장 잘하며, 스스로의 힘으로도 충분히 할 수 있다고 생각하는 편이다.					
26. 수학 주관식 문제를 채점한다면, 과정이 맞고 답이 틀린 학생보다 과정이 틀리더라도 답을 맞힌 학생에게 더 높은 점수를 주겠다.					
27. 후배들로부터 엄격하다는 말을 듣는 편이다.					
28. 학과에서 대하는 사람들과 친구들은 구분을 두어 대하는 편이다.					
29. 주변 설명보다는 본론부터 이야기하는 사람을 선호한다.					
30. 두 가지 중에서 어느 한쪽을 선택해야 할 때 신속하게 결정을 내리는 편이다.					
21~30번 점수의 합계					
31. '사람들이 많이 왔더라'고 말하는 것보다는 '500명 정도 왔더라'고 말하는 편이다.					
32. 약속한 시간에 충분히 여유를 두고 집에서 출발하는 편이다.					
33. 학교를 다니면서 지각을 해 본 적이 거의 없다.					
34. 과거에 한 번 사서 실망한 회사의 제품은 다시는 사지 않는 편이다.					
35. 좋은 결과는 과정에서 나오기 때문에 과정이 중요하다고 생각하는 편이다.					
36. 신제품이 출시되면 사용한 사람들에게 물어보고 기다렸다가 구입하는 편이다.					
37. 여러 가지 정보를 수집하여 분석 결과를 가지고 결론을 내리는 것이 좋다.					
38. 내가 기분이 나쁘거나 아플 때에도 다른 사람들이 잘 알아차리지 못한다.					
39. 구체적인 확신이 없으면 행동하지 않는다.					
40. 나는 아직 부족하기 때문에 더 배워야 한다고 생각한다.					
31~40번 점수의 합계					

출처: 김종운·박성실, 2010.

※ 채점 및 해석

나 / 너		나의 유형			
		R형의 잠재욕구: 참여와 동의욕구	O형의 잠재욕구: 안정과 칭찬 욕구	D형의 잠재욕구: 성취와 기여 욕구	E형의 잠재욕구: 안전과 완성 욕구
상대방의 유형	R	• R형은 관계중심, 사람중심, 온화하며 부드러운 분위기에서 대화가 진행되나 구체적인 결과물 없이 미팅이 끝나게 될 가능성이 많다. • 분명한 목표 및 방향성을 미리 그려보고 출발! 대화진행을 염두에 두고 로드맵을 갖는다.	• 상대방이 부드럽고 친근한 느낌이므로 편안하게 대화를 이끌어 나갈 수 있으나, 당신의 호기심 때문에 주제와 상관없이 이야기만 하게 될 가능성이 있다. • 오버하지 말고 대화가 자연스럽게 진행되도록 기다려 주는 것이 중요!	• 주도형인 당신은 카리스마 있는 리더십을 발휘하는 사람이나, 섬세한 R형과 대화할 경우 감정적인 부분을 충분히 고려해야 한다. • 상대의 개인적인 일에 대한 관심으로 대화를 시작하고, 온화한 목소리로 조용하게 이야기한다.	• 당신이 R형을 만났을 때는 시간을 두고 차근차근 진행함으로 별다른 문제가 생기지 않는다. • 생각을 즉각적으로 표현, 자신의 따뜻한 감정을 드러내 상대의 개인적인 부분에 관심을 가져 준다.
	O	• 두 사람 모두 감정을 드러내는 스타일 R형은 분위기에 민감하고 O형은 표정변화가 다양하기 때문에 즐겁게 이야기를 진행할 수 있다. • O형은 나열형의 대화는 피하는 것이 좋으며, 상대방의 긍정적인 면을 칭찬해주면서 대화한다.	• 서로 분위기를 잘 띄우고 농담도 잘하므로 재미있게 대화를 진행할 수 있으나, 즐거운 분위기에만 휩쓸리지 않도록 주의해야한다. • 여러 가지 주제를 다루지 않도록 하고, 격식있는 분위기의 미팅장소를 택하는 것이 좋다.	• D형은 비즈니스적인 관점에서 사교모임을 주도하며, O형은 즐기기 위해 사교모임에 참석하는 경우가 많다. • 상대를 칭찬하면서 시작하고, 상대를 재치에 적극적으로 호응해 준다.	• O형의 상대와 만났을 때 가장 힘들 수 있다. 당신은 칭찬하는 것에 익숙하지 않은데 O형은 인정과 칭찬을 원하기 때문이다. • 상대방의 창의성을 인정하고 상대방의 입장에서 생각한다. 또한 유머와 화사한 옷차림으로 친근감을 느끼게 한다.
	D	• 당신이 가장 긴장하게 되는 유형으로 D형은 성취욕구가 강하기 때문에 간결하고 명확한 태도가 중요하다. • 처음 만났을 때 주제부터 자연스럽게 주지하고 시작한다. 그리고 말끝을 흐리지 말고 또박또박 큰 소리로 말한다.	• 당신의 장점이 가장 잘 발휘될 수 있는 유형으로 상대방의 행동에 칭찬을 아끼지 않기 때문에 시작이 좋다. 하지만 둘 다 고집이 있으므로 의견이 대립될 수 있다. • 성과를 중점적으로 칭찬하고, 서론은 길지 않게 한다.	• 두 사람 모두 이성적, 직선적이기 때문에 결론을 빨리 내리고 시간을 절약할 수 있으나 고집이 세고 상대를 논리적으로 설득하려 한다. 따라서 상대를 인정하는 것이 중요하다. • 의견 차이가 있더라도 타협하고, 상대의 업적을 인정해주고 칭찬한다.	• D형을 만나면 주도하려는 그들의 성향을 인정해 주는 것이 중요하며, 자기의사를 강조하게 되면 자기 논리만 펼치다 미팅이 끝날 가능성이 있다. • 정보력을 가지고 계속적으로 제안하면 D형이 결정권을 가지도록 유도한다.
	E	• 서로 조용히 이야기를 진행하므로 조곤조곤 대화를 진행시켜 나가게 되며, 특히 E형의 경우 새로운 정보나 자료에 많은 관심을 보이므로 그러한 것들을 제공하면서 분위기를 주도할 수 있다. • 백 마디 말보다 사실적이고 측정 가능한 자료가 효과적!	• 당신의 번뜩이는 아이디어를 가장 부담스러 할 유형 E형! 상대방은 당신이 뜬구름 잡는 소리를 한다고 생각할 수 있으므로 정확한 근거를 가지고 이야기하고 예의상 인사하는 것을 경계하라. • 말을 아끼고 작은 소리로 천천히 말하도록 한다.	• E형은 적당한 정보를 풍부하게 제공하고, 숫자에 입각하여 이야기하므로 당신과 가장 잘 통하는 유형일 가능성이 높다. • 상대가 생각을 정리할 충분한 시간 여유를 주는 것이 중요하다.	• E형은 자신이 싫어하는 부분에 민감하게 반응하는 경향이 있어 자신과 비슷한 성향을 가진 상대가 감정적으로 싫게 느껴질 수 있으므로 주의한다. • 서로 꼼꼼하고 섬세하므로 답답하게 느낄 수 있으며, 당신이 상대에게 받고 싶은 대로 상대에게 하는 것이 중요하다.

출처: 김종운·박성실, 2010.

| 요약 |

1. 자아 개념은 어릴 때부터 다양한 경험을 통해 형성되며, 이는 자신의 능력, 외모, 가치관 등의 자기 평가에 근거를 둔다. 자신에 대한 긍정적인 인식은 자신감과 자기 효능감을 높여, 적극적인 삶의 태도로 이어질 수 있기에, 삶의 각 분야에서 긍정적인 자아 개념의 발전을 촉진하는 것은 매우 중요하다.

2. 자아를 이해하기 위해 자아개념과 유사한 '자아정체성', '자아존중감', '자의식'을 살펴볼 필요가 있다. 자아정체성이란 사람마다 갖고 있는 자기만의 특별한 성격이나 스타일을 자각하는 것을 뜻한다. 자아존중감이란 자신에 대한 긍정적 혹은 부정적인 인식을 의미한다. 자의식은 자기 자신의 존재, 생각, 감정, 물리적 상태 등에 대해 인식하고 이해하는 능력을 말한다

3. 자아개념의 기능은 정체성 형성에 기여, 자기 조절 역할, 대인 관계 방식 결정, 목표 설정과 동기 부여 등이 있으며, 자아개념은 성장하면서 가족, 친구, 이웃과의 상호작용을 통해 형성된다. 건강한 자아개념을 형성하는 방법은 무조건적 수용, 현실적으로 실현 가능한 이상 설정, 긍정적인 자기대화, 시각화하기, 솔직하고 친밀한 대인관계 갖기 등이 있다.

4. 성격은 각 개인을 독특하게 정의하는 근본적인 특성들로 이루어져 있으며, 이러한 특성들은 삶에 대한 인식, 대인 관계, 문제 해결 방식에 깊은 영향을 미친다.

5. 올포트(Allport)에 의하면 성격의 구성요인은 다섯 가지(big five)로 묶을 수 있다. 이 다섯 가지 요소를 OCEAN모델이라고 불리며, 개방성(openness to experience), 성실성(conscientiousness), 외향성(extraversion), 친화성(agreeableness), 신경증(neuroticism) 등이 있다.

6. 올포트는 성숙함을, 로저스는 진정한 자신의 감정과 생각을 이해하고 수용하는 능력을, 프롬은 창의성과 사랑의 중요성을, 매슬로우는 개인의 잠재력을 최대한 발현하는 것을 각각 건강한 성격의 지표로 본다.

5장

친구와의 인간관계

인간관계 중에서도 친구와의 관계는 일생 동안 중요한 영향을 끼친다. 이 장은 친구관계를 다각적인 측면에서 분석하여 정의와 특징을 명확하게 설명하고 있다. 친구관계의 다양한 기능들을 살펴보며, 이들이 제공하는 감정적 지지와 사회적 상호작용의 장이 어떻게 개인의 발달에 기여하는지 조명하고자 한다. 뿐만 아니라, 친구관계를 형성하는 다양한 유형들을 탐색하며, 각 발달 단계에서 친구관계가 어떻게 변화하는지를 상세히 살펴볼 것이다. 또한 이러한 변동성 안에서 친구관계가 성장하고 때로는 왜 해체되는지에 대한 과정을 다룰 것이다. 궁극적으로는 갈등 해결에서부터 깊은 유대 관계형성에 이르는 전 과정에서 친밀한 우정을 구축하기 위한 방법들을 탐색할 것이다.

1. 친구관계의 정의와 특징

친구관계는 인간 경험의 핵심 요소 중 하나로, 개인의 행복과 성장에 깊은 영향을 미친다. 이 장에서는 친구 관계에 대한 정의와 그 특성에 대해 탐구할 것이다. 개인 사이에 형성되는 이 일련의 독특한 상호작용과 정서적 유대를 통해, 친구 관계는 소속감, 지지, 신뢰와 같은 요소들을 제공한다. 친구 관계는 또한 사회적 기술을 연마하고, 스트레스 상황에서의 대처 기제 역할을 한다. 그러므로 친구관계가 개인의 삶에 어떤 중요한 역할을 하는지를 이해하는 것이 필요하다.

1) 친구관계의 정의

친구親舊의 사전적 정의는 오래 두고 정답게 사귀어 온 벗이라는 뜻이다. 서로를 이해하고 어려운 시기에 위로하고 격려하며 때로는 하기 어렵고 싫어하는 충고를 불사하는 진정한 의미의 친구를 갖는다는 것은 인생에서 무엇과도 비교할 수 없는 큰 자산이다. 친구관계를 사회학적 측면에서 볼 때, 호감과 애정이 관련되어 있거나 또는 충성과 같은 상호 의무와 관련되어 있는 서로 친밀한 사람들의 우호적인 관계를 의미한다. 이런 친구의 관계는 청소년 후기에 가장 활발하게 형성된다. 친구관계는 자연스럽게 형성되어 친해지기도 하지만 자신이 노력하지 않으면 쉽사리 친밀한 관계를 유지하기 어렵다. 이렇게 형성되어 친구와 나누는 정다운 애정을 우정이라고 한다. 이러한 우정은 연인에게 느끼는 낭만적 사랑이나 가족에게 느끼는 가족애와 구분된다.

친구관계에 대한 학자들의 구체적인 정의를 살펴보면 다음과 같다. 페리(Perry et al., 1984)는 아동이 성장하면서 발달 단계가 비슷하거나 연령이 비슷한 또래라는 또 다른 사회적 관계에 들어가게 되는데 또래 관계 안에서 자신들이 서로 만족할 만한 관계를 형성하는 한 명 또는 몇 명의 또래들과의 특별한 관계로 발전하는 과정을 친구관계로 정의하였다. 하트업(Hartup, 1993)은 친구관계를 애정, 관심, 흥미 및 정보를 공유할 뿐만 아니라 타인과 접촉을 유지하는 이원적이며 독특한 애착관계로 정의하였고, 데이먼(Damon, 1977)은 좋아함(liking)을 친구관계의 기본요소로 간주하여 친구관계를 '좋아함'을 가장 큰 특징으로 하는 인간관계로 보았다. 국내 연구에서 손은영(2003)은 친구관계란 또래 관계의 한 형태로서 두 사람이 자발적으로 상호 선택한 개인적이고 친밀한 관계라고 하였고, 김나미(2005)는 두 친구의 관계에 국한되며 관계의 친밀함이나 호혜성을 내포한 관계로 정의하였다. 이상의 다양한 친구관계에 대한 정의를 종합해 보면, 친구관계란 이원성, 상호성, 자발성, 친밀성 등의 요소를 공통으로 들고 있음을 알 수 있다.

2) 친구관계의 특징

친구관계는 가족관계, 이성관계, 직장동료관계와 구분되는데, 친구관계가 지니는 몇 가지 일반적인 특성을 살펴보면 다음과 같다(권석만, 2007).

첫째, 친구관계는 대등한 위치의 인간관계다. 친구관계는 흔히 나이나 출신지역, 출신학교나 학력 그리고 사회경제적 지위 등에서 비슷한 사람과 맺는 친밀한 관계다. 가끔씩은 이러한 속성에 뚜렷한 차이가 있는 경우에도 친구관계가 형성될 수 있지만, 일반적으로 친구관계는 수직적 관계보다는 수평적 관계의 속성을 지닌다. 이러한 이유로 인간관계에서 가장 민주적인 관계를 경험하는 것이 친구관계라 할 수 있다. 예를 들면, 학교에서 같은 반 친구들끼리 비슷한 생활 배경과 공통된 관심사를 가지고 있어 자연스럽게 친구가 됩니다. 수평적인 관계는 서로 의견을 자유롭게 교환하고 존중받으면서 우정을 쌓게 합니다.

둘째, 친구관계는 가장 순수한 인간지향적 인간관계다. 친구관계는 실리적 목적보다는 상대방에 대한 호감과 우정이 친구관계를 유지하는 주요한 요인이 된다. 예컨대 서로 경제적 이익이 아니라 오롯이 서로가 기쁨과 관심을 나누며 같이 영화를 보고, 여가 활동을 함께하는 것을 즐기는 활동을 하는 것이다.

셋째, 친구관계는 편안한 인간관계다. 친구는 가장 자유롭고 편안한 관계로서, 관계를 맺고 끝내는 것은 전적으로 개인의 자유다. 친구 사이에서는 자기개방이 가장 심도 있고 광범위하게 이루어질 수 있다. 따라서 가족이나 연인에게 할 수 없는 이야기를 친구에게 가장 허심탄회하게 할 수 있는 것이다.

넷째, 친구관계는 서로 공유할 삶의 영역이 넓다. 친구관계는 나이, 학력, 지식수준, 사회, 경제적 지위 등이 비슷하여 공감할 수 있는 공유영역이 가장 넓다. 이뿐만 아니라 화제, 취미, 오락, 가치관 등이 유사하기 때문에 친구와의 만남이 즐겁고 편안하게 느껴진다.

다섯째, 친구관계는 의무나 구속력이 적다. 친구관계는 유지해야 할 강제 요인이 없기 때문에 다른 인간관계보다 해체가 용이하다. 따라서 친구관계는 그 관계를 유지하기 위한 자발적이고 적극적인 노력을 기울이지 않으면 약화되고, 따라서 해체되기 쉽다.

2. 친구관계의 기능과 유형

친구관계는 개인의 삶을 풍부하게 만들고, 성장의 동기를 제공하는 동시에, 때때로 갈등과 스트레스의 원인이 되기도 한다. 이 장에서는 친구관계의 긍정적 및 부정적인 기능에 대해 논의할 것이다. 더 나아가, 서로 다른 친구 관계 유형 및 그 특징들을 분석함으로써 친구가 각자의 인생 여정에 어떻게 영향을 미치는지, 또한 어떻게 관계를 보다 건강하고 지속 가능하게 관리할 수 있는지에 대한 통찰을 제공하려 한다.

1) 친구관계의 기능

친구관계도 다른 사회적 관계와 마찬가지로 여러 사회·정서적 지지와 도구적 지원을 얻을 수 있는 사회적 자원이다. 친구관계는 인간의 사회적, 정서적 발달에 있어 여러 가지 중요한 역할을 한다. 또한 친구관계의 양보다 질이 더 중요하며, 친구관계의 질은 친구관계의 경험을 공유하는 두 사람 사이의 친밀한 관계에서의 양상을 뜻하는 것이다(Parker & Asher, 1993).

친구관계에 대한 과거의 연구들은 긍정적인 측면만 강조하고 친구관계의 동등성이나 경쟁 등을 간과하는 경향이 있다(Berndt, 1996). 따라서 친구관계의 기능은 긍정적 측면과 부정적 측면을 모두 고려할 필요가 있다.

긍정적 기능으로 첫째, 교제의 즐거움이다. 친구와 어떤 활동을 함께 하는 것과 그 순간에 경험하는 재미와 즐거움에 대한 기대를 의미한다.

둘째, 도움의 기능이다. 필요한 정보를 제공하고 충고해 주거나 목적하는 것을 이룰 수 있도록 실제로 도와주는 기능을 의미한다.

셋째, 친밀감이다. 솔직하게 자신을 표현할 수 있는 수용적인 분위기를 제공해 주고, 친구의 욕구나 기분상태를 민감하게 아는 것을 뜻한다.

넷째, 관계에 대한 '신뢰'는 친구와의 지속적인 관계 그리고 친구의 충직함에 대한 믿음을 의미한다.

다섯째, 인정이다. 격려, 칭찬 등과 같이 긍정적인 측면에서 자아개념을 증진해 주거나 자신의 가치에 대한 확신을 주는 기능을 한다.

여섯째, 정서적 안정이다. 어려운 상황에서 편안함과 자신감을 부여해 주는 기능을 의미한다.

부정적 기능으로는 첫째, 갈등이다. 의견의 불일치, 다툼 또는 친구의 괴롭힘과 같은 불편한 상황에 대한 지각을 의미한다.

둘째, 학습, 놀이 등 다양한 영역을 포함한 일상생활에서 친구와의 지나친 경쟁심이다.

셋째, 때때로 위험한 행동이나 부적절한 행동을 모방하도록 유도하여 일탈행위를 촉진할 수 있다.

2) 친구관계의 유형

인간은 여러 사람과 다양한 친구관계를 맺고, 친구관계의 유형은 다양하다. 친구관계는 그 관계의 강도, 형성요인, 기능 등에 따라 다양하게 나뉜다.

첫째, 우정의 강도에 따른 친구다. 우정은 친구관계에서 경험하는 정서적 만족도에 비례한다. 유쾌하고 즐거우며 편안한 친구는 부담스럽고 불편한 친구보다 우정의 강도가 높다고 할 수 있다. 아울러 미래에 정서적 만족도가 높아질 것이라고 예상되는 친구관계는 그렇지 못한 관계보다 강한 우정을 느끼게 된다. 또한 우정은 현재 친구관계에 투여하는 심리적 또는 물리적 투자의 양에 비례한다. 만남을 위해 많은 시간을 투자하고, 심리적인 관심과 애정을 보여주며 때로는 물질적으로도 친구에게 투자하게 된다. 그리고 우정은 친구를 위한 자기희생의 정도에 비례한다. 만약 친구가 곤경에 처해서 도움을 요청했을 때 어떤 도움을 얼마나 투여할 의지가 있는가? 담보 없이 돈을 빌려달라고 했을 때 과연 얼마나 흔쾌히 빌려줄 수 있는가? 즉, 우정은 미래에 친구를 위해 투자할 수 있는 양에 비례한다.

둘째, 형성요인에 따른 친구다. 친구는 형성요인에 따라 1차적 친구와 2차적 친구로 구분한다. 1차적 친구집단은 학연, 지연, 때로는 혈연에 근거하여 형성된 친구다. 1차적 친구는 어린 시절부터 지속되는 경향이 많다. 2차적 친구집단은 관심사, 취미, 가치관 등의 공유로 인해 형성된 친구다. 2차적 친구는 상황적 요인보다는 개인적 특성에 근거한 친구다. 이러한 2차적 친구는 어린 시절보다 청소년기 이후에 생기는 경향이 있다.

셋째, 기능에 따라 연합적 친구, 수혜적 친구, 상호적 친구로 구분한다. 연합적 친구는 공간적 근접성, 유사성, 업무의 공유 등에 맺어지는 친구관계이며, 단기적이며 피상적인 수준에서 가볍게 만나는 교제로서 현대사회에서는 이러한 친구유형이 많다. 수혜적 친구는 한 사람이 상대방에게 주로 베푸는 역할을 하는 친구관계다. 이 관계는 선생과 제자, 고용주와 피고용인, 지도자와 추종자의 관계가 이에 속한다. 상호적 친구는 동등한 위치에서 서로에 대한 상호적 이해와 신뢰에 근거한 친구관계다. 이러한 친구관계는 상대방에 대한 깊은 정서적 유대와 헌신적 관여로 오랜 기간 지속된다.

마지막으로 아리스토텔레스는 친구를 형성하고 유지하는 요인에 따라 쾌락적 친구, 효용적 친구, 인격적 친구로 나누고 있다. 쾌락적 친구는 즐거움과 쾌락을 위해 맺어진 친구다. 효용적 친구는 실리적 필요와 현실적인 도움의 기대에 의해 맺어진 친구로 서로 도움을 주고받는 교류가 활발하게 일어난다. 인격적 친구는 상대방의 덕성에 의해 맺어진 친구로 개방적이고 깊이 있는 대화, 정서적지지, 공감이 주요한 교류 영역이 된다.

3. 친구관계의 변화

친구관계는 개개인에게 독특한 의미를 지니며, 인간관계의 패턴, 연령, 성별, 그리고 개인의 발달 단계에 따라 다양한 양상을 보인다. 이 장에서는 인생의 각기 다른 시기, 즉 아동기, 청소년기, 성인 초기 및 중년기, 노년기에서 경험하는 친구관계의 변화와 그 특성을 탐구하고자 한다. 각 시기에 맞는 인지적, 정서적, 사회적 발전이 친구관계에 어떤 영향을 미치는지 분석함으로써, 친구관계가 개인의 삶에서 어떻게 진화하고 변화하는지에 대한 이해를 도모할 것이다.

1) 아동기

아동의 언어 세계에 친구라는 용어가 나타나는 시기는 3세쯤이다. 그러면서 아동은 친구들과 놀고 음식과 장난감을 공유하는 등 상호성의 원칙에 따라 교류한다. 아이들이 자라면서 더 많은 시간을 친구와 보내고 친구 관계망도 더 커진다. 그들의 친구관계는 성별과 관련이 있다(Hartup, 2006). 학령기 이전 아동의 친구 중 30% 이상은 성이 다르지만, 그 비율이 아동

중기까지는 5% 정도로 감소한 다음 그 이후 청소년기에 접근할수록 다시 증가한다. 또한 아동은 발달하면서 친구를 다르게 지각한다.

아이들의 친구관계 인식은 다음 단계들을 거치며 발전한다(Sullivan, 1953).

첫 번째 단계는 놀이 친구다. 아이들은 처음에 친구를 단순히 함께 놀 수 있는 대상으로 인식한다.

두 번째 단계는 욕구 충족의 원천이다. 이 단계에서 아이들은 친구를 자신의 필요와 욕구를 충족해 주는 존재로 보기 시작한다.

세 번째 단계는 상호적 관계다. 아이들은 친구와의 관계가 서로에게 영향을 미치며, 상호작용의 중요성을 인식하기 시작한다.

네 번째 단계는 친밀감과 상호 지지의 원천이다. 친구 관계가 깊어지며 친밀감과 서로에 대한 지지를 중요시 한다.

다섯 번째 단계는 상호의존성과 독립성이 중요하다. 마지막으로, 아이들은 친구와 서로에게 의지하는 동시에 각자의 독립성을 유지하는 상호 의존적인 관계를 형성한다.

아동의 발달 시기에 따라 서로 다른 사회적 욕구가 등장한다(Sullivan, 1953). 이동기 초기에 발달하는 애정(0~2세)과 동료의식(2~6세)에 대한 욕구는 부모와의 관계를 통해서 발달한다. 그 이후에는 동료의 수용(6~9세), 동성친구와 친밀감(9~12세)에 대한 욕구 그리고 청소년에는 이성의 또래 대한 성적 욕구(12~16세)가 발달한다. 이러한 욕구를 채워주는 존재가 친구이며, 특히 동료의식과 친밀감을 느끼게 해준다(Buhrmester et al., 1986). 또한 아동은 친구들과의 상호작용을 통해 협동, 타협, 경쟁 등 사회적 역량을 키울 수 있다.

아동기의 친구관계가 늘 긍정적인 것만은 아니다. 아동은 서로에 대해 적대감과 반감을 가질 수 있다. 학령 전기 아동이 상호 적대적인 경우는 매우 드문 반면, 학령기에는 따돌림, 괴롭힘 등을 경험할 가능성이 높다. 이 때 가장 친한 단짝 친구는 아동을 보호해 주는 역할을 한다. 게다가 원만한 친구관계는 학교에 대한 인식이나 학업수행과 같은 측면에서 학교에 대한 적응을 도와주는 반면, 친구 관계의 어려움은 외로움, 우울, 불안을 증가하고 자아존중감을 떨어뜨린다.

2) 청소년기

청소년기의 우정은 아동기의 그것과 다른 독특한 특징을 갖는다. 아동기의 친구 관계는 주로 공동 놀이에 중점을 두지만, 청소년기에 접어들면서 친구 관계는 더 지속적이고 복잡한 형태로 발전한다. 청소년들은 친구와 비밀을 공유하고 여가 시간을 함께 보내며, 이 과정에서 부모가 담당했던 역할을 친구가 대신하기도 한다.

청소년에게는 부모뿐만 아니라 또래가 정서적 지지의 중요한 원천으로, 그들은 자율성과 친밀성의 욕구 사이의 균형을 추구한다(Bryant, 1989). 그래서 그들은 부모로부터의 자율성을 발달하고 친구를 통해서는 정서적 욕구를 충족하는데, 이때 우정관계가 친밀성의 중요한 원천이 된다. 청소년들은 자신의 애착을 점차적으로 부모에서 또래로 옮겨간다. 실제 10대 후반 청소년들의 1/3은 또래, 특히 이성 친구를 자신의 일차적 애착 인물로 지목했다(Rosenthal, 2010). 이처럼 청소년기 초기에는 부모에 대한 친밀감을 바탕으로 동성 또래에 대한 친밀감을 발달하고, 그 이후 이러한 친밀감을 바탕으로 이성과 가까운 애정의 유대를 형성하기 시작한다.

이 시기의 원만한 친구 관계는 여러 긍정적인 역할을 한다. 그 하나가 자기탐색을 촉진하는 것이다(Gottman, 1986). 청소년들은 자신과 또래를 비교하면서 자기에 대한 이해와 정체성을 형성한다. 또한 청소년기 후기부터 사람들은 이성과의 애정 관계를 형성한다. 애인 관계는 개인의 정서적 욕구를 충족하는 반면, 친구 관계는 한 개인으로 하여금 공동체의 일부라는 소속감을 느끼게 해준다. 그래서 전자가 없으면 외로움을 느끼지만, 후자가 없으면 사회와의 통합감을 갖지 못한다. 그뿐만 아니라 친구관계는 부실한 가족 유대를 보완하는 역할을 할 수 있다. 친구관계는 부실한 가족 유대를 보완하는 역할을 할 수 있다(Gottman, 1986).

3) 성인 초기 및 중년기

초기 성인기에는, 청소년기와 유사하게, 주변 사람들과 긴밀하고 친밀한 관계를 유지한다. 이 시기에 친구들은 감정적으로 가까워지며 서로를 지지하고, 비밀을 공유하며, 함께 여가를 즐기는 동반자로서의 역할을 수행한다. 초기 성인기는 교육, 직업, 대인 관계의 여러 전환기를 경험하는 시기이기도 하다. 이 시점에 사람들은 대학 진학, 졸업, 취업을 경험하면서 새로운 친구 관계를 맺고 청소년기에 비해 더 넓은 사회적 네트워크를 형성한다. 그럼에도 불구하고, 초기 성인기의 친구 네트워크 크기는 나이가 들어감에 따라 감소하는 경향을 보인다. 특히 같은 성별의 친구 그룹과의 상호작용 시간과 빈도는 줄어들며, 반면, 이성 친구나 연인과의 상호작용 시간과 빈도는 증가하는 경향이 있다.

결혼은 친구관계에 상당히 영향을 미친다. 미혼자에게는 친구가 정서적 지지의 가장 중요한 원천인 반면, 기혼자에게는 배우자와 중요한 원천이었다. 따라서 성인이 애인이나 배우자를 얻으면 그들과 보내는 시간은 증가하고 친구와 공유하는 시간은 줄어든다.

중년기를 거치며 친구와의 상호작용 빈도 역시 낮아지는 경향이 있다. 이 시기는 친구들과 보내는 시간이 상대적으로 가장 적은데, 이는 가족, 직장, 커뮤니티와 관련된 역할들에 더 많은 시간을 할애하기 때문이다(Larson, 1988). 따라서 중년의 사람들은 친밀하고 가까운 소수의 친구들에게 집중하며, 이들과의 상호작용을 통해서 정서적 유대감을 느끼는 방식으로 대응한다. 또한, 형제자매나 다른 친족이 없거나 그와 가까운 관계가 아닐 때, 사람들은 위기의 상황에서 도움과 지지를 구하기 위해 친구에게 더 많이 의지하게 된다.

4) 노년기

노년기에 친구는 퇴직, 배우자의 상실, 건상 변화와 같은 생애 전환기에 적응하는 데 중요한 기여한다. 친구들은 관련 정보, 개인적인 경험 및 조언을 나눔으로써 새로운 가능성을 제시한다(Stevens, 2009). 퇴직과 같은 사건으로 인해 역할이나 자신감을 잃었을 때 친구는 그들의 가치를 재확인시켜 주고, 공동의 활동을 통해 사회적 유대감을 증진하는 데도 일조한다. 친한 친구가 있는 노인은 그렇지 않은 노인에 비해 사회적 지지를 통한 건강한 삶과 장수의 이점을 누릴 수 있다(Sabin, 1992). 노년기의 친구 관계는 가족과의 관계를 보완해 주고, 특히 이혼, 사별 혹은 결혼하지 않은 노인들은 배우자가 있는 노인보다 친구와 더 많은 시간을 보내며 더 많이 교류한다(Guiax et al., 2007).

노인들은 적은 수의 사회적 연결망을 유지하는데, 이것은 사교적이지 않기 때문이 아니라 더욱 선택적이기 때문이다. 이 시기의 사람들은 체력적이나 정신적인 에너지가 젊은 사람들에 비해 제한적이라, 이를 소수의 가까운 사람들과의 교류에 집중해서 사용한다(Carstensen et al., 1999).

배우자의 사망은 정서적 지지와 행복의 핵심 출처를 잃는 극단적인 경험이며, 이로 인해 노인들은 사회적 지지와 사회적 상호작용에 대한 도전에 직면한다. 친구는 종종 사회적 지지의 주요 원천으로 기능하며, 이는 친구가 상실에 대해 공감하고 공유된 이해를 통해 고립감과 정서적 외로움에 대응하기 때문이다. 또한 질병과 장애는 사회적 활동에 장벽으로 작용하지만, 건강이 좋아지고 기능이 개선된 노인들은 친구들과의 접촉을 늘리고 가족 구성원들과의 접촉은 줄일 수 있다. 반면에 건강이 회복되지 않은 노인들은 친구들과의 접촉은 감소하는 반면 가족과의 교류를 유지한다.

4. 친구관계의 발전과 해체

우정은 인간 경험의 가장 소중한 부분 중 하나다. 친구 관계는 삶에 기쁨을 더하고, 어려움을 나누는 진정한 위안을 제공하는 특별한 유대감을 만든다. 그러나 모든 인간관계와 마찬가지로, 친구 관계 또한 시간의 흐름에 따라 변화하고 발전한다. 훈훈한 웃음과 격려가 넘치는 순간에서부터, 오해와 갈등으로 인한 단절까지, 친구 관계의 배경에는 여러 요인들이 복잡하게 얽혀 있다. 친구관계의 발전과 해체를 이해하는 것은 인간관계를 형성하는 데 중요하다.

1) 친구관계의 발전

친구관계는 복잡하고 동적인 인간 간의 상호작용을 통해 서서히 구축되고 발전한다. 일반적으로 세 가지 단계를 통해 친구관계는 성장하고 깊어지는 것으로 인식한다(Huston et al., 1978).

첫 번째는 면식의 단계다. 이 단계에서는 두 사람이 서로 인지는 하고 있지만, 아직 직접 대화나 공동 활동 없이 관찰만 하는 상태다. 예를 들어, 같은 학교나 직장에 다니는 두 사람이 서로의 존재는 알고 있으나 아직 대화를 나누지 않은 상태를 의미한다.

두 번째 단계는 접촉의 단계로, 이때는 의례적인 인사나 가벼운 대화를 나누는 정도의 소통이 이뤄진다. 이 단계에서는 누군가를 처음 만났을 때, "안녕하세요?", "좋은 아침입니다"와 같은 간단한 인사를 교환하며 관계를 형성하기 시작하는 것이다. 이러한 상호작용에서 서로의 교류가 공정하고 호혜적인 관계를 가지는 것이 중요하다.

마지막으로 상호의존의 단계에서는 관계가 더 깊어져 서로의 인격, 가치관, 고민 등을 공유하면서 서로에 대한 의존도가 증가한다. 예를 들어, 친구 관계가 발전하여 서로의 개인적인 감정이나 생각들을 공유하게 되는 상황이 이에 해당한다. 이 단계에서는 호혜성을 넘어서, 상대에 대한 깊은 이해와 신뢰를 바탕으로 한 상호 의존의 관계가 형성된다.

2) 친구관계의 해체

친구관계는 가족관계, 직장동료관계, 이성관계 등과 비교해 보았을 때, 자발적이고 강제성이 없으며 구속력이 적다. 이러한 이유 때문에 친구에 대한 기대와 믿음이 깨지게 되면 친구관계에 위기가 발생하고, 그만큼 관계가 악화되거나 종결되기 쉽다. 친구관계의 갈등의 원인은 아래의 다음의 내용과 같다.

첫째, 우월감이다. 한 친구가 자신이 우월하다고 느끼고 상대를 의도적으로 또는 무의식적으로 위축하거나 경쟁욕구를 보일 때, 다른 친구는 자신이 약자로 느끼게 되어 관계의 지속가능성에 대해 고민하게 된다. 예를 들어, 한 친구가 직장에서의 승진을 계속해서 자랑하며, 다른 한 친구가 그에 못 미치는 것처럼 느끼게 하는 상황을 생각해볼 수 있다.

둘째, 기대치의 차이다. 친구 관계의 깊이나 속도에 대해 서로 다른 기대를 가지고 있을 때 문제가 발생할 수 있다. 한 사람이 조금씩 자신을 열어가며 관계를 발전하려 할 때, 다른 한 사람이 너무 빨리 많은 것을 공유하려 하면, 심리적 부담감을 느낄 수 있다. 예를 들어, 한 친구가 가벼운 수준의 소통을 원하는 반면, 다른 한 친구가 많은 개인적인 정보와 감정을 섣부르게 쏟아내는 경우다.

셋째, 성격이나 가치관의 차이다. 내향적인 사람과 외향적인 사람이 친구라면 커뮤니케이션 방식의 차이로 어려움을 겪을 수 있다. 또한, 서로 상이한 삶의 가치를 가지고 있을 때, 이로 인해 발생하는 불화를 겪을 수도 있다. 마치 정치적 견해가 다른 두 사람이 대화에서 서로의 관점을 이해하기 어려워하는 것과 같은 상황이 될 수 있다.

넷째, 접촉과 관심의 감소다. 정기적인 만남과 교류 없는 관계는 점차 소원해지고 멀어진다. 오랜 시간 직접 만나지 못한 채 지내는 친구들 사이에 생기는 상황이 이에 해당한다. 업무나 가족 책임으로 인해 자주 만나던 친구를 자주 볼 수 없게 되면, 관계는 점차 퇴색하게 된다.

다섯째, 투자와 보상의 불균형이다. 한 친구가 관계에 많은 노력을 기울이는데, 그에 상응하는 보상을 느끼지 못하면 갈등이 생긴다. 가령 한 사람이 친구를 만나기 위해 멀리 여행을 가고 선물을 준비했지만, 그 친구로부터는 큰 관심이나 감사를 받지 못하는 경우가 그 예다.

마지막으로 이해관계의 대립은 친구 관계를 해체시킬 수 있다. 비즈니스 파트너가 되거나, 집을 함께 구매하는 등 재정적인 문제에 관여하게 되면 이해관계가 충돌하여 갈등이 발생할 수 있다. 예를 들어 두 친구가 사업 파트너였지만 이익 분배 문제로 서로 다른 입장을 취하게 되어 관계가 소원해지는 상황을 생각할 수 있다.

5. 효과적인 친구관계의 전략

아리스토텔레스가 "친구들에게 기대하는 것을 친구들에게 베풀어야 한다"고 한 것처럼, 친구관계는 호혜성의 원리를 근간으로 한다. 우리가 친구에게서 충실함과 정이 넘치길 기대한다면, 우선적으로 직접 그러한 태도를 보이는 것이 바람직하다. 우정을 꽃피우고자 할 때, 가장 중요한 것은 친구를 위한 진심 어린 배려와 이해, 그리고 어떤 상황에서도 변치 않는 신의를 지키는 것이다. 온정과 신뢰를 바탕으로 다진 우정은 시간이 흘러도 변하지 않는 아름다움을 지니게 된다.

친구가 어려움에 처했을 때 손을 내밀고, 성취를 함께 축하하며, 서로의 삶에 긍정적인 영향을 주는 존재가 되어야 한다. 이 장에서는 이러한 전략들을 더 자세히 탐구하며, 친구와의 의리와 신뢰를 바탕으로 견고한 우정을 만들어가는 법을 알아보고자 한다.

첫째, 필요할 때 자발적으로 돕는다. 흔히 "풍요로울 때는 친구가 나를 알아보고 어려울 때는 내가 친구를 알아본다"고 한다. 친구가 나의 도움을 꼭 필요로 할 때 친구를 도와주는 일은 스스로에게도 기쁜 일이 되고 친구에게는 더없이 고마운 경험으로 남게 된다.

둘째, 친구의 사생활을 존중한다. 아무리 가까운 치구 사이일지라도 친구의 사생활을 지나치게 간섭하고 개입하려 드는 것은 무례한 일이다. 친구의 사생활에 지나치게 간섭하여 친구관계가 불편하게 되고 멀어지는 경우가 있다. 이런 경우 자신의 불편함을 솔직하게 친구에게 이야기하는 것이 도움이 된다.

셋째, 신뢰를 지킨다. 때때로 친구가 자신의 생각과는 다르게 행동한다거나 혹은 남들이 나의 생각과는 다르게 친구를 보더라도 친구에 대한 신뢰를 지키는 모습은 친구에게 매우 감동을 준다. 신뢰를 받은 친구는 거기에 상응하는 반응을 보일 것이다.

넷째, 허심탄회하게 흉금을 터고 마음을 나눈다. 아마도 가장 쉽게 자신의 고민을 털어놓을 수 있는 사이는 친구 사이일 것이다. 마음을 놓고 털어놓을 수 있다는 것은 이를 통해 답답한 문제를 서로 나눌 수 있고 불편한 감정을 정화할 수 있다는 것을 의미한다.

다섯째, 서로의 장점을 칭찬하고 본받는다. "칭찬은 고래도 춤추게 하다"고 한다. 칭찬을 통해 친구를 격려하고 좋은 점을 본받는 것은 공자가 말한 유익한 벗을 사귀는 것이 된다.

여섯째, 감정적인 지지를 보여준다. 만나면 기분 좋고 자주보고 싶은 친구는 상대방의 말을 잘 경청해 주고 마음이 따뜻하며 배려하는 친구다. 상대방의 기분을 잘 알아차리거나 감정에 적절하게 공감하는 능력은 상대 친구로부터 힘과 용기를 얻게 해준다.

일곱째, 개인적인 조언을 구한다. 친구에게 개인적인 조언을 구하는 일은 자신의 모습을 친구를 통해 객관적으로 바라볼 수 있게 하고 고민 해결의 실마리를 푸는 데 도움이 된다. 뿐만 아니라 친구관계에서 더욱 깊은 신뢰감을 형성하는 계기가 되기도 한다.

여덟째, 나에게 베푼 친절이나 고마움에 꼭 보답한다. 가까운 사이일수록 작은 고마움이나 사소한 감사라도 꼭 전할 필요가 있다. 흔히 "친구 사이인데 뭘 그런 것까지 말해야 하나?", "친구 사이에는 미안하다거나 고맙다는 말은 어울리자 않아" 등의 말이 통용되기도 한다. 하지만 아무리 작은 정성이라도 서로 표현할 때 상대방에 대한 배려와 따뜻함에 감동하게 되고 우정도 더욱 돈독해질 수 있다.

아홉째, 친구에게 개인적인 감정이나 문제를 개방한다. 친구관계에서 야기되는 갈등 중의 하나는 서로 자신을 솔직히 개방하지 않는 데서 비롯된 오해에 근거하는 경우가 적지 않다. 그러므로 상대방이 어떤 생각을 가지고 있으며, 어떤 기분인지 알 수 있어야 내가 어떻게 행동을 취할지 결정할 수 있게 된다.

열째, 나와 친구와의 차이점을 인정한다. 흔히 아주 오래된 친구들을 보면 생활습관이나 태도에도 비슷한 면도 많이 발견되지만 상당히 다르면서도 서로 잘 맞고 서로 존중하는 모습을 볼 수 있다. 이러한 친구관계는 서로의 개성을 인정하는 데서 비롯된다.

| 요약 |

1. 친구관계는 인간 경험의 핵심 요소 중 하나로, 개인의 행복과 성장에 깊은 영향을 미친다. 친구관계를 사회학적 측면에서 볼 때, 호감과 애정이 관련되어 있거나 또는 충성과 같은 상호 의무와 관련되어 있는 서로 친밀한 사람들의 우호적인 관계를 의미한다.

2. 친구관계는 대등한 위치의 인간관계, 가장 순수한 인간지향적 인간관계, 편안한 인간관계, 서로 공유할 삶의 영역이 넓고, 의무나 구속력이 적다는 특징을 가진다.

3. 긍정적 기능으로 교제의 즐거움, 도움의 기능, 친밀감, 관계에 대한 신뢰, 인정, 정서적 안정 등이 있으며, 부정적 기능을 갈등, 지나친 경쟁심, 때때로 위험한 행동이나 부적절한 행동 모방 등이 있다.

4. 친구관계의 유형으로는 우정의 강도에 따른 친구, 1차적 친구집단(학연, 지연, 혈면에 근거)과 2차적 친구집단(관심사, 취미, 가치관에 근거)으로 구분되는 형성요인에 따라 친구유형을 구분할 수 있다. 또한 연합적 친구, 수혜적 친구, 상호적 친구로 기능적으로 나눌 수 있으며 친구를 형성하고 유지하는 요인에 따라 쾌락적 친구, 효용적 친구, 인격적 친구로 분류하기도 한다

5. 친구관계는 인간관계의 패턴, 연령, 성별, 그리고 개인의 발달 단계에 따라 다양한 양상을 보인다. 그러므로 아동기, 청소년기, 성인 초기 및 중년기, 노년기에서 경험하는 친구관계의 변화와 특성이 존재한다.

6. 효과적인 친구관계의 전략으로는 필요할 때 자발적으로 돕기, 친구의 사생활을 존중, 신뢰를 지키기, 마음을 진솔하게 드러내기, 감정적인 지지, 나에게 베푼 친절이나 고마움에 꼭 보답, 친구에게 개인적인 감정이나 문제를 개방, 나와 친구와의 차이점을 인정 등이 있으며 친구관계는 호혜성의 원리를 근간으로 한다.

6장

가족 내의 인간관계

가족은 인간이 존재한 순간부터 시작된, 가장 오래되고 기본적인 사회집단이다. 이러한 가족 내의 인간관계는 최초의 사회화 집단인 가족으로부터 시작되었다. 이 가족은 두 남녀가 사랑함으로 결혼이라는 과정을 통해 부부관계를 이루면서 출발하게 되고, 이후 자녀를 낳으면서 '부모–자녀', '형제–자매' 간의 관계를 통해 가족의 범위가 확장되어진다. 이처럼 가족은 부부와 부모–자녀, 형제–자매의 관계로 구성되어 진 혈연중심의 운명공동체라고 말할 수 있다.

다만 현대에 들어서 가족의 의미와 구성이 사회의 시대적 변화와 가치에 맞물려서 여러 가지 절충적인 형태로 변형되어 다양한 가족의 형태가 출현하고 있다.

1. 가족관계

1) 가족의 기능

가족은 개인과 사회를 위한 여러 가지 기능을 지닌다. 이러한 기능은 가족이 수행하는 역할, 행위로서의 가족 행동을 의미하며, 행동의 결과 가족원의 욕구 충족과 사회의 유지 · 존속에 영향을 미친다. 학자마다 강조하는 점은 다를 수 있지만 보편적으로 현대 가족이 중요하게 여기며 수행하고 있는 기능은 다음과 같다.

애정 및 성의 기능

가족은 남녀의 사랑을 기초로 형성되는 만큼 내적으로는 부부가 애정과 성생활을 영위함으로써 성적 욕구를 충족하는 기능이 있고, 외적으로는 사회 내에서의 성의 통제와 성 윤리 질서를 유지하는 기능을 갖는다. 일반적으로 결혼한 부부는 합법적으로 성과 애정이 인정되는 유일한 관계이고, 결혼은 성관계를 규제·통제하는 공인된 사회적 관계다. 현대사회에서 부부의 애정 및 성의 기능은 매우 중요시되며, 결혼 생활 유지에 보편적으로 필요한 요소다.

자녀 출산

가족은 부부 간 성생활을 통해 자녀를 출산하여 자손을 이어가고, 종족을 보존하게 된다. 이처럼 가족의 생식기능은 외적으로는 사회 구성원을 충원하여 사회의 유지와 발전, 인류의 존속에 기여하고 인구 조절의 기능을 한다. 최근 우리나라와 여러 선진국에서 저출산 문제의 심각성을 인식하고 대책 마련에 힘쓰고 있는데, 이는 가족의 자녀 출산 기능이 국가 존속 및 발전과 밀접한 관계가 있음을 시사한다.

자녀 양육 및 사회화

가족은 자녀가 사회에서 보다 잘 적응할 수 있도록 양육하고 자신이 속한 문화의 언어, 지식, 태도, 신념, 도덕규범, 책임감 등과 같은 사회적·대인적 기술을 가르치는 사회화의 기능을 수행한다. 이러한 사회화 과정은 일생 동안 계속되는 것이지만, 특히 어린 시절의 가정환경이 인성과 도덕성 발달, 대인관계 기술에 미치는 영향은 매우 중요한 것으로 알려져 있다. 또한 이 기능은 외적으로 문화적 유산을 다음 세대로 전수하는 일에도 기여하고 있다.

경제적 기능

가족의 경제적 기능은 생산 기능과 소비 기능으로 나누어지며, 이를 통하여 가족원은 의식주의 기본 생활을 유지하고 신체적 · 정서적 안정을 도모하며 문화생활을 영위한다. 한편 가족은 대외적으로 노동력 제공과 생활 보장의 기능을 수행하며 건전하고 합리적인 소비활동과 구매 활동을 함으로써 사회의 경제질서 유지에 기여한다. 이처럼 가족의 경제적 기능은 가족이 생존과 생활공동체를 영위하기 위하여 물적 자원을 확보하고 관리하는 기초적인 기능으로 현대사회에서 중요시되는 기능이다.

정서적 안정 및 지지

가족은 친밀하고 대면적인 관계를 지속하는 특징을 갖는 일차적 집단이다. 가족이 구성원에게 정서적 안정과 지지, 안식처의 기능을 수행할 때, 가족원들은 휴식과 안정, 유대감과 친밀감, 행복의 개인적 욕구를 충족하게 된다. 이러한 기능이 잘 수행될 때 외적으로는 개개인의 능력과 목적의식이 계발되고, 사회 안정과 발전에 기여하게 된다. 현대사회는 점점 더 복잡해지고 갈수록 경쟁이 가속화됨에 따라 정서불안과 스트레스가 증가하고, 정신건강의 문제가 많이 발생하고 있다. 이때 가족이 쉼과 안정감을 주고 수용해 줄 수 있을 것을 기대하게 되었고, 이 기능이 수행될 때 가족원의 정신건강과 행복감이 증진될 수 있다. 따라서 가족의 정서적 안정 및 지지 기능이야말로 4차산업 혁명 시대이며, AI(인공지능) 시대에 가장 강조되어야 할 기능이라 볼 수 있다.

사회적 지위 부여

자녀가 태어나면 가족원으로 인정받게 되고 가족과 사회에서 일정한 지위를 부여받는다. 개인은 일생 동안 원가족으로서 부모의 가족, 그리고 결혼으로 형성된 생식 가족에서 일정한 지위에 따라 주어진 역할을 수행하게 된다. 가족 속에서 우리는 자신이 누구인지, 자신의 역할이 무엇인지를 인식하고 자각하면서 사회적 지위에 부응하려는 소속감과 책임감으로 적응하려고 노력한 결과, 내적으로는 자기 성장과 발전이 되며, 외적으로는 사회 안정과 발전에 기여하게 된다.

가족 내의 부부, 부모, 자녀, 형제자매 또는 시부모, 며느리, 사위로서 각각의 지위에 따른 역할을 수행하는 과정에서 잠재력을 개발하고 인생의 의미를 깨달으며, 인격 수양과 사회 발전에 기여할 수 있다는 점에서 가족의 사회적 지위 부여 기능은 현대사회에서 중요시되는 기능이다.

가족기능의 변화

가족의 형태, 이념, 가치관이 변화함에 따라 가족의 기능도 상당 부분 변화하였으며, 가족 기능의 전반적인 변화 경향은 다음과 같다.

첫째, 부부 간의 애정이 결혼에서 중요한 요소로 부각 되면서 애정 및 성의 기능이 가족의 중요한 기능으로 강조되고 있으나 한편으로는 자유로운 성 의식의 확산으로 성적 욕구 충족을 위한 기능은 전반적으로 약화 되고 있다.

둘째, 자녀 출산 및 양육 기능도 약화 되고 있다. 무자녀가족의 증가나 저출산율은 자녀 출산 기능이 약화하고 있음을 보여준다.

셋째, 산업화의 영향으로 가족과 일터가 분리됨에 따라 가족의 생산 기능은 약화되는 반면에 소비 기능은 점차 강화되고 있다.

넷째, 정보화 사회로 진입하면서 가족의 교육 기능은 사회로 이전되어 약화 되었으나, 자녀의 인성이나 행동 지도와 같은 가족의 자녀 교육 및 사회화 기능에 대해서는 많은 사람이 그 중요성을 강조하고 있다. 그러나 실제로는 자녀의 학업 지도가 인성이나 행동 지도보다 더 우위의 가치를 점하고 있다.

다섯째, 가족의 보호기능 가운데 특히 노인 부양을 통한 보호기능은 경로사상의 퇴보와 핵가족화하는 가족 형태에 따른 최근 사회의 전반적인 경향으로 인해 약화 되고 있다. 사회변화에 순응하기 위한 이러한 가족의 변화는 불가피한 현상이지만, 그에 따른 가족기능의 약화는 가족이라는 생활공동체의 불안정성을 높이는 중요한 요인이 되고 있다.

이처럼 현대사회에 들어서 가족의 형태, 이념, 가치관의 변화에 따라 살펴본 가족기능은 전반적으로 대부분 약화 또는 퇴보되고 있음을 알 수 있는데 이러한 결과는 가족의 가장 큰 특징인 혈연중심의 운명공동체라는 특성이 그 어느 때보다도 위기를 맞아 해체의 위기에 놓여 있는 가족이 늘어나고 있다는 점이다. 또한 급격한 핵가족화의 흐름 속에서 아버지와 어머니가 부재중인 가정이 늘고 있는 현 상황 속에서 '강해진 자녀, 약해진 부모'의 모습이 역기능적으로 가족 안에 나타나고 있다. 이처럼 가족기능의 약화와 잘못된 위계질서, 그리고 전통적 가치관과 현대적 가치관 사이에서 혼란해하며 표류하는 모습이 가족기능의 변화로 인해 나타나고 있다.

2) 가족의 다양한 형태

가족은 부부와 그들의 자녀로 구성된 가장 기본적인 사회집단이다. 그러나 같은 집에서 기거하며 취사하는 동거 집단으로서의 가족은 그 구성원에 따라서 매우 다양한 형태를 지니는데, 가족 구성원의 규모에 따라서 구분하면 핵가족과 확대가족이 있다. 핵가족(nuclear family)은 부부와 자녀로 구성되는 가족구조를 말하고, 확대가족(extended family)은 조부모까지 포함한 3대 이상의 직계 구성원으로 이루어진 가족을 말한다. 확대가족은 함께 동거하는 세대의 수에 따라 3세대 가족 또는 4세대 가족으로 분류하기도 한다.

현대에 와서 이러한 가족 형태는 여러 가지 설충석인 형태로 변형되어 나타나기 시작했는데, 그러한 변형된 가족 형태 수정 확대가족과 수정 핵가족이다. 수정 확대가족(modified extended family)은 노부모와 자녀 가족이 각기 별개의 가구를 마련하지만, 근거리에 살면서 실제로는 한집과 같이 잦은 왕래와 협조를 하며 사는 형태다. 이런 가족 형태는 서로의 사생활을 방해하지 않고 자녀에게 큰 부담을 주지 않으면서 친밀한 유대를 유지하는 절충적 형태라고 할 수 있다. 수정 핵가족(modified nuclear family)은 외형상으로는 한 울타리 안에 거주하지만, 실질적으로는 별개의 주거 공간에서 독립적인 생활을 하는 형태다. 예를 들어, 같은 집에 살지만, 안채나 바깥채 또는 위층과 아래층으로 분리되어 살거나, 같은 집에 살아도 아침 식사는 각자 하고 저녁 식사는 함께하는 등 서로의 사생활을 어느 정도 유지하며 동거하는 형태다.

이외에도 현대에 들어서면서 가족의 의미와 구성이 사회의 시대적 변화 및 가치와 맞물려 다양한 가족 형태가 발생하고 있는데, 이를 살펴보면 한부모가족, 재혼가족, 분거가족, 독신, 동거 등이 있다. 한부모가족(single-parent families)은 부모 중 한 사람과 미성년자인 자녀로 구성된 가족을 의미한다. 이러한 한부모가족은 이혼이나 가출, 별거, 사별, 혼전 출산 등의 다양한 이유로 발생하게 된다. Ahrons(1994)는 '한부모가족'이라는 용어보다는 '두 개의 핵가족(binuclear families)'이라는 용어로 묘사하였다. 재혼가족은 자녀의 유무와 관계없이 최소한 한쪽 배우자가 재혼인 경우에 형성되는 가족을 말하는데 재혼 부부 가운데 어느 쪽이든 전혼前婚 자녀가 최소한 한 명 이상 있는 경우를 계부모 가족(step-families)이라 한다. 분거가족(commuter families)이란 가족원들이 특정한 이유로 인하여 둘 이상의 가구를 형성하여 비교적 장기간 별거 생활을 하거나, 동거를 하더라도 구성원들의 출타가 장기적이고 빈번한 가족 형태를 말하며 다른 말로는 비동거 가족이라고도 한다. 이러한 가족 형태로는 가장이 지방으로 발령을 받아 자녀와 어머니만 대도시에 남는 경우나, 혹은 조기유학으로 아버지만 국내 거주하는 '기러기아빠' 등이 있다. 독신은 결혼 적령기가 지나도록 결혼하지 않고 혼자 지내는 사람을 지칭하는데 최근 가족 형태를 살펴보면 독신의 증가가 뚜렷한 추세다. 또한 독신 기간이 길어지고 결혼 시기도 점차 늦어지고 있어 이제 독신은 결혼의 한 대안으로 자리 잡고 있다. 이러한 독신은 자발성과 지속성 여부에 따라 자발적 일시적 독신, 자발적 안정적 독신, 비자발적 일시적 독신, 비자발적 안정적 독신으로 구분된다. 마지막으로 동거(cohabitation)는 혈연관계나 친족관계가 아닌 두 남녀가 혼인신고를 하지 않고 함께 주거 공간을 공유하는 생활형태를 말한다. 동거는 1960년대에 스웨덴과 덴마크에서 주로 나타나기 시작하였으며 미국에서는 절반 이상의 성인이 결혼 전에 동거를 한 것으로 나타났으며, 동거를 한 성인의 50% 이상이 결혼을 한 것으로 나타났다. 현재 서구의 여러 나라에서는 동거가 이미 예비 결혼 또는 서약서 없는 결혼으로 시작하여 이후 정식 결혼으로 확산하는 형태로 자리 잡고 있다.

3) 가족관계의 특성

가족관계는 다른 인간관계와는 구별되는 다음과 같은 특성이 나타난다.

첫째, 가족관계는 혈연을 매개로 맺어진 인간관계의 영역이다. 가족은 부부와 그들의 자녀로 구성되는 가장 오래되고 기본적인 사회집단으로서 이들은 이해관계를 초월한 애정적인 혈연집단이라는 점에서 가족관계는 다른 인간관계와 확연하게 구분된다. 가족은 유전자를 공유하기 때문에 외모나 심리적 특성에 있어서 유사성을 갖는다. 또한 혈연으로 이어지는 가문을 보존하기 위해 조상의 성姓을 따른다.

둘째, 가족관계는 운명공동체다. 같은 집에서 먹고 자며 생활하는 생활공동체이자 모든 소유물을 공유하는 소유공동체이며 가정의 행복과 불행을 함께 경험하는 운명공동체다. 달리 말하면 가족 구성원 모두의 행복과 불행은 서로 밀접하게 연결되어 있다.

셋째, 가족관계는 부여된 인간관계다. 다른 인간관계와 달리, 가족관계는 출생과 더불어 주어지는 인간관계다. 따라서 부모나 형제 · 자매를 선택할 수 없다. 부부는 예외이지만, 부모와 형제 · 자매는 부여받은 인간관계의 대상이다. 따라서 가족관계에서는 대상 선택의 문제보다 주어진 대상과 화목한 관계를 맺는 것이 중요한 과제가 된다.

넷째, 가족관계는 지속적이다. 가족관계는 이혼이나 의절과 같은 극히 예외적인 경우를 제외하고는 평생 유지되는 인간관계다. 가족 구성원에게 불만이나 갈등이 있다고 해서 관계를 끊거나 이탈할 수 없는 인간관계다. 다섯째, 가족은 여러 구성원으로 구성된 하나의 역동적 관계다. 가족 구성원은 모두 서로 밀접한 영향을 주고받는다. 가족 구성원 한 사람의 변화는 다른 구성원에게 영향을 미친다. 가족관계에는 부부관계, 부모-자녀관계, 형제 · 자매관계라는 하위영역이 있으며 부모-자녀관계의 경우 부자관계, 부녀관계, 모자관계, 모녀관계와 같이 다양한 개별적 관계로 구성된다. 이렇듯 성별과 나이가 다른 여러 구성원 간의 복잡한 상호작용이 가족 안에서 일어난다. 대가족처럼 조부모나 다른 친인척까지 가족관계에 포함하면 더욱 복잡한 역동적 관계를 나타낸다.

2. 부부 간의 인간관계

젊은 두 남녀가 이성 관계를 통하여 서로에게 매력을 느껴 사랑을 하고 이러한 사랑의 결실로 결혼을 하게 된다. 즉, 두 사람은 연인관계에서 부부관계로 바뀌게 된다. 부부는 인생에 있어서 중요한 동반자라고 할 수 있다. 행복하고 성공적인 부부관계는 화목한 가족관계를 이루는 데 가장 기본이 되며, 부부관계는 한 개인의 행복을 결정하는 가장 중요한 인간관계다. 성공적인 부부관계를 유지하기 위해서는 어떤 점들이 있는지 살펴봐야 할 것이다.

1) 부부관계의 형성

배우자의 선택 방식

기대수명이 늘어난 현대사회에서 결혼은 인생에 있어서 중요한 사안이 아닐 수 없다. 동반자와 함께 살아온 날보다 살아가야 할 날이 더 많아지는 시대다. 그러므로 성공적인 결혼을 위해서는 다음과 같이 결혼과 관련된 요인들을 아는 것이 중요하다.

첫째는 가족 성장배경이다. 부모가 성공적인 결혼 생활을 했을 경우 자녀도 성공적인 결혼 생활을 영위할 가능성이 높다. 그러나 이와는 반대로 부모가 이혼했거나, 갈등을 많이 겪었다면, 자녀들 또한 이혼할 가능성이 높은데 이는 결혼의 불안정성이 세대 간에 전이될 확률이 높은 데서 기인한다. 생활 속에서 부모로부터 이상적인 부부의 역할을 배운 자녀들은 결혼 후에도 원만한 결혼 생활을 유지할 수 있다.

둘째는 연령 요인이다. 결혼할 때 배우자의 연령이 너무 낮거나 반대로 너무 높아도 성공적인 결혼 생활을 하기가 어렵다. 연령이 너무 낮은 경우에는 결혼 후 생활이나 부부의 역할에 대해 충분히 생각하지 않고 아이를 가졌거나 부득이한 사정으로 결혼을 선택한 경우가 많기에 성공적인 결혼생활을 하는 데 문제가 있을 가능성이 높다. 이와는 반대로 연령이 지나치게 높은 경우에도 결혼대상자를 선택할 수 있는 폭이 좁기에 서로 맞지 않은 상대와 결혼하게 될 가능성이 높다.

셋째는 교제 기간이다. 교제 기간이 긴 장기 커플일수록 성공적인 결혼 생활을 할 가능성이 높다. 이는 교제하는 동안 상대가 결혼상대자로서 적절한 사람인지를 평가할 수 있기 때문이다. 그러나 오랜 교제 기간이 반드시 성공적인 결혼 생활을 보장하는 것이 아닌데, 이는 연애와 결혼 생활이 전혀 다른 상황일 수 있기 때문이다. 오랜 교제로 인한 권태기로 이미 사랑이 식었을 수도 있고, 연애 때는 보기 싫을 땐 보지 않음으로 상대방의 부정적인 특성을 심각하게 받아들이지 않았지만 결혼하게 되면 어쩔 수 없이 자주 부딪히기 때문이다.

넷째는 성격 요인이다. 성격 차이로 이혼하는 커플이 늘어나면서 결혼 생활에 있어 성격은 성공적인 결혼 생활을 하느냐, 하지 못하는가에 대해서 큰 영향을 미친다. 왜냐하면 긍정적이고 밝은 성격을 가진 배우자는 상대가 어떤 사람이든 어떤 문제가 발생하든 대화를 통해서 좋은 해결책을 찾는 데 비해, 부정적이거나 거친 성격을 가진 배우자는 사소한 일로도 심각한 부부 문제를 일으킬 수 있기 때문이다.

배우자의 선택 과정

수많은 이성 중에서 한 사람의 결혼상대자를 만나는 과정은 가히 운명적이라고 할 만큼 신비스럽고 놀랍다. 이렇게 배우자를 선택하는 것은 제2의 인생을 살아야 하므로 어렵고도 중요한 과제이며 매우 신중해야 한다.

Udry(1971)는 배우자를 선택하는 과정에서 일종의 정수기 여과 망처럼 점차 자신에게 맞는 요소들을 찾아간다는 모델을 설정하였다. 상대 배우자를 선택하기까지 총 여섯 개의 여과 망이 존재하는데 이러한 여과 망을 하나씩 거치면서 그 대상이 좁혀지고 결국 마지막 한 사람을 선택하게 된다.

첫째, 근접성 여과 망을 통하여 모든 가능한 대상자 가운데 현실적, 지리적으로 쉽게 만날 수 있는 사람들로 그 대상이 제한된다. 예를 들어, 현재 부산에 거주하는 여성이 서울에서 사는 남자보다 부산에서 사는 남자와 결혼할 가능성이 높다는 얘기다. 마찬가지로 교사로 일하는 여성은 같은 직업을 가지고 있는 남자와 만나 결혼할 가능성이 높다.

둘째, 매력 여과 망을 통하여 서로에게 매력을 느끼며 호감을 느끼는 사람들로 그 대상은 다시 좁혀진다. 매력을 느끼는 요인은 개인에 따라 다르지만, 상대방의 행동을 관찰한 결과에 따라 인성, 외모, 능력 등이 포함된다. 처음 만났을 때는 신체적 매력이 호감을 촉진하는 데 중요하게 작용하지만, 장기간 사귀는 과정에서는 능력이나 성격적인 요인들이 매력으로 작용할 수 있다.

셋째, 사회적 배경 여과 망을 통하여 인종, 연령, 종교, 사회경제적 지위, 직업, 교육 수준 등이 비슷한 커플끼리 맺어질 가능성이 높다.

넷째, 상호의견일치 여과 망을 통하여, 정치, 경제, 사회, 가정에 대한 관점, 여성의 지위와 역할에 대한 태도 등 인생관과 가치관이 유사해서 의견의 일치가 이루어진 경우라면 두 사람의 결혼 가능성은 더욱 높아진다.

다섯째, 상호보완성 여과 망을 통하여 상호 간의 욕구와 필요를 서로 충족시켜 줄 수 있고, 어느 한 편의 단점을 다른 편에서 보완해 줄 수 있을 때 결혼 가능성이 증가한다.

여섯째, 결혼 준비인데 이는 무엇보다도 타이밍이 중요하며 이 여과 망을 통과함으로써 비로소 남녀는 결혼에 이르게 된다. 앞서 설명한 여러 가지 여과 망을 통과했더라도 결혼 준비가 되어 있지 않다면 최종적으로 결혼이 성사되기는 어렵다.

배우자 선택에서 고려할 점

행복한 결혼 생활을 위해 배우자 선택에서 고려해야 할 요인들은 무엇일까? 이에 대해 유영주(1997)는 다음과 같은 세 가지 기준을 제시하였다.

첫째, 배우자는 본인이 원하는 사람이어야 한다. 결혼생활은 감정교환의 연속이므로 서로 원하고 호감이 가야 하며 감정의 교환이 가능해야 한다.

둘째, 본인이 필요로 하는 사람이어야 한다. 배우자를 통해서 경제적 · 감정적으로 안정감으로 가질 수 있어야 하며, 원하는 생활 수준을 유지할 수 있어야 한다. 감정의 교환은 쉬우나 경제적 안정을 유지할 수 없다면 생활에 위협이 따르게 된다.

셋째, 배우자는 현실적으로 선택이 가능한 위치에 있어야 한다. 비교할 수 없이 차이가 나는 환경수준이라든가 너무 멀리 있어 현실성이 없는 사람은 배우자로 적합하지 않다.

2) 부부관계의 적응 및 역할

부부 적응

적응이란 개인의 심리적 요인과 환경적 요인이 작용하여 조화를 이룬 상태를 말한다. 적응은 인간이 주어진 문화적이고 사회적인 환경에 대해 수동적으로 순응하는 것이 아니라 능동적이고 적극적으로 참여하여 변화시키는 상호작용 과정을 의미한다. 부부 적응이란 부부가 서로의 심리, 생리, 사회적 욕구를 충족하기 위해 부부 간뿐만 아니라 부부를 둘러싼 외적 환경에 대해 상호 적응하는 과정을 의미한다. 부부 적응은 결과보다 과정이 강조되는 개념으로 바람직한 방향으로 변화 가능성을 내포하고 있다. 부부 적응이란 그 자체가 목적이 아니라, 관계 속에서 최대만족을 이루기 위해 개인의 그리고 부부의 행동 및 상호작용 패턴들을 수정, 적응, 변화시키는 과정이다. 부부 간의 적응은 상대 배우자에 대한 일상생활의 적응뿐만 아니라 사회적, 인간적, 경제적 여건에 대한 적응을 포함하는 역동적인 과정이다. 특히 현대사회의 고도화와 복잡한 분화로 인하여 부부 간의 적응은 더욱 어려운 과제가 되고 있다. 결혼 생활의 구체적인 영역을 중심으로 다음과 같은 적응 노력이 필요하다.

■ 성격적 적응

부부는 각자가 고유한 성격적 특성을 보이며 성격 차이가 결혼 생활을 하는 동안 계속직 · 간접적인 영향을 미친다. 부부가 이혼하는 첫째 사유가 성격 차이로 보고될 만큼 성격 차이는 결혼 생활의 다양한 영역에서 갈등 요인이 되고 있다. 성격 차이를 극복하고 성격의 조화를 이루기 위해서는 각 개인의 인격적 성숙과 정서적 안녕감, 대화를 통한 이해, 적응 기간 등이 필요하며 다음 사항에 유념해야 한다.

첫째, 부부 간의 성격 차이와 가치관 차이는 당연하고 정상적임을 알고 수용해야 한다. 또한 상대방의 행동 특성의 배경을 이해하고 수용하도록 해야 한다. 둘째, 상대방의 독립성과 자율성을 인정해 주어야 한다. 부부는 각기 다른 경험과 성장배경을 가졌고 별개의 인격체이기 때문에 동일한 사실에 대하여 사고의 감정을 다르게 가질 수밖에 없다. 셋째, 부부 모두 자신의 장점과 상대방의 장점이 발전하도록 노력해야 한다. 부부 상호 간에 서로의 단점과 약점만을 보고 비난하면 있는 장점마저 성장하거나 발전하지 못하게 되어 자존감이 저하된다.

■ 사회문화적 적응

성장배경이 다른 두 사람이 만나 부부로서 공동생활을 하려면 일상생활에 관한 규칙과 역할에 관한 의견일치가 필요하다. 두 사람이 개인적으로나 가족 배경 면에서 의식주, 직업, 집안일, 육아, 가정의례, 생활 습관 등의 차이가 있을 때 사회문화적 적응이 요구된다. 과거에는 일방적으로 아내가 남편과 시댁의 사회문화적 습관에 맞추는 것이 통례였다. 과거의 통례로 인해 한이 서려 있는 아내들이 상당수였다. 그러나 오늘날은 결혼생활을 하는 부부 모두의 적응이 필요하다. 이를 위해 부부 양자가 대등하고 개방적인 대화를 통해 합리적이고 창의적인 방식을 정립하고 양자가 만족할 수 있는 방식과 규칙을 개발해 나가야 한다.

■ 성적 적응

성은 결혼 생활에서 중요한 기본 요소다. 과거에는 부부에게 성이란 자녀 출산의 의미가 컸고, 개인적인 행복으로서 성생활은 논의를 삼가왔다. 특히 유교의 뿌리가 깊은 우리나라에서는 더더욱 금기해야 할 덕목으로 여겼다. 따라서 성적 부적응 문제에 대해서 적극적인 대책을 세우지 못하고 수면 아래로, 잠복하여 있는 부부 문제 중의 하나가 되어왔다. 그러나 현대사회에서는 개인의 행복 추구 성향이 커짐에 따라 성에 대한 관심이 고조되고 성적 적응이 더 중요시되었다. 부부 간의 성적 적응을 위해 다음 사항을 유념해야 한다.

첫째, 성은 복합적인 요인을 갖고 있으므로 성적 적응을 위해 통합적 노력을 하여야 한다. 부부 간의 성은 기교 문제가 아니라 몸과 마음의 건강, 사랑과 신뢰, 정서적 · 인격적인 교감, 정확한 성 지식 및 태도 등을 고려하여 상호조화하는 노력이 필요하다. 둘째, 부부의 성적 적응을 위해서는 성에 관한 정확한 이해와 부부 공동의 지속적 노력이 필요하다. 부부 간의 성은 두 사람을 연합하는 예술이므로 적응을 위해 시간과 협동적 노력이 필요하다. 성적 적응을 위해 한쪽 배우자에게만 책임이나 의무가 있는 것이 아니고, 부부 쌍방에게 책임이 있고 부부가 같이 노력해야 한다.

■ 경제적 적응

부부 간의 경제적 적응이란 적절한 소득수준과 서로가 인정할 수 있는 소비, 지출 방법과 합리적 태도를 지녀서 만족스러운 경제생활을 하는 것이다. 부부는 흔히 소비패턴이나 돈 사용 관념에서 차이가 난다. 따라서 먼저 그들이 성장 과정에서 돈에 대해 배운 의미가 무엇인지, 각자의 경제적 욕구가 무엇인지를, 대화를 통해 검토하여 차이를 해소하고 경제공동체로서 만족한 상태에 도달하는 방법을 찾아서 실천해야 한다. 부부가 경제관리와 관련하여 책임감과 투명성, 평등성과 공동의 의사결정, 계획성이 중요하고 그 과정에서 개방적 대화를 하는 것이 필요하다.

■ 친인척관계 적응

결혼 생활은 부부만의 생활이 아니라 결혼으로 형성된 시가, 처가와의 인척 관계로부터 많은 영향을 받는다. 전통적으로 가장 많은 적응이 요구되는 관계는 며느리와 시집 식구의 관계다. 그중에서 고부 관계는 한국 가족에서 가장 취약한 가족 관계로 알려져 있으므로 특별한 적응 노력이 필요하다. 고부간의 관계는 부부관계에 직접 영향을 미치고 모자 관계나 조부모-손자녀 관계에도 영향을 미치므로 갈등이 발생 할 경우 가족 문제로 비화 될 수도 있다. 이와 같이 혈연에 의해 맺어진 관계가 아닌 결혼으로 맺어진 관계에서 서로를 파악하고 이해하며 적응하는 데 시간과 노력이 필요하다. 인척 관계 적응을 위해서는 다음 사항을 노력해야 한다.

첫째, 시가 식구, 처가 식구와의 관계가 원가족과의 관계가 동일하기를 바라는 환상에서 벗어나야 한다. 환상에서 벗어나지 못할 때 실망과 좌절감이 증대되고 관계는 악화된다. 그러므로 인척 관계에 대한 현실적 기대를 하는 것이 중요하다.

둘째, 인척과의 갈등이 발생하면 상대방이 문제가 있다고 생각하기보다는 서로를 알아가는 과정이라고 생각하고 상대방을 이해하려고 노력해야 한다. 그리고 적절하게 갈등을 표현하며 직접 대화를 통해 해결 노력을 기울여야 한다.

셋째, 시가 식구나 처가 식구는 며느리나 사위에 대해 독립된 인격체로서 존중하고 간섭이나 의존, 지나친 기대를 지양해야 하고, 자녀 부부관계의 자율성을 인정하여야 한다. 며느리와 사위는 시부모나 처부모의 요구를 이해하고 그들의 경험을 존중하면서 자신의 도리를 다하는 노력을 해야 한다. 중간에 있는 남편은 아내의 며느리로서의 고충을 그리고 중간에 있는 아내는 남편의 사위로서의 애로사항을 이해하고 진심으로 인정해 주며 고충을 덜어주는 노력을 하는 것이 중요하다.

남편 역할과 아내 역할

부부의 적응에서 중요한 부분은 각자 역할에 대한 합의다. 돈벌이는 남편의 일이고 가사는 아내의 일이라고 전통적인 역할 규정을 따른다고 할 때도, 남자가 가장 역할에 적응하고 여자가 매일매일 밥하고 청소하는 주부 역할에 익숙해지기까지는 상당한 내적 저항과 혼란이 따를 수가 있다. 맞벌이 부부들은 집안일 분담을 합의해야 하는데, 아주 좋아하고 잘하는 일부터 죽어도 하기 싫은 일까지 각자 늘어놓고 일을 나누면 좋을 것이다. 어떤 대인관계든 역할 규정과 수행이 들어가지만, 근본적으로 부부관계는 역할 관계 이상의 것이라는 인식이 필요하다(홍숙기, 2010). 부부가 친밀한 관계가 아니라면, 그 결혼 생활은 아무리 평화로워도 결국 빈 껍질뿐이고 성생활도 역할 관계가 되어 버린다. '부부생활'이라 하면 '성생활'을 의미할 정도로 성은 부부의 친밀과 사랑의 가장 직접적인 표현이고, 많은 연구에서 성생활 만족도는 결혼 생활 만족도와 상관이 높다. 실제로 많은 남자는 성이 만족스러우면 결혼 생활도 만족스럽다고 생각한다. 여자는 좀 다르다. 남편에게 인간으로 존중받고 여자로 사랑받을 때 결혼 생활도, 성도 만족스러운 것이 된다.

요즈음에는 부모의 과잉보호가 자녀가 성인기에 이르기까지 이어져서 결혼 뒤에도 경제적 · 정서적으로 독립을 못 하는 일이 많다. 힘든 일이 있으면 부부가 상대방에게서 정신적 지지자 정서적 충족을 찾기보다는 '엄마', '아빠'에게 전화하거나 달려간다. 이렇게 되면 부부가 서로 적응하며 같이 성장하기보다는 상대방이 엄마, 아빠처럼 자기를 위해 주기만 바라게 된다. 공주님과 왕자님으로서 계속 살고 싶다면 상대방이 나를 잘 모셔야 하는 것이므로 나는 적응하려고 노력할 할 필요가 없다. 둘 다 그런 태도를 가진다면 관계가 깨지는 것은 시간문제다. 20년 30여 년을 남남으로 살아온 사람들이 '우리'로서 같이 생활한다는 것은 반나절하고 말 소꿉장난이 아니며 상당한 정도의 협동과 양보가 필요한 일이다. 받기만 하거나 주기만 하는 것은 적응이 아니라 지배나 복종이며 현대적 결혼에서 이러한 상하관계로서의 부부관계는 오래 지속되지 못한다. 또한 부부는 '우리'로 살면서 동시에 '나'로서도 존재할 수 있어야 한다. 정서적으로 독립한 사람만이 진정한 의미의 친밀관계를 맺을 수 있다. 같이 살아도 '나만의 공간'이 필요하며 간격이나 거리를 용인하거나 요구할 수 있어야 한다. 이는 결혼하고도 친구들과의 우정을 가꾸거나 좋아하는 활동을 계속한다는 것을 뜻한다.

라이스(Rice, 1979)는 추운 밤에 같이 자려는 두 마리의 고슴도치에 비교하는 이야기를 인용한다. 같이 잘 때 너무 가까워지면 서로 가시 같은 털이 찔러서 아프고, 너무 떨어지면 서로 체온의 덕을 볼 수가 없어서 춥다. 둘은 떨어졌다 붙었다 하면서 최소한 찌르면서 최대한 따스함을 얻을 수 있는 위치에 도달한다. 이 과정은 하룻저녁에 끝나는 것이 아니다. 때로는 수십 년이 걸리기도 한다. 나는 상처받아도 따뜻한 것이 좋은데, 내 짝은 얼어 죽을지언정 상처받기 싫다면 어쩌겠는가? 이러한 적응 과정에서 갈등은 처음부터 불가피한 것이다. 부부가 서로 적응한다는 것은 곧 갈등을 현명하게 대처하는 것을 의미한다.

3) 부부의 의사소통

부부는 결혼을 통해 맺어진 관계이며 삶에서 가장 친밀하지만, 서로에게 가장 큰 상처를 줄 수 있는 관계라고 할 수 있다. 부부는 상대방의 생각과 감정을 자신의 것만큼 소중하게 이해해 주고 어려울 때 서로 의지할 수 있는 사이이다. 그러나 부부는 상대방의 영역에 관여하는 관계이므로 자칫 잘못하면 갈등을 불러일으킬 수 있다. 서로에 대한 관심이나 배려가 부족하게 되면 부부 간의 의사소통이 겉돌게 되고 의사소통 자체가 어려워질 수 있다. 원만한 부부관계를 위해서는 효과적인 의사소통 방법이 모색되어야 한다.

부부 간의 의사소통 기술(홍경자, 2007)

부부 사이에 문제가 발생하면 그때그때 풀어 나가야 한다. 부부 갈등을 방치하게 되면 한쪽은 가해자의 역할을 하고 한쪽은 학대받고 원망하는 역할을 하는 방식으로 대응하는 것이 굳어져 끝내는 그 양식을 깨뜨리기가 매우 어렵게 된다. 다음에 제시하는 6단계 대화기술을 통해 부부 간에 발생한 문제를 풀어보자. 대화는 문제를 느낀 쪽에서 먼저 시도하게 된다.

• 1단계: 먼저 마음을 차분하게 가라 앉힌다

흥분된 상태에서 화가 난 목소리로 이야기하게 되면 사태만 악화할 뿐이고 문제는 고스란히 남아 있게 된다. 그러므로 효율적인 문제해결을 위해서 대화를 시작할 때는 자신의 격앙된 감정을 진정하는 것이 급선무다. 이를 위해서는 다음과 같은 말을 다짐하거나 글로 써 보는 것도 효과적이다.

"나는 담담하게 이야기할 것이다." " 내 아내(남편)를 인격적으로 대우하며 다정하게 말할 것이다." "나는 움츠러들거나 약자의 위치로 내려가지 않고 인격적으로 대등한 입장에서 말할 것이다. 그것이 내가 나를 존중하는 태도다."

• 2단계: 대화를 시작하는 방법을 숙고한다

배우자에게 말하기 전에 말해야 할 내용을 글로 적어 보고 거울 앞에 서서 말하기를 연습해 보도록 한다. 이것이 힘들면 길을 걸어가면서 또는 자동차를 운전하면서 연극을 하듯이 혼자 말하기를 연습해 보도록 한다. 그리고 진짜 문제점이 무엇인가에 대하여 먼저 규명할 필요가 있다. 예를 들어서, 남편은 아내를 믿고 돈을 벌어 오는 대로 모두 아내에게 주면 아내는 그 돈을 며칠 안으로 탕진한다고 하자. 아내는 친구들과 어울려 돌아다니는 것과 사치를 좋아한다. 당신은 이 문제를 가지고 가끔 아내와 말다툼을 벌인 적이 있는데 이제는 진지하게 대화로써 금전 사용의 규칙을 아내와 함께 제정하려고 한다. 당신이 할 일은 다음과 같다.

■ 문제점을 명료화하고 그 문제점에 대하여 부부가 일치된 견해를 갖도록 한다

"여보, 당신, 정신이 있어요? 없어요? 돈을 그렇게 물 쓰듯이 해서야 어찌 살겠소. 에이. 재수 없어!"와 같이 상대방에 대한 화풀이나 질책은 문제해결에 전혀 도움이 되지 않는다. 무엇

이 부부에게 해결되어야 할 중요한 문제점인가에 대하여 분명하게 언급하는 것이 문제 해결적인 대화를 시작하는 지름길이다. 따라서 위의 말을 다음과 같이 바꾸어 진술하는 것이다.

"여보, 내가 보기에 당신은 돈 쓸 일이 많은 것 같고, 또 씀씀이도 헤퍼 보이는구려. 그런데 당신의 생각은 나하고 다를 수가 있소. 아무튼 우리 부부 간에 금전을 사용하는 방식에 큰 차이가 있어서 그것이 항상 말다툼의 원인이 되고 있소. 우리 부부가 생활비를 어떤 방식으로 사용할지 의견을 나누고 원칙을 정할 필요가 있겠어요."

■ 먼저 긍정적인 표현을 한다

'지혜로운 결혼생활(Smart Marriage)'의 창시자인 고트만(Gottman)은 결혼 생활을 불행하게 끝내느냐 또는 행복하게 유지하느냐는 부부 사이에 얼마나 많은 부정적 또는 긍정적 표현을 하고 사는가와 밀접한 관련이 있다고 하였다. 다음과 같이 부정적인 대화 특성이 있는 부부는 이혼할 확률이 높다고 고트만은 지적했다.

배우자의 특성을 비난한다.
자기 행동에 대한 책임을 부정하고 방어적으로 나온다.
배우자를 모욕하고 학대적인 태도를 보이며 멸시한다.
벽창호로 대한다.

부부가 행복해지려면 서로 간에 긍정적인 언어를 자주 구사해야 한다. 그것은 칭찬, 인정, 감사의 말을 통하여 배우자를 사랑하고 소중하게 여기고 있다는 것이 전달되도록 하는 것이다. 누군가가 나를 지극한 마음으로 아껴 주고 사랑하며 인정해 주고 있다는 믿음이 자기 마음속에 남아 있는 사람은 인생의 험한 난관을 헤쳐 나갈 수 있는 용기와 자신감을 얻을 수 있다. 그리고 가난하고 비천한 상황에서도 미소와 행복을 간직하고 살아갈 수 있다.

■ 평가적인 표현보다는 객관적인 표현으로 말한다

아내(남편)의 행동에 대하여 '잘했느니, 못했느니'라고 도덕적으로 평가하고 질책하기보다는 객관적인 증거를 제시하면서 이야기를 전개하는 것이 좋다.

"돈만 보면 어디다 쓸까 하고 돈 쓸 일만 생각하니 당신은 집안을 망칠 여자야."

이런 표현을 다음과 같이 바꾸도록 한다.

"여보, 공사 마치고 받은 대금 당신에게 전부 주지 않았소? 그 많은 돈을 다 써버렸다는 것이 도무지 이해가 되지 않아요. 내가 얼마나 놀랐는지 몰라요. 당신에게 실망해서 말하는 거예요. 언제쯤 우리 부부가 금전 사용 원칙을 세워 보도록 합시다."

• 3단계: 배우자에게 직접 이야기한다

당신이 흥분을 가라앉히고 담담하게 말할 수 있는 상태가 된 다음에는 상대방과 직접 맞닥뜨리도록 한다.

- 대화하자고 건의한다: 당신은 배우자에게 대화를 하자고 건의할 수 있다.

- 다시 거론한다: 배우자가 싫다고 하면 다음 기회에 진지하게 논의하도록 한다. 그리고 얼마의 기간이 지난 다음에 당신은 그 문제를 다시 거론하도록 한다. 이때도 싫다 말한다면 배우자의 협조를 받아 낼 상황이 아니다. 그때 당신은 어떤 조치를 취할 것인가? 당신은 불같이 화를 내거나 아내를 비난하고 집 밖으로 쫓아낼 수도 있다. 그러나 바람직한 방법은 당신이 화가 난 감정과 실망감을 담담하게 표현하는 것이다.

- 대화를 포기하지 말라: 이때 유념할 것은 상대방이 당신과 상의할 의사가 없음을 표명하더라도 그와 대화하기를 결코 포기하지 않는 것이다. 배우자가 다른 쪽 배우자에게 수십 번 부탁하지만, 번번이 묵살될 때 그 문제에 대한 논의를 아예 단념해 버리기 쉽다. 그러나 포기와 단념으로 문제는 결코 해결되지 않는다. 오히려 시간이 지날수록 만성이 되어 부부관계에 더 깊은 골을 만들 가능성이 크다.

- 상대방의 협조가 없음녀 독자적으로 행동하도록 한다: 배우자에게 대화하기를 당신이 여러 차례 요청했지만, 상대방이 비협조적으로 나올 때는 그를 비난하고 원망, 분노할 필요가 없다. 배우자는 변화할 의사가 없고 또 변화하기가 불가능하다면 이제는 당신 쪽에서 당신이

그 문제를 보는 시각을 바꾸어야 한다. 경제적인 관리 능력이 부족한 아내에게 당신이 금전 관리를 위임한 것이 잘못이라는 것을 깨닫고 이제부터는 당신이 독자적으로 그 문제를 해결하는 방안을 강구해야 한다.

• 4단계: 상대방이 당신과 대화를 나눌 의사가 있음을 표명하면 그에게 이야기할 기회를 주도록 하고 적극적으로 대화한다

- 적극적인 경청의 자세로 임한다: 배우자에게 이야기할 기회를 준 다음에는 당신 쪽에서 적극적인 경청자가 되도록 한다. 그리하여 배우자에게 시선을 맞추고 가끔 고개를 끄덕이며 질문도 하면서 그의 마음을 이해하려고 노력하는 것이다. 특별히 유의할 점은 상대방의 말을 중간에 가로막지 않도록 하는 것이다.

- 배우자의 감정에 공감해 주는 것을 잊지 않도록 한다: 문제를 거론한 당사자가 상대 배우자의 이야기를 경청하면서 그의 마음을 정확하게 읽어 주는 역할을 수행할 때 건설적인 방향으로 대화가 진척된다. 배우자들이 표면적으로 말하지 않지만, 내면적으로 마음 깊이 무엇을 원하고 있는지를 헤아려 주고, 그 마음에 공감을 표시해 줄 수 있는 수준까지 대화 능력이 발전한다면 부부 간의 갈등은 쉽게 풀릴 수 있을 것이다.

- 상대방의 성격유형과 지각적 특성에 맞추어 대꾸하도록 한다: 배우자에게 사랑받고 있다는 느낌은 개인의 취향에 따라 다르다. 신체적인 터치(touch), 따뜻한 말과 대화 나누기, 가정사를 도와주는 봉사, 물질(선물)의 제공, 함께 시간 보내기가 모두 사랑의 언어요, 사랑의 행위인 것은 틀림없다. 그러나 이들 다섯 가지 '사랑의 언어(love language)' 중에 어떤 것을 특별히 선호하느냐는 개인에 따라서 다르다. 배우자가 이것 중 어떤 것을 더 선호하는지를 한번 헤아려 보고 그에 맞추어 줄 필요가 있다.

- 성별의 기질적 차이점을 인식하고 대화하도록 한다: 남자와 여자는 생물학적 차이와 더불어 심리적으로도 차이가 있다. 남자는 이성적인 면이 강하고 여자는 감성적인 면이 강하다.

이러한 차이점을 인식하지 못하기 때문에 원만한 부부 간에도 말로는 표현하기가 힘든 미묘한 괴리감을 가끔 경험하게 된다. 남자는 가정과 결혼생활의 만족을 기능적인 면에서 구하는데 반하여 여자는 안전과 관계성을 추구하려는 경향이 있다. 남편은 아내에게서 존경과 인정을 받고 싶어 한다. 그리고 가정에 돌아와 편안하게 쉬고 에너지를 재충전하면 행복하다고 느끼게 된다. 이에 반하여 부인은 남편에게서 사랑을 받고 싶어 하고 다정한 대화를 나누고 싶어 한다. 따라서 여자들은 남편의 자존심과 독립성에 대한 욕구를 이해해 주어야 한다. 한편 남자들은 아내의 정서적 관계성에 대한 욕구를 이해하고 지금부터는 부드러운 말고 신사다운 태도로 임하도록 노력해야 한다. 간혹가다 한 번씩은 연애 시절에 취했던 행동과 외교관과 같은 태도로 임하는 것이 현명하다. 아내는 영원한 여성이다.

• 5단계: 문제해결을 위한 방안을 여러 각도에서 논의한다

이 단계에서는 대안(代案)을 도출해 내 부부가 안고 있는 어떤 문제를 효율적으로 해결할 수 있도록 브레인스토밍(brainstorming), 즉 중지수렴衆智收斂의 시간을 갖도록 한다. 부부는 논의할 주제를 정한 다음, 다양하고 기발한 아이디어를 되도록 많이 도출해 내도록 하는데, 이를 위해서 약 일주일 정도의 시간적 여유를 갖는다. 그러고 나서 서로가 생각해 낸 아이디어들과 주변 사람들의 경험담을 머리에 맞대고 이야기하도록 한다. 이때에는 도출된 아이디어에 대하여 모든 판단과 평가를 유보하고, 그것들을 모두 기록하는 것이다.

• 6단계: 여러 대안 중에 가장 현실적이고 현명한 한두 가지의 대안을 선택하고 그에 따른 계획을 수립하여 실천한다

이 단계에서는 브레인스토밍의 과정을 통하여 수집된 여러 가지 아이디어를 심사하게 분류하고 평가하도록 한다. 각각 대안의 장·단점을 살펴본 다음에 현실적으로 적용하기 쉽고 유용한 대안을 한두 가지 선택하거나 그것들을 조합하고 다듬어서 제3의 아이디어를 만들어 선택하도록 한다.

누구를 막론하고 이상에서 소개한 대화 방법을 일상생활 중에 단계적으로 사용하기는 사실상 거의 불가능할 것이다. 그러나 부부 간에 어떤 문제점을 반드시 짚고 넘어가야 하겠다고 느끼는 상황이 발생할 때 이 단계를 순서대로 따라가면서 대화하게 되면 틀림없이 놀랄 만한

효력이 나타나는 것을 체험할 수 있을 것이다.

의사소통의 걸림돌

연인일 때는 하루에 전화 통화를 두 시간씩 하던 남녀가 부부가 되면 서로 심드렁해져 서로에 대한 관심도 줄어들고 자주 대화를 하지도 않게 되는 경우를 많이 볼 수 있다. 눈빛만 보아도 그 사람이 무엇을 말하는지 다 알 것 같았던 연인이 부부가 되면 대화가 줄어드는 이유는 뭘까? 부부의 의사소통을 어렵게 하는 요인으로 다음 사항을 생각해 볼 수 있다(Stinnett et al., 1984).

· 성장배경의 차이: 사람은 성장하는 과정에서 경험하는 사회적, 경제적, 종교적 환경에 따라 독특한 가치관, 생활 습관을 형성하게 된다. 부부는 이렇게 서로 다른 성장배경을 갖고 있기 때문에 서로 다른 의사소통 규칙을 가질 수 있고, 서로의 생각이나 감정을 수용하기 어렵다고 느껴지면 대화를 피할 수 있다.

· 성역할의 차이: 남녀에 대한 사회문화적 기대의 차이 때문에 남자에게는 적극적이고 도전적인 성향을 기대하지만, 여자에게는 수동적이고 의존적인 성향을 기대한다. 아내는 남편의 말을 끝까지 들어주고 그것을 지지하는 언어적 반응을 자주 보이는 데 비해 남편은 자기 주장이 강하고 다른 사람의 말을 반박하는 경향이 있기 때문에 아내는 자기 생각을 솔직하게 전달하지 못할 수 있다. 또한 아내는 대화를 계속하고 촉진하기 위해 자주 질문하는데 남편은 그러한 질문을 쓸데없는 참견이나 프라이버시 침해로 여기는 경향이 있다.

· 간접적 의사소통: 자신이 바라는 것을 직접적으로 표현하지 않고 간접적으로 암시함으로써 듣는 사람이 상대방의 의도를 파악하기 힘들어하는 것을 간접적 의사소통이라고 한다. 부부관계에서 일반적으로 남편보다 아내가 단절적 의사소통을 사용하는 경향이 있다. 가령 영화관에 가고 싶을 때 여자들은 "여보 같이 영화 보러 갈래요?"라고 직접적으로 묻기보다 "A 영화관에서 좋은 영화가 상영된대요"라고 간접적으로 의사를 전달한다. 만일 남편이 아내의 의도를 알아채지 못하고 단지 좋은 영화를 상영한다는 사실로만 받아들이게 되면 아내는 자신의 요구가 거부당했다고 느낀다.

· 개념공유의 실패: 대화는 서로 같은 개념을 공유할 순조롭게 이루어지는데 같은 단어에

대해 서로 다른 개념을 가지고 있을 때 의사소통에 문제가 발생할 수 있다. 가령, 남편이 멋진 곳에서 저녁을 먹자고 제안하였을 때 아내가 생각하는 '멋진 곳'과 남편이 생각하는 '멋진 곳'이 서로 다를 수 있다. 남편에게 '멋진 곳'은 집에서 가까운 맛있는 식당이지만 아내에게 '멋진 곳'은 분위기 좋고 비싼 호텔 식당일 수 있다.

· 인지적 왜곡: 부부관계에서 대화가 중단되는 일반적인 원인 중의 하나는 상대방의 말이나 행동을 왜곡되게 받아들이는 것이다. 가령, 피곤해서 시댁을 다음에 방문하자고 말한 아내의 행동을 시댁에 대해 불만을 가지고 있는 것으로 바라보는 선택적 지각이나 인터넷에서 저렴하게 나온 명품백을 구입한 행동을 보고 명품만 좋아하는 여자로 바라보는 지나친 일반화가 대표적인 사례다. 이렇게 자기 생각에 고착되어 상대방의 행동을 왜곡되게 바라보면 의사소통이 어렵게 되고 부부관계를 악화하게 한다.

· 방어적 태도: 방어적 태도는 상대방이 자신의 인격이나 정체성을 위협할 때 취하게 되는 행동이다. 부부관계가 원만하지 않고 상대방을 부정적으로 바라보기 시작하면 서로 방어적으로 행동하게 되어 상대방의 말을 있는 그대로 받아들이기보다 저의가 있는 것으로 이해한다. 이렇게 방어적인 태도를 가지게 되면 상대방의 감정이나 의도를 부정확하게 받아들이게 되고 부부 간에는 대화가 점점 사라지게 된다.

· 부족한 대인 기술: 남녀 불문하고 자신의 말이나 행동이 상대방에게 어떤 영향을 미칠 수 있는지를 고려하면서 대화해야 하는데 그렇지 못한 경우가 자주 있다. 가령, 요점 없이 너무 산만하게 말을 해서 무슨 말을 하는지 모르거나 상대방이 말할 때 경청을 하고 있다는 신호("음~", "그래서요?"등)나 피드백을 주지 않고 무감각하게 들어서 상대방이 건성으로 듣고 있다는 느낌을 줄 수 있다.

언어화와 감정노출에 따른 대화스타일(Hawkins et al., 1980)

부부의 대화 스타일을 자신의 생각이나 감정을 얼마나 언어적으로 표현하는지를 바탕으로 분류할 수 있다. 통제형 부부는 부부 간의 의견 불일치를 인정하지 않으려고 하며 상대방이 무슨 생각을 하는지 알고 싶어 하지도 않는다. 상대방의 의견이나 결정을 무시하고 저평가하며 상대방의 감정에 공감하지도 않는다. 형식형 부부는 부부 사이에 존재하는 심각한 문제는 회피하고 의사소통의 단절을 막기 위한 수단으로 피상적인 대화만을 나눈다. 겉으로 보기엔 대화를 많이 하는 부부로 비칠 수 있지만 공허하다. 숙고형 부부는 새로운 생각에 개방적이고 상대의 견해를 존중하지만, 자신의 감정은 별로 표현하지 않는다. 주로 상대방의 감정에 대한 질문을 함으로써 상대방의 생각과 감정을 이해하는 데 적극적이다. 주로 접촉형 부부는 가장 바람직한 의사소통 유형으로 상대방의 견해에 진정으로 관심을 갖고, 서로 생각을 공유하길 바라며, 자신의 감정을 솔직하게 드러낸다.

가령, 오늘 저녁 외식을 어디에서 할지에 대해 부부 간의 의견이 다를 때 어떤 반응을 보이는지에 따라 대화의 유형이 달라진다. 만일 "이 문제로 싸움을 벌이느니 아무 데도 가지 말자"라고 말한다면 통제형 부부이고, 논쟁을 벌이기보다 그냥 파트너의 의견을 따른다면 형식적 부부이며, 둘 중 하나의 의견을 좇기보다는 둘 다 만족할 만한 제3의 대안을 제시한다면 숙고형 부부이고, 자신이 원하는 곳에 얼마나 가고 싶은지를 얘기한 후, 상대방은 원하는 곳이 어떤 점에서 좋은지 물어본다면 접촉형 부부다.

4) 성공적 부부관계

부부 간의 성공적 대화

인생에서 가장 오랜 시간을 함께할 사이이며 어려운 일이 생겼을 때 가장 의지가 되는 존재가 부부이기 때문에 부부는 늘 상대방에게 관심을 가지고 자주 대화를 해야 한다. 대화를 통해 서로 감정과 욕구를 이해하고 수용함으로써 친밀한 부부관계를 이루어 나갈 수 있다. 그렇다면 부부가 대화를 잘하기 위해서는 무엇이 필요할까?

■ 서로의 생각과 감정에 공감

: 의사소통을 잘하는 사람은 상대방의 세계에 들어가 상대방의 입장에서 볼 줄 아는 능력을 갖추고 있다. 이것은 '공감(empathy)'이라는 것인데, 부부 간에 공감하면 큰일에서뿐만 아니라 사소한 일에서도 배우자의 감정, 분위기, 요구에 대한 이해가 높아진다. 공감의 정도가 높아지면 언어적 의사소통이 없이도 배우자의 감정을 파악할 수 있다.

■ 상대방의 말을 경청

: 들어 준다는 것은 상대방의 메시지에 대하여 흥미가 있으며 상대방을 존중하는 것을 나타내게 되므로 관계를 강화해 준다. 효과적인 경청을 위해서는 상대방이 이야기를 마칠 때까

지 끊지 말고 들어주고, 상대방이 말에 대한 맞장구를 쳐주거나(고개를 끄덕이거나 "그랬구나!" 또는 "충분히 그럴 수 있겠어"라고 표현해 주는 것) 내용을 간단하게 정리해 줄 필요가 있다. 그러나 경청할 때 "왜"로 시작하는 질문은 방어적 반응을 유발하기 때문에 피하는 것이 좋다.

■ '나-메세지'를 전달

: 상대방의 기분을 상하지 않게 하려 하고 싶은 이야기를 하지 않거나 돌려 말하는 것은 일시적으로는 부부관계에 문제를 일으키지 않겠지만 장기적으로는 대화를 회피하게 하고 부부관계를 멀어지게 한다. 사소한 일에 대해서도 거리낌 없이 말할 수 있어야 하며, 상대방을 공격하는 것이 아니라 자신의 감정을 위주로 표현하는 '나-메시지'로 말하는 방법을 배워야 한다. 가령, "요즘 당신이 늦게 들어오니깐 나도 외롭고 아이들도 아빠를 찾아요. 조금 일찍 들어오면 나도 기쁘고 아이들도 행복해질 것 같아요"라는 표현은 상대방의 행동이 어떤 문제를 일으키는지 상대방에게 원하는 것이 무엇인지 분명하게 전달하기 때문에 서로 부정적인 감정이 일어나지 않는다.

■ 추측하지 말고 확인

: 분명하지 않은 말이나 행동에 대한 부정확한 해석은 오해와 갈등의 원인이 될 수 있기 때문에 대화를 통해 상대방의 의도를 분명하게 파악해야 한다. "여보, 기분이 언짢아 보이는데, 나 때문에 그래요?"같이 분명하지 않은 메시지의 의미를 점검하는 것도 좋은 의사소통 기법이다.

"내가 생각하기에는… 이러했는데 맞는지 모르겠네요"라고 말함으로써 모호한 메시지의 의미를 분명하게 밝힐 수 있다.

부부관계가 좋아지는 세 가지 언어

· 인정해 주는 말: 아내로부터, 남편으로부터 인정받을 때 삶의 동기를 강하게 부여받게 되고 배우자가 성장하고 발전하게 된다. 배우자에게 책망하고 비난하는 말은 배우자가 아무

것도 시도하지 않게 만든다.

· 감사하다는 말: 부부 간에 '감사하다' 또는 '고맙다'는 말을 표현하는 것이 어색하게 느껴질 수 있다. 배우자에게 감사할 것이 없다고 여기는 것은 정말 감사할 것이 없는 배우자를 만난 것이 아니라 부정적 사고에 지배되어 매사를 '문제 있다'고 보기 때문이다. 늘 상대방에게 감사할 일들을 찾고 감사하다고 표현해야 한다.

· 칭찬하는 말: 칭찬을 통해 배우자에게 가치와 존경을 부여하는 것은 배우자에게 놀라운 변화를 일으킬 수 있는 가장 효과적인 방법이다. 그러나 허황되거나 거짓된 칭찬은 오히려 역효과를 가져온다. 그러므로 진정으로 인정하는 마음으로 칭찬해야 하며 근거가 있는 칭찬을 해야 한다.

부부관계를 위한 성공적인 방법

행복한 부부관계를 유지해 나가기 위해서는 부부 간에 지속해서 노력을 기울여야 한다. 왜냐하면 행복은 만들어 놓은 결과물이 아니라 계속 만들어 나가는 과정이기 때문이다. 이를 위해 필요한 태도를 살펴보면 다음과 같다.

첫째, 표현하기다. 부부는 서로 한 몸이라고 할 정도로 가까운 사이다. 그렇기 때문에 서로가 말하지 않아도 다 알고 있을 것이라는 오해를 자주 하게 된다. 하지만 표현하지 않으면 상대방이 알 수 없을 때가 더 많은 것이 현실이다. 이런 말도 있지 않은가 "표현하지 않는 사랑은 사랑이 아니다." 이렇듯 상대방에 대한 작은 고마움 하나라도 표현하는 데 인색하지 말아야 한다. 서로가 힘들거나 지쳐있을 때, 낙심해 있을 때는 격려를 아끼지 말아야 한다. 우리의 일상을 살펴보면 부부 간에 격려보다는 상대방의 실수나 허물을 지적할 때가 훨씬 많다. 가까운 사이일수록 무례함을 나타낼 수 있기 때문에 바르게 표현하는 것을 훈련해야 한다.

둘째, 서로의 상처를 이해해 주어야 한다. 부부 간에 갈등이 생기고 볼멘소리를 할 때는 그 뒤에 숨어 있는 진짜 목소리가 있다. 부부 간에 서로의 문제 뒤에 숨어 있는 상처를 이해해 줌으로써 오해를 통한 갈등을 예방할 수 있다.

셋째, 극복 스토리 만들기와 부부 의식 만들기다. 부부는 힘들 때 함께 함으로써 어려운 상황을 함께 극복해 나가는 스토리가 있어야 한다. 인생은 항상 맑고 밝은 날만 있는 것이 아니라 어둡고 우울하고 때때로 비바람 치는 힘든 순간도 찾아오게 된다. 이때 부부가 함께 힘을 모아 극복해 나간 스토리가 있으면 평생 추억의 보물 상자가 될 수 있다. 사이가 좋은 부부일수록 호칭에도 차이가 있다고 한다. 애칭을 사용하는 부부는 그렇지 않은 부부보다 사이가 좋다. 또한 부부만이 공유할 수 있는 의식을 만들어 나가는 것도 좋은 방법이다. 결혼기념일이라든지, 생일날 등을 이용해 좋은 추억을 만들 수 있는 의식을 가져보는 것도 행복한 부부관계를 위한 효과적인 방법이다.

넷째, 평생 배우며 감사하며 살기다. 부부 간에 사랑을 제대로 해 나가기 위해서는 사랑하는 방법을 배우며 감사하며 살기다. 부부관계에 사랑을 제대로 해 나가기 위해서는 사랑하는 방법을 배워 나가야 한다. 배우자에 대해 좀 더 알아가기 위해서도 배워야 한다. 무조건 내 방식대로 내가 알고 있는 대로 사랑하는 것은 때때로 배우자에게 상처를 줄 수도 있다. 남자는 여자에 대해, 여자는 남자에 대해서도 알아야 하고, 시간의 흐름에 따라 생애주기의 변화 속에 배우자에게 나타나는 변화에 대해서도 배워 나가야 한다. 또한 부부 간의 서로에 대한 감사가 늘 유지될 수 있도록 노력해야 한다. 부부 간의 사랑은 조건부의 사랑이 되어서는 행복할 수 없다. 에로스의 사랑에서 출발하여 아가페의 사랑으로 성숙해 나갈 때 비로소 진정한 행복을 누리는 부부가 될 수 있을 것이다.

5) 부부관계의 해체 및 심화 요인

부부 해체 및 심화 요인

부부 갈등의 원인은 다양할 뿐만 아니라 각각의 부부마다 갈등의 원인에 차이가 있다. 그 가운데 공통적인 원인에 대해 살펴보고자 한다.

첫째, 성격의 차이다. 모든 부부는 각각 다른 환경 속에서 오랜 기간 성장한 후에 만나서 한 몸을 이루어 나가기 때문에 모든 영역에서 성격의 차이로 인한 갈등이 일어날 수 있다. 이러한 성격 차이로 인해서, 생활습관, 가치관, 자녀 양육 문제, 경제관념, 의사결정 방식 등에서 서로 의견 대립이 생길 수 있다. 예를 들어 정반대의 성격에 끌려 결혼했지만 결혼 후에는 그 반대의 성격으로 인해 답답함을 느끼거나 힘든 상황이 오는 경우가 많고 서로 다른 모습으로 인해 갈등이 심화될 수 있다.

둘째, 성 문제를 둘러싸고 있는 애정 문제다. 우리나라는 일부일처제로 결혼을 한 후에는 정조를 지키는 것을 기본으로 하면서 건강한 성적 매력과 애정적 부부관계가 지속되어야 한다. 결혼 후 배우자에 대한 성적 매력이 감소 되고 부부 간의 심리적 갈등이 야기되면, 성적 욕구 충족과 심리 정서적 욕구 충족을 가정 밖에서 채우려 하는 경향이 나타날 수 있다. 정조를 깨는 혼외의 애정 관계가 발생하게 되면 부부 및 가족 관계가 깨지는 치명적인 원인이 된다. 최근에 성적자기결정권을 존중해야 한다는 차원에서 간통죄가 폐지되어 논란이다.

셋째, 경제적 요인이다. 가정을 유지해 나가기 위해서는 기본적인 경제력이 요구된다. 만일 부부 한 사람의 잘못으로 인해 가정경제에 심각한 어려움이 생기는 경우 부부 갈등의 원인이 될 수 있다. 결혼생활에 있어서 경제적 요인이 큰 부분으로 다가오기 마련이다.

넷째, 자녀 교육으로 인한 문제다. 현대는 소수의 자녀만을 고집하는 추세로 한 명 또는 두 명 정도의 자녀만을 낳는다. 따라서 한 명의 자녀를 교육하는 데 들어가는 비용이 과거와는 비교할 수 없이 많다. 이런 현실 속에서 부부 간의 교육에 관한 가치관이 다르면 심각한 갈등을 일으킨다.

다섯째, 건강 문제로 인한 갈등이다. 부부 중에 한 사람이 장기적인 질병에 걸리게 되면 부부관계에도 심각한 문제를 일으킬 수 있다. 질병으로 인해 한 사람의 역할이 어려워질 수도 있고, 치료비로 인한 경제적 부담, 정서적 고통 등 배우자에게는 커다란 부담으로 작용하게 될 것이다. 많은 부부가 이러한 어려움을 극복하고는 있지만 쉬운 일은 아닐 것이다. 질병에 걸린 당사자가 오히려 배우자에게 고통을 덜어 주고자 이혼을 원하는 경우도 있고, 장기간의 병시중과 경제적 문제로 이혼할 수밖에 없는 상황이 생길 수도 있다.

여섯째, 친인척간의 불화다. 결혼은 부부 당사자 둘만의 결합이 아니라 두 사람을 둘러싸고 있는 가족관계와도 함께 연결되어 나가기 때문에 다양한 모습의 갈등이 생길 수 있다. 특히 한국 사회에서의 결혼은 가족주의가 강하게 나타남으로써 고부갈등, 시집 식구, 처가 식구에 대한 불만 등으로 부부관계가 악화 될 수 있다.

부부 간 갈등의 위험신호

부부는 누구보다 가까운 사이라서 의도하지 않게 상대방의 생각이나 감정을 무시하거나 모든 일을 자기중심적으로 해결하려고 할 수 있다. 이러한 태도가 습관화되면 부부를 갈등으로 이끈다.

■ “내 남편(아내)이라면 이렇게 해야 한다” 또는 “이것은 내 탓이 아니다”라는 태도로 배우자를 비난하거나 책임을 묻는다. 부부관계에 불만이 있는 부부들은 상대방의 잘못은 잘만 지적하나 상대방이 그렇게 행동하도록 만드는 것이 자신이라는 사실을 깨닫지 못한다. 즉, 자신이 변해야 상대방도 변한다는 사실을 인지하지 못한다.

■ 부부관계에서 늘 ‘나’라는 말 대신 ‘우리’라는 말을 사용하여 자신의 존재를 가족이나 부부와 동일시한다. 부부는 어느 정도 사적 공간이 있고 ‘자신’이라는 느낌이 있어야 상대방도 누군가와 삶을 공유한다는 느낌을 받을 수 있다. 부부관계에서 자신의 존재를 인식하지 못하면 자기 존중감을 느끼지 못할 뿐 아니라 배우자에게 자신의 규칙이나 생각을 강요하여 갈등을 유발할 수 있다.

■ 배우자의 영역에 침범하여 상대방을 구속한다. 상대방의 사적 영역을 허용하지 않고 모든 것을 함께 하고 함께 나누어야 한다는 생각은 잘못된 생각이고 심각한 갈등의 원인이 될 수 있다. 사람은 누구나 자신만의 영역이 필요하며 항상 함께하려고 하는 것은 구속이고 고통이다.

■ 자신의 영역을 지나치게 주장하며 배우자와 거리감을 만든다. 누구나 자신만의 영역이 필요하지만 결혼한 부부이기 때문에 완전한 사적 영역이 있을 수 없다. 남편과 상의 없이 친구들과 여름휴가를 떠나버리거나 가정을 돌보지 않고 개인적인 취미나 활동에 몰입하는 것은 가정과 부부관계를 긴장과 불안으로 밀어 넣을 수 있다.

이러한 부부 갈등을 현명하게 해소하지 못하면 결국 이혼이라는 파경을 맞게 된다. 이혼하는 데도 여러 가지 장애가 있을 수 있다. 재정적 · 법적 문제뿐 아니라 자녀 양육에 대한 문제가 현실적인 문제로 대두될 수 있다. 예전에는 사회적인 분위기가 이혼을 말리는 분위기였다면 최근에는 무조건 반대만 하는 분위기가 아니다. 참지 말고 차라리 이혼하는 게 낫다는 분위기다. 이혼을 막는 장애들이 문제가 되지 않더라도 결혼을 끝내기 전에 유용한 대안을 찾아보는 노력도 필요하다. 만일 그 대안들이 이혼하는 것보다 더 나쁘거나 현재의 관계보다 더 나은 것이 없다면 오히려 불만족스러운 부부관계를 지속시킬지도 모른다. 최근 들어 이혼이 보편화되는 경향이 나타나고 있는데 이것은 이혼을 막는 장애물들이 감소 되었다는 것을 의미한다.

3. 부모-자녀 간의 인간관계

초저출산 시대를 살고 있는 현대사회는 자녀를 출산하고 양육하는 일은 이제 필수가 아닌 선택으로 보는 경향이 강하다. 그러나 대부분의 건강한 부부는 자녀를 낳고 부모가 되는 일을 자연스러운 일로 받아들인다. 부모 역할을 성공적으로 수행하고 부모와 자녀 관계가 원만할 때 모든 가족원이 행복하고 발전할 수 있다.

오늘날은 자녀 양육 방법에 관한 많은 정보가 미디어를 통하여 쏟아져 나오고 있고, 시대와 문화에 따라 바람직한 부모 역할도 변하고 있기에 부모들이 때로는 혼란을 겪기도 한다. 그러나 여전히 자녀가 한 인간으로 성장하고 발달하는 데 부모의 영향력이 지대하고 오랜 시간 동안 함께 하므로 부모의 역할이 클 수밖에 없다. 그러므로 부모 역할에 대해 배우고 훈련함으로써 부모로서 최선의 노력을 다하고 행복한 부모-자녀관계를 만들어 가는 것이 중요 하므로 부모와 자녀의 관계의 특성을 알아보는 것이 중요하다.

1) 부모-자녀관계의 특성

부모-자녀관계의 독특한 특성

첫째, 부모-자녀관계는 우리 삶의 인간관계 중에서 가장 혈연적인 관계다. 다시 말해서 혈연으로 이루어져 있기에 가장 본능적으로 끌리고 애착이 강한 관계다. 이는 부모-자녀관계는 선택의 여지 없이 운명적으로 주어지는 인간관계로서 가입과 탈퇴가 불가능한 관계로서, 부모-자녀관계는 구성원들이 좋든지 싫든지 평생을 함께해야 하는 관계다.

둘째, 부모-자녀관계는 가장 수직적이고 종속적인 관계다. 보통 부모와 자녀 나이는 20~30년의 차이가 존재한다. 이는 그만큼의 능력과 경험 차이가 있기에 자녀는 일방적으로 부모를 따르고 의존할 수밖에 없다. 부모 역시 어리고 미숙한 자녀를 보호하고 양육해야 하는 위치에 서게 된다. 이런 점에서 볼 때 부모-자녀관계는 서로 불평등한 자격과 위치에서 일방적인 상호작용이 일어나는 수직적인 관계다.

셋째, 부모-자녀관계는 한 인간의 인격 형성에 있어서 가장 중요한 관계다. 자녀의 입장에서는 태어나서 최초로 맺는 인간관계이며 부모의 양육을 통해 성격을 형성해 가는 터전이다. 또한 부모의 입장에서 자녀는 부부 간 사랑의 결실이자 자신의 피를 물려받은 분신과 같은 존재다. 따라서 부모는 거의 본능적이고 무조건적인 애정으로 자녀를 보호하고 양육한다. 이런 점에서 부모-자녀관계는 가장 기본적이며 근원적인 인간관계라고 할 수 있다.

넷째, 부모-자녀관계는 주요한 교육의 장이다. 인간은 사회에 적응하기 위한 필수적인 기술들이 필요한데 자녀는 부모에게 사회의 기본적인 도덕적 규범과 가치와 문화 등을 배운다. 가장 기본적인 사회화 과정이 부모-자녀관계에서 일어난다. 또한 자녀에게 있어서 부모는 자신이 닮아 가야 할 동일시의 대상이자 인생의 모델이 된다.

다섯째, 부모-자녀관계는 세월이 흐르면서 관계의 속성이 변화한다. 부모-자녀관계는 자녀가 어릴 때는 일방적인 의존적 관계이지만, 자녀가 점차 성장하면서 의존적 관계에서 독립적인 관계로 변화한다. 특히 자녀가 청소년기에 접어들면서 부모의 보호나 통제에서 벗어나려 하며 부모-자녀관계에 현저한 변화와 갈등이 초래된다. 자녀가 점차 성숙함에 따라 부모는 노쇠해진다. 따라서 노쇠해진 부모는 말년에 오히려 자녀에게 의존하며 자녀는 노쇠해진 부모를 봉양해야 하는 보호자의 위치에 선다. 이렇듯 세월의 흐름에 따라 역할과 관계가 변화하는 것이 부모-자녀관계다.

부모-자녀의 관계가 가지는 의미

화목하고 행복한 가정을 누구나 꿈꾼다. 누구나 원하지만 그 길이 쉽지 않고 서로 노력해야 얻을 수 있는 것이다. 새 생명을 잉태하고 출산하여 한 사람이 성장하는 것을 지켜보는 것은 매우 특별한 의미를 지닌다고 볼 수 있다. 부모와 자녀가 성공적인 관계를 유지하여 화목한 가정을 이루기 위해서는 서로에게 어떠한 의미를 주고 있는지 살펴보는 것 역시 필요하다. 먼저 부모-자녀관계가 부모에게 어떤 의미를 주는지 살펴보기로 한다.

첫째, 자기 확장의 의미를 지닌다. 부모는 자녀를 가짐으로써 후손을 남긴다는 의미에서 자기 연장감, 지속감, 불멸감을 느낀다. 그러나 자녀를 부모와 너무 동일시하거나 분신으로 생각하여 부모의 일방적인 생각이나 견해를 강요할 때는 문제가 발생할 수 있다.

둘째, 사회적 지위를 획득할 수 있다. 결혼한 부부에게 자녀를 갖는 것은 아직도 사회적으로 기대되고 있는 부분이다. 즉, 결혼하고 자녀를 낳아 부모가 된다는 것은 비로소 그 사회에서 한 성인으로 인정을 받는다. 또한 부모가 되는 것은 사회적으로 막중한 책임과 의무를 수반한다.

셋째, 부모 자신의 인지적, 정서적 발달을 촉진시킨다. 부모 노릇은 정서적 안정과 심리적인 안정을 가져다주며, 부모가 된다는 것은 개인의 성장 기회뿐만 아니라 끊임없는 자기성찰과 발전의 기회를 얻게 된다.

넷째, 절대적으로 '생'의 의미를 경험하게 된다. 자녀를 양육하면서 인간의 생애 발달 주기를 경험하면서 그 의미를 이해하고 인생의 진리를 터득하게 된다.

다음으로 자녀의 입장에서 부모-자녀관계가 어떤 의미인지 살펴보도록 한다.

첫째, 부모-자녀관계는 혈연으로 이루어진 관계이기 때문에 다른 어떤 인간관계보다 오래 지속되며 평생 이루어진다. 부모-자녀관계는 하늘의 인연으로 정해져 있는 천륜이다.

둘째, 부모로부터 성격과 인성의 측면에서 막대한 영향을 받는다. 유전적으로 물려받은 기질과 어떤 부모를 만나고 어떤 가족 환경에서 성장하는가에 따라서 개인의 삶이 좌우하게 되는 중요한 요인이라 볼 수 있다.

셋째, 부모로부터 자녀는 사회적 지위를 부여받는다. 자녀는 태어나면서 부모가 가지고 있는 사회경제적 신분과 지위를 얻게 된다.

넷째, 자녀의 인지적 문제해결 방법, 사회적 관계를 유지하는 방법, 사회구성원으로 역할을 하는 방법, 성 역할 등의 기능을 배운다.

다섯째, 다양한 삶의 경험을 같이 나누는 관계다. 중요하고 밀접한 관계로서 자녀의 모든 성장 영역에 영향을 주는 동시 다양한 삶의 영역을 함께 나누는 존재다.

2) 부모-자녀 간 중요 갈등 요인

자녀 이해를 위한 기본 가정

부모는 자녀의 행동을 이해하기 위해서는 자녀의 심리적 목표 및 행동전략이 무엇인지를 파악할 수 있어야 한다. 이를 위해 부모들은 자녀를 위해 다음 몇 가지를 아는 것이 중요하다.

- 자녀의 행동은 우연히 일어나는 것이 아니라 목적이나 원인이 있다.
- 자녀의 행동을 이해할 때 사회적인 관계나 배경을 고려해야 한다.
- 자녀의 심리적 목표 및 행위의 목적은 그 행동을 설명해 줄 수 있다.
- 자녀의 행동을 이해하기 위해서는 자녀가 경험한 사건에 대해 스스로 설명하게 하고 진중하게

경청할 필요가 있다.

■ 사람은 누구나 집단에 소속되고자 하는 욕구가 있기에 자녀 역시 사회집단에 소속되고자 하는 기본욕구가 있다.

■ 인간은 누구나 자신의 행동에 대한 지침을 가지고 있으며 자녀 역시 자기 자신에 대한 행동 지침이 있다.

갈등 요인

화목한 가정을 형성하는 일은 의외로 쉽지는 않다. 특히 사춘기 청소년 자녀와 부모와의 관계는 더욱 그렇다. 부모와 자녀의 관계를 중심으로 갈등 요인을 알아본다.

■ 세대 차이: 부모와 자녀들 간에 가장 대표적인 갈등 요인이라 할 수 있는 것은 바로 세대차이다. 부모와 자녀가 성장한 사회환경, 교육환경의 배경 차이로 인해 행동규범, 생활 습관, 감정표현, 가치관, 사고방식 등의 여러 면에서 현저한 차이를 나타낸다. 이러한 세대 차이로 인해서 서로에 대한 이해와 공감 영역의 괴리를 가져오게 된다. 그러므로 부모는 자녀의 태도나 행동 방식이 자신의 기준에 맞지 않기 때문에 간섭과 잔소리를 하게 되고, 반면에 자녀는 부모의 행동 규제가 부당하다고 여길 수 있기에 반발과 갈등이 생길 수 있다.

② 독립과 보호의 갈등: 나이가 어린 자녀는 당연히 부모에게 의존하고 의지한다. 그러나 성장함에 따라 독립하고자 하는 욕구가 생겨나기 마련이다. 청소년기 이후 자녀는 스스로 결정하고 행동하고자 하는 반면 부모는 여전히 자녀를 어리다고 판단하여 행동과 진로에 관여하고자 한다. 이 시기 자녀는 부모에 대한 독립과 의존의 갈등을 느끼게 되고 부모는 자녀에 대한 통제와 허용의 갈등이 생기게 된다.

■ 애정 표현의 방식: 부모는 지나치게 많은 애정과 관심을 보여 주려 하고, 자녀들은 적당한 애정과 관심을 보여주려 한다. 부모의 애정 표현 방식은 자녀를 사랑하는 만큼 매우 다양하게 나타나는데 지나치게 통제하고 보호하는 방식으로 애정을 주려 한다. 이때 자녀가 통제와 보호를 간섭이라 여기고 불만을 토로하며 부모는 애정을 몰라준다고 서운해할 수 있고, 반면 자녀가 부모의 허용이 무관심이라고 불만을 가지면 부모는 지나치게 의존하지 않을까 걱정할 수 있다. 이렇듯 부모의 애정 표현 방식

과 자녀의 기대 간의 차이가 갈등을 유발한다.

■ 부모의 불화: 가정은 인생의 베이스캠프와 같다고 말한다. 베이스캠프가 안정적이고 평화스러울 때 험난한 등반도 할 수 있는 것이다. 화목하고 편안해야 할 안식처인 가정이 부모의 불화로 인해 흔들리게 된다면 자녀들 역시 고통스럽고 불안하기 쉽다. 부모의 불화만큼 자녀에게 고통스러운 것은 없을 것이다. 불화가 계속되면 자녀들은 부모에 대한 불만과 원망이 생기고, 더구나 부모 중 어느 한 사람으로 인해 가정불화가 일어난다면 그 부모에 대한 분노의 감정이 싹트게 된다. 부모는 배우자와 심리적 갈등을 심하게 겪게 되면, 자녀에 대한 배려나 애정을 기울이지 못하고 스트레스를 자녀에게 표출하기도 한다. 이렇게 되면 자녀는 부모에 대한 불만과 원망 더불어 부모와의 관계를 회피할 수 있다.

■ 의사소통 방식 차이: 부모와 자녀 관계는 종속적인 관계이기 때문에 부모는 자녀에게 양육을 위해서 다양하게 의사전달을 한다. 자녀 역시 부모에게 자신의 의견이나 요구를 전하게 되는데 이러한 의사소통과정에서 부모와 자녀 간에 갈등이 일어난다.

고든(Gordon, 1975)의 부모가 자녀에게 의사를 전달하는 전형적인 방법

명령 · 지시하기, 경고 · 위협하기, 훈계 · 설교하기, 충고 · 제언하기, 강의 · 논쟁하기, 판단 · 비평 · 비난하기, 칭찬 · 동의하기, 비웃기 · 창피 주기, 해석 · 분석 · 진단하기, 지지 · 공감 · 위안하기, 캐묻기 · 질문하기, 수용 · 양보 · 후퇴하기

이렇게 다양한 소통방식 중에서 명령 · 지시하기, 경고 · 위협하기, 훈계 · 설교하기, 강의 · 논쟁하기, 판단 · 비평 · 비난하기, 비웃기 · 창피 주기, 해석 · 분석 · 진단하기 등의 소통방식을 자주 사용하는 부모는 자녀의 독립성과 자율성을 위협하기 때문에 자녀의 반발을 살 수 있다.

고든은 그러한 방식보다는 충고, 제언하기, 칭찬, 동의하기, 지지, 공감, 위안하기의 소통방법을 자주 사용하는 것이 좋은 부모 자녀 관계를 위해서 바람직하다고 권유했다.

잘못된 행동 목표

인간은 사회적 동물로서 집단에 소속하고 싶은 욕구가 있다. 이 소속감은 가정이라는 첫 사회화 집단으로부터 형성된다. 자녀는 가정이라는 울타리 안에서 자신의 위치를 파악하고 소속감의 욕구를 충족하려 하는데 이때, 잘못된 행동 목표를 세우고 이를 성취하기 위한 행동을 보일 수 있다. 드라이커스가 제시한 네 가지 잘못된 행동 목표다.

■ 관심 끌기(attention getting): 가족 내에서 자신의 위치를 차지하기 위한 소속의 욕구다. 이때 자녀가 바람직한 방법으로 가족구성원의 관심을 받을 수 없다고 생각하면 징징거리거나 말썽을 피우고, 싸우는 등의 부정적인 방법을 활용한다. 이런 경우에는 긍정적인 행동에 대해서는 적극적으로 관심을 보이고 부정적인 행동은 무시하여 부모의 관심은 자녀가 원해서 되는 것이 아니라 부모가 주는 것이라는 인식을 자녀들이 갖도록 해야 관심을 끌기 위한 잘못된 행동을 자녀가 포기하게 된다.

■ 힘겨루기(권력 행사, social power): 자녀는 자기가 우세한 입장에 있거나 주도권을 쥐고 있을 때 행복하며 가치 있다고 느낀다. 따라서 자기식대로 모든 일을 행동하고 처리하려고 한다. 그래서 부모의 말에 '싫어'라는 말을 자주 하는 통제 대한 '거절증'이 표현된다. 이때 지도 방법으로는 부모-자녀관계의 갈등을 필연적인 것으로 자연스럽게 받아들이고 자녀가 보복 행동을 보일 때 흥분하거나 화를 내지 않으며 행동에 대한 처벌보다는 정서에 공감해 주는 것이다. 오히려 부모가 자녀에게 도움을 구하는 등의 협동을 유도하여 힘을 건설적으로 어떻게 사용하는지를 가르쳐줘야 한다.

■ 앙갚음하기(보복하기, retaliation:Revenge): 부모에게 꾸중을 들은 자녀가 부모에게 보복하려는 의도로 동생을 때리는 경우다. 즉, 다른 사람에게 상처를 주어 자신의 위치를 확보하려는 것으로 자신이 상처를 입으면 자신도 다른 사람에게 상처를 준다. 이러한 보복은 아동의 인성에 매우 나쁜 영향을 주므로 자녀가 부모와의 힘겨루기에서 이길 수 없다고 판단하고 보복으로 들어가기 전에 부모가 먼저 자녀와의 힘겨루기를 중단해야 한다.

■ 무능감 보이기(부적절성, displaying inadequacy): 관심 끌기, 힘겨루기, 보복하기 등의 결과가 자녀에게 만족스럽지 못할 때 나타나는 행동으로 실망이나 좌절, 포기나 퇴행과 같은 행동을 통하여

자신의 위치를 확고히 하고자 한다. 이렇게 부모에게 수동적으로 반응하거나 반응하지 않는 자녀에 대해 부모는 비난보다는 자녀의 특기나 장점에 관심을 보이고 칭찬과 격려를 아끼지 말아야 한다. 또한 자녀의 잘못된 행동 목표를 긍정적인 행동 목표로 설정할 수 있도록 지도해야 한다.

부모는 일방적으로 자신들의 생각을 강요하고 명령하면서 따르기를 원하지만, 자녀들은 일방적인 의사소통보다는 자신들의 생각과 의견을 들어주고 지지하거나 공감해 주기를 바란다. 또한 자녀들은 무슨 일이든 부모가 일방적인 훈계와 설교를 하기보다는 칭찬이나 충고와 제언을 해 주기를 원한다.

이와 같은 부모 · 자녀 간 갈등을 해소하기 위해서는 부모들이 근본적으로 생각하고 있어야 할 부분이 있다. 행동은 우연히 일어나는 것이 아니고 목적이나 원인이 있다는 것이다. 또한 행동을 이해할 때는 사회적인 관계나 배경을 고려해야 한다. 그리고 심리적 목표 및 행위의 목적은 그 행동을 설명해 줄 수 있어야 한다. 자녀의 행동을 이해하기 위해 자녀가 경험한 사건에 대해 스스로 설명하게 하고 경청할 필요가 있다. 사람은 누구나 사회집단에 소속되고자 하는 기본욕구가 있으며, 인간은 누구나 자기 행동에 대한 지침을 가지고 있다는 것을 명심해야 할 것이다.

3) 부모와 자녀의 상호작용

가족은 자녀의 정서적, 신체적, 사회적 발달이 이루어지는 곳일 뿐만 아니라 지지기반이 되는 곳이다. 물론 많은 시간을 학교에서도 보내지만, 인격 형성의 중요한 어린 시절을 부모와 함께 보내게 되면서 그 영향은 성인에 이르기까지 지속된다.

가정에서 부모와 자녀 간의 의사소통은 서로의 부정적 감정을 정화해 주고 서로에 대한 이해를 가능하게 하므로 부모 역할을 제대로 수행하는 데 매우 중요하다. 가족 안에서 구성원들은 가족 특유의 의사소통 방식을 발달하게 되는데 의사소통 방식이 개방적이고 자유로워야 건강한 가족을 이룰 수 있다.

부모와 자녀는 어떤 식으로 상호작용하여 건강한 가족을 이룰 수 있는 것인가? 부모 쪽에서 자녀 지도의 필요성을 절박하게 느끼고 있는가? 아니면 자녀 쪽에서 어떤 문제로 절박한 상황에 처해 있는가?를 먼저 파악하고 나서 대화에 임해야 한다. 이것을 '현대의 적극적 부모 역할 훈련(Active Parenting Today)'프로그램이나 '효과적인 부모 역할 수행을 위한 체계적 훈련(STEP:Systematic Training for Effective Parenting)' 등 부모 교육 교재에서는 '문제의 소유'라는 개념으로 소개하고 있다. 교재에 따른 자녀 지도의 대화기술에 대해 소개하고자 한다(홍경자, 2007).

자녀에게 다가가기 위한 대화

자녀에게 다가갈 때 부모가 대화를 먼저 해야 하는 경우를 살펴보기로 한다.

첫째, 부모가 자신의 심리적 감정을 자녀에게 알려야 할 상황이 올 때 부모는 자녀들에게 어떻게 이야기하는 것이 좋을까? 예를 들어, 당신은 오늘 몹시 피곤하고 예민해서 쇼파에 누워서 쉬고 싶은데 딸이 와서 라면을 끓여 달라고 조른다. 이때 본인의 감정을 있는 그대로 표현하는 것이 좋다. "엄마가 오늘은 피곤하고 예민하거든, 엄마 좀 쉬는 게 좋을 것 같네. 라면은 그다음에 끓여줄게."

둘째, 생각나는 주제가 있을 때 자녀와 대화하고 싶을 때가 있다. 예를 들어 당신의 아들이(고등학생) 최근에 여자 친구가 생겼다고 하자. 부모로서 이성과 교제할 때의 유의점, 특히 성적인 문제들에 대한 정보를 알려주고 싶은 마음이 간절하다. 이때는 어떤 식으로 대화해야 할까?

부모는 자녀와 대화할 필요성을 간절히 느끼지만 자녀는 시간이 없거나 그 주제에 대한 관심도 없는 경우가 허다하다. 무턱대고 자녀에게 말을 건네기보다는 사전에 적정한 정보들을 준비하는 것이 좋다. 그리고 대화할 시간을 정하는 것이다. 예컨대 "'신문에 학생들의 연애'라는 기사가 나왔는데 엄마가 읽어보니깐 요즘 시대에 청소년들이 알아 두면 매우 유익한 정보일 것 같네. 한 페이지 정도 되니깐 금방 읽을 수 있을 거야. 다음 주에 엄마랑 아빠랑 잠깐 소감을 나누어 보는 것이 어떻겠니?"라는 식이다.

셋째, 자녀에게 무슨 고민이 있는 것 같아 당신이 아이와 함께 이야기를 나누고 싶을 때가 있다. 중 · 고등학생인 아들이 낯빛이 어둡고 힘없이 들어온다고 해보자. 이때 당신은 어떤 식으로 대화하는 것이 좋을까? 다음과 같이 6단계를 활용하면 좋다.

· 1단계: 자녀에게 관심을 기울이는 자세로 대화를 시작한다.

· 2단계: 자녀가 이야기를 하도록 이끌어 간다.

· 3단계: 자녀의 마음을 읽어주고 공감해 준다.

· 4단계: 자녀의 욕구와 문제점을 확인시켜 준다.

· 5단계: 해결 방안을 탐색하고 실천하도록 도와준다.

· 6단계: 추후 지도를 한다.

훈육과 관련된 대화

부모 쪽에서 자녀를 지도하고 훈육해야 할 필요성을 느껴 대화를 시도할 때는 좀 더 세련되고 신중한 방법이 필요하다. 이것은 부모 자녀 간 의사소통의 기술에 해당 하는 것으로서 각종 '부모 역할 훈련' 프로그램에 소개되고 있다.

예를 들어, 학교를 마치고 귀가한 자녀에게 먼저 씻고 간식을 먹은 다음에 숙제를 하고 나서 놀도록 하는 습관을 들이고 싶은 경우라면, 이때는 다음과 같은 순서로 대화할 수 있다.

■ 자녀가 해야 할 일에 대하여 먼저 설명해 준다

보통 부모들은 자녀가 할 일을 일방적으로 지시하거나 명령하는 경우가 허다하다. 그렇게 되면 자녀는 명령에 대한 반항심에 건성으로 듣게 되며, 행동으로 옮기지도 않는다. 이유가 뭘까? 자녀 쪽에서는 부모의 지시를 자신의 중요한 생활 목표로 내면화하지 않았기 때문이다. 그러므로 부모는 아이에게 지시 · 명령 보다는 왜 그 일이 중요한지를 충분히 일러 주어야 한다. 또한 노는 것, 쉬는 것, 공부하는 것을 계획을 세워서 매일, 매주, 매월, 어느 정도로 실천하는 것이 좋은지에 대해 자녀와 충분히 함께 상의해야 한다. 무엇보다도 부모는 아동의 전인적 발달에 유념해야 한다. 무조건 '공부하라'고만 강요하기보다는 학업, 건강, 여가와 놀이 친구들과의 교류 등에도 적절하게 나눠서 계획을 짜는 일이 중요하다. 잘 놀 수 있는 사람이 공부도 집중하여 잘할 수 있고 충분히 휴식을 취하는 것이 공부의 효율성을 높여 주기 때문이다. 그러므로 "예성아, 네 방 청소하고 숙제해"라고 일방적으로 지시하기보다는 사전에 자녀에게 할 일을 일러주는 것이 좋다. "이번 주는 각자 자신의 방을 청소하는 날이야. 예린이 너도 이번에 방 청소하는 게 좋겠구나. 그리고 숙제는 학교 마친 후에 오후 다섯 시에 하는 게 좋을 것 같구나. 알았지?"라고 일러 주는 게 좋다.

■ 자녀에게 정중하게 요청한다

자녀에게 정중하게 대한다는 것은 아동을 부모의 소유물로 간주하기보다는 독립된 인격체로서 존중해 준다는 뜻이다. 그러므로 아이에게 "~해라"라고 말하기보다는 "~해 주겠니?" 또는 "네가 ~을 도와주면 고맙겠다"라고 말하는 것이 좋다.

예를 들어 "너, 어서 씻고 학원에 가"라고 말하기보다는 "예성아, 손 씻고 조금 쉬다가 학원에 가겠니?"라고 요청하는 표현이 더 좋다. 그것은 아이의 자존감을 높여 주어 기분을 상승하는 효과가 있기 때문이다.

■ 행동 규칙을 결정하는 데 자녀를 참여시킨다

가족회의에서 아동과 함께 행동 규칙을 결정하는 것이 바람직하다. 그리고 아이를 훈육할 때도 부모가 일방적으로 아이가 받을 보상이나 처벌을 정하기보다는 아이에게 의견을 물어보는 것이 좋다. 가령 "네가 집 안 청소 시간에 빠지게 되면 어떤 대가를 받아야 된다고 생각하니?"라고 물어본다. 그러고 나서 결정한다.

■ 선택권을 준다

인간에게 단순하면서도 가장 강력한 힘은 선택하는 힘이다. '적극적인 부모 역할훈련(A.P.T.)'에서 강조하는 '한계 안에서의 자유'란 아동이 선택을 하는 자유다. 부모는 가정의 지도자로서 자녀의 나이에 알맞은 책임감의 기준을 정하여 선택의 기회를 제공하는 것이 좋다. 자녀들에게 선택의 자유를 제공하는 것은 그들의 힘을 크게 북돋아 주는 것이다. 그와 동시에 당신이 자녀들에게 선택의 범위를 구체적으로 정해 준다면 가정에서 중요시하는 규칙이나 가치가 결코 희생되지 않을 것이다. 일상생활에서 어린아이들이 단순한 선택을 해야 할 때도 선택권을 주는 것이 도움을 준다는 것을 알 수 있다. 이때 주의할 점은 자녀가 무조건 모든 것을 선택하도록 일임하지 않아야 한다는 점이다. 자녀들은 자신들의 일상생활에 대하여 부모가 확고하면서도 세심하게 결정을 내려줄 때 안정감을 느낀다.

예를 들어 숙제를 하지 않고 핸드폰에 열중해 있는 자녀가 있다고 하자. 그 자녀에게 부모는 일방적으로 명령하고 자녀는 부모의 지시를 따르지 않으려 하면, 부모는 아이와 싸우게 된다. 이때 자녀와 언쟁에 휘말리기보다는 부모 쪽에서 아래와 같은 방식으로 선택권을 주는 것이 더 현명하다. "예린아, 핸드폰 30분 먼저 보고 난 다음에 한 시간 공부할래? 아니면 공부를 먼저 하고 난 다음에 핸드폰을 한 시간 볼래? 네가 선택해라"라고 말할 수 있다.

■ 아이가 취한 행동에 따르는 대가를 체험하게 한다.

자녀가 규칙을 어겼을 경우는 그에 대한 대가를 치르도록 '자연적 결과'와 논리적 결과를 체험하게 하는 게 좋다. 이것은 상벌(보상과 처벌)의 방법보다 더 효율적인 지도 방식이다. 규칙을 어겼을 때 아이가 받아야 할 대가를 결정하는 데도 아이의 의견을 물어보고 참작하게 되면 논리적 사유의 능력이 길러진다.

자연적 결과를 체험시키는 예를 들면, 늦잠 자는 자녀가 스스로 아침에 일어나도록 하는 규칙을 세우고 난 다음에는 아이가 늦잠 자고 학교에 지각하는 것을 지켜보는 것이다. 늦잠을 잔 아이가 지각하게 되고 그 과정에서 자연적으로 터득하게 되는 교훈을 이용하여 자녀를 지도하는 것이다. 그러나 자연적 결과는 어쩌다 한 번씩 상황에 따라 사용해야 한다.

논리적 결과란 자녀가 가정의 규칙이나 부모의 지시를 따르지 않을 때 자녀를 가르치기 위하여 아동이 취한 행동의 대가로 따르는 결과(손해)를 아동이 논리적으로 경험하게 하는 것이다. 논리적 결과는 조용하나 단호한 태도로 시행되어야 한다. 예를 들어, 아이가 벽에 크레용으로 낙서를 하면 그 행동의 대가로 낙서를 말끔히 지우도록 지시하는 것이 논리적 결과의 방법이다.

■ 의사소통의 걸림돌을 사용하지 않는다

자녀와 대화할 때 항상 신사적인 매너와 정중한 말투만 사용할 수는 없다. 필요한 경우에는 명령하고 지시하며, 위협도 하고, 훈계와 질책도 하기 마련이다. 그러나 이런 방법은 상호간의 의사소통을 막을 수 있다. 따라서 자녀가 진정으로 부모의 말에 귀를 기울이고 부모의 지시를 수용하기를 원한다면 우리는 마음이 통하는 대화를 할 수 있도록 유념해야 한다. 그것은 의사소통의 걸림돌을 사용하지 않고 자녀의 약점을 지적하여 공격하지 않는 것이다. 또한 다른 사람과 비교하지 않는 것이다. 부모들이 곧잘 사용하는 의사소통의 걸림돌을 열거하면 다음과 같다.

"말대꾸하지 마. 무조건 하라면 하는 거야!"(명령하기)

"앞으로 또 그런 짓 했다가는 가만두지 않겠다."(위협하기)

"너 분명히 ~했지?"(심문하기)

"너는 멍청해서 별다른 방법이 없어." "왜 그리 경솔하니?"(약점 지적하기)

"네 친구를 봐라. 우등생인데 너는 뭐가 부족해서 공부를 못하니?"(비교하기)

■ 부모의 감정조절과 나-전달법

자녀를 훈육하는 과정에서 부모는 짜증, 좌절, 분노를 경험하기 마련이다. 그런데 부모의 감정을 폭발하면 관계가 악화하기 쉽다. 이때 분노 조절의 방법으로서 '나-전달법'과 같은 의사소통의 기술, 즉 상대방을 비판하지 않고 다만 자신의 느낌과 요구사항을 담담하게 표현하는 것을 사용하는 것이 효과적이다. 나-전달법을 사용할 때 조심할 것은 혼합 메시지를 사용하지 않고 담담한 어조로 말해야 한다는 것이다.

■ 유 · 아동에게는 '하나-둘-셋 마술' 기법을 사용한다

부모가 자녀에게 해야 할 일을 설명해 주고 나서 "~을 하겠니?"라고 정중하게 요청했음에도 불구하고 자녀는 부모의 지시에 응하지 않고 자기가 하고 싶은 것만 계속하려고 하는 경우가 많다. 그럴 때는 부모 쪽에서 마음을 가라앉히고 낮은 목소리로 '나-전달법'을 사용하는 것이 좋다는 것을 이론적으로 알고 있지만 막상 실전에 자녀와 실랑이를 하게 되면 그대로 실천하기가 어렵다. 부모는 언성이 또다시 높아지고 야단치고 훈계하고 아이는 떼를 부리게 되어 우리가 배운 멋진 자녀 지도의 기법이 유명무실하다고 느껴지는 경우도 있다. 특히 유 · 아동은 부모의 논리적인 설명을 완전하게 수용하려 하기보다는 자기의 본능과 감성에 더 많이 좌우된다.

어떻게 자녀로 하여금 부모가 원하는 것을 하도록 지도할 수 있을까? 만 2세부터 12세까지의 아동에게 유용한 지도 기술로서 펠란(Phelan)은 '하나-둘-셋 마술'의 기법을 소개하였다. 그것은 아이에게 "~은 그만두고 ~을 하거라"라고 지시하는 것이다. 그러고 나서 아이가 말대꾸하거나 칭얼거릴 때 "앞으로 엄마가 하나, 둘, 셋 할 때까지 기다려 줄 수 있지만 그 이상은 안 된다. 알았지?"라고 말한다. 그리고 부모는 '하나'라고 길게 말하면서 다섯 번 정도 호흡한다. 이어서 '둘' 하면서 또 다섯 번 정도 호흡한다. 이렇게 두 번의 기회를 줌으로써 아이들이

그 행동을 중단하고 부모가 지시하는 행동으로 이행할 여유를 제공하는 것이다. 그것은 어린이들의 관심을 부모가 원하는 행동으로 돌리는 효과도 있다. 또 부모 쪽에서도 하나, 둘, 셋을 소리 내며 호흡하는 동안에 심리적인 안정감을 회복할 여유가 생긴다. 이 기법을 통해 부모가 화를 내지 않고 자녀를 느긋하게 대하는 재미를 만끽할 수 있다.

문제해결을 위한 토론

자족 간의 갈등이나 문제가 발생하였을 때는 가족이 모두 모여 토론을 하거나 회의를 통하여 문제해결의 방법을 강구할 수 있다. 가족이 어떤 문제를 놓고 토론할 때는 다음과 같은 단계를 거치도록 한다.

· 문제점을 규명한다.
· 생각과 느낌을 서로 말한다.
· 브레인스토밍의 방법으로 여러 가지 해결책을 찾아본다.
· 토론 과정을 거쳐 합의에 도달한다.
· 결정된 사항은 실행한다.

사고력을 길러주는 대화

평상시 부모들은 자녀의 행동에 대해서 어떻게 반응하는가? 대부분 부모는 아이들이 잘못된 행동을 했을 때 부모의 입장에서 문제를 해결하려고 한다. 이런 부모의 행동은 아이들의 사고를 막는 방해 요인이 된다. 부모가 아이의 행동에서 잘못된 부분을 지적하고 해결 방법을 제시해 준다면 아이에게서 생각할 기회를 빼앗은 셈이다. 그리고 아이들은 스스로 해결 방안을 탐색하려고 노력하지 않게 될 것이다. 그러므로 부모는 아이들이 스스로 무엇이 문제점인가를 규명해 보고, 또 해결 방안을 찾아보도록 격려해야 한다. 그것이 문제 해결적 대화 기법이다. 브레인스토밍을 촉구하여 자녀에게 사고력을 길러주는 대화는 합리적이고 현명한 문제 해결적 기술을 배우게 하는 것이다. 사고력을 길러주는 대화를 하는 부모들은 아이들이 문제를 정의하도록 하고, 아이들이 행동한 결과에 대해서 자신이나 다른 사람이 어떻게 느끼는지 알도록 가르쳐 주게 된다. 그리고 자녀가 생각해 낸 각각의 대안을 선택하게 되면 어떤 결과가 발생할지를 미리 추측해 보고, 마지막으로 여러 가지 대안 중에서 어떤 대안을 선택하여 문제를 해결하는 것이 더 좋은지를 판단해 보고 행동하도록 가르친다. '사고력을 길러주는 대화'의 원리는 '자녀에게 다가가기 위한 대화'나 '문제해결을 위한 토론'의 과정과 같은 원리다. 다음에 소개하는 에사(Essa)의 대화법은 부모가 자녀의 사고력을 길러주기 위하여 자녀에게 질문하는 방법을 순차적으로 자세하게 설명한다.

· 아이가 문제를 정의하게 한다
"예성아 무슨 일이니?"

· 아이가 다른 사람의 감정에 대해 생각하게 하고 자신의 감정에 대해 생각하도록 한다
"그때 그 친구의 기분은 어땠니?" "너의 기분은 어땠니?"

· 아이가 자신이 취한 행동에 대해서 말하도록 한다
"그래서 예성이는 어떻게 했니?", "그 친구는 어떻게 했니?"

· 자기 행동의 효과성에 대하여 말하게 한다
"그래서 어떤 결과 나타났니?"

· 여러 가지 해결 방안을 찾아보게 한다(브레인스토밍)
"예성이도 좋고 그 친구에게도 좋게 해결할 방법이 무엇일까?"
· 평가를 통하여 바람직한 대안을 선택하게 한다
"네가 생각해 낸 여러 가지 방법 중에서 네가 할 수 있는 제일 좋은 방법은 무엇일까?"

· 대안을 선택한 뒤에는 행동으로 옮기게 한다
"그것을 선택했구나. 그럼, 그렇게 해 보겠니?"

· 추후 지도를 한다

"예성아 지난번에 있었던 일이 어떻게 되었니?"

4. 형제자매 간의 인간관계

현대사회는 저출산과 핵가족화로 인해 가족 구성원의 수가 현저히 줄어들고 있다. 그러나 여전히 많은 가정에서 형제자매와 함께 성장하고 있다. 형제자매는 성별, 형제의 수, 나이, 출생 순위 등에 따라 매우 다양한 형태를 나타내며, 특히 형제-자매관계에는 부모의 역할이 매우 중요하다. 형제-자매관계는 일생동안 신체적, 정서적 접촉을 통하여 서로 영향을 주는 관계로, 전 생애 동안에 가장 오래 지속되며 서로 밀접하게 영향을 주고받는 평생의 동반자적 혈연관계라 볼 수 있다.

1) 형제-자매관계의 특성

형제자매 특성

형제-자매관계는 같은 부모 밑에서 태어난 자녀들 간에 관계를 의미하며 성인이 되어 독립할 때까지 한 공간에서 생활하고 성장기를 보낸다. 그러므로 형제자매는 부모-자녀관계와 같이 친밀한 관계를 형성하고 오래가는 관계나 부모-자녀관계와는 질적으로 다른 특성이 있다.

첫째, 형제자매는 같은 세대에 속한 횡적 관계를 이룬다. 부모-자녀관계는 보호하고 보호받고, 양육하고 양육 받는 종적인 관계로 맺어져 있는 데 반해 형제자매는 자녀라는 동일 세대에 포함되는 대등한 관계인 것이다.

둘째, 형제자매 간에 서로를 모방하는 경향이 강하며 손위 형제는 동생에게 지적, 사회적으로 자극을 주는 존재다. 그리고 상호 간에 동일시와 비교의 준거가 되고 개인의 사고와 행동의 관찰자와 비판자가 되어 인성 발달과 사회적 행동 등에 영향을 미친다.

셋째, 형제자매 간에 사랑, 관심 등의 긍정적 감정과 동시에 경쟁, 질투, 미움 등의 부정적 감정을 복합적으로 경험하게 된다.

넷째, 형제-자매관계는 가족의 하위체계로서 고유한 기능과 임무를 수행하며 동시에 부모의 부부관계, 부모-자녀관계와 상호 영향을 주고받으며 전체 가족 체계를 구성한다.

다섯째, 형제-자매관계는 사회적 이동이 잦은 현대사회 속에서 유동적이고 피상적인 다른 인간관계와 달리 비교적 고정적이고 영구적이며 어린 시절 가족생활의 경험을 공유하는 관계다.

Summers(1987)는 형제자매 간의 역할을 네 가지로 분류하였는데 다음과 같다.

■ 놀이 친구의 역할: 형제자매의 가장 큰 이점은 함께 지낼 수 있고 놀 수 있는 시간이 많다는 것이다. 같이 놀고 서로의 필요성을 인식하면서 형제자매는 강한 애착을 느끼고, 미래 사회적 상호작용에 대해를 준비하게 된다. 놀이를 통해 각자의 경험을 반영하고 해석하며 의미 있는 나름대로 관계를 형성하기도 하고 협동심과 지적 기술을 개발하는데, 형제 간의 놀이는 이러한 학습에 매우 효과적이다.

■ 교육자, 학습자의 역할: 형제자매는 의식적 또는 무의식적으로 서로 가르친다. 일반적으로 형이 동생을 가르치는 처지가 되고, 행동으로 시범을 보이며, 여러 가지 강화 행동을 통해 동생의 행동을 조정한다.

■ 보호자, 의존자의 역할: 외부의 공격이나 위협으로부터 동생을 보호한다. 둘이 함께 있을 때는 다툼이 잦긴 하지만 타인에게서 언어폭력, 공격, 위협으로부터 서로 보호하고 의존한다.

■ 적이나 경쟁자의 역할: 형제자매는 비슷한 유전인자를 갖고 같은 가정환경에서 양육되지만, 가족이 구조 및 부모의 양육을 지각하는 개인의 인지적, 정서적 특징에 의해 개인차가 발생하는 관계이고, 가족 내에서 비교적 공평한 관계로써 상호작용 때문에 강력하게 영향을 받는 관계라고 할 수 있다.

형제자매, 남매관계는 부모-자식관계 때문에 이차적으로 생겨난 피할 수 없으면서도 매우 밀접한 관계다. 형제는 평생 강력한 영향력을 끼치면서 커다란 행복과 갈등을 유발한다. 부모-자식관계가 수직적인 관계라 하고 부부관계가 수평적인 관계라고 하면, 형제-자매관계는 이 두 관계 사이에 존재하는 관계다. 상하관계이면서도 평등의 요소가 공존하는 형제관계는 사회관계와 그 형태가 유사하므로, 우리는 형제관계 속에서 복잡한 사회적 관계를 예행 연습한다. 타협과 협상, 순종과 다툼, 자기주장과 협동 등의 다양한 사회기술을 개발하고 훈련하며, 규율과 이해, 배려들의 덕목을 익히는 것이다. 형제자매 관계는 인생에서 가장 친밀하고 지속적인 인간관계가 될 수 있다.

형제자매 수용하기

형제-자매관계에서 큰애가 동생을 거부감 없이 수용하는 것이 중요하다. 이때 부모의 역할이 매우 크다고 볼 수 있다. 동생을 받아들일 수 있도록 다음과 같은 방법을 사용하는 것이 좋다.

첫째, 엄마의 임신한 배를 쓰다듬게 하고, 말을 걸게 하며, 아기에 대해 대화하는 것을 즐겁고 재미있어 하도록 한다. 즉, 동생이 태어나기 전부터 친구로 만들어 주는 것이다.

둘째, 아기의 어린 시절을 상기시킨다. 큰아이에게 너도 엄마 배 속에 있었을 때, 아기였을 때 이랬다는 식의 이야기를 들려주는 것이 효과적이다.

셋째, 동생이 태어날 것을 알려주며 다가올 일을 준비한다. 새로운 아기가 태어날 것을 미리 알려준다.

넷째, 새로운 탄생의 기쁨을 아이와 함께한다. 새로 태어날 아기의 옷을 준비하거나 파티 준비를 도와달라고 부탁해 본다.

다섯째, 큰애 선물을 준비하면서 동생에게도 선물을 함께 주자고 하면서 같이 준비한다.

여섯째, 시간을 공유한다. 아기를 포대기로 업고 첫째 애와 함께 놀아주는 것이다.

일곱째, 동생을 돌보도록 하고 칭찬을 아낌없이 해 준다.

여덟째, 아이가 동생에 대해 갖는 느낌에 공감해 준다. 이때 긍정적인 느낌뿐 아니라 부정적인 느낌도 공감해 주어야 한다.

아홉째, 큰아이가 아기 행동을 하고 싶어 하면 해보도록 둔다. 즉 큰애가 어리광을 부리면 무조건 나무라지 말고 그냥 하도록 놔두는 것이 요구를 다루는 쉬운 방법이다.

2) 형제자매 간의 주요 갈등요인

형제자매는 동일한 부모 밑에서 자란 자녀들 간의 관계를 의미하며, 성인이 되어 독립하기 전까지는 같은 공간에서 생활하면서 성장기를 함께 보낸다. 인생에 있어서 친밀감을 형성하고 오랫동안 지속되는 형제자매 관계 속에서도 다양한 갈등 요인이 존재한다.

형제 간 경쟁

형제자매의 경쟁은 부모에게 재정적, 심리적인 지원을 받는 과정에서 일어난다. 형제 간이나 자매 간은 모든 면에서 경쟁이 심하고 서로 비교되는 경우가 많다. 이러한 경쟁은 관계를 불편하게 하고 심리적으로 불안하게 만들 수 있다.

부모의 차별적 애정

부모가 장남을 더 편애하고 나머지 형제들에게 신경을 덜 쓰거나 무관심하게 대한다면 갈등이 생길 수 있기 마련이다. 또한 소외된 자녀의 마음에 상처를 주며 부모의 사랑과 관심을 얻기 위해 경쟁과 다툼을 유발할 수 있다. 부모는 자녀 중에 외모, 성격, 지능, 학력 등에 차이가 있기에 관심이 사랑이 달라지기도 한다.

성격과 능력의 차이

형제자매 간에도 출생 순위나 부모의 양육 태도에 따라 성격과 능력이 차이가 나타난다. 더해서 타고나 생물학적 기질들에 따라서도 차이가 날 수 있다. 이러한 차이가 형제자매간의 갈등을 일으킬 수 있다.

경제적 이해관계

부모로부터 초 · 중 · 고 시절 용돈을 타거나 성장 후 독립할 때, 결혼비용, 유산상속 등에서 공정한 분배가 이루어지지 않는다고 생각이 되면 형제자매 간에 갈등이 유발된다. 특히 재산분배, 유산상속 문제에 있어서는 형제자매뿐만 아니라 부모까지도 살인을 저지르는 천인공노의 일도 일어난다.

부모 간 갈등 및 가족 간 불화

부모의 불화가 자칫하면 형제자매의 불화로 확산할 수 있다. 부모의 갈등이 곧 자녀들 자신들 때문이라고 생각하는 경우도 있고 부모 중 누구의 책임이 더 비중이 있는지에 대해 자녀들 생각이 다를 수 있기 때문이다.

형제-자매관계에서 생길 수 있는 갈등의 주된 요인들을 몇 가지로 정리해 보면 다음과 같다.

첫째, 형제 간 경쟁을 들 수 있다. 첫째와 둘째 형제 간이나 자매 간은 모든 면에서 경쟁이 심하고 서로 비교되는 경우가 많다.

둘째, 자녀의 차별적 애정이다. 부모가 장남을 차별적으로 편애하고 나머지 형제들은 신경을 덜 쓰거나 무관심하게 대한다면 갈등이 생길 수 있다.

셋째, 성격 및 능력의 차이다. 형제나 자매 또는 남매 등 자녀가 여럿이 있게 되면 성격이나 능력에서 차이가 있을 수 있다. 첫째와 막내는 성격에서 대부분 차이를 보이게 되는데, 이는 부모의 양육태도나 역할 기대가 다르기 때문이다. 또한 자녀가 여럿이며 누구는 공부를 잘하고 누구는 운동을 잘하듯이 능력 면에서 차이가 날 수 있는데, 부모가 자녀들 간에 어느 한 분야만을 비교 대상으로 삼게 되면 갈등이 심해질 수 있다.

넷째, 역할 기대의 차이다. 부모들은 대부분 장남에게 거는 기대가 크고 무엇이든 장남 위주로 대우를 해 주는 경우가 많은데. 이러한 차별적 대우로 인한 갈등이 생길 수 있다.

다섯째, 경제적 이해관계다. 부모가 나이가 들고 자녀들이 결혼한 뒤 독립하게 되면 재산분배 문제가 발생할 수 있다. 자녀들 간에 유산 상속 문제로 다툼이 일어나고 심지어는 살인까지 저지르는 사례도 간혹 볼 수 있다.

여섯째, 부모 간 갈등 및 가족 간 불화다. 부모가 갈등이 심해지고 결국 이혼을 하게 되면, 자녀들도 갈등 상황에 처하게 되고 경우에 따라서는 따로 떨어져 살게 되는 상황도 발생한다. 부모의 갈등이 가족 불화의 원인으로 작용하게 되는 것이다.

3) 형제자매의 상호작용

사회적인 의미의 상호작용은 둘 이상의 사람이 의사소통의 수단을 통해 서로를 자극함으로써 상호 간의 행동을 조정하는 것이다. 가족의 상호작용은 가족구성원 사이에 일생 동안 서로 상호적인 관계를 맺는 것이다. 형제자매는 중요한 가족구성원이고 때로 가족 간 상호작용의 질적 또는 양적 중심을 이룬다. 따라서, 이들의 상호작용은 중요한 것이다. 형제자매 간의 상호작용의 내용은 그들의 성, 연령, 형제 수, 터울, 남녀비율, 출생 시의 부모의 나이 등에 따라 달라진다. 또 다른 요인들, 즉 가족 구성원의 건강, 격리, 부재, 유동성 등도 역시 형제-자매관계에 영향을 미친다. 지금까지의 여러 연구 결과에서 형제자매 간의 상호작용 특성과 출생 순위별 인성 발달 특성은 다음과 같다.

■ 대개 동성 형제자매가 이성 형제자매보다 더 온정과 친밀감을 지각하고 더 밀접한 관계를 유지한다. 또한 형제자매 간에 나이 차가 많을수록 보살핌 관계를 제외한 다른 관계는 약화하는 경향을 보이고 형제자매 수가 많은 것이 부모관계가 불화한 경우에 형제-자매관계에 긍정적으로 작용하였다. 그리고 맏이가 형제자매에 대한 온정 및 친밀감과 상대적 지위 및 권력을 높게 지각하는 반면 막내는 경쟁의식과 편애를 높게 지각하였다.

■ 대개 첫째 아이는 동생에게 자리를 빼앗긴 경험과 부모로부터의 맏이에 대한 기대에 따라 권위와 영향력을 행사하고 주위 사람에게 지도력을 발휘하려 하고 지배적, 독단적으로 되기 쉽다. 그리고 성인의 기대에 부응하며 사회 규칙을 준수하는 보수주의자가 되기 쉽고, 동생의 출생으로 인한 위치변화로 성취 지향적인 경향을 띠며 활동적이고 성공 추구 경향을 보인다. 다른 형제보다도 맏이로서의 우월감, 책임감, 신중함, 가지게 되는 한편 염려와 불안이 많을 수 있다. 대부분 첫째 아이는 부모에 대한 동일시를 많이 하므로 가정 내에서 도구적 역할을 많이 수행하고 의젓한 모습을 보인다.

■ 둘째 아이는 첫째 아이처럼 지도력이나 권위가 인정되지 않으며 막내처럼 보호받지도 못하므로 자신의 위치를 확보하기 위하여 주위 사람에게 사교적으로 되는 한편 형제에 대해 경쟁의식과 비판의식을 가진다. 그에 따라 형에게는 도전을 시도하고 동생에게는 지시하려 하며 주위 사람에게 관심과 애정을 받고자 하여 자기중심적인 경향을 보인다. 그 결과 중간 아이는 질투와 욕심, 개인주의가 강한 경향을 보이므로 집 안에서 다툼을 벌이기 쉽다. 반면 애정을 충분히 받은 경우, 협동심과 적응력을 가지기도 한다.

■ 막내 아이는 부모와 형제로부터 계속 각별한 보호와 관심을 받기 때문에 주위 사람으로부터 보호와 인정과 관심을 받고자 하는 욕구가 커서 의존성이 크고 남의 의견에 동조를 잘한다. 그러나 주위

사람에게 어린 사람으로만 대접받고 생활해 왔기 때문에 책임감과 독립성이 낮은 경향을 보인다. 그리고 부모보다 형제나 또래 집단과 동일시를 많이 하면서 성장하고 동생의 출생으로 인한 경쟁의식도 없으므로 낙천적이고, 사회적관계에서 외향성과 표현성이 잘 발달하여 친화력이 큰 것으로 알려져 있다.

■ 부모의 양육 방식과 아동의 성격에 따라 형제-자매관계는 경쟁관계가 되기도 하고 서로 돕는 우애관계가 되기도 한다. 부모가 형제 중에 한 자녀를 편애하거나 아동의 성격이 자기중심적이라면 훨씬 더 경쟁적인 형제-자매관계를 보인다. 형제자매 간의 경쟁관계는 부정적인 영향을 미칠 수 있다. 형제자매 간의 관계에서 문제는 주로 부모의 편애로 인한 형제 간의 갈등과 열등감, 잦은 싸움, 무관심으로 나타났다.

| 요약 |

1. 가족 내의 인간관계는 인간이 존재한 최초의 순간부터 시작된 사회화 집단인 가족으로부터 시작되었다. 이 가족은 두 남녀가 사랑함으로 결혼이라는 과정을 통해 부부관계를 이루면서 출발하게 되고, 이후 자녀를 낳으면서 '부모-자녀', '형제-자매' 간의 관계를 통해 가족의 범위가 확장되었다. 이러한 가족은 혈연 중심의 운명공동체다. 다만 현대에 들어서 가족의 의미와 구성이 사회의 시대적 변화와 가치에 맞물려 여러 가지 절충적인 형태로 변형되어 다양한 가족의 형태가 출현하고 있다.

2. 가족관계는 개인과 사회를 위한 여러 가지 기능이 있는데, 이는 가족이 수행하는 역할 및 행위로서의 가족 행동을 의미하며, 행동의 결과 가족원의 욕구 충족과 사회의 유지 · 존속에 영향을 미친다. 학자마다 강조하는 점은 다를 수 있지만 보편적으로 현대 가족이 중요하게 여기며 수행하고 있는 기능이 있다.

3. 남녀가 서로에게 매력을 느껴 사랑을 하게 되고 그 결실이 결혼으로 이어진다. 이로써 두 사람은 부부관계가 되는데, 부부는 인생에 있어서 중요한 동반자라고 할 수 있다. 이러한 부부관계는 행복하고 화목한 가족관계를 이루는 데 기본이 되며, 한 개인의 행복을 결정하는 중요한 인간관계다.

4. 오늘날은 자녀 양육 방법에 관한 많은 정보가 미디어를 통하여 제공되고, 시대와 문화에 따라 바람직한 부모의 역할도 변하고 있기에 많은 부모가 혼란을 겪고 있지만 여전히 자녀가 한 인간으로 성장하고 발달하는 것에는 부모의 영향력이 여전히 크다. 그러므로 부모 역할에 대해 배우고 노력하는 가운데 최선의 노력을 다하여 행복한 부모-자녀관계를 만들어 가는 것은 무엇보다 중요한 일이므로 부모와 자녀 관계의 특성을 알아보는 것이 매우 중요하다.

5. 현대사회는 저출산과 핵가족화로 인해 가족 구성원의 수가 현저히 줄어들고 있으나 많은 가정에서 여전히 형제와 자매가 존재한다. 형제자매는 성별, 형제의 수, 나이, 출생 순위 등에 따라 매우 다양한 형태를 나타내며, 특히 형제-자매관계에는 부모의 역할이 매우 중요하다. 형제-자매관계는 일생동안 신체적, 정서적 접촉을 통하여 서로 영향을 주는 관계로, 전 생애 동안에 가장 오래 지속되며 서로 밀접하게 영향을 주고받는 평생의 동반자적 혈연관계라 볼 수 있다.

7장

직장 내의 인간관계

인간은 발달 단계마다 과업이 있다. 아동기, 청소년기를 거쳐 청년기를 살아가는 대학생과 청년은 자신의 인생에 대해서 미래를 설계하고 구체적으로 준비하는 것이 과업이라 볼 수 있다. 누구나 성인이 되면 직업을 가지고 일을 하며 살아가야 한다. 현대사회에서 직업을 갖는 시기는 개인마다 차이가 있겠지만 대체로 20대 중·후반 사이가 된다. 자기실현 및 인간관계의 장은 바로 자신의 직업이라 할 수 있는데 직업은 생계 수단만을 위한 곳이 아닌 자기실현의 장이 될 수 있고 삶의 의미를 찾는 곳이기도 하다. 요즘 현대인들의 경우 직업을 한 가지 이상 가지거나, 평생을 한 직종에 종사하기보다는 여러 번 이상 직업을 바꾸는 경우도 많이 존재한다.

직장의 규모나 특성에 따라서 달라지긴 하지만 인간관계가 필연적으로 일어나는 곳이 직장이다. 그러므로 직업을 선택하는 일은 매우 중요하다. 남들이 보기에 좋은 직업이라고 해서 누구에게나 만족을 줄 수 없으며, 영특하고 민첩한 사람이라고 해서 어느 직업군에서나 성공하는 것이 아니다. 자신의 성격을 잘 이해하고 자신의 역량을 힘껏 발휘할 수 있는 직업을 선택하는 것이 무엇보다 중요하다. 잘못된 직업 선택으로 인한 불만족스러운 직장생활은 전직이나 이직으로 인해 개인에게 큰 고통이자 부담이 될 수 있다. 그러므로 직업을 선택하는 데는 있어서는 신중해야 한다. 직업 선택 다시 말해서 진로를 설계할 때는 개인 요인과 직업 요인을 살펴볼 필요가 있다. 개인 요인으로는 성격, 능력, 가치관, 흥미 등이 있으며, 직업 요인으로는 미래전망, 보상 체계, 업무 특성 등을 고려해야 한다.

1. 진로 선택

가치관

가치관은 개인이 특정 상황에서 어떤 선택이나 결정을 내려야 할 때 특정한 방향으로 행동하게 하는 내면의 신념을 의미한다. 이러한 가치관은 성장 과정을 통해서 살아온 환경과 주위 사람들의 영향을 받게 된다. 특히 어린 시절 자신이 좋아하는 타자로부터의 행동을 내면화함으로써 가치체계가 형성된다. 이렇게 형성된 가치관은 점차 성장하면서 정형화된다. 가치관의 유형은 문화마다 사회마다 사람마다 다양하지만, 일반적인 가치관의 유형은 다음 표와 같다. 가치관을 파악하는 것이 쉬운 일은 아니지만 스스로에게 '어떤 삶이 가치 있는 삶이라 생각하는가?', '나는 인생에서 무엇을 할 때 가장 만족스럽게 여기는가?' 등의 질문을 던져봄으로써 의식하지 못했던 가치관을 알 수 있게 된다.

<표 7-1> 가치관의 유형과 관련된 직업

유 형	특 징	관련 직업
이론형	사물의 진리를 탐구하고 연구하며 가르치는 일에 보람과 긍지를 느낀다.	교수, 교사, 연구원, 과학자, 평론가, 수학자, 교육가 등 연구 및 교육활동에 종사하는 직종
경제형	재산 형성에 큰 가치를 부여하며 돈을 버는 경제적 활동에 관심과 흥미를 갖는다.	유통업종사자, 대기업인, 중소기업인, 무역인 등 경제활동에 종사하는 직종
심미형	아름다움의 추구에 가치를 두며 아름다움의 창조 활동을 다른 어떤 일보다 소중하게 여긴다.	음악가, 화가, 무용가, 예술평론가 등 예술분야에 종사하는 직종
사회 사업형	고통받는 사람의 삶에 관심이 많으며 이들을 위해 돕고 봉사하는 일에 높은 가치를 둔다.	사회사업가, 사회복지사, 상담교사, 재활상담원, 간호사, 의사 등 사회봉사 및 의료분야에 종사하는 직종
정치형	국가 및 사회 발전에 관심이 많으며 권력을 취득하여 자신의 영향력을 행사하는 일에 가치를 둔다.	정치가, 국회의원, 장관, 차관, 행정관료, 기관장, 시도의원 등 정치 활동에 종사하는 직종
종교형	인생의 궁극적 의미를 추구하며 절대자의 숭배나 자기초월적 수행에 최고의 가치를 둔다.	목사, 전도사, 승려, 신부, 수녀 등 종교와 관련된 직종

출처: 청소년 대화의 광장, 1996.

흥미와 적성

우리가 공부할 때 또는 일을 할 때 흥미를 느끼는 분야가 있다면 힘을 들이지 않고도 집중하게 된다. 힘든 줄 모르고 몰두하게 되면 좋은 성과를 내기 마련이다. 그러나 흥미가 떨어지는 일을 할 때에는 지루하고, 고된 생각이 앞서기 때문에 일의 능률뿐만 아니라 효율성이 떨어진다. 이와 같이 흥미는 일에 대한 집중과 성과에 영향을 미치는 주요한 요인이라 하겠다. 흥미는 사람으로 하여금 어떤 일에 즐거움을 느끼고 호기심을 갖게 하는 동기적 성향을 뜻하며, 직업에 대한 만족도, 노력의 투여량, 근무 기간을 결정한다. 또한 직업을 선택할 때 신중하게 고려해야 할 부분이 적성이다. 사람은 누구나 나름의 특정 분야에 뛰어난 능력을 지닌다. 이러한 자신의 독특한 능력, 즉 적성을 고려하는 것이 중요하다. 인간의 지적 능력은 일반지능과 특수지능으로 구분된다. 일반지능은 보통 지능지수(IQ)로 표현되는 전반적인 지적 능력을 뜻하지만, 특수지능은 특수한 분야에 대한 지적 능력을 의미한다. 즉, 적성은 일종의 특수지능으로서 특히 특정한 직업을 수행하는 데 필요한 특수한 능력을 말한다. 개인의 적성을 구성하는 요인은 일반적으로 일반적성능력, 언어능력, 수리능력, 공간지각능력, 수공능력, 운동조절능력, 사무지각능력, 형태지각능력 등 여러 가지를 포함한다. 적성은 타고나 능력이나 소질이라고 할 만큼 유전적인 성향이 강하다. 그러나 학습경험이나 훈련을 통해 계발할 수 있다는 것이 일반적인 견해다.

인간은 누구나 나름의 우수한 적성을 지닌다. 이러한 자신의 적성을 찾아내어 그러한 적성을 필요로 하는 직업을 선택하는 일이 중요하다. 적성에 맞는 직업 활동에서는 자신의 능력을 잘 발휘하게 되어 그 직업 분야에서 유능하고 우수한 사람으로 인정받는다. 적성은 여러 가지 표준화된 적성검사를 통해 평가할 수 있다.

<표 7-2> 흥미의 유형과 직업의 관계

흥 미	내 용	직업군
문화적 흥미	시, 소설, 문학이나 어학, 편집 등에 관한 흥미	저술, 번역, 편집, 교정직
물상과학적 흥미	물리학, 화학, 지구과학 등에 대한 흥미	자연과학직, 공학직

생물과학적 흥미	생물학, 생리학, 의학, 동물학, 식물학, 미생물학 등에 관한 흥미	생물과학직, 생명과학직, 의학직
기계적 흥미	기계, 금속, 조선, 섬유, 전기 등 기계류의 제작·수리에 관한 흥미	공학 및 기술 전문직
사회과학적 흥미	정치, 선전, 광고, 법률, 외교, 언론 등에 관한 흥미	사회과학 연구직, 행정 및 관리직, 법무직
전자적 흥미	전자공학 및 기타 전자 분야를 다루는 활동에 관한 흥미	전자공학, 전자기술직
상업적 흥미	경제, 경영, 무역, 관리 등 기업의 운영과 경제적 활동에 관한 흥미	경영 및 관련직
봉사적 흥미	사회사업, 사회복지, 교육, 종교 등의 활동에 관한 흥미	사회사업직, 교육직, 종교직
사무적 흥미	회계, 계산 정리, 서기적 활동에 대한 흥미	사무직 공무원직
옥외운동적 흥미	체육활동 또는 야외활동에 관한 흥미	스포츠 관련직, 답사직
음악적 흥미	성악, 기악, 작곡, 감상 등 음악적 활동에 대한 흥미	음악관련직
미술적 흥미	회화, 조각, 디자인 등 미술적 활동에 관한 흥미	미술관련직

출처: 청소년 대화의 광장, 1996.

성격

Holland(1985)에 의하면, 자신의 성격에 적합한 직업을 선택하는 것이 바람직하다고 한다. 왜냐하면 자신의 성격에 적합한 직업이 보다 쉽게 적응하고 일하는 데 즐거움을 느끼며 성공하기가 쉽기 때문이다. 홀랜드는 직업과 관련이 있는 여섯 가지 기본 성격유형이 있다고 보았다.

<표 7-3> 홀랜드의 여섯 가지 직업적 성격 특성

유 형	성격특성	어울리는 직업군
현실적 유형 (realistic type)	현실적, 실제적, 체계적이고 분명한 문제를 좋아함. 솔직함, 성실함, 대인관계 기술 부족으로 다른 사람과 일하지 않는 직업을 선호	농부, 트럭운전사, 측량기사, 운전자, 비행사, 기계조작자 등
탐구적 유형 (investigative type)	개념적이고 이론적인 성격의 유형, 인간관계를 회피, 행동가이기보다는 사색가, 창의적이고 분석적인 접근을 요함, 합리적, 분석적, 추상적, 독립적	과학자, 의사, 연구원, 학자

예술가적 유형 (artistic type)	예술적 표현을 통해 자신의 세계와 교감하며 관습적인 것을 싫어함. 독창적, 창의적, 상상력이 풍부	작가, 화가, 시인, 음악가, 작곡가, 지휘자, 조각가 등
사회적 유형 (social type)	여성적 특질을 보이며, 사람 사귀는 것을 좋아함. 이해력, 붙임성이 있으며 중심인물이 되는 것을 좋아함. 이성적 해결책보다는 감정에 호소, 언어적 기술이 뛰어남 대인관계 기술 풍부	교사, 상담사, 사회복지사, 선교사, 목사 등
기업가적 유형 (enterprising type)	다른 사람들을 거느리거나 지배하려는 유형, 대인관계 기술이 뛰어남, 자기주장이 강함, 모험적, 논쟁적, 설득적, 지배적, 사교적	부동산 중개인, 정치가, 법조인, 사업가, 관리자, 판매업무자 등
관습적 유형 (conventional type)	권위나 규칙에 순응하는 유형 비구조적 활동을 싫어하고, 단정하고, 성실함. 동조적, 양심적, 규범적, 지속적, 자기통제	은행원, 행정사무원, 세무사, 회계사, 비서직

출처: Holland, 1985.

부모의 영향

부모는 자녀의 직업 선택에 여러 가지 방법으로 영향을 미친다. 부모가 직접적으로 자신의 직업을 물려받기를 강요하거나 자신의 직업기술을 전수함으로써 자녀가 자신의 직업을 계승하도록 요구하기도 한다. 또한 부모는 어렸을 때부터 자녀의 흥미나 활동을 제한하거나 장려함으로써 영향을 미친다. 간접적으로는 자녀가 선택할 직업의 범위를 정해 주고 그 범위 내의 직업을 선택하도록 유도한다. 또한 직업에 대한 포부는 자녀가 직업에서 사회경제적 지위가 같을 경우, 부모의 포부 수준이 높을수록 자녀의 포부 수준이 높게 나타난다.

2. 직장생활의 적응과 부적응

1) 직장에서 잘 적응하는 방법

친구나 가족과는 서로 마음을 열고 생각이나 감정을 솔직하게 교환하는 의사소통이 필요하지만, 직장은 업무와 성취를 요구하기 때문에 감정보다 행동이 우선되어야 하며 자신을 드러내는 방법을 알아야 한다. 직장에서 자신을 드러내기 위해서는 업무에 필요한 능력도 있어야 하고 자신이 근무하는 조직의 생리와 업무상 필요한 정보를 알아야 하며, 남에게 요청하거나 부탁을 들어주고 상황에 따라서는 거절하거나 남들의 비난을 반박할 수 있는 대인 기술도 요구된다.

직장에서 갖지 말아야 할 환상적인 생각

직장에서 다양한 생각을 가진 개인들이 모인 조직이며 자신의 행동에 대한 냉정한 평가가 이루어지는 조직이다. 따라서 직장에 잘 적응하려면 그 조직의 고유한 문화를 잘 이해하고 자신의 능력을 발휘해야 할 뿐 아니라 사회인으로서 성숙한 모습도 보여야 한다. 직장생활을 처음 시작할 때 쉽게 빠질 수 있는 착각에는 다음 같은 것들이 있다. 첫째, 직장에서 내가 꼭 필요한 존재가 되지 않으면 안 된다. 이러한 생각은 잘못된 것은 아니지만 조직의 특성에 대한 이해가 부족하면 자칫 독불장군식의 행동을 유발하여 인간관계를 어렵게 만들 수 있다. 직장에서 요구하는 사람은 꼭 필요한 사람이라기보다 조직과 조화를 이루는 사람이다. 둘째, 모든 사람이 나를 좋아하도록 해야 한다. 자신감이 떨어지면 타인이 자신을 어떻게 생각하는지에 매우 민감하며 그 사람의 눈치를 살피게 된다. 직장에서 더 중요한 것은 타인에게 좋은 사람으로 여겨지는 것보다 자신에게 맡겨진 업무를 얼마나 충실하게 수행했는지에 대한 것이다. 셋째, 맡겨진 일은 끝까지 내가 해결해야 한다. 어떤 사람은 업무로 인해 빚어지는 상황이 만족스럽지 않으면 이를 자기 탓으로 여기는 경우가 있다. 자신이 끝까지 문제를 책임져야 한다고 생각한다. 그러나 대부분의 경우에 그런 상황은 누구 한 사람이 나서서 해결할 수 있는 것이 아니며 구성원의 논의와 협력을 통해 해결해야 한다. 넷째, 착한 아이처럼 사람들로부터 동의를 구해야 한다. 특히, 직장생활을 처음 하는 사람은 주변 사람에게 자신이 하는 일을 알리고 인정받고 싶어 하는 경향이 있는데 직장은 각자에게 주어진 업무를 성실하게 수행하고 필요할 때 관련된 업무를 동료나 상사와 상의하면 된다. 자꾸 주변 사람에게 동의를 구하려고 애쓰면 능력이 부족하다고 여겨지거나 미숙한 사람으로 인식될 수 있다. 다섯째, 사람들은 내가 힘들어한다는 사실을 알고 안쓰러워해야 한다. 직장에서 주어진 업무에 익숙하지 않다 보면 사소한 실수를 하게 되는데 그런 실수를 인정하지 않으려면 구성원들에게 자신이 얼마나 힘든지를 자꾸 하소연하려는 경향이 있다. 그러나 이렇게 주변 사람에게 하소연하는 것은 자기 발전이나 조직에 적응하는 데 별 도움이 안 된다.

직장에서 문제를 보이는 유형

· 속 빈 강정: 일도 잘하고 모든 사람의 존경과 호감을 받지만 인정받지 못한다. 회사를 위해 자기주장을 하기도 하지만 자신을 위해서는 자기주장을 하지 못한다.
· 등받이: 아무리 일을 잘해도 알아주는 이가 없다. 자신의 업적은 다른 사람만 빛내준다.
· 최대의 적: 자기주장이 지나쳐 공격적으로 행동하지만 일은 훌륭하게 해낸다. 그러나 사무실을 어지럽히고 사람들의 의견에 적대적으로 대한다.
· 들러리: 일을 끝내는 것이 항상 늦으며, 자신의 능력을 발휘하지 못한다. 승진에서 매번 누락된다.
· 투덜이: 업무나 사무실 환경, 주변 사람들에 대해 끝없이 불평한다. 그렇지만 무엇인가를 변화시키기 위해 노력하지는 않는다.
· 호구: 사람들이 당신에게 요청하면 상냥하게 웃으며 무조건 수락하기 때문에 언제나 일이 넘쳐난다. 개인적인 시간을 희생하는 데도 불구하고 감사의 표시를 받지 못한다.

직장인으로서 갖추어야 할 사고

■ 자신만의 목표

학교에서나 직장에서나 목표는 자신의 행동을 변화하고 삶을 가치 있게 만들어 준다. 목표가 없으면 환경에 적응하며 살게 되고 미래를 위해 노력하지 않는다. 사람마다 직장을 다니는 목표가 다를 수 있다. 어떤 사람은 직업을 생계 수단으로 삼을 수 있는데 그런 사람은 직장에서 꼭 하지 않으면 안 되는 일을 무사히 끝내고 회사업무가 사적인 일에 방해가 되지 않기를 바랄 것이다. 그에 비해 어떤 사람은 일 자체에 흥미를 느끼고 일에서 즐거움을 얻을 수 있는데 그 사람은 일을 하는 동안에도 새로운 시도를 하고 자기 발전을 위해 많은 노력을 할 것이다. 물론 누구나 자기가 좋아하는 일을 하고 싶어 하지만 현실에서는 그렇게 쉽지 않은데 가끔 어떤 사람은 보수도 좋고 편한 직장을 포기하고 자기가 좋아하는 일을 선택하기도 한다.

■ 업무상 필요한 지식

처음 직장에서 일을 시작할 때는 업무상 필요한 지식이 무엇인지 잘 알지 못한다. 학교에서 배우는 지식 자체가 실제 업무에 직접 적용하기 어려운 경우도 많고 아예 전공과 다른 직업을 선택할 수도 있다. 따라서 업무에서 필요한 기술이나 지식을 빨리 배우고 숙달시키면 업무의 효율도 높아지고 긴장도 줄어들어 일에 흥미가 생기게 된다.

■ 긴장을 조절하는 기술

직장에서는 다양한 이유로 긴장을 느끼게 되는데 생소한 업무로 인해 생길 수도 있고, 업무에 주어진 시간이 촉박하여 생길 수도 있다. 이유가 어떻든지 긴장을 느끼게 되면 사소한 일에도 민감하게 반응하도록 하여 업무뿐 아니라 동료 직원이나 상사와의 원만한 관계도 방해한다. 또한 긴장은 많은 에너지를 소모하게 하므로 피로감을 많이 느끼고 무기력해지기 쉽다. 따라서 긴장을 느꼈을 때 그것을 푸는 자신만의 방법을 익혀놓은 것이 매우 중요하다.

■ 원만한 인간관계를 유지하는 기술

직장에서 업무를 잘 수행하기 위해서는 인간관계를 잘 유지하는 것이 필요하다. 업무에 대한 의견이 다를 수 있기 때문에 자신의 의사를 정확하게 전달하는 것은 매우 중요하다. 자신의 의견을 긍정적으로 표현하고 자신의 감정 역시 표현한다. 그러나 다른 사람들도 감정이 있음을 인식해야 한다. 또한 상사에게 "아니오"라고 거절할 수 있어야 한다.

■ 조직문화에 대한 적응

직장에서 좋은 평가를 받기 위해서는 자신의 업무 능력을 인정받아야 하며 보이지 않는 구석에 남아 있으면 안 된다. 따라서 직장에서 누구와 무엇을 어디에서 해야 하는지를 알려고 노력해야 하고 직장 내에 존재하는 편견이나 기대 등을 받아들여야 한다.

조직문화에서의 부적응

모든 조직은 나름의 독특한 문화를 가지고 있는데, 이를 조직문화라고 한다. 조직문화는 특정한 조직의 구성원들이 공유하고 있는 언어, 가치, 태도, 신념, 관습 등을 의미한다. 예컨대, 군대조직은 독특한 군대문화를 가지고 있으며, 기업체는 각기 독특한 기업문화를 가지고 있다. 새로운 직장에서 이러한 직장문화에 잘 적응하지 못하여 어려움을 겪는 사람들이 있다. 슈나이더(Schneider, 1987)에 따르며, 조직은 유사한 성격과 가치를 지닌 사람들을 유인하고, 그러한 사람들을 선발하여 고용하며, 조직에서 공유되는 가치와 맞지 않는 사람들을 퇴출함으로써 동질적인 가치와 태도로 구성된 조직문화를 형성하게 된다. 이를 유인-선발-퇴출 모델이라고 한다. 이처럼 대부분의 직장에는 구성원 간의 인간관계에 영향을 미치는 나름의 독특한 문화가 있다. 예를 들어, 어떤 직장은 직원 간의 위계질서가 매우 강하여 상사의 지시에는 무조건 순종해야 하며 상사의 업무지시가 매우 권위적이고 공격적인 경우도 있다. 어떤 직장은 직원들 간의 정서적인 유대를 형성하기 위해 자주 회식, 술자리, 오락, 유흥을 하며 모든 직원이 이에 참여하기를 강요하는 경우도 있다. 이러한 직장문화가 개인의 성격이나 가치관에 맞지 않으면 적응하기 어려우며 스트레스 요인이 될 수 있다.

이 밖에도 직장인에게는 여러 가지 스트레스가 존재한다. 직장의 인사이동에 의해 근무부서를 바꾸어야 하거나 전근으로 인해 근무지를 옮겨야 하는 경우도 있다. 이런 경우, 새로운 부서나 낯선 근무지로 옮겨 새로운 인간관계를 맺어야 한다. 이렇듯 잦은 부서 이동이나 전근은 새로운 인간관계의 형성이라는 스트레스를 주게 된다. 그뿐만 아니라 먼 근무지로 옮겨야 하는 경우 가족 전부가 이사를 하거나 가족과 떨어져 지내야 하는 경우가 생길 수두 있다. 이런 경우 가정생활이나 가족과의 관계에 많은 변화가 생길 수 있다.

3. 직장에서의 인간관계

직장은 이윤을 목적으로 만들어진 조직이긴 하지만 다양한 특성을 가진 구성원들로 이루어져 있기에, 직장에 잘 적응하기 위해서는 업무수행 능력만으로는 충분하지 않으며 직장 상사나 동료 직원들과 원만한 인간관계를 유지하는 것이 필요하다. 그러나 직장생활을 하기 전에 수평적인 인간관계를 주로 경험한 신입사원들이 직장의 위계적 조직에 적응하기 쉽지 않다.

직장에서 원만한 인간관계를 맺기 위한 방법

성공적인 직장생활을 위해서는 다른 사람에게 호감을 줄 수 있고 자신의 뜻을 분명히 전달할 수 있는 의사소통의 기술과 갈등이 발생하였을 때 효과적으로 해결할 요령이 있어야 한다.

■ 선입견 없이 대화한다

직장에서 의사 교환은 역할을 수반하는 경우가 많다 보니 상대방이 아무런 감정없이 말한 것에 대해서도 심각하게 받아들일 가능성이 크다. 또한 상대방이 평소 자신에 대해 어떤 감정이 있을 것이라는 가정하에 상대방의 말을 이해하는 경향도 있다. 이러한 선입견에서 벗어나는 것이 자연스런 대화의 첫걸음이 될 수 있다.

■ 추측보다 말로 확인한다

서로 간의 의사소통이 잘 이루어지고 있다고 느껴지더라도 자신이 상대방의 이야기를 잘 이해하고 있는지 확인하는 것이 중요하다. "제가 잘 이해했는지 모르지만, ~라는 말씀이시지요?"라고 하면서 상대방의 말을 자신의 말로 정리하여 상대방에게 피드백을 주어야 한다.

■ 상대방의 말을 경청한다

사람은 누구나 자신의 말을 잘 들어주는 사람을 좋아한다. 특히 우리나라 사람은 자신이 상대방의 말에 관심이 있다는 것을 구체적으로 표현하는 데 서툴기 때문에 오해를 사는 경우가 많다. 따라서 상대방이 어떤 말을 할 때 "아! 그렇군요"라고 응대해 주거나 고개를 끄덕여 자신의 상대방의 말에 관심이 있고 그 말에 동의하고 있음을 보여줄 필요가 있다.

■ 상대방의 인격을 존중한다

일반적으로 권위를 가진 사람은 자신의 권력과 지위를 이용하여 강제적으로 자신의 의사를 관철하려는 경향이 있는데 이것은 조직사회에서 가장 피해야 할 행동이다. 서로 존중하고 이해하는 상황에서만 마음속에 있는 말을 하게 되어 조직의 분위기도 좋아지고 업무 효율성도 증가하게 된다.

■ 사고의 다양성을 인정한다

사람마다 생각이 다르기 때문에 같은 주제에 대해 다양한 의견이 제시되는데 자신과 다른 의견을 가지고 있다고 부정적인 감정을 갖기보다 사고의 다양성을 인정하는 자세가 필요하다.

직장에서의 인간관계로 인한 스트레스

많은 직장인들은 직장생활에서 스트레스를 받고 있다. 특히 인간관계로 인해 직업을 변경하는 일이 잦다. 우리나라 특유의 직장 분위기로 인해 스트레스를 겪고 있다. 연구에 따르면 인간관계로 인해 신입사원들이 겪는 스트레스의 종류에 대해 알아보고자 한다.

첫째, 입사 후 새로운 인간관계를 형성하는 과정에서 겪게 되는 스트레스다. 새로운 상황에서 낯선 사람들과 인간관계를 맺어야 하는 것 자체가 스트레스라고 할 수 있다. 대학과 같은 수평적 조직 사회에서 생활하다가 직장과 같은 수직적 조직 자체에 적응하는 것이 큰 스트레스로 작용할 수 있다.

둘째, 위계 조직인 직장에서 업무를 지시하는 상사와 이를 수행해야 하는 부하직원 간의 갈등에서 발생하는 스트레스다. 일반적으로 상사에 대한 주된 불만은 부당하고 무리한 업무를 강요하거나 부하직원의 능력을 무시하고 부하직원의 노력에 대해 불공정하게 평가하는 것이다.

셋째, 동료들 간의 갈등에서 오는 스트레스다. 동료 직원은 상사의 업무 지시를 같이 수행하는 경우가 많기에 업무가 불공정하게 분담되거나 업무를 수행하는 방식이 서로 맞지 않으면 갈등이 발생할 수 있다. 또한 피라미드식 승진 구조에 따라 좋은 평가를 받기 위해 동료 직원들 간 상사에 대한 충성 경쟁이 벌어지기 쉽기 때문이다.

넷째, 직장의 분위기에 잘 적응하지 못하는 데서 오는 스트레스다. 즉, 조직문화에 적응하기 힘들어 하는 경우에 나타나는 스트레스라고 할 수 있다. 어떤 직장은 상하 간의 위계질서가 엄격하여 명령이나 지시에 무조건 순종해야 하는 분위기이고, 어떤 직장은 회식 자리에 참석하지 않으면 직장의 분위기를 깨는 행동으로 간주하는 경우도 있다. 이런 직장의 분위기가 자기 성격이나 가치관에 맞지 않으면 스트레스로 작용할 수 있다.

직장 내에서 바람직한 인간관계

직장인으로서 성공적인 삶을 이루어 가려면 우선 직장 구성원으로서 조직을 위해 무엇을 할 것인가를 잘 파악하고 있어야 한다. 업무적인 파악과 함께 중요한 것이 인간관계를 원만하게 해 나가는 능력이다. 원만한 인간관계를 이루어 나가기 위해서는 인간의 존엄성과 가치에 대한 기본적인 이해와 타인에 대한 배려와 수용적인 태도가 필요하다. 그뿐만 아니라 자기개방을 통해 상대방과의 소통이 원활하게 이루어질 수 있어야 한다.

첫째, 자신에게 맡겨진 직무를 원활하게 잘 수행할 수 있는 능력과 기술이 잘 갖추어져 있어야 한다. 직장마다 업무와 관련된 특정한 기술을 요구한다. 정보화 시대에 필요한 기본적인 기술뿐만 아니라 직무 수행에 적합한 기술을 구비하고 있을 때 성공적인 직장생활을 이루어 갈 수 있다.

둘째, 적극적이고 긍정적인 태도를 통해 성취 지향적이고 책임감 있는 자세가 필요하다. 처음에 입사하여서는 업무 처리에 능숙할 수 없다. 따라서 상사로부터 질타를 받게 되면 좌절감을 느끼게 될 수도 있다. 하지만 더 노력해 나가기 위한 기회라는 긍정적인 태도를 갖고 적극적으로 도전해 나가는 태도가 갖추어져 있어야 한다.

셋째, 직장이란 조직 안에서 하나의 공동체를 이루어 갈 수 있는 공동체 의식이 갖추어져 있어야 한다. 서로의 인격을 존중해 주며, 서로의 차이를 인정하고 수용해 주면서 신뢰감 형성을 잘 해 나가는 자세가 필요하다.

넷째, 건설적인 비판을 수용할 수 있어야 한다. 직장생활을 통해 긍정적인 피드백뿐만 아니라 부정적인 피드백도 잘 받아들일 수 있어야 한다. 이는 한 개인뿐만 아니라 기업 자체적으로도 모든 구성원의 건설적인 비판을 잘 수용해 나갈 때 개인적인 성장과 함께 기업도 성장해 나갈 수 있기 때문이다.

| 요약 |

1. 인간은 발달 단계마다 과업이 있는데, 그중에서도 아동기, 청소년기를 거쳐 청년기를 살아가는 이들은 자신의 미래를 설계하고 그것을 구체적으로 준비하는 것이 과업이라 볼 수 있다. 누구나 성인이 되면 직업을 가지고 살아가는데 현대사회에서 직업을 갖는 시기를 살펴보면 개인마다 차이가 있을 수 있겠지만 대체로 20대 중·후반 사이가 된다.

2. 자기실현 및 인간관계의 장은 자신의 직업이라 할 수 있을 텐데 이때 직업은 생계 수단만을 위한 것이 아닌 자기실현의 장이 될 수도 있고, 삶의 의미를 찾는 곳이기도 하다. 특히 현대인들은 직업을 한 가지 이상을 가지거나, 평생을 한 직장에서 종사하기보다 여러 번 직업을 바꾸는 경우도 많이 존재한다.

3. 직장의 규모나 특성에 따라서 달라지긴 하지만 인간관계가 필연적으로 일어나는 곳이 직장이기에 직업을 선택하는 일은 매우 중요하다. 자신의 성격을 잘 이해하고 자신의 역량을 마음껏 발휘할 수 있는 직업을 선택하는 것이 중요하다. 따라서 직업을 선택하는 데는 있어서는 신중해야 하는데, 이때 개인 요인과 직업 요인을 살펴볼 필요가 있다. 개인 요인으로는 성격, 능력, 가치관, 흥미 등이 있으며, 직업 요인으로는 미래전망, 보상 체계, 업무 특성 등을 고려해야 한다.

4. 진로의 선택은 가치관, 흥미와 적성, 성격 그리고 부모의 영향을 받게 되는데, 가치관은 개인의 특정 상황에서 어떤 선택이나 결정을 내릴 때 특정한 방향으로 행동하게 하는 내면의 신념이다. 그리고 흥미와 적성 중 흥미는 일에 대한 집중과 성과에 영향을 미치는 주요한 요인이며, 적성은 누구에게나 특정 분야에서 뛰어난 자신의 독특한 능력을 말한다. 또한 성격에 적합한 직업을 선택할 때 일에 즐거움을 느끼며 성공하기 쉽다. 마지막으로 부모는 자녀의 직업 선택에 여러 가지 영향을 끼치는 존재다.

5. 직장은 이윤을 목적으로 만들어진 조직이긴 하지만 다양한 특성을 가진 구성원으로 이루어져 있기에, 직장에 잘 적응하기 위해서는 업무수행 능력만으로는 충분하지 않으며 직장 상사나 동료 직원들과 원만한 인간관계를 유지하는 것이 필요하다. 그러나 직장생활을 하기 전에 수평적인 인간관계를 주로 경험한 신입사원들이 직장의 위계적 조직에 적응하기 쉽지 않다.

8장

소셜 네트워크(SNS)와 인간관계

현대사회 소셜 네트워크(SNS)에서의 공간은 현실 세계와 다른 모습으로 우리의 삶에 큰 영향을 미치고 인간과 사회의 중심에 서 있다. 과학기술의 발전으로 오프라인의 교류와는 비교도 안 될 수많은 SNS상의 교류는 단순한 정보 전달뿐만 아니라 온라인을 통해 경험하지 못했던 일들과 복잡한 정보도 쉽게 접할 수 있다. 수많은 정보의 오류 속에 진실과 거짓을 우리는 제대로 판단하여야 하고 온라인 매체를 통한 교류방법이 우리에게 주는 긍정적 영향과 부정적 영향이 어떠한지, 그것이 인간관계에 어떻게 작용하는지를 알아야 한다. 그래서 SNS의 의미와 종류, 특성에 대해서 살펴보고 SNS가 주는 긍정적 효과와 부정적 효과, 사이버 공간에서의 인간관계에 대해서 살펴보기로 한다.

1. 소셜 네트워크(SNS)의 의미

소셜 네트워크(social network service, SNS)는 개인 대 개인 또는 사용자 간의 자유로운 의사소통으로 인맥을 확대하는 사회적 관계의 개념으로 인터넷에 적용한 온라인 플랫폼을 의미한다. 이는 음성, 문자, 영상 등의 콘텐츠를 제작하고 송출하여 자신의 생각, 의견, 정보를 공유할 수 있게 하는 대화형 미디어다. SNS에서 친구가 올려놓은 사진을 볼 수 있다면 이 서비스를 통해 사회적으로 관계를 형성하고 유지하며 확장해 나가는 것이 특징이라 하겠다. 이러한 SNS는 온라인 커뮤니티(OC)와는 다소 차이가 있다. 온라인 커뮤니티는 취미나 좋아하는 것과 같은 특정한 관심사에 이유를 두어 한 사이트에서 같이 모여 움직이지만, SNS는 개인을 중심으로 연결된 관계가 친구의 친구, 그 친구의 지인들, 혹은 알지 못하는 사람까지 누적이 되어 더욱 큰 네트워크를 형성하는 것으로 규모가 훨씬 크다고 할 수 있다. SNS를 통하여 정보를 찾아보고 서로의 커뮤니케이션이 가능하며 타인과 콘텐츠를 공유하면서 연결되고 자신의 감정과 기분도 표현할 수 있다. 이름을 밝히기도 하는 SNS 사용자는 자신의 이미지를 관리하고자 노력하며 익명의 인터넷 소통과는 구별된다고 할 수 있다.

현재 대부분의 SNS는 웹 기반의 서비스이며 전자우편, 인스턴트 메신저를 통한 연락방법들이 많이 나타나고 있다. 이러한 SNS 이용자가 급증하는 이유는 어른, 아이 모두에게 스마트폰 사용이 확대되고 무선 인터넷의 서비스 확장 때문이라 할 수 있다. 인간 대 인간의 다양한 사회활동으로 발전되어 온 SNS는 인간 행동으로써 하나의 문화를 형성하게 되었고 여기에 SNS 업체도 충성심을 보여주듯이 발 빠르게 움직여 광고·판매, 소셜게임, 아이템 판매 등 소셜 네트워크의 시장으로 거듭 발전해 나가고 있다.

2. 소셜 네트워크(SNS)의 종류와 특성

1) 페이스북(Facebook)

다양한 SNS 서비스 중에서 대표적인 것은 페이스북(Facebook)이며 2004년 하버드 학생인 저커버그(Zuckerberg)가 사진, 음악, 동영상 등 여러 가지 콘텐츠를 배포하면서 학내 공유 사이트에서 일반 상용화로 전환, 5억 명 이상의 가입자가 생기면서 인기를 얻게 되었다. 페이스북 계정을 가진 사람이 자신의 담벼락에 사진, 글 등을 올리게 되면 친구나 모르는 사람들조차 올려진 포스팅에 반응을 하면서 서로 간의 공동체를 형성해 나간다. 이런 경우 사생활 보호에는 제한을 받지만 누구나 포스팅을 볼 수 있는 데에는 덜 제한적이라 하겠다.

2) 유튜브(YouTube)

유튜브는 동영상을 공유하는 포털 사이트로서 누구나가 영상물을 게시하거나 공유할 수 있다. 유튜브가 등장하기 전에는 온라인에 동영상을 올리기가 쉽지 않았고 전문가의 지식과 기술이 필요하였다. 하지만 유튜브의 등장과 기술적인 서비스의 지원으로 일반인들도 동영상을 쉽게 올릴 수 있도록 하여 지금의 제작 영상물은 일반인들이 만들어 올리는 아마추어가 대부분을 차지할 정도다. 이러한 동영상은 유튜브의 서비스 지원 하에 전 세계인이 동시에 볼 수 있도록 하였고 공유자가 많을수록 막강한 파워를 자랑하며 일반인도 상업성 동영상 제작에 열을 올리고 있다.

3) 카카오톡(Kakao Talk)

카카오톡은 회원가입 없이 전화번호만 있어도 무료통화(영상·음성), 문자 메시지, 동영상, 사진, 음성 메일 서비스를 제공한다. 친구와의 일대일 채팅을 하거나 친구 초대로 그룹 채팅도 가능하여 직접 모이지 않아도 그룹별 회의가 가능한 문자 서비스이며 그룹별 음성 통화도 가능하다. 카카오톡은 어느 나라에서도 동시에 문자가 가능한 서비스를 제공하고 금융사업으로의 확대가 집단 간 그룹형성에 도움을 주고 있다.

4) 카카오스토리(Kakao Story)

카카오톡에서 파생된 카카오스토리는 '카카오'가 운영하는 앱으로, 네이버 밴드와 함께 중·장년층들(40~50대)에게 많이 사용되는 소셜미디어 플랫폼이다. 카카오톡과 연계되어 자신의 사진과 이야기를 카카오톡 내 추가된 친구들과 소통할 수 있는 앱이다. 하지만 최근 카카오톡 프로필 개편으로 인해 카카오톡과 연계는 끊어지고 별도의 웹과 앱으로 운영되고 있다. 본인의 일상을 공유하고 교류할 수 있는 사람들을 한정적으로 제한할 수 있는 '친구공개' 설정의 특성상 폐쇄성의 특징도 나타난다.

5) 블로그(Blog)

온라인에서 저널로 불리는 블로그는 개인 차원의 얘기를 넘어서 특정 전문분야의 최신 트렌드를 알려주는 1인 미디어다. 평범한 개인이 자신의 블로그를 통해 올리게 되는 스토리를 일반인들은 읽고 반응하게 된다. 평범한 개인 블로그가 구독자 수가 많아지게 되면 광고 수익도 올릴 수가 있으며 자신의 연계된 상품 판매로 많은 수입을 창출하게 된다. 구독자 수에 따라 블로그의 유명세는 높아져 대중에게 미치는 영향도 커지게 되며 지나친 상품의 소비를 조장하기도 한다.

6) 네이버 밴드(Naver Band)

우리나라 인터넷 네이버 포털사이트를 만든 'Naver'의 자회사 중 하나였던 '캠프모바일'이 출시한 모바일 커뮤니티 서비스 앱으로, 현재 베이비붐 세대(55~64세) 사이에서 가장 많이 사용되고 있다. '네이버 카페'의 모바일 버전 개념으로, 특정 목적이나 목표를 위해 조직된 오프라인 그룹이나 커뮤니티를 바탕으로 구성하여 조원들 내 소통하는 폐쇄형 모바일 서비스다. 가족, 친구, 팀원 등 지인들을 별도로 분류하거나 학교, 회사, 동창회, 동호회 등으로 연결된 모임을 더욱 끈끈하게 만들어 주고자 제공되는 서비스다.

7) 인스타그램(Instagram)

인스타그램은 사용자가 온라인 사진이나 동영상을 찍음과 동시에 다양한 디지털 효과를 적용하여 페이스북이나 트위터와 같은 SNS에 사진을 공유할 수 있다. 인스타그램은 사진과 동영상을 올리면서 그 상황에 대한 설명도 간단한 단어들로 표현하기도 한다. 사진과 관련된 자신의 이야기나 정보를 인스타그램에 올리게 되면 그 사진에 대한 텍스트와 이미지로 다른 사람들에게는 감정 전달이 더 정확하게 전달되는 효과가 있다. 여기에 다른 사람들은 댓글을 달기도 하고 서로 대화를 하기도 한다.

8) 쓰레드(Threads)

쓰레드는 인스타그램 어플을 기반으로 이용자들에게 제공되는 소셜미디어 앱으로, 메타

(Meta)의 소셜 네트워크 시장에 대한 새로운 전략을 보여주는 단문 메시지 플랫폼이다. 인스타그램과 연동해 더욱 용이한 접근성으로 고객 수를 늘리고 있으며, 사진이나 영상이 아닌 글(텍스트)로 상호 간 의사 표현이 자유로운 개방성을 지니고 있다. 외부 웹사이트와 링크 연동도 가능한 데다 '액티비티펍'이라는 탈중앙화 서비스 시스템과도 연계하여 다른 앱들 및 메타버스와 연결을 목표로 두고 있다.

9) 엑스(X, Twitter)

엑스(트위터)는 자신의 생각이나 느낌을 기록하는 서비스를 제공하지만, 일반 블로그와 다르게 글쓰기 용량이 제한되어 있다. 한번 글을 쓸 때는 140자를 초과하여 쓸 수가 없다. 엑스는 다른 사람의 게시물(트윗)을 팔로우할 수 있으며 그 게시물을 자신의 엑스에서 구독해 볼 수 있도록 하는 미디어다. 팔로우할 때는 게시물을 올린 사람의 허락을 받을 필요는 없지만 팔로우하는 동시 바로 둘의 관계가 성립된다. 엑스에 올려진 스토리는 팔로워들이 구독으로 볼 수 있고 다른 팔로워들에게 복사하여 전파될 수도 있다. 이러한 엑스의 정보 전달방식은 기하급수적으로 늘어나며 여론 형성에 뛰어나다. 하여 사건, 속보, 사고 현장 등 빠른 보도를 위한 목적으로 사용되며, 가장 간편하고 빠른 1인 미디어라고 할 수 있다.

3. 소셜 네트워크(SNS)와 사회심리적 효과

SNS가 보편화되기 전 친구들 간의 의사소통은 인터넷 게시판에 글로 표현하는 방식이었고 이러한 방식에는 한계점이 있었다. 그러나 SNS의 발전으로 대중들에게 보편화가 되면서 의사소통 방식에는 변화가 생기기 시작하였다.

1) 긍정적 효과

상호적 의사소통

인터넷 게시판에 소통하는 방식과 달리 SNS는 사용자가 자신의 글을 게시하는 것으로 그치는 것이 아니라 그 게시물을 읽은 사람이 바로 댓글을 달 수 있다는 것이다. 즉각적인 댓글로 사용자와 독자와의 상호적 의사소통이 가능하게 되고 서로 간의 피드백이 새로운 의사소통 방식으로 네트워크가 형성된다. 이러한 의사소통방식은 스마트폰이 보급되면서 장소와 시간에 구애를 받지 않고 언제든 자신의 감정을 글로써, 이모티콘으로 실시간 표현하게 되었다. 또한, 인터넷에서 나오는 불투명한 정보와 다르게 SNS에서 올려진 정보는 훨씬 더 믿을 수 있다. SNS의 사진과 이름의 신원이 확실하고 관계 맺은 댓글과 게시글로 인한 정보는 어느 정도의 신뢰성을 보여줄 수 있기 때문이다.

인적 네트워크의 확대

자신의 페이스북에 사진이나 글을 올리게 되면 친구의 관심이 댓글로 이어진다. 이렇게 시작된 인적 네트워크의 결합은 알고 있는 사람이 아니라도 꼬리에 꼬리를 물어 게시된 글과 사진이 전달되고 오프라인에서 새롭게 대면하여 의사소통의 장이 된다. 이렇게 SNS에서는 새롭게 친구로 만날 수도 있고 각자가 먼저 알고 지내던 인적 네트워크까지 결합하여 자신들이 인지하지 못하는 사이에 인적 네트워크는 엄청나게 커지게 되는 속성을 나타낸다. 그룹 소통채널의 기능, 관계를 확장하기 위한 기능, 정보 전달의 기능으로까지 확장된 것이다. 여기서 SNS는 단순한 소통의 방식을 뛰어넘어 사회적 변화에 참여하게 하고 사회를 변화하는 역할을 톡톡히 하고 있다고 할 수 있다.

2) 부정적 효과

SNS는 자신의 감정과 정보를 공유하고 싶은 사람들에게 기회를 제공하는 새로운 매체로 인간관계를 형성하고 있다. 그러나 지나친 언어축약과 문법의 파괴로 정확한 의사소통에 문제가 되고 예의를 지키지 않는 경우로 인한 피해도 많이 나타나고 있다.

디지털 스킨십

소셜 네트워크를 이용하면서 새로운 관계를 형성하고 혼자서는 생각지도 못한 일들이 가능한 일이 되기도 한다. 현실 세계에서 보기 힘든 유명인사나 연예인과 팔로우를 통해 일대일 관계도 맺고 소통을 통해서 몰랐던 개인적인 면에 더 깊은 친밀감을 느낄 수도 있다. 이를 디지털 스킨십이라고 부르며 가공의 친밀감이라고 할 수 있다. 하지만 SNS관계에서 갖게 되는 관계는 피상적 관계일 뿐 실질적인 관계와는 많이 다르다. 지금의 MZ세대는 '덕후생활'을 일상인양 살고 있다. 내가 좋아하는 정치인, 연예인의 취미와 생활을 따라하거나 열렬히 찬양하며 나와 그들을 같이 묶어 버린다. 이런 관계가 특별한 관계가 되었다고 생각할 수 있지만, 피상적관계의 집착일 뿐 시간이 지나면서 오히려 박탈감이나 고립감을 느낄 수가 있다.

상대적 소외감

우리는 초고속 산업의 시대에 윤택한 삶을 살고 있지만 반대로 기기의 발전이 사회적 혹은 인간적으로 더 소외감을 느끼게 한다. SNS상 멋진 여행 얘기나 삶의 패턴이 나와는 다른 사진을 보면 감히 가질 수 없는 세상을 본 것 같은 소외감으로 자존감과 정체감이 극도로 낮아진다. 그래서 페이스북에 올라온 사진과 얘기는 더는 일상적이지 못한 부분으로 채워지게 되었다. 나보다 나은 삶에 대한 동경은 누구에게나 있어서 더 멋지고 화려한 SNS를 찾거나 그렇게 보이기 위해서 노력하다 보면 나를 잃어버리는 실수를 범하게 된다. 어린 청소년들이 SNS에서 무엇을 느낄 수 있을지, 자신의 메시지에 댓글이 적을까 불안해하는 것을 우리는 어떻게 받아들여야 할지 고민해야 한다.

공개되는 신상정보

SNS에 올려진 자신의 얘기는 결코 자신의 것만은 아니다. 등록된 친구 외 알지 못하거나 보여주기 싫은 사람에게도 나의 스토리는 전달되기 때문이다. 자신이 힘든 일을 일기처럼 올려도 어느덧 친구에게 전달되어 "무엇이 힘이 드는지 말해 보라"라고 한다면 결코 유쾌한 일은 아니다. 불특정 다수에게 올릴 수 있는 인터넷 의사전달 방식과 다른점으로 SNS에서는 자신의 글이 비밀이 될 수 없다는 것이다. 그래서 이러한 SNS 흔적을 없애기 위한 스마트폰 애플리케이션이 나오고 있으며 SNS 계정을 공적, 사적으로 나누어 이중으로 사용하는 사람도 늘고 있다.

4. 사이버 공간

사이버 공간은 인터넷과 같은 컴퓨터에 의해 이루어진 네트워크에 접속하고자 하는 사람에게는 누구에게나 개방되어 있다. 개인의 필요나 욕구에의해 자유롭게 네트워크에 접속하거나 중단할 수 있다. 그래서 사이버 공간에서의 인간관계는 현실세계의 상호작용관계의 대상이 일정하지 않고 유동적으로 변한다. 이러한 사이버 공간의 특징은 어떠할지 살펴보기로 하면 다음과 같다.

1) 사이버 공간의 특징

첫째, 사이버 공간에서의 인간행동은 자발적 참여로 이루어진다. 이벤트 행사와 같은 외부적 동기로 참여할 수는 있지만, 누구에 의한 강요로 참여하는 경우는 없다. 무엇이든 자신의 의지로 스스로 참여를 하거나 그만둘 수가 있고 사이버 공간에서의 인간관계는 권력이나 지위와 상관없이 수평적 관계로 상호작용을 하는 곳이다. 둘째, 사이버 공간 자체가 사람들에 의한 네트워크로 구성되었기에 한 사람의 콘텐츠가 여러 사람으로 확산이 매우 빠르고 많은 참여자들에 의한 정보도 빠르게 전파된다.

셋째, 사이버 공간에서의 개인적 콘텐츠는 자발적 참여에 의한 개방성의 특징이 있다. 사이버 공간에서는 생산자가 소비자이고 소비자가 생산자가 되는 관계를 보여 주기도 한다. 이러한 개인적 콘텐츠의 사유화를 부정적 시각으로 보며 누구나 활용할 수 있도록 정보를 공유하는 특징을 가진다.

요즘의 가상세계에 익숙한 세대들을 미국의 교육학자 프렌스키(Prensky, 2001)는 디지털 네이티브(digital native)라고 칭하기도 했다. 이들의 삶은 네트워크망에 기반하는 삶으로 일과 놀이가 분리되지 않는다. TV를 보면서 숙제를 하고 동시에 온라인 채팅으로 대화를 나누기도 한다. 기성세대의 한 가지 일에 집중하는 모습과는 너무나 다른 모습으로 여러 가지 일을 동시에 처리하는 것에 익숙한 세대들이라 하겠다.

또한, SNS의 발달로 개인의 의견을 실시간 거침없이 표현하기도 하고 적극적 자기주장이 강한 세대들이다. 휴대폰이나 메신저를 통해 원하는 시간에 바로 의사소통하기를 주저하지 않는다. 기성세대가 상대방 입장을 헤아려 답을 기다리는 순간을 이해하지 못하고 참을성이 부족하다는 느낌을 줄 수도 있다.

2) 사이버 공간에서의 교류

익명성

사이버 공간에서 사람들은 직접적인 만남이 아니라 문자나 그림으로 상호작용을 하여 관계를 이어나간다. 이러한 관계에서는 자신의 외모나 지위 등 정보를 사실로 알리지 않는 익명성의 특징을 보여준다. 사이버 공간에서의 자신과 현실세계에서의 자신이 동일하지 않은 경우 자신을 어떻게 포장하느냐에 따라 새로운 정체감을 느끼기도 한다. 가상공간에서 해 본 역할을 현실에서 수행해 보면서 다양한 자신의 모습을 발견할 수도 있는 계기가 되지만 현실세계에서 마음대로 하지 못했던 감정표현이나 말들을 익명성의 상대에게 거침없이 쏘아내어 무례를 범하기도 한다.

자기개방

가상세계에서 익명성의 특징과 반대로 현실 세계에서 주저했던 자신의 신상정보를 가상세계에서는 오히려 솔직하게 나타내고 개인적 정보 노출에 대한 위험이 없다고 생각한다. 그래서 가상공간에서 자기개방을 하는 사람들은 외향적 성격보다 소극적이고 내향적인 사람에게 더 편하게 느껴지는 공간이 된다. 누군가에게 잘 보여야 할 이유가 없으므로 자기개방을 오히려 쉽게 하기도 한다. 이는 익명성의 장점으로 직접 대면하는 부담을 줄여주기 때문이다.

공동체 형성

사이버 공간에서는 사람들의 교류가 서로 공유된 취미나 관심사로 모여드는 공동체를 중심으로 이루어진다. 자신의 욕구로 모임을 형성하고 같은 욕구의 사람들과 동호회 결성을 할 수가 있다. 여기서 자신의 신상은 아무 의미가 없고 다 같이 공유하고 있는 주제나 관심사가 모임의 중요한 요인이 된다. 공동체는 재화나 서비스의 구매, 판매를 위한 정보를 공유하는 거래 공동체와 공동체 참여자들의 취미나 전문분야 등 특정한 주제에 관한 전문지식을 공유하는 관심사 공동체가 있다. 그리고 게임이나 엔터테인먼트 등 가상적 체험과 이야기를 창조하는 오락적 목적에 초점을 둔 환상공동체와 교류하는 사람들의 강하고 깊은 연대의식을 바탕으로 만들어진 관계공동체 등 네 가지로 구분할 수 있다.

동조현상

사이버 공간에서의 인간관계는 불특정 다수와 이루어진다. 사이버 공간의 많은 사람들은 나 외의 다수로 느껴지는 경향이 있어서 어떤 판단을 내리기 어려울 때 다른 사람과 유사한 판단을 따라서 내리기 쉽다. 이는 자신의 판단이 틀리지 않고 정확하다고 평가받고 싶기 때문이다. 사이버 공간의 다수 의견은 현실세계보다 강하지는 않지만 개인의 의견에 영향력을 행사할 수 있다. 여기서 자신의 판단이 많은 사람들과 의견이 비슷하다는 것을 느낄 때 자신의 판단은 확실하다고 믿어버리게 되는 것이다. 비슷한 의견과 판단이 진실이 되는 상황으로 확장되면 서로의 동조현상은 더 깊은 관계를 맺어 나가게 된다.

3) 사이버 공간에서의 인간관계 문제점

공격성

사이버 공간에서 맺어지는 인간관계는 낯선 사람과 다양한 관심사를 공유하는 관계에서 서로에게 정보제공이나 지적 교류의 긍정적인 영향을 주기도 한다. 그러나 사이버 공간에서는 상대방을 직접 알지 못하는 익명성이라는 특징에 의한 공격성이 부정적 영향을 주는 경우가 많다. 대표적으로 정치인이나 연예인 등 공인의 행동에 부당한 댓글을 올리거나 확인되지 못한 잘못된 정보로 지나친 악성 댓글을 달아 상대방을 공격하는 글을 올리기도 한다. 개인의 페이스북 등 한두 명의 마녀사냥을 시작으로 지속한 글과 욕설을 올려 다수에게 선동하는 댓글로 공격하게 되면 과하게는 상대를 자살로 이어지게 하는 경우도 생긴다. 집단욕설과 비난의 글은 일파만파 빠른 속도로 퍼져서 온라인 왕따 현상이 순식간에 일어나기도 한다.

현실 세계에서는 사회적 집단 혹은 개인 간의 갈등과 오해는 서로의 노력에의해 대화와 협상으로 풀어갈 수 있지만 사이버 공간의 갈등은 상대방을 설득하기보다 자신의 의견 차이에 대한 비난이 손쉬운 방법이 된다. 익명성이라는 특징으로 자신과 다름을 이해하지 못하고 자신의 기준에 틀리다는 점만을 강조하는 현상은 상대를 이해하는 이타심의 결여가 심각한 수준으로 나타나는 현상이라 하겠다.

인간관계의 단절

사이버 공간에서 취미나 공통관심사로 관계를 맺은 네티즌들은 서로가 강력한 유대감을 가지게 되고 현실 세계에서 느낄 수 없는 소속감과 자신감을 심어줄 수 있다. 그러나 이러한 사이버공간에서 가지는 대화나 소속감에 지나치게 의존하게 되면 현실세계와 가상세계를 구분할 수 없는 경우가 되어 집 밖으로 나오지 않고 방에서 컴퓨터 안에서만 생활하는 컴퓨터 중독으로 이어진다. 이러한 경우를 '히키코모리'라고 하며 은둔형 외톨이라고 한다. 은둔형 외톨이의 경우 외부 현실 세계에 대한 접촉을 꺼리고 방안에 틀어박혀 자신의 안에서만 살아가는 사람이라고 할 수 있다.

이들은 현실의 인간관계에서 의사소통능력이 부족하거나 대인관계에 적극적이지 못할 때 사이버 공간의 가상세계는 최상의 보상수단의 공간이 될 것이다. 쉽게 다가서지 못하는 현실보다는 가상세계에서의 대화 참여가 쉽게 가능하고 무슨 말이든 누구 눈치도 보지 않고 지를 수 있는 용기가 생기기 때문에 자신과 타인에 대한 지각을 왜곡하기 쉽고 자신에게는 아무런 문제가 없다고 생각하게 된다. 현실 세계에서 적응하기 힘든 사람들은 사이버 공간 속에서 인간관계에 몰입하기 쉬운 결과를 보여준다.

사이버 공간의 신뢰성 문제

사이버 공간에서는 사람들의 신상을 신뢰하기 어렵다. 악의적이든 아니든 자신의 다양한 면모를 제시하는 경우가 많고 지나치게 과장된 사진과 환경이 그들을 그대로 믿을 수밖에 없기 때문이다. 낯선 사람과의 대화는 굳이 자신을 있는 그대로 나타낼 필요가 없고 자신의 정보를 조작하여 전달하기 쉬우므로 그대로 받아들여서는 안된다. 이러한 정보가 설사 사실이라도 확인하기 어려운 실정이고 거짓이라도 책임질 필요도 없다.

나아가 지인의 정보를 입수해서 보내는 스팸메일이나 문자는 너무나 많은 피해를 낳게 하고 온라인 상거래에서 벌어지는 사기 행각도 사이버 공간의 신뢰성 문제가 되고 있다. 이러한 이유로 인터넷상의 인간관계를 일회성이며 비인격적이라고 하게 된다. 현실에서의 인간관계는 성, 나이, 학벌, 종교 등 비록 사회적 제약은 있을지언정 사회적 관계에서 신뢰를 잃지는 않는다. 그러나 어떠한 제약도 얼굴도 모르는 사이버 공간에서의 인간관계는 더 몰입하게 되지만 익명성의 인간관계에서는 신뢰성을 갖지는 못한다고 할 수 있다.

| 요약 |

1. 소셜 네트워크(SNS)는 사용자 간 자유로운 의사소통으로 음성, 문자, 영상, 등의 콘텐츠를 제작하고 송출하여 자신의 의견, 생각, 정보를 공유할 수 있게 하는 대화형 미디어를 말하며 페이스북(Facebook), 유튜브(YouTube), 카카오톡(Kakao Talk), 블로그(Blog), 인스타그램(Instagram), 엑스(X, Twitter) 등이 있다.

2. 소셜 네트워크(SNS)가 주는 긍정적 효과는 사용자가 올리는 글에 독자가 바로 댓글을 달 수 있고 사용자와 독자의 상호적 의사소통이 가능하며 새로운 의사소통 방식으로 인적 네트워크가 결성된다. 그러나 지나친 언어축약과 문법의 파괴로 정확한 의사소통에 문제가 생기기도 하고 화려하고 새로운 SNS상의 사진과 글은 자칫 소외감을 느끼게 하거나 자존감이 낮아지는 이유가 된다.

3. 사이버 공간의 인간관계는 현실 세계와 다르게 상대방이 늘 유동적으로 변하고 일시적인 만남이 많다. 이러한 네트워크의 접속은 누구에게나 가능하며 필요에 따라 중단도 언제나 자유롭다. 사이버 공간에서는 생산자나 소비자의 구분이 모호하며 때에 따라 둘 다 될 수도 있으며 사이버 공간의 접속자와 정보는 한사람에게서 다른 사람에게로 매우 빠르게 확산된다.

4. 사이버 공간에서의 교류는 문자나 메시지로 상호작용하므로 상대방의 신상에 대해 잘 알지 못하는 익명성의 특징을 가진다. 그로 인해 현실에서 쉽지 않던 개인적 표현들이 사이버 공간에서는 거짓이든 아니든 거침없이 강하게 표현할 수 있고 자신의 정체성에 대한 불안감을 느낄 수가 있다.

5. 사이버 공간에서 취미나 관심사로 모인 공동체는 대화나 정보를 나눌 수 있는 장점도 있지만 공동체에 대한 몰입도는 현실 세계보다 높아져 자칫 현실과 격리되는 은둔형 외톨이가 되기도 한다. 또한, 사이버 공간에서의 수평적 인간관계는 더 친밀해지기도 하지만 자신의 의사와 반하면 상대방에게 악의적 댓글도 쉬워 상대방을 벼랑 끝으로 내모는 문제를 일으키기도 한다.

3부

인간관계의 기술

인간은 누구나 성숙하고 원만한 인간관계를 추구하지만 자신의 인간관계에 완전히 만족하는 사람은 매우 드물 것이다. 사실 대부분의 사람들은 인간관계에 크고 작은 여러 가지 문제를 지닌 채 살아가고 있으며 인간관계와 밀접한 관련이 있다. 이러한 인간관계는 고정되거나 불변하는 것이 아니기 때문에 노력에 따라 얼마든지 개선될 수 있다. 그래서 우리 인생의 본질인 인간관계를 잘 다루면 성공하고 잘 다루지 못하게 되면 실패한다고 해도 과언이 아닐 것이다.

이러한 현대사회는 자신의 삶을 돌아볼 수 있는 여유를 주지 않고 조직화 되고 거대화되어 가면서 효율성과 신속성을 강조하는 경쟁 사회가 되어가고 있다. 그렇다 보니 현대사회는 다원화되고 물질적 가치를 강조하는 가운데 인간관계는 상호 간의 필요에 의해 만들어지고 그것을 강조한다.

3부에서는 인간관계에 대한 전반적인 이해를 도모하고자 인간관계에서 충분히 일어날 수 있는 갈등과 스트레스, 의사소통, 공감을 통한 인간관계의 기술을 습득하고 나아가 인간관계 문제에 대한 진단을 통한 대처방법을 살펴보고자 한다. 무엇보다 이는 효과적인 인간관계의 기술에 대한 기본원칙을 학습하고자 한다.

9장

인간관계의 갈등

인간은 타인과의 인간관계를 충족하려는 욕구를 지니며 이러한 욕구의 충족을 위한 목표를 지닌다. 그렇지만 각자가 추구하는 욕구와 목표가 서로 달라 인간관계에서 대립하고 갈등이 생기게 된다. 그래서 인간관계에서는 다른 사람과 상호작용하는 과정에서 여러 가지 필연적인 갈등과 문제가 발생할 수밖에 없다. 이러한 인간관계의 갈등이 잘 해결되지 못하고 원만하지 못하면 서로에 대한 부정적인 감정이 초래되어 인간관계가 붕괴하거나 와해한다. 그렇지만 이러한 갈등이 잘 해결되고 서로를 이해하는 기회가 된다면 오히려 인간관계는 강화할 수 있다.

이와 같은 갈등은 문명 생활의 산물이라고 할 수 있다. 하지만 현대 문명사회에서는 여러 가지 목적이나 이상이 서로 모순되기 때문에 각자의 정서 표현을 제한하고 충동의 만족을 제약하면서 갈등이 발생하게 된다. 갈등은 인간의 정신생활을 혼란하게 하고 내적 조화를 파괴하며 외적으로는 공공질서를 파괴하여 폭동을 유발하는 등 무서운 결과를 초래하기도 한다. 이러한 갈등은 개인과 개인 사이에만 일어나는 것이 아니라 개인과 조직 사이에, 조직과 조직 사이에도 일어난다.

그러므로 갈등은 사람들이 모여 사는 곳이라면 언제 어디서든 일어나기 마련이고 필연적이고 보편화한 현상이다. 서로 다른 개성과 생각을 가진 여러 사람이 만드는 인간관계에서 갈등은 어떻게 보면 피할 수 없는 상황이라 할 수 있다.

그렇다면 갈등이 무엇인지? 갈등의 유형은 어떠한지? 이러한 갈등을 줄이고 해결할 방안은 무엇인지? 이 장에서는 이와 같은 질문을 중심으로 인간관계에서 일어날 수 있는 여러 가지 갈등을 살펴보고 갈등의 종류와 그에 대한 관리 및 해결 유형, 갈등을 다루는 바람직한 방안을 살펴보고자 한다.

1. 갈등의 개념과 과정

1) 갈등의 개념

갈등은 대략 일이나 사정이 복잡하게 뒤엉켜 서로 화합하지 못하는 상황 혹은 서로의 이해나 의견이 달라 생기는 충돌을 뜻한다. 이러한 갈등을 겪으며 살고 있는 우리는 사회에서 자기 자신과의 갈등뿐만 아니라 다른 사람과의 관계에도 이를 경험하면서 살아가고 있다.

갈등은 모두에게 많은 스트레스를 가져오지만, 갈등을 견디고 참기보다는 그것을 잘 극복하기 위해 노력하고 새로운 해결책을 찾는다면 이는 개인의 성장을 가져올 뿐만 아니라 조직의 변화를 불러올 수도 있다. 그렇지만 인간이 모여 사는 사회에서의 갈등은 불가피하게 일어날 수밖에 없다. 또한 갈등은 욕구, 자원, 권력 분배와 사용을 둘러싼 인간관계에서 발생하는 것을 의미하기도 하며 개인이나 집단, 공동체, 국가 사이에서 가치, 필요, 이해, 의도를 둘러싼 불일치와 충돌을 뜻하기도 한다. 그래서 갈등은 학자마다 정의를 내리는 기준이 각기 다르며 개인 내적으로 상반되는 두 가지 이상의 감정이나 의지가 동시에 일어나 결정을 내리지 못하고 심리적 어려움을 겪는 것을 의미한다.

또 다른 의미의 갈등은 상대가 서로 맞선다는 'configere'라는 라틴어에서 유래된 것이라고 하였으며, 환경과 개인을 중심으로 형성되는 개인적 관계를 이루는 의식적 및 무의식적 상황에서 해결하기 어렵거나, 상호관계가 좋지 못하고, 또 마음에 맞지 않는 심리적 상태(psychological conditions)를 말한다. 그래서 갈등은 부정적인 의미의 해석이 크다고 할 수 있다. 이는 산업화 사회에서 조직적인 사회 시스템과 신속한 의사결정이 중요했던 것과 관련이 있으며 갈등을 부정적으로 인식하고 시급히 해소해야 할 문제로 보는 시각이 크다고 할 수 있다.

현대에 와서는 갈등이 무조건 부정적인 것이 아닌 어느 사회에서든 당연히 일어날 수 있는 것이라고 인정한다. 왜냐하면 갈등이 때로는 긍정적인 영향으로 나타날 수도 있으며 어떤 사회나 단체이든 간의 갈등을 부정하기보다는 그 존재를 인정하고 적절하게 다루는 과정이 더 필요함을 인정하게 된 것이다. 갈등의 긍정적 영향을 강조하는 측면에서 보면 갈등이 발생하면 내재 되었던 문제가 밖으로 드러나 이를 위한 해결 행동이 시작된다고 본다. 그러므로 갈등이 발생함으로써 문제해결을 위한 노력을 하게 되고 그 과정을 통해 개인과 집단의 역량이 커지는 계기가 되기도 한다.

결국 갈등을 통하여 사회적 문제가 드러나고 해결을 위한 노력을 통해 민주주의가 강화되고 사회적 신뢰 또한 깊어지며 이는 궁극적으로 사회발전의 원동력이 될 수도 있다. 이러한 측면의 갈등은 해결되지 않은 문제에 대한 문제 제기의 기회일수도 있으며 나아가 통합의 기회가 되기도 한다.

갈등이나 의견의 불일치는 불가피할 수 있으며 본래부터 좋거나 나쁜 것을 말하는 게 아니라 인식하는 것이 중요하다. 갈등이 해결되지 않고 방치되면 팀이나 조직의 발전을 저해하는 결과를 초래한다. 하지만 갈등관리를 잘한다면 자신과 조직을 잘 발전시키는 결과로 나타난다. 그래서 인간관계에서의 갈등은 내재한 것으로 어느 정도는 당연하다. 그래서 인간관계에 갈등이 있다는 것은 정상적이라고 할 수 있다. 그러므로 무엇보다 발전적인 방향으로 해결책을 모색하는 것이 더 중요하다.

2) 갈등의 과정(단계별 갈등)

인간관계는 다른 사람과 상호작용하는 과정에서 필연적으로 여러 가지 갈등과 문제가 발생한다. 이러한 갈등이 잘 해결되지 못하면 서로에 대한 부정적 감정이 초래되어 인간관계가 약해지거나 붕괴되기도 한다. 하지만 갈등이 건설적으로 잘 해결되면 서로를 이해하는 기회가 되고 미래의 갈등을 예방하는 긍정적 효과가 있어 오히려 인간관계를 강화할 수 있다. 그래서 인간관계의 단계별 갈등을 일으키는 과정을 살펴보면 다음과 같다.

잠재적 갈등(상황갈등단계)

이 단계는 어떠한 사소한 특징에 의존하여 갈등이 발생하며 갈등의 시작이 만약에 조건이 그 무엇이든 하나만 충족이 되어 갈등이 일어난다면 이 단계에서는 정확한 문제 인식과 적절한 예방 활동을 취해야 한다. 그래야만 갈등이 유발될 가능성을 낮추게 된다. 따라서 이 단계를 갈등의 선행조건이라고 한다.

표출단계의 갈등(격화단계)

이 단계는 갈등상태를 인지하고 개인화하면서 위협이나 적대적 행위 및 공포 등의 심리적 상태가 발생하는 과정을 거쳐 타인의 목표를 좌절시키거나 그로 인한 이익을 방해하는 행동을 할 때를 말한다. 즉 갈등이 격화되어 오해와 좌절, 불신을 초래하는 단계를 뜻한다. 이는 갈등을 일으킨 원인이 분명하게 이슈화되고 갈등 당사자의 확인이 가능하며 감정적인 차원으로 지각될 때 발생하게 된다.

탐색단계의 갈등

이 단계는 갈등 관련 당사자들이 갈등이 발생하고 있음을 인지한 후 갈등 해결을 위한 방법의 제시 및 사용을 위한 모색 과정을 말한다. 이 단계의 주된 목적은 갈등 발생의 예방이 아니라 이미 나타난 갈등을 감소하는 것을 말한다.

진정단계의 갈등

이 단계는 계속되는 갈등으로 인해 시간과 에너지가 낭비되고 있다는 사실을 인식하는 단계를 말한다.

해소단계의 갈등

이 단계는 갈등이 일어나기 전 상태로 되돌리는 단계다. 이는 갈등관리 이후의 효과단계로 갈등을 해소할 수 있는 장치 마련과 그러한 장치의 효율적인 활용을 통해 차후 지속해서 발생할 수 있는 갈등을 효과적으로 대처할 수 있도록 하는 단계를 말한다.

3) 갈등의 원인

갈등은 왜, 무엇 때문에 발생하는가? 실제로는 어느 한 가지 원인보다는 다양한 원인이 복합적으로 작용하여 집단 간 갈등을 발생하는 경우가 많다. 그래서 갈등을 일으키는 원인을 살펴보면 다음과 같다.

상반된 목표 갈등

개인의 목표와 집단 및 조직의 목표가 다르다든가 내려진 지시 혹은 명령이 상반될 때 일어나는 갈등을 뜻한다. 집단 간의 목표 차이는 조직의 규모가 크고 기능이 다양해질수록 집단 내의 분화와 더불어 집단 간의 상호작용 범위도 넓어지기 때문에 그 정도가 더욱 심화한다고 볼 수 있다.

조직의 전문화 갈등

기존 조직이 새로운 변화의 움직임을 보일 때 이에 대한 불안이 조직 내 확산하는 갈등을 말한다. 특히 전문화의 강도가 높아지고 조직의 구조가 점차 세분될 때 갈등이 유발된다.

상호의존성 갈등

두 개 이상의 집단이 그들의 목적을 달성하기 위해 서로 간에 의존해야 하는 갈등을 말한다. 조직 내에서는 혼자 일을 한다는 것은 의미도 없지만 그러한 일 자체가 거의 없는 상황이다. 그러다 보니 사람들은 서로 상호의존성을 나타내 보이며 분업과 협업을 하게 된다. 이에 따라 나타나는 갈등을 상호의존성 갈등이라 한다.

커뮤니케이션 장애 갈등

전달자와 수용자 간의 인지 및 태도의 차이가 아니더라도 조직 내의 여러 요인으로 인해 커뮤니케이션 경로에 왜곡 현상이 초래되는 갈등을 말한다. 그렇다 보니 왜곡 현상이 일어나면 이는 바로 갈등으로 이어진다.

불확실성 갈등

인간이 미래를 완전히 예측한다면 갈등이 없겠지만 이는 미래에 대한 불확실성, 환경의 변화에 따른 불확실성, 여러가지 어려운 상황의 의사결정에 대한 어려움을 통해 갈등이 생기게 마련이다. 이러한 불확실한 상황이 계속 이어지면 인간은 갈등을 느끼게 된다.

이해관계 갈등

한정된 자원이나 권력을 분배하는 과정에서 빚어지는 갈등으로 이는 주로 이해관계를 분배하는 과정이나 절차에 대한 견해 차이로 비롯된다. 또한 갈등은 이해관계의 차이 때문에 발생할 수밖에 없다. 이는 자원이나 이익은 한정되어 있으므로 이것을 분배하는 과정에서 제대로 타협하지 못하면 갈등이 생기기 마련이다. 예를 들어 공공의 편의나 복지를 위한 각종 시설을 서로 유치하려고 지역 주민 간에 갈등이 발생할 수도 있기 때문이다.

사실관계 갈등

하나의 사건 또는 자료 및 언행 등에 대해 서로 다르게 해석함으로써 생기는 갈등을 말한다. 또는 같은 사건 및 자료에 대해 서로 이해하는 바에 있어 차이가 발생하여 사실관계에 대해 각자 다른 입장을 주장할 때 발생하는 갈등을 사실관계 갈등이라고 말한다.

가치관 갈등

신앙 또는 신념 등의 문화 차이에서 비롯된 갈등을 의미한다. 또한 개인이나 집단 사이의 신념이나 가치관의 차이에서 오는 갈등을 가치관 갈등이라 한다.

인간관계 갈등

서로 긴의 불신이나 오헤로 인한 상호관계가 벌어지는 갈등을 인간관계 갈등이라고 말한다. 이는 지속적으로 관계를 유지해야 하는 사람들이 오해, 불신, 편견 등에 의해 관계형성이나 유지에 어려움을 겪는 갈등상황이다. 주로 의사소통의 왜곡으로 인해 발생하며 다른 원인에 의해 발생한 갈등도 쉽게 관계상의 갈등으로 전이되는 경우가 많다.

구조적 갈등

사회의 구조적 요인, 잘못된 제도, 관행, 모순으로 인해 직장 등에서 발생하는 갈등을 말한다. 또는 구조적 문제나 한계 때문에 발생하는 갈등으로서 적합하지 않은 제도, 규제, 풍습, 힘의 불균형 등에 의해 빚어지는 갈등을 말한다.

2. 갈등의 관리 유형

1) 회피형(avoiding) - 나도 지고 너도 지는 방법

회피형은 자신과 상대방에 대한 관심이 모두 낮은 유형이다. 그러므로 갈등상태에서 얻게 되는 장점을 전혀 보지 못하고 개인적인 갈등상태에는 대처하려고도 하지 않는다. 문제가 있어도 없는 듯 무시하거나 회피한다. 즉 갈등문제로부터 물러나거나 이를 피함으로써 자신뿐만 아니라 상대방의 관심마저 무시하는 유형이다. 이는 갈등상황에 대해 상황이 나아질 때까지 문제를 덮어두거나 위협적인 상황에서 피하고자 한다. 그래서 개인의 갈등상황을 피하거나 철회하면서 상대방의 욕구와 본인의 욕구를 모두 만족하지 못하며, 처한 상황 및 갈등을 자극하는 문제들을 회피하는 유형을 말한다. 이러한 유형은 일시적으로 갈등을 피할 수는 있지만 문제가 영원히 해결되지 못한 상태로 남아 있을 수 있다.

따라서 회피형은 또 다른 갈등을 유발할 수 있는 상황에 놓일 수 있으며 갈등을 해결하는 것을 무모한 짓이라고 여긴다. 즉 갈등문제에서 한 발 뒤로 물러나거나 갈등 해결을 위한 적극적 역할 수행을 거부하며 중립적 입장으로 포장하는 유형으로 자신뿐만 아니라 타인의 목표 달성마저 무시하고 늦추는 방식을 취한다. 예를 들면 일하던 도중 갑자기 연락을 끊고 나타나지 않는다거나, 하겠다고 말만 하면서 계속 시간을 끄는 행동이 이 유형의 대표적 모습이다. 그래서 나도 안 하고 상대방도 못 하게 하는 스타일, 나도 지고 너도 지는 방법이라고 할 수 있다.

2) 수용형(accommodating, 순응형) - 나는 지고 너는 이기는 방법

수용형은 자신의 목표보다는 상대와의 관계를 생각해서 상대의 목표에 맞추어 문제를 푸는 유형이다. 이 유형은 갈등이 생기면 서로 간에 상처받고 결국 서로의 관계가 깨질까봐 상대방의 의견에 순응해 버린다. 그러므로 갈등은 필연적으로 생기게 되지만 좋은 인간관계를 유지하기 위해 자신의 관심사는 뒷전에 두고 상대방의 관심사를 충족시켜 주기 위해 상대방의 요구나 입장을 주로 수용함으로써 갈등을 해결한다. 이는 결국 자신은 없고 상대방의 관점에서 이해하고 자신의 견해나 생각은 포기하고 희생해 버린다.

즉 이 유형은 자신에 관한 관심은 낮고 상대방에 관한 관심은 높은 편이다. 상대방의 관심을 충족하기 위해 자신의 요구나 관심을 희생한다. 그래서 상대방의 무례한 요구에도 별 반응 없이 받아들이는 유형이다. 그래서 좋은 인간관계를 유지하기 위해 자신의 욕구충족은 포기하고 상대방의 주장에 따르며 이러한 유형의 갈등 해소 방법은 자기를 양보하고 자기를 희생한다고 할 수 있다. 이는 나는 지고 너는 이기는 방법을 선택한다.

3) 통합형(integrating, 협력형) - 나도 이기고 너도 이기는 방법

통합형은 서로 간에 있어 최적의 대안을 찾으려고 하는 유형이다. 이 방식은 부정적 감정을 최소화하고 존경과 신뢰를 얻게 하여 서로를 더욱 친밀하게 한다. 이 유형의 방법은 갈등의 본질이 이해되며 서로 도움(win-win)될 수 있는 해결책을 찾으며 자신은 물론 상대방에게도 관심이 높은 경우에 속한다. 때론 서로 간의 정보를 교환하기도 하고 모두의 목표를 달성할 수 있도록 방법을 찾기도 한다. 이러한 유형들은 서로의 차이를 인정하고 배려하는 신뢰감과 공개적인 대화를 해야 하며 갈등 해결에 있어서는 가장 바람직한 유형이 될 수도 있다.

즉 양 당사자의 관심을 통합하기 위해 갈등을 겪고 있는 양자의 관심사를 모두 만족하려는 방식으로, 서로의 상황을 이해하고 고려하며 최선의 해결책을 모색한다. 당사자들이 서로 받아들일 수 있는 해결안에 이르기 위해 차이점을 조사하고 정보를 교환하며 개방적 대화를 이어가기도 한다. 이 유형은 양쪽이 다 만족할 수 있는 갈등 해결을 적극적으로 찾는 최선의 방법으로 모두에게 이익을 주는 상생(win-win)방법이라고 할 수 있다. 그래서 나도 이기고 너도 이기는 방법을 선택한다.

4) 경쟁형(competing) - 나는 이기고 너는 지는 방법

경쟁형은 서로 간의 우월하고 열등한 관계로 자신의 의지를 상대에게 강요하며 상대방의 입장은 전혀 고려하지 않는 유형이다. 무조건 자기 생각을 관철하려 하고 상대방의 의견을 희생하는 유형으로 장기적으로 봤을 땐 더 큰 갈등을 증가시킬 뿐이다. 때로는 한 쪽은 이익을 얻지만 다른 한 쪽이 손해를 보게 되는 유형의 방식이다. 이는 상대방을 희생시켜서라도 자신의 이익이나 관심사를 충족하려는 전략으로 갈등을 해소한다. 이 유형은 조직의 성장에 있어서는 매우 문제가 되는 유형이며 조직의 목표 달성을 강조하며 구성원들의 개인적인 필요에 대해 협력하지 않는 방식이다. 그래서 나는 이기고 너는 지는 방법의 유형을 선택한다.

5) 타협형(compromising) - 타협적으로 주고받는 방법

타협형은 자신과 상대방의 관심이 중간 정도이며 서로 타협하며 주고받는 유형에 속한다. 이 유형은 자신과 상대방의 입장을 잘 조화하고 중간적인 태도를 보이며 양자의 입장을 부분적으로 만족하기 위해 절충하는 방식의 유형이다. 또는 쌍방의 실익을 생각해 상호교환과 희생을 통해 부분적 만족을 취함으로써 갈등을 해결하는 유형이다. 이는 적당한 선에서 타협점을 찾고자 한다.

즉 갈등상태에 있는 양자가 상호교환과 희생을 통해 부분적 만족을 취하는 방식으로 경쟁과 수용의 중간지점으로 신속한 합의가 목적이다. 예를 들면 '나도 하나 양보하고, 너도 하나 양보한다'라는 식의 서로 어떤 것은 포기하고 또 어떤 것은 유지한다. 그래서 가장 흔하게 쓰이는 방식으로 승자도 패자도 없는 유형이다. 이는 양쪽이 조금씩 서로 양보하며 절충안을 찾고자 하는 방법이다. 그러므로 다수의 이익을 위해 조직의 목표와 개인의 필요 간의 균형을 찾아 수용할 수 있는 해결책을 찾는 방법이라고 할 수 있다. 이러한 유형은 현실적으로 가장 많이 활용되는 유형이며 타협적으로 주고받는 유형이다.

위에서 설명한 갈등의 유형 중에 어느 유형이 바람직하고 좋은 것이라고 단정을 지을 수는 없다. 하지만 일반적인 기준에서 볼 때 갈등 해결의 만족도는 회피형일 때는 최소가 되고, 통합형일 때는 최대가 된다. 모든 사람이 어떤 상황에서나 일관된 유형을 나타내는 것은 아니며 갈등의 유형 그리고 상대와의 관계가 어떠한 것인가에 따라 다르게 나타날 수 있다. 갈등상황에서 자신의 대응유형과 상대의 대응유형, 그리고 목표와 이해하는 것은 갈등 해결의 전략을 세우는 데 만족스러운 결과를 얻는 데 중요한 기초가 된다고 할 수 있다.

그래서 갈등을 효율적으로 관리하고 해결하기 위해서는 무엇보다 자신이 어떠한 유형인지를 이해하는 것이 필요하다. 가능한 타협과 통합방식으로 해결하는 게 좋겠지만 상황에 따라 달라질 수도 있어야 한다. 때로는 상대방의 의견과 주장을 수용할 수도 있어야 하고, 때로는 적정 수준에서 빠르게 타협할 수도 있어야 한다. 언제나 상대방의 요구에 맞추는 수용적인 태도가 강하다면 일과 인간관계에 대한 자신감 부족 때문에 그런 것은 아닌지 확인해 볼 필요가 있다.

수용성이 높다는 것은 착하거나 선한 것과는 다르다. 정말 착하고 선하게 살기 위해서는 자신을 잘 지키고 강해져야 한다. 그리고 자신에 대한 이해와 갈등상황에 놓인 반대편이 어떤 방식을 취하고 있는지도 알아야 한다. 왜냐하면 상대방의 동기와 그 목표를 알아야 대응도 적절히 할 수 있기 때문이다. 이를 통해 <토마스 킬만의 갈등관리의 유형에 관한 설문>을 통해 나의 갈등유형은 어떠한지 확인해 본다.

<토마스 킬만의 갈등관리 유형에 관한 설문>

토마스 킬만의 갈등관리 유형	
번호	**문 항**
1	A-가끔 나는 문제해결의 책임을 상대방이 지도록 내버려 둔다. B-서로 동의하지 않는 일들에 대해 협상하기보다 나는 서로 동의하는 일들에 대해 강조한다.
2	A-나는 타협적인 해결책을 모색하여 본다. B-나는 상대방과 나의 관심사를 모두 충족하려고 시도한다.
3	A-나는 대체로 내 목적을 달성하기 위해 끝까지 밀고 나간다. B-나는 상대방의 감정을 상하지 않게 하고 서로 간의 관계를 유지하려고 노력할 것이다.
4	A-나는 타협적인 해결책을 모색하여 본다. B-나는 때때로 상대방이 바라는 바를 위해 나 자신이 바라는 바를 희생한다.
5	A-나는 헤결책을 찾아내기 위해 끊임없는 상대방의 도움을 요청한다. B-나는 불필요한 긴장 상태를 피하려고 한다.
6	A-나는 나에게 불편한 자리는 회피하려고 한다. B-나는 내 직위를 확보하려고 애를 쓴다.
7	A-나는 어떤 문제에 대해 충분히 숙고할 시간이 있을 때까지 그것을 미루려고 한다. B-나는 어떤 점을 얻는 대가로서 다른 점을 포기한다.
8	A-나는 대체로 내 목적을 추구하는 데 남에게 양보하지 않는 편이다. B-나는 모든 관심사와 문제들을 곧바로 터놓고 이야기하려고 시도한다.
9	A-나는 서로 간의 견해 차이에 대해서 고민할 가치가 없다고 느낀다. B-나는 내 방식대로 일을 처리하기 위해 어느 정도 노력한다.
10	A-나는 대체로 내 목적을 달성하기 위해 끝까지 밀고 나간다. B-나는 타협적인 해결책을 모색하여 본다.
11	A-나는 모든 관심사와 문제들을 곧바로 터놓고 이야기하려고 시도한다. B-나는 상대방의 감정을 상하지 않게 하고 서로 간의 관계를 유지하려고 노력한다.
12	A-나는 때때로 논쟁을 야기하게 되는 입장을 피한다. B-나는 만약에 상대방이 나의 입장을 어느 정도 존중해 준다면 나도 그 삶이 자신의 입장을 어느 정도 견지하도록 허용할 것이다.
13	A-나는 중간적인 입장을 취한다. B-나는 내 의견을 관철한다.

14	A-나는 상대방에게도 내 생각을 말해주며 그 사람의 생각도 물어본다. B-나는 상대방에게 내 의견의 논리적 근거와 장점을 설명해 주려고 한다.
15	A-나는 아마 상대방의 감정을 상하지 않게 하고 서로 간의 관계를 위해 노력할 것이다. B-나는 불필요한 긴장 상태를 피하려고 한다.
16	A-나는 상대방의 감정을 상하지 않게 하려고 한다. B-나는 상대방에게 내 입장의 장점을 설득하려고 한다.
17	A-나는 대체로 내 목적을 달성하기 위해 끝까지 밀고 나간다. B-나는 불필요한 긴장 상태를 피하려고 한다.
18	A-나는 만약 상대방이 자신의 관점을 견지하는 데서 기쁨을 느낀다면 그렇게 하게 한다. B-나는 만약 상대방이 나의 입장을 어느 정도 존중해 준다면 나도 그 사람이 자신의 입장을 어느 정도 견지하도록 허용할 것이다.
19	A-나는 모든 관심사와 문제들을 곧바로 터놓고 이야기하려고 시도한다. B-나는 어떤 문제에 대해서 충분히 숙고할 시간이 있을 때까지 그것을 미루어 두려고 한다.
20	A-나는 서로 간의 차이를 해소하려고 시도한다. B-나는 이해득실 상 양자 모두에게 공정한 입장을 찾으려고 한다.
21	A-나는 현상해 나가는 과정에서 상대방이 바라는 바를 배려해 주려고 한다. B-나는 항상 문제를 직접 놓고 토론하는 편이다.
22	A-나는 상대방의 입장과 나의 입장 간에 중간지점을 찾으려고 한다. B-나는 내가 하고 싶은 바를 주장한다.
23	A-나는 우리가 모두 바라는 바를 만족하는 데 항상 관심을 가진다. B-가끔 나는 문제해결의 책임을 상대방이 지도록 내버려두곤 한다.
24	A-만약 상대방의 입장이 그 사람에게 아주 중요하다고 보이면 나는 상대가 하고 싶은 바를 만족시켜 주려 할 것이다. B-나는 상대방이 타협안에 만족해하도록 할 것이다.
25	A-나는 상대방에게 내 의견의 논리적 근거와 장점을 설명해 주려고 한다. B-나는 협상해 나가는 과정에서 상대방이 바라는 바를 배려해 주려고 한다.
26	A-나는 중간적인 입장을 제안한다. B-나는 항상 우리가 모두 바라는 바를 만족하는 데 관심을 가진다.
27	A-나는 때때로 논쟁을 야기하게 되는 입장을 피한다. B-나는 만약 상대방이 자신의 관점을 견지하는 데서 기쁨을 느낀다면 그렇게 할 것이다.
28	A-나는 대체로 내 목적을 달성하기 위해 끝까지 밀고 나간다. B-나는 해결책을 찾아내기 위해 항상 상대방의 도움을 요청한다.
29	A-나는 중간적인 입장을 제안한다. B-나는 서로 간의 견해 차이에 대해서 고민할 가치가 없다고 느낀다.
30	A-나는 상대방의 감정을 상하지 않게 하려고 한다. B-나는 어떤 문제를 항상 상대방과 의논함으로써 우리가 그 문제를 해결할 수 있도록 한다.

이러한 다섯 가지 유형을 토대로 나의 갈등유형은 어디에 속하는지 아래의 설문을 통해 확인해 보자. 자기 행동을 가장 특징적으로 나타내 주는 문장 A 혹은 B에 표시한다, A 문항이나 B 문항 어느 것도 본인의 행동을 잘 나타내지 못하는 경우는 상대적으로 비교적 더 많이 나타난다고 생각하는 문항을 선택한다. 설문지의 각 항목의 A와 B 중 선택한 것을 확인하고 아래 검사평가표에 동그라미를 친 후 항목별로 전체 개수의 합을 적어 본인의 유형을 확인한다.

번호	경쟁	협력	타협	회피	수용
1				A	B
2		B	A		
3	A				B
4			A		B
5		A		B	
6	B			A	
7			B	A	
8	A	B			
9	B			A	
10	A		B		
11		A			B
12			B	A	
13	B		A		
14	B	A			
15				B	A
16	B				A
17	A			B	
18			B		A
19		A		B	
20		A	B		
21		B			A
22	B		A		
23		A		B	
24			B		A
25	A				B
26		B	A		
27				A	B
28	A	B			
29			A	B	
30		B			A
계					

3. 유형별 갈등관리

사회·심리학적 측면에서 볼 때 갈등은 두 개의 양립할 수 없는 욕구나 기회 및 목표 등에 직면하거나 사회적 대상의 내부 또는 외부에서 일어나는 부조화 상태에서 발생하게 된다. 이러한 경우에도 개인의 내면에서 발생하는 욕구나 심리적인 상태 간의 충돌을 나타내기도 한다. 다른 한편으로는 다른 대상들 간의 사회적 집단들 간의 충돌을 나타내기도 한다. 실제로 갈등은 여러 상황이나 장면에서 발생할 수 있고 유형도 다양하므로 학술적으로 하나의 고정된 정의를 사용하기는 쉽지 않다.

1) 개인 간 갈등관리

어느 한 개인에게서 발생하는 갈등은 개인의 욕구나 목적을 달성하는 데 방해요소로 작용하기 때문에 개인의 욕구를 충족하고 목표를 달성하는 데 있어서 갈등을 극복하는 것이 무엇보다 중요한 과제라고 할 수 있다. 결과적으로 어떤 한 개인이 갈등을 극복하지 못하고 끝내 좌절하게 된다면 이후의 개인에게 스트레스를 유발한다는 점에서 갈등의 역할과 그 밑바탕에 있는 심리적 과정은 교육·심리학 분야에서 매우 중요한 과제다.

그래서 개인 간 갈등을 인간관계에서 발생하는 갈등으로서 조직구성원들이 추구하는 목표, 가치관, 신념, 사고방식, 태도 등의 차이로 인하여 구성원들 간에 발생하는 것을 의미한다. 그러므로 이를 실질적 갈등과 감정적 갈등으로 분류할 수가 있다. 실질적 갈등이란 정책이나 실무, 계획 등에서의 견해 차이로 발생하는 갈등을 말한다. 반면 감정적 갈등은 협상이나 문제해결방식 등으로는 해결이 되지 않지만, 실질적 갈등은 구성원들의 상호작용에서 매우 중요하며 개인 간 갈등에 대한 일반적 갈등 해소기법에는 회피, 완화, 타협, 대면 등이 포함된다. 따라서 개인 간 갈등을 좌절 갈등, 목표갈등, 역할 갈등으로 나누어 살펴보면 다음과 같다.

좌절 갈등

지향한 목표가 달성되지 못할 때 좌절갈등은 발생한다. 예를 들어 좋은 직장에 취업하려고 했으나 학력이나 자격 결여 및 편견, 차별 등의 이유로 직장을 얻지 못했을 때 좌절이나 욕구

불만이 오게 된다. 이럴 때 사람들은 종종 좌절갈등을 겪게 된다. 그렇지만 좌절을 경험할 때 인내와 노력으로 장애를 극복하거나 보다 나은 새로운 목표를 설정해 추구함으로써 더 나은 결과를 가져올 수도 있다. 그렇다고 그러한 좌절로 인해 자신을 비하하거나 자포자기에 빠지게 된다면 그로 인한 부정적인 결과가 나타날 수도 있다. 그래서 욕구가 소망된 목표를 달성하기 전에 어떤 장애물에 의해 차단될 경우 발생하는 갈등을 좌절 갈등이라 한다. 이를 겪는 개인의 좌절에 대한 대처 방식에는 공격, 포기, 집착, 타협 등이 있다.

예를 들어 문이 잠긴 방안에 어떤 사람이 갇혀 있다고 가정하자. 갇힌 상태가 오래 지속됨에 따라 그 사람은 심한 갈증을 느끼게 된다. 그러면 물을 먹기 위해서는 문을 부수고 밖으로 나와야 하는 상황이다. 그렇다면 잠긴 문은 걸림돌이 되고, 수분이 부족하여 결핍상태의 욕구충족을 위한 목표는 물이 되고, 잠긴 문이라는 장애물에 걸려 목표추구가 불가능한 상황에서 개인은 좌절 갈등을 경험한다. 이때 좌절에 대처하기 위해 취할 방법은 네 가지가 있다. 먼저 문을 부수기 위하여 폭력적인 방법을 써야 하는 공격, 그 다음으로 바깥으로 나가는 일을 아예 접어 버리는 경우의 포기, 세 번째는 외부로 통할 수 있는 여러 가지 방법을 시도하는 집착, 마지막으로 음료수나 우유 등으로 물을 대체할 수 있다는 타협이 결국엔 작용한다. 이와 같은 상황을 좌절 갈등이라고 설명한다.

목표 갈등

목표 갈등은 개인이 긍정적인 면과 부정적인 면을 동시에 가지고 상충하는 둘 이상의 목표에 직면할 때 느끼는 것을 말한다. 즉 목표 갈등은 두 가지 이상의 욕구가 서로를 차단함으로써 발생한다. 이는 두 가지 이상의 상호양립 할 수 없는 목표 중에서 개인이 어느 하나를 선택해야 할지 쉽게 의사결정을 내리지 못하면 발생한다. 그래서 갈등에 관한 연구자 레빈(Lewin, 1948)은 갈등의 유형을 다음과 같이 네 가지로 구분하였다.

■ 첫째, 접근-접근 갈등(approach-approach conflict)

접근-접근 갈등은 바람직한 목표로 접근하려는 두 가지 동기 사이에서 일어난다. 하지만 두 가지 목표를 다 이룰 수는 없으며 그중 하나를 선택하면 나머지 하나는 포기할 수밖에 없어 여러 대안 중에 고민하게 되는 갈등이다. 이러한 갈등은 조직에 미치는 영향은 적은 편이나 두 가지의 욕구나 동기가 모두 매력적이기 때문에 개인이 갖게 되는 갈등으로서는 행복한 고민이라고 할 수 있다. 그래서 접근-접근 갈등은 개인에게 매력적이면서도 상호배반적인 두 가지 목표가 존재하고 그 중 어느 하나를 선택해야 할 때 발생한다.

예시: 내가 가고 싶었던 두 개의 대학교가 있는데 다행히도 둘 다 모두 합격 통보가 났다. 두 개의 대학교 중 어디를 선택해서 진학해야 할지, 어떤 게 좋을지 잘 모르겠다. 그래서 너무 행복하다. 그런데 둘 중 어디를 선택하든 둘 다 놓치고 싶지 않다.

■ 둘째, 회피-회피 갈등(avoidance-avoidance conflict)

회피-회피 갈등은 두 가지의 욕구나 동기가 모두 원하지 않는 것임에도 하나를 골라야만 할 때 나타나는 갈등을 의미한다. 이는 불쾌한 두 가지 이상의 대안을 모두 피하려는 동기들이 존재할 때 일어나는 갈등으로서 두 가지 대안이 모두 바람직하지 못한 경우 부정적인 갈등이 동시에 나타난다. 그래서 이러지도 저러지도 못하는 경우다.

예시: 학교에는 가기가 싫고 안 가자니 선생님께 혼날 것 같고, 처벌도 겁이 나고, 그래서 한쪽을 택하기도 싫고 다 포기할 수도 없는 경우, 수술을 받자니 두렵고 안 하자니 고통을 참아야 하고….

■ 셋째, 접근-회피 갈등(approach-voidance conflict)

접근-회피 갈등은 한 가지 동기를 성취하는 것이 바람직한 결과와 불쾌한 결과를 함께 초래할 때 일어나는 갈등을 말한다. 어떤 하나의 욕구나 동기에 대해서 상반되는 긍정적·부정적 측면이 동시에 예상될 때 나타나는 갈등이다. 즉 대안의 경우 바람직한 측면과 바람직하지 않은 측면을 동시에 가지고 있음으로써 좋은 목표와 싫은 목표가 동시에 존재하는 경우를 말한다. 따라서 인간관계에서의 갈등이란, 견해가 다른 두 사람이나 그 이상의 사람들 사이에서 일어나는 불화나 충돌로 해석한다.

예시: 성적은 잘 받고 싶은데 공부는 하기 싫고, 성적 충동이나 공격 욕구는 있으나 사회적 비난이나 처벌이 두렵고…. 이러한 갈등을 적극적으로 해결하지 못할 때 그러한 장면으로부터 도피함으로써 해결하려 한다.

■ 넷째, 이중 접근-회피 갈등(double approach-avoidance conflict)

이중 접근-회피 갈등은 두 개의 목표 중 하나를 선택해야 하는 갈등으로 흔하게 나타난다. 이는 접근-회피 갈등이 양방향에서 작용할 때 경험한다. 선택한 이후라 해도 또는 어떤 선택을 한다 해도 단점은 있기 마련이다. 그러므로 그 결정을 잘한 것인지, 아니면 잘못한 것인지를 계속 고민하며 스트레스를 느끼게 되는 경우다.

예시: 부모님 두 분 중에서 아버지는 운동을 하라 하시고 어머니는 공부를 하라 하신다. 운동을 하면 아버지가 좋아하실 거고 그런데 어머니가 싫어하실 것이다. 만약에 공부를 한다면 어머니는 좋아하시겠지만, 아버지는 싫어하실 것이다.

역할 갈등

역할 갈등의 유형은 무엇보다 어떻게 해소하고 관리하느냐가 중요하다. 역할 내 갈등이나 역할 간 갈등을 해소하기 위해서는 의사결정에 대한 참여를 높인다든지 규정과 절차의 공식화 정도를 높여야 하며 지위 불일치에 따른 갈등을 해결하기 위해 공정성을 높여야 한다. 예를 들어 중간관리자가 상위관리층과 부하 직원들 중간에 서서 자신의 업무를 처리하는 과정에서 나타난다. 그래서 역할갈등은 역할이 어느 개인에게 복합적으로 부여될 때 생기는 것으로 역할 수행자가 외부에서의 모호하거나 상충 되는 역할에서 느끼게 되는 심리적 갈등을 말한다. 이러한 역할갈등의 종류에는 역할 내 갈등, 역할 간 갈등, 지위 불일치에 따른 갈등이 있다.

의사결정 갈등

갈등에 있어 복수의 당사자가 존재할 수도 있지만, 단수의 의사결정 주체가 겪을 때 발생할 수도 있다. 이는 단수의 의사결정 주체가 의사결정과 관련해서 느끼는 갈등을 원인별로 분석한 것이다. 의사결정 갈등은 문제해결을 위한 행동 대안을 마련하고 결정하는 일련의 과정을 거쳐 이루어지는 것을 말한다. 이러한 갈등은 비수용성, 비비교성, 불확실성과 관련된 대안으로부터의 갈등과 제한성에 따른 갈등이 있다.

첫째, 비수용성(비수락성)은 결정자가 각 대안의 결과를 알지만 그것이 자신의 만족 수준을 충족하지 못하여 수락할 수 없는 경우에 경험하는 갈등이다.

둘째, 비비교성은 결정자가 각 대안의 결과를 알지만 최선의 대안이 어느 것인지 비교할 수 없는 경우에 갈등을 겪을 수 있다.

셋째, 불확실성은 각 대안의 결과를 알 수 없는 경우에 그와 같은 불확실성으로 인하여 갈등이 발생한다.

<표 9-1> 대안에 대한 정보를 기준으로 한 갈등

구분	비수용성(비수락성)	비비교성	불확실성
각 대안의 결과에 대한 예측	O	O	×
결과에 입각한 대안의 비교	O	×	×
대안의 선택	×	×	×

2) 조직 내 갈등관리

복잡한 조직구조에 있는 현대사회에서는 조직과 집단, 조직과 구성원, 집단과 구성원 및 구성원 상호 간에 다양한 조직적 갈등(organizational conflict)이 나타난다. 왜냐하면 이들 모두는 각기 상반된 욕구와 기대를 하고 상호작용을 수행하고 있기 때문이다. 리터러(Litterer, 1965)는 조직에서 유발되는 조직적 갈등의 주요 원인을 다음과 같이 설명하였다.

첫째, 양립이 곤란한 복수적인 목표의 제시.

둘째, 목표 달성에 공헌할 수단으로서 자원의 부족과 배분 곤란성.

셋째, 직위 상호 간에 야기되는 부조화.

넷째, 인식의 다양성에서 비롯되는 태도의 복잡성.

그래서 갈등은 조직에 역기능적으로 작용할 수도 있으며 순기능적으로 작용할 수도 있다.

1970년대 이후 대두한 상호작용 주의적 관점(interactionist view)은 갈등이 조직 발전의 추진력이 될 수 있다고 주장하였다. 그러면서 조직 목표의 달성에 긍정적인 갈등은 조장하고 부정적인 영향을 미치는 갈등은 제거해야 한다고 한다. 조직 내에서의 갈등은 단순히 부정적인 영향을 주는 것만이 아니라 창의적 직무수행이나 민주적인 의사결정 그리고 다양한 시각으로 조직을 바라볼 수 있게 하는 등의 긍정적인 영향을 주기도 한다. 그러므로 조직 내 갈등관리는 무엇보다 부정적인 영향은 줄이고 긍정적인 기능을 발휘할 수 있도록 관리하는 것이 무엇보다 필요하다. 그리고 조직적 차원에서 발생하는 조직 내 갈등에는 다음과 같은 유형들로 구분된다.

계층적 갈등

조직 내 계층 간에 일어나는 갈등을 계층적 갈등이라 한다. 이는 최고관리층과 이사회, 중간 관리층과 하급관리층, 관리층과 일반 직원 사이에 발생하는 갈등을 가리킨다. 예컨대 목표설정과 관련하여 상위계층에서 일방적으로 목표를 설정하여 하위계층에 지시할 경우 발생하는 갈등유형이다.

기능적 갈등

기능적 갈등이란 부서 간의 갈등을 말한다. 부서 간의 갈등과 같이 동일계층상에 있는 집단 또는 개인 사이의 갈등으로서 부서 간의 이해관계 상충, 전문화로 인한 갈등, 부서 간의 경쟁 등에 의해 발생한다.

계선-참모 간 갈등

계선기관(실무부서)과 참모기관 사이에 발생하는 갈등이다. 최고관리층의 참모와 계선 부서장 사이에 일어나는 갈등이 이에 속한다. 예컨대 실무부서(계선)에서는 인력충원이 필요하다고 주장하는 반면 인사부서(참모)에서는 불필요한 것으로 주장하는 경우를 들 수 있다.

공식집단과 비공식집단 사이의 갈등

공식조직의 규범 및 비공식집단의 규범의 권위가 상충 될 때 갈등이 발생한다. 예컨대 비공식조직의 성과 규범이 공식조직의 성과 규범과 충돌을 일으킬 수 있다.

3) 집단 간 갈등관리

다른 사람과의 관계에서 발생하는 외적 갈등은 자신이 관심을 가진 것에 상대방이 부정적인 영향을 미치거나 미치려고 한다는 것을 지각할 때 나타난다(Thomas, 1992). 이를 갈등하는 대상의 규모에 따라 개인과 개인 간, 집단 내 갈등, 그리고 집단과 집단 간 갈등으로 구분할 수 있다. 그래서 갈등은 인간으로서 생존과 직결되는 본능인 동시에 이를 해결하고자 하는 욕구를 반영하는 것이다. 나아가 개인 내부의 내적 갈등과 다른 사람과의 관계에서 발생하는 외적 갈등으로 구분되며 무엇보다 인간관계의 측면에서는 내적 갈등보다는 외적 갈등의 관리 및 해결이 중요하다.

특히 오늘날 경쟁이 심화한 사회에서는 집단과 집단 간의 사회 갈등이 심해지고 있어 이를 설명하기 위한 다양한 이론들이 제시되고 있다. 이를 해결하는 것이 국가나 사회적으로 중요한 과제이다. 현실적인 갈등 이론에서는 돈, 명예, 권력, 사회적 지위와 같이 제한된 사회적 자원을 더 많이 획득 또는 소유하려는 시도나 경쟁 때문에 갈등을 일으킨다고 설명한다. 또한 상대적 박탈 이론은 사람들 각자가 소유하고 있는 것을 타인과 비교하면서 만족 또는 불만족을 느끼게 되고 이에 따라 자신이 받아야 마땅한 정도와 실제 가진 것의 괴리로 인한 집단 간의 갈등이 유발된다고 할 수 있다. 그래서 집단 갈등을 심화하는 원인에는 내집단 편향을 들 수 있다.

또한 집단 간에서는 갈등이 지속됨에 따라 첨예하게 대립하는 양상을 띠게 마련이다. 내집단 또는 외집단 편향으로 불리는 이러한 현상은 자신이 속한 또는 자신과 가까운 집단을 내집단으로 규정하지만, 자신이 속하지 않은 그 밖의 집단은 외집단으로 규정을 한다. 그 후 자신이 속한 내집단 구성원에게 더 호의적인 태도와 행동을 보이는 편향적인 태도를 나타내 보인다. 갈등의 심화와 관련된 또 다른 현상으로는 집단극화를 들 수 있다. 이는 이전의 개인적 태도가 집단 토의 과정을 거치면서 더욱 극단적으로 변하는 현상을 말한다. 따라서 긍정적인 태도는 더욱 긍정적으로 변화했으며 부정적인 태도는 더욱 부정적인 태도로 변화한다. 즉 집단 토의 과정을 통해 의견과 정보를 주고받는 동안 사람들은 자신의 의견을 강화하거나 자신의 의견에 대한 책임감을 집단구성원들과 나누어 가짐으로써 더욱 극단적이고 모험적인 선택을 한다.

4. 갈등의 효과

갈등은 어느 조직이나 개인의 문제점에 대해 관계자들의 관심을 갖게 하는 계기가 되어 변화를 초래할 수 있다. 또한 갈등이 합리적으로 잘 해결이 되면 쇄신이나 변동 및 발전과 재통합의 계기가 될 수 있을뿐더러 갈등은 조직이나 개인에게 창의성, 진취성, 적응성, 융통성을 향상시킬 수 있다. 나아가 갈등은 서로의 확신을 강화시켜 주고 서로의 가치와 신념을 교환하며 서로 간에 쌓인 앙금을 해소하고 관계를 깊고 풍요롭게 해 주기도 한다. 이러한 갈등은 갈등 당사자들로 하여금 자기 자신을 보다 잘 이해하도록 도움을 주기도 한다.

1) 갈등의 순기능

응집력 증대

집단 간 경쟁상태에 놓여 있을 때 동일한 제품군을 생산하는 회사는 다른 회사 제품보다 품질이 좋은 제품을 내놓기 위해 노력을 한다. 이는 조직구성원들 간에 결속력이 강화되어 응집력을 발휘하게 된다.

상호관계의 개방적 조성

집단 간에 상호 간의 적당한 갈등은 개방적이고 발전적인 관계로 조성될 수 있다. 이는 조직의 기능이 세분화 되고 복잡해지면서 갈등은 다양한 형태로 나타날 수 있으며 집단 간 갈등을 잘 해결함으로써 발전적이고 상호관계를 형성할 수 있다.

발전 및 재통합의 계기

갈등은 조직이나 개인의 문제점에 대해 관계자들의 관심을 끌게 하는 계기가 되어 변화를 초래할 수 있다. 그리고 갈등이 합리적 해결이 되면 쇄신이나 변동 및 발전과 재통합의 계기가 될 수 있다.

심리적 욕구충족

심리적 욕구충족은 갈등이 침체한 조직이 거기에서부터 벗어나 더욱 생동하게 하는 계기가 될 수 있다. 그러므로 구성원들의 다양한 심리적 욕구를 충족하는 계기가 될 수 있다.

2) 갈등의 역기능

의사소통의 감소

집단 간 일어나는 갈등은 의사소통을 감소시킨다. 이는 구성원 간 협력과 팀워크의 분열로 이어져 집단 성과에 영향을 미칠 수밖에 없다. 원활하지 못한 소통은 정보의 은폐나 시간 낭비 등 심리적인 불편함을 초래하는 결과로 이어지기도 한다.

정보 교류 단절

조직 안에서 상사나 선배들의 암묵적인 지식은 흔히 정보검색을 통해 얻을 수 없는 값진 것들일 수도 있다. 그래서 조직 속의 세대 간 갈등은 시간과 경륜에서 얻어지는 지혜를 얻을 기회를 단절하기도 한다.

조직이탈 및 자원낭비

조직 내에 일어나는 갈등은 조직원을 이탈하게 하고 나아가 갈등이 악화하는 경우 비정상적인 폭력행위까지도 일어날 수 있다. 이러한 것들이 조직원들을 이탈시키는 경우가 되며 갈등은 나아가 조직원들의 에너지를 낭비하며 업무수행에 있어 부정적 영향을 미치게 된다.

개인의 창의성 및 진취성 질식

갈등은 조직이나 개인의 창의성이나 진취성을 질식시킬 수 있으며 조직의 안정성, 조화성, 통일성을 깨트릴 수 있다.

집단응집성 이완

갈등이 지속하면 집단응집성을 이완시킬 수 있으며 조직 내의 작은 문제에만 집착하여 환경을 무시할 수 있다.

3) 갈등의 부정적 견해 및 긍정적 견해

갈등의 부정적 견해

- 갈등은 아무런 이익이 없으므로 피할수록 좋다고 생각한다.
- 갈등은 개인의 여러 병리적인 특성 때문에 생기는 것이다.
- 갈등이 의사소통의 붕괴 때문에 발생한다고 생각한다.
- 갈등을 고조하지 말아야 하고 갈등 관련 상호작용은 공손하고 차분해야 한다고 생각한다.
- 갈등 해소를 위한 옳은 방법을 미리 정해 놓아야 한다고 생각한다.
- 갈등은 혼돈이고 전쟁이라고 생각한다.

갈등의 긍정적 견해

- 갈등이라는 단어를 떠올리면 친밀, 용기, 강화, 기회, 창조, 성장과 같은 긍정적인 단어를 떠올린다.
- 갈등은 필연적이다. 그래서 무엇보다 중요한 것은 갈등을 경험하지 않는 것이 아니라 일어난 갈등을 건설적인 방법으로 잘 접근하는 것으로 생각한다.
- 갈등이 문제가 되는 것을 다룰 수 있게 해 줌으로써 사람들을 하나로 통합하고 문제를 분명히 하는 데 이바지한다고 생각한다.
- 갈등은 속에 쌓인 분노를 제거하고 서로를 더 잘 이해하게 한다고 생각한다.

5. 갈등의 대처 및 해결방안

1) 갈등의 대처

갈등은 크고 작은 분쟁을 통해 인간관계의 와해 과정을 초래한다. 그래서 갈등 해결에는 여러 가지 방안들을 제시하고 있다. 갈등에 있어 제3자의 개입 없이 의견과 입장이 다른 당사자들이 대화를 통해 갈등과 분쟁을 해결하는 협상이 있다. 이는 서로 간의 열린 마음이 필요하며 또한 서로 만족할 수 있는 제3의 대안이 존재한다는 믿음이 무엇보다 중요하다.

그리고 갈등 발생 시 당사자들이 해결할 수 없을 때 중재자의 도움과 해결 과정이 필요할 수도 있으며 중재자는 진행 과정에 도움을 주되 결론을 내려서는 안 된다. 왜냐하면 당사자 간의 소통이 필요하다는 것을 알게 해야 한다. 그래서 아래의 갈등 해결의 진단을 통해 크고 작은 갈등을 줄이는 방안을 찾아보고자 한다.

<갈등해결 진단척도>

1. 전혀아니다 2. 아니다 3. 그저 그렇다 4. 그렇다 5. 매우 그렇다

번호	갈등이 발생하면 나는 어떠한가?	1				
	갈등이 발생하면 나는 어떠한가?	1	2	3	4	5
1	두 사람의 아이디어를 합쳐서 함께 결론을 낸다					
2	상대방의 요구를 최대한 들어준다					
3	서로의 불편한 관계를 피한다					
4	내가 원하는 것을 지키기 위해 일정 부분 양보한다					
5	나의 의견이 관철되도록 영향력을 행사한다					
6	서로의 기대를 충족시키는 방안을 찾기 위해 노력한다					
7	내가 양보하여 상대방 의견에 따른다					
8	상호 의견이 맞지 않으면 피한다					
9	곤란한 상황을 벗어나기 위해 적당한 안을 제안한다					
10	나에게 유리한 결정을 위해 입장을 고집하는 편이다					
11	서로에게 유익한 결론을 내기 위해 협력한다					
12	주로 내가 양보한다					
13	상대방과 얼굴 붉히지 않고 내가 혼자 간직하고 만다					
14	기브 앤 테이크의 원만한 선을 찾는다					
15	내가 모든 것을 동원하여 나에게 유리한 결론을 얻는다					
16	서로의 문제를 해결하기 위해 정보를 교환한다					
17	상대의 제안에 협력하고 상대의 기대를 충족시킨다					
18	서로를 위해 논쟁과 토론을 피하는 편이다					
19	일부분은 내가 이기고 일부분은 내가 진다					
20	내 생각이 옳다는 점을 강조하기 위해 철저히 토의한다					
총점수						

● 해석방법

☞ 통합형 - 1, 6, 11, 16 (점수:)

☞ 타협형 - 4, 9, 14, 19 (점수:)

☞ 수용형 - 2, 7, 12, 17 (점수:)

☞ 지배형 - 5, 10, 15, 20 (점수:)

☞ 회피형 - 3, 8, 13, 18 (점수:)

☞ 점수가 높은 순서대로 본인이 사용하는 갈등 해결유형 방법이 되므로 일상에서 참고해 보는 것도 좋은 방안이 된다.

출처: 이상복, 2021.

2) 갈등의 해결방안

갈등은 자연스러운 삶의 일부다

갈등이 발생했을 때 이는 인간관계에서 아주 자연스러운 현상이라는 것을 인정할 필요가 있다. 다양한 개개인이 모여 사회적 관계를 만드는데 갈등은 당연히 일어날 수 있다. 갈등이 있다고 해서 한 개인이 잘못해서가 아니라 또는 비도덕적이거나 한 사람 또는 집단이 다른 사람과의 집단을 싫어한다는 것을 의미하는 것은 아니다. 어떠한 불만이나 요구가 드러나지 않고 쟁점이 무시된다든지 곪아 터지든지 갈등은 점점 자라 이것이 매우 부정적인 영향을 미칠 수 있다. 갈등이 변화나 도전의 기회로 긍정적으로 받아들여진다면 이는 개인과 사회발전의 기초가 될 수 있으며 인간관계에서의 심화한 발전이 될 수 있다.

인간은 누구나 존엄하며 존재 자체로 존중받아야 한다

존중은 누구나 가지는 인간의 기본적인 욕구이며 인간은 누구나 존중받아야 한다. 또한 사회는 서로 다른 사람들로 구성되어 있으므로 그 차이에 따른 역사, 문화, 성별, 인종 등을 통해 다른 생각과 다른 행동이 나타날 수 있다. 이는 당연한 사실이다. 이러한 차이가 우열을 가리는 차별이 되고 무시가 된다면 그것은 이유가 되어서는 안 된다. 그래서 갈등이 일어났을 시 갈등의 한가운데 놓여 있다 하더라도 건설적으로 갈등을 잘 해결해 나가며 존중을 기반으로 한다면 갈등은 원만히 해결될 수 있다.

인간은 스스로 문제를 풀어갈 지혜가 있다(자주성과 주체성)

인간은 다른 생물들과 다르게 자신의 의지와 노력으로 자신과 사회를 변화게 할 수 있는 주체성을 가진 존재다. 즉 언어를 통해 타인과 접촉하고 사람으로 살아가는 방법을 배운다. 그러면서 계속 자기발전을 하는 존재다. 그러므로 중심이 있으며 그것을 주제성과 자주성이라 할 수 있다. 그래서 갈등이 평화적으로 해결이 되려면 자신이 스스로 주인이 되어야 한다. 타인에게 의존하지 않고 개인 당자사들 간에 자신의 지혜로 협동해서 갈등을 해결해야 한다.

갈등해결의 답은 하나가 아니다(다양성과 창의성)

어떠한 갈등상황에서도 하나의 정답은 없다. 똑같은 갈등이라도 그 갈등의 당사자가 어떤 사람인가, 또 어떤 상황에 놓여 있는지에 따라 그 해결은 달라질 수 있다. 정해진 답의 틀을 깨고 고정관념 및 편견이 아닌 새로운 각도에서 갈등을 바라보고 창의적인 대안을 가진다면 더욱 만족스러운 결과를 얻을 수 있다. 대개의 사람은 갈등이 일어났을 때 답을 알고 있다고 생각하지만 그것이 누구나 알고 있는 최선은 아니다. 그래서 평화적으로 갈등을 해결한다는 것은 갈등분쟁 당사자 모두 서로 만족할 수 있는 결과를 갖게 된다는 것을 의미한다.

존중하는 민주적 의사소통과정 및 협동

대화는 상대가 가진 생각을 알게 하고 그것을 통해 새로운 인식을 하게 되는 상호작용이다. 그래서 갈등의 해결방안은 개인 스스로가 갈등의 원인이 무엇인지를 파악하여 대화로 합의의 과정을 거치면서 해결하는 것이다. 관계상의 오해 및 불신으로 비롯되는 갈등의 경우는 이야기하고 듣는 것만으로도 해결되기도 한다. 이에 따라 갈등 해결이라는 존중의 의사소통을 통해 협동의 토대를 만드는 것이고 협동을 가능하게 하는 것이다.

갈등상황에서 서로가 원하는 것이 무엇인지를 이야기한다

인간은 누구나 자신의 소망, 욕구, 목표를 소유하고 표현할 절대적 권리를 갖고 있다. 반면 상대방의 욕구나 소망 등이 자신의 이익에 위배 된다면 거부할 권리 역시 갖게 된다. 그래서 현실성과 수용 여부를 떠나 일단 서로의 욕구와 바램을 이야기하고 충분히 경청한다. 그렇지만 자신의 욕구와 바램을 구체적으로 이야기하되 감정적이고 요구적인 태도는 피해야 한다.

각자 상대방의 관점에서 갈등상황을 생각해 본다

상대방의 갈등상황에서 소망하는 목표와 감정 그리고 그 이면의 이유를 살펴보면 서로의 입장과 목표를 논의하면서 합의점을 찾지 못하는 것이다. 갈등상황에 있어서 상대방의 목표와 감정에 대한 이해가 깊어질수록 자신의 입장과 목표에 유연한 태도를 보일 수 있으며 갈등을 해결하는 다양한 기능성을 발견할 수 있다.

| 요약 |

1. 갈등은 문명생활의 산물이라고 할 수 있으며 현대 문명사회에서는 여러 가지 목적이나 이상이 서로 모순되기 때문에 그렇게 마음대로 행동할 수 없으며 궁극적으로 각자의 정서 표현을 제한하고 충동의 만족을 제약하면서 갈등이 발생하게 된다. 실제로 갈등은 여러 상황이나 장면에서 발생할 수 있고 유형도 다양하므로 학술적으로 하나의 고정된 정의를 사용하기는 쉽지 않다.

2. 갈등은 개인의 내면에서 발생하는 욕구나 심리적인 상태 간의 충돌을 나타내기도 하고 다른 한편으로는 다른 대상(또는 사회적 집단) 간의 충돌을 나타내기도 한다. 이러한 관점에서 볼 때 갈등은 개인과 집단의 내적 충돌과 함께 외적 충돌을 모두 포함한다. 따라서 갈등을 이해하기 위해서는 개인과 집단 내부에서 일어나는 갈등과 집단 간의 갈등을 구분하여 살펴볼 필요가 있다.

3. 우리는 갈등의 개념을 익히고 갈등상황에서 일어날 수 있는 여러 가지 유형을 통해 갈등의 순기능과 역기능 및 부정적·긍정적 견해를 살펴보았다. 그렇다면 갈등의 관리 유형 중 나는 어디에 해당이 되는지? 또 자주 자신과 부딪히는 사람이 있다면 그 사람은 어디에 해당이 되는지? 확인해 볼 필요가 있다. 왜냐하면 나와 상대방의 갈등유형이 먼저 파악이 된다면 인간관계에서 상대를 이해하고 배려하는 데 조금 더 도움이 될 것이다. 이로 인해 우리는 인간관계를 보다 더 명확하게, 보다 더 친밀하게 유지할 수 있을 것이다.

4. 갈등을 해결하기 위한 실마리는 우리가 흔히 사용하는 사자성어인 '역지사지'를 떠올려 보면 된다. 자신이 아닌 다른 사람, 자신의 속한 집단이 아닌 다른 집단의 입장에서 생각해 보는 것은 외집단에 대한 편견을 줄이는 데 큰 도움이 된다.

5. 갈등은 결국 부정적인 영향과 손실만을 일으키며 미래를 위해 우리는 갈등을 해결하는 문제 중의 하나를 협력이라고 본다. 이는 인간관계에 있어 최선의 선택임을 생각하고 서로의 입장을 공감하고 이해한다면 갈등을 최소화하는 데 긍정적인 효과를 발휘할 수 있을 것이다.

10장

인간관계와 스트레스

인간관계로 인한 스트레스는 정서적인 문제뿐만 아니라 신체적인 질병을 가져올 수도 있을 정도로 심각한 문제가 되기도 한다. 인간관계에 의한 스트레스가 좋은 촉매제로 작용하여 발전의 기회가 되기 위해서는 스트레스를 올바로 이해하고 그로 인한 원인과 관리방법에 대해 잘 살펴보아야 한다.

스트레스라는 용어가 우리 삶 속에 들어온 역사는 그리 길지 않다. 그렇지만 스트레스의 경험은 인류 역사에 늘 함께 있었다. 현대 임상의학은 스트레스라는 개념을 통해 환자의 몸에 치중하던 기존 태도에서 벗어나 심리적 과정의 중요성을 수용하고 있다. 심리학에서도 신경과학의 발달과 함께 몸과 마음에 대한 통합적 접근의 기반이 갖추어져 가고 있다. 이는 신체적 언어나 병리적 증상을 보다 과학적으로 이해하고 치료하기 위해 통합적 원리들을 수용해야 할 필요성이 점점 증가하고 있다.

이 장에서는 스트레스에 대한 이해를 통해 인간관계에서 나타날 수 있는 여러 가지 문제점 및 대응방식을 찾아보고 그에 따른 해결방안을 살펴보고자 한다. 그렇다면 스트레스는 무엇인지? 스트레스의 유형은 어떠한지? 이를 통해 나타난 스트레스의 원인은 무엇인지? 이러한 스트레스를 줄이고 해결할 방안은 무엇인지? 이와 같은 질문을 중심으로 인간관계에서 충분히 나타날 수 있는 여러 가지 스트레스를 살펴본다.

1. 스트레스의 이해

1) 스트레스의 어원

스트레스라는 의미는 학자마다 정의하는 바가 다르고 일치하지 않으며 광범위한 측에서 정의를 내리고 있다. 스트레스라는 이 용어는 물리학에서 쓰던 용어로서 가느다란 한 줄기의 실에 더해지는 긴장, 압력, 장력 등의 의미로 해석한다. 이 어원을 중심으로 살펴보면 라틴어의 'stringer'로서 '팽팽하게 조이다'라는 뜻에서 유래하였으며 나아가 스트레스의 초기 연구는 주로 생리적 스트레스에 의한 추위, 질병, 외상, 흥분 등으로 다루었다.

나날이 복잡해지는 현대의 사회구조와 과도한 업무 및 학업, 인간관계 등을 통해 나타나는 어려움 등으로 인해 현대인들은 스트레스를 경험하며 살아가고 있다. 그래서 사람들이 자주 사용하는 외래어 1위가 '스트레스'라고 한다. 이처럼 많은 사람이 자각하는 스트레스가 무엇인지는 알아볼 필요가 있다. 나아가 18~19세기에는 주로 격렬한 노력, 긴장, 압박 등으로 사용되다가 19세기 이후 20세기에 이르러 스트레스가 의학계에 소개되었다. 그러면서 이에 대한 반응 양상이 생겨나기 시작하고 이에 대한 정의가 다양하게 나타났다.

하지만 1936년 한스 셀리에(Hans Selye, 1907~1982)가 외부에서 불쾌한 자극을 받으면 생체 내부에 호르몬이 증가하는 걸 발견하고 이 호르몬 증가는 자극 종류를 불문하고 유사하다는 생물학적인 실험을 통해서 '일반적응 증후군(general adaptation syndrome; GAS)[1]'을 발표하였다. 다시 말해 스트레스의 결과가 신체 부위에 영향을 준다는 뜻에서 일반적이라 하며, 스트레스의 원인으로부터 신체를 적응 또는 대처하기 위해 세련된 방어 수단을 동원한다는 의미의 적응과 일종의 반응이 일어난다는 의미의 증후라 한다.

그래서 이것은 외부로부터 가해지고 유해작용에 대한 생체의 방어기능으로 스트레스를 설명함으로써 스트레스의 생물학적인 정의가 규정되었다. 또한 정신적·육체적 균형과 안정을 깨뜨리려고 하는 자극에 대하여 자신이 있던 안정 상태를 유지하기 위해 변화에 저항하는 반응으로 정의하였다.

1. 일반적응 증후군(general adaptation syndrome; GAS): 일반(general)이란, 스트레스는 생물체의 행동인 '생존과 번식'과 관련하여 광범위하고 일반적인 과정하에 놓여 있다는 의미다. 적응(adaptation)이란, 스트레스 원인으로부터 신체가 이를 대처하게 하거나 수용하려 한다는 의미이며 증후(syndrome)란, 스트레스 결과에 따라 어떤 반응이 일어난다는 의미다.

한편 일반적응 증후군(general adaptation syndrome) 이론에 따르면 스트레스에 반응하는 단계를 경고단계, 저항단계, 소진단계로 나누어 설명하면서 각 단계에서의 우리 몸이 경험하게 되는 생리적 변화에 주목하였다. 이와 더불어 스트레스 요인이 오랫동안 지속되어 마지막 단계인 탈진반응에 빠지게 되면 균형유지성이 깨져 신체적·정신적 질병으로 발전할 수 있다고 하였다. 즉 스트레스는 요구에 응하는 신체의 특유한 반응으로 정의를 할 수 있으며 이 스트레스 적응 단계를 3단계로 나누어 다음과 같이 설명하고 있다.

일반적응 증후군(general adaptation syndrome): 스트레스 적응 3단계

■ 경고 반응 단계(alarm reaction stage)

이 단계는 신체적 위협에 방어하는 단계로 지속되는 스트레스를 최소화하려는 집중적 반응 단계다. 이는 스트레스에 대해 우리 몸의 자원을 총동원하여 잘 방어하기 위해 노력하는 단계다. 즉 신체가 스트레스 요인에 최초로 노출되었을 때 특징적인 변화를 보여주며 즉각적인 반응이 나타나게 된다는 것이다.

이는 스트레스에 대해 우리 몸 안의 내분비계, 스테로이드, 교감신경계가 적극적으로 활동하면서 극복하려고 하며 정신적 혹은 육체적 위험에 처음 노출되었을 때 나타나는 즉각적인 반응 단계다. 이것은 자극에 대해 일시적으로 위축되는 충격기(shock stage)와 후기 역 충격기(counter-shock stage)로 구분이 된다. 역 충격기는 스트레스에 대응하기 위해 몸에서 적응 에너지(adaptation energy)를 이용하여 대응한다. 그렇지만 스트레스가 단기간에 끝날 때 이러한 방어 체계의 작동으로 스트레스에 대한 반응이 끝나지만 스트레스가 계속될 경우 저항 단계로 넘어간다.

■ 저항 단계(resistance stage)

이 단계는 적응이 일어나는 단계로 스트레스 요인에 대처하기 위해 생리 기전이 작동되며 내부 및 외부환경의 수정이 불가피한 단계다. 즉 스트레스 자극에 계속 대응하는 단계로 스트레스를 견디는 상황이다. 스트레스와 이에 대한 반응이 균형을 이루어 외적으로는 특별한 변화가 보이지 않는다. 이 단계에서 스트레스가 사라지면 다시 정상 수준으로 돌아간다. 하지만 스트레스 상황이 지속할 경우 소진 단계로 넘어간다. 이 단계는 긴장되는 상황, 위험한 상황이 지속하면서 교감신경계가 활발히 활동하려고 힘을 쏟지만 몸이 지치기 시작해 전과 같이 몸이 민감하고 활달하게 반응하지 못한다. 그래서 신경이 곤두서거나 집중력이 저하된다든가 소화 장애, 불면증과 같은 신호로 건강에 이상 변화를 느끼기 시작한다.

- 소진 단계(exhaustion stage)

이 단계는 신체적 방어능력이 저하된다. 이에 따라 자포자기 또는 퇴화하며 그래서 병이 들게 하는 단계다. 이렇듯이 스트레스가 지속되면 각종 질병으로 발전할 수 있으며 소진기 단계가 되면 몸 안의 자원이 모두 떨어져 쉬어도 쉰 것 같지 않고, 힘을 내려 해도 몸의 긴장도가 잘 올라가지 않는다. 이 단계는 건강에 문제가 생겨 여러 질병이 생길 수도 있다. 따라서 몸과 마음을 충분히 휴식을 취하면서 스트레스에 반응하는 능력을 잘 관리해야 한다.

이는 스트레스에 장기간 노출되어 적응 에너지가 소진된 단계로 스트레스에 대항할 힘을 소진하고 몸의 모든 기능이 저하된다. 이 단계의 몸의 상태를 흔히 번아웃(burnout) 되었다고 한다.

2) 스트레스(stress)의 개념 및 연관성

스트레스의 개념

스트레스에 대한 사전적인 의미는 현재의 안정된 상태를 변경하려는 요인들로부터 야기되는 신체적 또는 정신적 긴장이라고 정의를 하고 있다. 이는 압박, 긴장과 같은 물리학적 용어보다 심리적 불편감과 관련된 용어로 더 많이 쓰인다. 심리학적 의미에서의 스트레스는 인간이 심리적·신체적으로 감당하기 어려운 상황에 부닥쳤을 때 느끼는 불안과 위협의 감정을 말한다. 또 다른 의미의 스트레스란 적응하기 어려운 환경에 처할 때 느끼는 심리적·신체적 긴장 상태를 말한다. 이것이 장기적으로 지속되면 심장병, 위장질환, 고혈압 따위의 신체적 질환을 일으키기도 하며 이와 더불어 불면증, 노이로제, 우울증 따위의 심리적 부작용을 나타내기도 한다.

스트레스는 살아가는 과정에서 피할 수 없는 결과이며 현대사회에서는 특히 복잡한 현상으로 나타난다. 이러한 스트레스는 적절히 대처하지 못하면 인간의 신체와 정신건강을 위협하게 된다. 그래서 스트레스가 의학적 · 정신적인 문제 발생의 첫 번째 원인으로써 모든 병의 발병에 50~80%를 차지하고 있다고 해도 과언이 아니다.

이러한 스트레스는 적응의 과정에서 불가피하게 경험하는 심리적 현상이라고 할 수밖에 없다. 이는 원래 생리적 현상이라는 차원에서 설명하며 다시 말해 유해한 혼합형 자극에 대한 인간의 방어적 반응 즉 긴장 상태를 '스트레스'라고 한다. 그래서 이러한 스트레스의 개념은 생리적인 차원에서만이 아니라 심리적인 차원에서도 적용될 수 있다. 사실 스트레스의 의미에 대해 일반인들은 '스트레스 요인'과 '스트레스 반응'이라는 두 가지 용어를 혼용해서 사용하고 있다.

특히 스트레스는 자체의 크기나 강도보다는 각자가 이 스트레스에 어떻게 대처하느냐에 대해 관심을 보여야 한다. 스트레스가 우리의 생활 속에서 존재하는 외적 자극에 대한 신체적·정신적 반응을 말한다면 상황을 받아들이는 태도에 따라 스트레스가 생겨날 수도 있고 생겨나지 않을 수도 있다. 개인에게 스트레스를 가져올 수 있는 세상일은 개인이 결정할 수 없지만, 그 일에 어떻게 반응할지는 개인이 선택할 수 있다는 것에 스트레스의 본질이 있다고 할 수 있다. 이는 일의 능률을 떨어뜨리고 신체적·심리적 장애를 가져오는 부정적인 면도 있지만 모든 스트레스가 우리에게 나쁘게 작용하는 것은 아니다. 일상생활에서의 스트레스는 적당한 긴장감으로 생기를 주고 성취 욕구와 에너지를 유지하는 원동력이 될 수 있으나 이것이 너무 지나치거나 감당하기 어려우면 문제가 될 수 있다.

스트레스와 정신건강과의 연관성

현대의 사람들은 근심, 불안, 우울증과 정신이상이 증가하면서 정신건강에 관한 관심 또한 많이 늘어나고 있다. 이제 정신질환은 우리 스스로가 만들어 낸 스트레스와 연관이 되어 정서적·심리적 문제를 일으키는 주요 원인 중 하나로 받아들여지고 있다. 이처럼 스트레스는 건강을 해치고 질병을 유발하는 요인이 된다. 스트레스가 많거나 스트레스에 의해 잘 대처하지 못할 때 심리 및 정서적 장애가 발생하고 이는 정신건강에 영향을 미치게 된다. 그래서 스트레스를 유발하는 생활사건 등이 현대사회에서는 질병 요인으로 나타나고 있다.

이와 더불어 우리는 일상생활에서 불안, 두려움, 불편감, 정서적 긴장을 초래하는 많은 스트레스 사건을 경험하고 있다. 이러한 스트레스는 때로는 우리에게 활력을 주어 건강증진에 도움을 주지만 때로는 우리가 감당할 수 없는 한계까지 도달하여 삶의 질과 생명을 위협하는 문제로 대두된다. 일부에서는 스트레스가 편집증보다 우울증, 신경증과 같은 관련이 더 많으며, 일반 질병보다 정신적 질병이 더 위험하며, 이러한 질병이 반대로 스트레스의 발생률을 더 높인다고도 한다. 이처럼 스트레스는 신체질병 또는 심리적 장애 및 사회적 부적응 반응을 유발하게 된다.

2. 스트레스의 원인

스트레스는 똑같은 상황이라도 사람에 따라 스트레스가 될 수도 있고 또는 일상적으로 받아들일 수 있다. 과거의 스트레스는 자연재해나 천재지변 등과 같은 상황적 요인이 많았지만 복잡한 현대사회의 스트레스의 원인은 주로 일상생활 속에서 대다수 원인을 접하고 있다. 신체적인 것뿐만 아니라 심리적이고 정신적인 부분에 이르기까지 매우 다양하게 펼쳐져 있다. 이러한 스트레스의 발생 요인에는 발생 장소라든지 발생원, 유발유형, 원인의 성격 등이 다양하게 나타나고 있다.

<표 10-1> 스트레스의 요인 분류 기준

분류 기준	분류
스트레스 발생장소	직장, 학교, 군대 등
스트레스 발생원	직무, 학업, 생활사건
스트레스 유발유형	심리적, 생물 생태학적 유형, 성격유형
스트레스 원인의 성격	고립, 욕구의 좌절, 갈등 및 심리적 압박

1) 스트레스의 생물학적 원인

스트레스를 유발하는 생물학적 원인은 산소결핍 또는 과잉, 일산화탄소, 질식 혹은 기아, 비타민B 부족, 음식물 과잉섭취 등을 들 수 있다. 생물학적 자극으로 세균, 급성전염병, 기생충 등에 의해 체내에서 산출되는 독소 등도 이에 해당이 된다. 이러한 자극이 반복되거나 만성적이면 스트레스를 유발하게 된다. 이 밖에도 날씨가 춥거나 더운 곳에서 오래 작업을 하거나, 소음이나 진동, 압력이 심한 곳에서 어느 정도 이상으로 노출되는 등의 물리적 자극도 사람에게 심한 괴로움을 줄 수 있는 스트레스의 원인이 된다. 그래서 생물학적 관점에서의 스트레스를 생체 내의 물리적, 화학적 변화로 설명한다. 스트레스가 발생하면 신체는 스트레스 호르몬인 코티솔과 아드레날린을 분비하여 신체의 긴장 상태를 높이고 이를 통해 스트레스 상황에 대처할 수 있도록 한다. 하지만 지속적인 스트레스는 신체의 균형을 깨뜨리고 건강에 악영향을 미친다.

2) 스트레스의 사회·심리적 원인

스트레스의 원천은 사회구조와 맞물려 있다. 스트레스를 일으키는 원천은 크게 내부적인 것과 외부적인 것이 있다. 내부적인 요인으로는 죄의식, 일상적 근심거리, 기대 미충족 등과 같은 내적인 생각이나 감정 상태 등을 의미한다. 외부적인 요인으로는 전시 동안의 위기, 국가 경제위기로 인한 경제적 어려움 등을 들 수 있다. 주목할 점은 이러한 두 가지의 스트레스 요인은 사람들이 소속된 구성원들과의 대인관계와 사회의 특수한 상황과 절대 무관하지 않다는 점이다. 그래서 스트레스는 편안하지 못하거나 불만족스러운 감정으로 표현되지만, 모든 사람에게 비슷하게 나타난다. 즉 사람들은 스트레스를 자신의 생활과 연결해 서로 다르게 스트레스를 인식하게 된다. 그래서 스트레스는 정도와 심각성은 다르지만 모든 사람에게 존재하는 개념으로 살펴볼 필요가 있다.

특히 스트레스를 유발하는 심리적 원인은 우리들의 과거 경험이나 다른 학습 과정에 근거해 볼 때 바람직하지 못한 것으로 지각할 수 있다. 이러한 심리적 반응은 불안과 분노 등의 정서적 동요로 인해 평상시와는 다른 적응태세를 요구한다. 스트레스 유발자들은 과거의 경험이나 다른 학습 과정에 근거해 볼 때 바람직하지 못한 것으로 지각할 수 있는 사회적 사건들의 경우가 많다. 따라서 스트레스를 받게 되는 상황에서 가장 빠르고 민감하게 반응하는 것이 심리적 반응이라고 한다.

이와 관련된 심리·사회적 과정들은 고립, 좌절, 갈등, 불안 등을 들 수 있다.

고립

지금의 현대사회는 핵가족화가 되면서 아동방임과 같은 정서적 고립 현상이 많이 드러나고 있다. 학교에서 직장까지 집단생활 안에서 공공연히 이루어지는 '왕따' 현상도 정서적 고립의 대표적인 사례다. 이 밖에도 육아로 인해 여성들의 경력이 단절되고 더는 사회생활을 할 수 없는 고립감을 느끼고 있다. 중년여성들뿐만 아니라 불황의 지속으로 인해 조기 명예퇴직을 강요당한 가장들이 재취업에 어려움을 겪고 있는 점 등이 정서적 고립에 해당이 된다.

이러한 정서적 고립은 물리적으로 혼자 있는 상황이기보다 주변의 무관심 속에서 사회적으로 소외된 상황을 말하며 혼자 쓸쓸해야 하는 의미다. 특히 예전과 달리 현대사회는 부모의 노후를 챙기는 자식들이 그다지 많지 않다. 이는 사회적 현실 속에서 노인들이 정서적인 고독감을 느낄 수밖에 없는 고립상황이라 할 수 있다.

좌절

좌절은 자신이 성취하려고 하는 어떤 일의 목표가 방해를 받거나 문제가 생겨서 이룰 수 없을 때 나타난다. 이에 대한 반응으로 좌절감에 빠지게 되고 분노와 공격성이 나타나며 결국엔 스트레스로 인한 무력감에 빠지게 된다. 좌절은 인생의 어느 시기에서든 찾아올 수 있는 것이다. 그렇듯이 누구도 인생에 있어서 시행착오를 겪어보지 않고서는 인생을 배울 수가 없다. 그러므로 좌절을 어떻게 받아들이고 어떻게 회복해서 더 나아질 수 있는지를 배우며 인생을 살아간다.

콜먼과 하멘(Coleman & Hammen, 1974)은 사회에서 자연스럽게 나타나는 좌절의 원인 다섯 가지를 다음과 같이 제시하였다.

첫째, 지연 - 시간을 꼭 지켜야 한다는 시간의 가치를 강조하는 사회에서 지연은 좌절감을 유발한다.

둘째, 재원의 부족 - 사람들은 무수히 많은 상품을 구매하도록 유혹하는 무차별적인 광고에 노출되어 생활하고 있다. 때에 따라서는 그 상품을 구매해야 할 필요성을 느낄 때가 있다. 하지만 경제적인 이유로 또는 재원의 부족으로 인해 누구나 소유해야 한다고 믿는 것들을 가질 수 없을 때 좌절을 경험하게 된다.

셋째, 상실 - 사랑하는 사람의 죽음이나 다른 곳으로 이사를 하게 됨으로써 친한 친구와 이별해야 하는 것은 커다란 슬픔의 원인이 될 뿐만 아니라 좌절의 원인이 되기도 한다.

넷째, 실패 - 경쟁적인 사회에서 개인은 여러 번의 실패를 경험할 수밖에 없고 이러한 실패는 큰 좌절감을 유발하게 된다.

다섯째, 무의미성 - 삶의 의미라는 것이 현대사회에서 이상적인 것으로 간주하고 인간의 기본적인 욕구라 해도 자신의 인생에서 그 의미를 찾기가 쉽지 않고 이에 따라 좌절을 느끼게 된다.

갈등

우리 주변에서는 많은 갈등상황이 있고 이는 스트레스의 주요 원인으로 여겨지고 있다. 고부갈등, 세대 간 갈등, 지역 갈등, 직장 내 갈등, 남녀 갈등 등이 대표적인 예다. 이러한 갈등과 스트레스가 오래될 경우 우울증과 같은 정신질환을 유발할 수 있으므로 갈등이 일어나는 것은 심각하다고 할 수 있다.

이는 상반되는 두 개의 욕구 또는 동기가 있을 때 그중 한 가지를 선택해야 할 때 사람들은 갈등을 느끼게 되며 이는 스트레스의 원천이 되기도 한다. 이처럼 한 가지 욕구나 동기를 선택해야 하는 갈등상황 속에서 사람들은 흔히 좌절, 분노, 불안, 염려 등을 경험하게 된다. 이러한 갈등상황은 다양한 측면에서 나타나며 갈등은 여러 대안 중에서 어떤 선택을 해야 할 때 발생한다. 그런데 이는 욕구좌절과 밀접하게 관련되어 있어서 서로 영향을 주고받는다.

불안

불안은 자신의 신체적 안녕이나 심리적 자존감이 위협받을 때와 이에 대한 자신의 대체 자원이 한정적일 때 나타난다. 즉 불안은 안절부절못하는 상태, 쉽게 피로감을 느끼는 것, 근육긴장과 염려, 초조감 등의 증상이 동반되어 나타날 수 있다. 따라서 현대인들에게 있어 스트레스는 일상생활을 통해 장애를 초래할 수 있으며 불안 증상이 심해지면 불안장애, 범불안장애, 공황장애 등 신경증으로 발전하기도 한다.

3) 스트레스의 성격학적 원인

사람에 따라 스트레스를 적게 받기도 하고 많이 받기도 한다. 어떤 사람은 스트레스 상황을 가볍고 무난하게 넘기는가 하면 또 다른 어떤 이는 상황을 확대해석하고 스트레스를 더 많이 받는다. 그래서 스트레스는 같은 환경과 같은 조건에서도 성격유형에 따라 다르게 나타난다.

프리드먼과 로젠만(Friedman & Rosenman, 1974)은 성격유형에 따른 심장병 연구를 통해 스트레스가 취약한 사람들이 있다는 것을 확인하였다. 이 연구를 통해 성격 타입 세 가지를 A타입, B타입, C타입으로 구분하여 다음과 같이 설명하였다.

A타입

A타입은 자기 자신에게 과도한 목표와 기대치를 부여하면서 어떤 일이 생기기 전에 미리 걱정하는 성격으로 스트레스를 많이 받는 유형이다. 이러한 성격을 가진 사람들의 특징은 말이 빠르고, 쉽게 흥분하고, 격정적이고 참을성이 부족한 성격을 지닌다. 그래서 언제나 일에 쫓기며 살아가고 인간관계에서도 경쟁적이고 적대적인 경향을 나타내 보인다. 이러한 A타입의 성향은 다른 타입에 비해 스트레스에 가장 취약하며 관상동맥 심장질환의 발병과도 높은 상관관계가 있다.

B타입

B타입은 성격이 느긋하고 여유가 있으며 수용적이고 모든 일을 서두르지 않고 생각하면서 대처해 나가는 성격을 지니고 있다. 그래서 이러한 B 타입은 스트레스에 가장 건강하게 잘 대처하는 타입이다.

C타입

C타입은 지나치게 참으며 과도한 인내성을 가지고 있다. 그러므로 내면적인 억압을 통해 현재의 갈등상황을 극복하거나 지나친 유화나 협력적인 태도로 자기주장을 제대로 하지 못하는 성격적 특성을 보인다. 그래서 스트레스에 아주 취약한 타입이라 할 수 있다. 이러한 C타입은 스트레스를 받으면 지나치게 억제와 관념적 태도의 반응이 나타나기 때문에 면역반응의 손상 및 이와 관련된 우울, 불안장애, 무기력증 등의 증상과 상관관계가 있다.

4) 스트레스의 사회경제적 요인

스트레스를 일으키는 사회경제적 요소에는 학벌주의, 실업, 과중한 세금 및 경기 불안정 등이 있다. 특히 경제적으로 곤란을 겪는 가정에서 그렇지 않은 경우보다 스트레스를 받을 확률이 높다.

이러한 스트레스를 이미숙(2003)은 사회문제에서 오는 스트레스가 사회경제적 지위가 낮을수록 일관되게 더 높다고 하였다. 특히 남성의 경우 사회경제적 지위가 이들의 스트레스 또는 정신건강 수준과 맞물려 있는 양상으로 드러났다.

5) 스트레스의 생활사건

스트레스 생활사건이란 일상생활에서 발생하는 스트레스가 되는 원인적 변화 또는 사건들을 말한다. 이에 생명과 관계되는 건강문제 및 죽음도 포함되며 여러 가지 사회생활에서 또는 인간관계에서 비롯되는 다양한 사건들도 포함된다. 홈즈와 라히(Holmes & Rahe 1962)는 스트레스를 유발하는 생활사건 스트레스를 배우자의 죽음, 이혼, 별거, 가까운 가족 구성원의 죽음, 개인적 상해나 질병, 결혼, 해고, 부부 간 재결합, 그리고 정년퇴직 등으로 설명하고 있다.

6) 일상적 짜증거리

Lazarus(1981)는 중산층의 중년 남녀들이 경험하는 일상생활의 짜증거리를 그로 인한 관심이나 염려, 가족 구성원의 건강, 공공재의 가격상승, 집의 보수 및 관리, 일의 과다, 금전 관리, 투자 혹은 조세의 문제, 범죄, 외모 등이라고 하였다.

7) 만성적 긴장

만성적 긴장이란 생활사건이나 일상적 짜증 거리와 같이 일시적이고 단편적인 스트레스 유발인자가 아닌 지속적인 어려움이나 긴장, 고민거리 등을 의미한다. 생활사건이 일차적 스트레스 인자라고 한다면 만성적 긴장은 이차적 스트레스 인자라고 볼 수 있다. 만성적 긴장은 생활사건이나 일상적 짜증 거리에 의해 발생하기도 하며 새로운 스트레스를 유발하는 생활사건을 일으키기 때문에 이 둘 간의 관계는 독립적인 것이 아니라 역동적인 관계로 파악되어야 한다. 만성적 긴장의 대표적인 예로는 만성 동통, 자존심이나 자긍심의 결여, 금전적 궁핍, 지속적인 부부 갈등 등을 들 수 있다.

3. 스트레스의 유형

일반적으로 스트레스에는 사람에게 불편함이나 해로움을 주는 바람직하지 않은 스트레스와 원치 않는 스트레스, 도움이나 행복감을 주는 바람직한 스트레스와 또는 원하는 스트레스가 존재한다. 전자를 디스트레스(나쁜 스트레스, 정신적 고통)라고 하면 후자는 유스트레스(좋은 스트레스)라고 한다. 사람들은 일반적으로 전자를 스트레스로 많이 표현한다.

그렇다면 과연 어떤 것이 좋은 스트레스이고, 어떤 것이 나쁜 스트레스인지 판단하는 기준은 무엇일까? 예를 들어 좋은 스트레스는 사전에 계획된 것이거나 예측할 수 있는 것이라고 한다면 한 개인의 생활에 잘 통합적응된 사건이나 변화가 되기 때문에 질병을 유발하지 않는다. 그렇지만 아무리 유쾌하고 흥미진진한 스트레스라고 해도 또는 좋은 스트레스라 하더라도 그것을 경험하는 당사자가 그 사건을 예측하지 못했거나 조절이 없었다면 질병으로 발전하게 된다. 나쁜 스트레스가 질병을 유발하게 되는 이유가 바로 그러한 사건들이 사전에 아무런 경고 없이 개인들에게 다가오고 통제될 수 없기 때문이다.

따라서 스트레스는 스트레스 그 자체에 의해 결정되는 것이 아니라 그것을 어떻게 받아들이고 잘 조절되느냐에 따라 결정되는 것이다.

1) 신체적 스트레스

신체적 스트레스란 부적절하고 과도한 육체적 노력을 해야 하고 어떤 형태의 스트레스이든 생리학적 조건들과 밀접한 관련을 맺고 있다. 일시적 스트레스일 때는 호르몬 분비, 심장박동 증가, 혈압 증가 등 생리적 현상들이 나타나지만, 지속적인 스트레스는 일시적 스트레스와 동일한 생리적 현상들이 나타난다. 그렇지만 보다 복합적인 양상을 보이며 신체 저항을 증가하기 위해 지속해서 많은 양의 호르몬이 분비되며 이러한 스트레스가 과다한 경우 치명적인 결과를 초래하기도 한다.

2) 심리적 스트레스

심리적 스트레스와 신체적 스트레스의 근본적인 차이점은, 신체적 스트레스는 실제적인 현실 상황이지만 심리적 스트레스는 상황을 상상하게 될 때 발생한다. 예를 들어 위험이 닥칠 것이라는 상상의 경험은 근육의 긴장이나 심장 박동수를 증가하기도 한다.

3) 사회적 스트레스

인간은 사회적 동물이면서 서로 함께 생활을 영위하며, 함께 활동하며, 사회의 이익 창출을 위해 함께 일을 한다. 사람들은 국가위기의 상황에서는 자신들이 신뢰하고 있는 사회를 유지 보전하기 위해 함께 투쟁도 한다. 이러한 맥락에서 보면 인간들은 상호작용을 하게 되고 사회는 인간들에게 영향력 행사를 하게 된다. 그래서 삶의 과정에서 사회적 스트레스가 상호작용에 대해 부정적인 태도를 보이는 경우 경직감이나 적대감 또는 더 많은 스트레스를 동반하게 된다.

4. 스트레스의 반응과 대응양식

1) 스트레스의 반응

스트레스의 신체적·생리적 반응

스트레스는 다양한 요인에 의해 발생하며 질병 발생의 원인이 되거나 질병의 피해를 확산시켜 신체의 기능을 저하한다. 나아가 성취의욕과 불안, 정서적 혼란을 유발하여 정신기능도 저하한다. 이에 따라 사회적 관계를 위축시켜 사회적 기능 저하와 손상을 초래한다.

신경증, 우울증, 정신증, 정신신체 장애는 과도한 스트레스와 관련이 있다. 그리고 심한 스트레스는 신체적, 생리적 질병을 초래할 뿐만 아니라 스트레스에 대한 신체의 급성반응이 신체조직에 일시적으로 손상을 주고 이러한 스트레스가 반복되면 그것들이 신체조직을 훼손할 수 있다. 비록 가벼운 스트레스라 할지라도 그것을 조절하는 기능이 부족하면 스트레스가 누적되어 심한 생리적 반응을 유발하기도 한다.

나아가 과도한 스트레스는 면역체계를 약화하고 고혈압을 유발하며 콜레스테롤의 수치를 높여 뇌졸중이나 심장발작과 같은 질병을 발생하고 우울증으로 인한 자살의 원인이 되기도 한다. 이러한 스트레스는 면역기능을 저하할 뿐만 아니라 약물의존이나 알코올 남용을 증가하기도 한다. 특히 미숙하고 약한 자아를 가진 사람이 스트레스 사건에 직면하게 되면 경직되고 강박적이며 반복적인 방어기제에 의존하기 때문에 조그만 자극에도 쉽게 붕괴하여 정신건강 문제가 발생한다.

스트레스의 심리적·정서적 반응

일반적인 사람들에게 심한 스트레스가 반복적으로 되면 정서적인 균형을 잃게 된다. 이는 정서장애로 이어지기도 한다. 스트레스로 인한 심리적·정서적 반응을 살펴보면 불면증, 불안과 공포, 우울, 무기력감, 분노 이외에도 적개심, 냉담함, 병적 경쟁심, 실망감, 불신과 냉소적 태도 등이 있다.

■ 불면증

불면증은 스트레스의 증상으로 나타날 수 있으며 이러한 불면증이 무서운 이유는 다양한 방식으로 우리의 일상에 지장을 초래하기 때문이다. 불면증은 인간의 정신력과 감정 상태에 악영향을 끼치며, 일상의 활동을 저해하고, 이에 따라 사람들의 스트레스는 한층 더 심화하기도 한다. 만일 이러한 불면증을 내버려 두거나 적절한 관리를 하지 못하면 불안증 및 우울증으로 발전될 수 있다. 불면증은 뚜렷한 신체적 원인이나 정신과적인 원인이 없이 잠을 잘 자지 못하거나 유지하지 못하는 것이다.

■ 불안과 공포

불안은 스트레스에 대한 가장 흔한 반응이다. 위험을 경고해 주는 신호이며 어떤 상황에서 자아가 위협받는다고 느낄 때 발생한다. 불안에는 긴장과 근심, 걱정이 포함되어 있으며 또한 공포와 밀접한 관계가 있다. 특히 만성적인 불안은 정서적 반응을 해치고 신체와 정신기능을 손상하고 우울증과 더불어 대부분 질병에 노출되어 있다.

■ 우울감

누구나 인간은 스트레스를 받으면 일시적으로 기분이 우울해지고 후회를 한다. 하지만 정서적 긴장과 불안이 지속해서 누적되면 결국은 병적인 우울증으로 발전한다. 우울감을 유발하는 스트레스 상황은 사랑하는 사람이나 가족의 상실, 사회적 고립, 갈등적인 대인관계 등 다양하다. 특히 사랑하는 사람의 상실 후에 나타나는 병적 우울감은 상실한 사람에 대한 억압된 적개심과 더불어 정서적 불안정이 나타난다. 이는 적개심에 대한 인식과 함께 죄책감과 자기경멸의 감정이 생겨서 사람을 만나지 않으려 하고 사회적 책임도 거부하게 된다.

스트레스는 우리에게 불면증, 좌절감 또는 분노를 일으키는 요소일 뿐만 아니라 우울을 유발하게 되며 이러한 우울을 경험하는 사람들은 스트레스를 유발하는 장소와 상황을 피해 자신을 고립시킨다. 이들은 갈등요인으로 판단되는 상황은 모두 회피하게 된다. 따라서 이들은 사람을 피하고 다른 사람들과 어울리길 좋아하는 사람이 순식간에 은둔자가 되어 버리기도 한다. 그렇지만 스트레스에 대처하는 양상은 사람마다 각기 다를 뿐이다.

■ 무기력감

무기력감은 개인의 행동 과정과 결과에 스스로 결정할 수 없다고 느끼는 심리상태로 현재 상황이나 직면할 어떤 상황에 대해 통제력을 상실했다고 지각하는 것을 말한다. 무기력감은 기력이나 활동력을 나타내는 신체적인 힘과 지식, 학식과 같은 심리적인 힘뿐만 아니라 세력, 권력, 경제력, 도움과 같은 사회적인 힘을 상실할 때 느끼는 감정이다. 이렇게 무기력감은 무엇보다 신체적·심리적·사회적 힘이 부족하거나 결핍될 때 나타난다. 이러한 상황에 부닥친 사람은 자신의 힘으로 아무것도 할 수가 없고, 문제가 해결되리라는 희망이 없다고 생각하여 무기력한 상태에 빠진다.

그래서 스트레스에 성공적으로 대처하는 방법이 학습과 연습의 결과로 이어지기도 하며 사람들은 스트레스 상황에 노출되어 그것에 적절하게 대처하지 못한다는 생각으로 인해 무기력감이 발생하는 것이다.

■ 분노

사람들은 일상생활에서 분노의 감정을 자주 경험하게 된다. 스트레스를 받게 되면 사소한 짜증이나 초조함, 격분 등의 감정을 느낀다. 이러한 짜증이나 초조함 등은 쉽게 분노로 이어질 수 있기에 주위 사람들에게 공격성으로 나타나는 인간의 내적 감정으로 표현한다.

하지만 분노는 표출방식에 따라 증상이 달라질 수 있다. 같은 수준의 분노를 느끼더라도 개인이 침착하고 냉정하게 대처하는지, 아니면 속으로 숨긴 채 드러내지 않고 쌓아 두는지,

공격적인 행동으로 표출하느냐에 따라 신체적·정서적·심리적 증상에 미치는 영향은 다르다. 따라서 분노에 침착하게 대처하면 분노에 대한 통제 능력이 강화되는 반면 그렇지 못할 때 죄책감과 우울감에 시달리기도 하고 타인에게 분노가 향해 인간관계의 손상을 가져오기도 한다. 나아가서는 사회적 문제가 되는 반사회인 행동으로 나타날 수도 있다.

2) 스트레스의 대응방식

현대는 인공지능 및 빅데이터, 클라우딩, 3D 컴퓨팅, 나노기술, 바이오기술 등 모든 지식 정보 분야에서 동시다발적으로 진행되는 산업상의 큰 변화인 4차 산업혁명에 따라 개인의 생활양식은 물론 사회 전반이 하루가 다르게 변화되고 있다. 이와 같은 4차 산업 시대의 변화로 인해 대부분 사람들은 스트레스를 경험하며 살고 있다. 이러한 스트레스에 대한 대응방식은 다양하다. 적절한 스트레스의 경우 생활의 윤활유로 작용하여 자신감을 심어 주고 일의 생산성과 창의력을 높여줄 수 있다는 점에서 긍정적인 효과로 나타난다. 하지만 스트레스를 부정적인 측면으로 받아들이게 되면 이것이 결국 질병으로 이어지기도 하며 이를 긍정적인 측면에서 받아들이게 되면 오히려 건강과 행복 및 성공의 열쇠가 되기도 한다.

스트레스에 대한 대처 유형은 개인의 성격특성이나 스트레스 사건의 특성에 따라 결정이 된다. 외향적인 성격을 가진 사람은 능동적인 대처를, 내향적인 성격을 가진 사람은 소극적 대처방식을 선택하는 경향이 있다. 따라서 개인이 스트레스 사건을 통제할 수 있는 것으로 평가하는지, 그렇지 않은지에 따라 각기 다른 대처방식을 선택하게 된다. 이와 같은 스트레스에 대한 대응방식을 크게 소극적인 대처와 적극적인 대처 두 가지로 구분하여 설명하고 있다.

스트레스에 대한 소극적 대처

스트레스에 있어 소극적인 대처는 자아개념과 자아존중감을 보호하려는 목적으로 행하게 되는 무의식적이고 기계적인 반응을 의미한다. 개인이 불쾌한 상황이나 욕구불만에 직면했을 때 자신을 방어하기 위해 자동으로 취하는 소극적 대처방법인 자아방어기제(ego defense mechanism)를 들 수 있다. 이는 일시적으로 스트레스 해소에 도움은 될 수 있지만 궁극적으로는 도움이 되지 않는다.

여기에서의 자어방어기제는 프로이트(1894)가 처음 제창한 것으로, 이성적이고 자의적인 방법으로 자아가 겪는 갈등을 통제할 수 없을 때 심리적 상처를 막고자 무의식적으로 자신을 속이고 회피하는 사고 및 행위를 가리키는 말이다. 이러한 방어기제는 현실을 왜곡하고 불안에 대처하는 무의식적 과정으로 자아를 불안으로부터 보호하기 위하여 무의식적으로 채택하게 하는 현실 왜곡의 전략이다.

방어기제에 의한 행동은 일시적으로 긴장과 스트레스를 해소해 주고 현재의 자아가 체재를 유지하도록 한다. 그러므로 스트레스로 인한 혼란을 막아 주며 용인되는 부분도 있긴 하지만 방어를 위한 반응이 지나쳐 습관화되면 스트레스를 주는 요소가 그대로 누적이 되어 그것이 새로운 스트레스의 유발요인으로 작용하여 심각한 부적응의 원인이 된다. 이러한 방어기제 중 일상생활에서 주로 사용되는 기제는 다음과 같이 크게 기만형, 대체형, 도피형까지 세 가지로 나누어져 있다.

■ 기만형

기만형 방어기제는 자신의 불안이나 위협이 되는 스트레스를 자기의 감정이나 태도를 변경시킴으로써 스스로 그것에 인식을 달리하려는 무의식적인 방어기제로 합리화, 억압, 투사 등이 있다. 합리화는 상처받은 자아를 설명하기 위해 무의식적으로 그럴듯하게 이유를 붙여 현실에 더는 실망을 느끼지 않으려고 하는 것이다. 억압은 자아가 고통스럽고 위협적인 충동, 감정, 소원, 환상, 기억 등을 무의식 속으로 추방해 의식화되는 것을 막아 주는 기제다. 이는 가장 보편적이고 일차적인 방어로서 갈등이 발생 시 가장 많이 사용되며 신경증적 증상의 기초가 된다. 그래서 억압은 고통스러운 감정이나 경험을 봉쇄하기 위하여 가장 흔히 사용되는 기제로서 망각의 한 예라고 할 수 있다. 투사는 스트레스와 불안을 일으키는 자신의 감정이나 사고를 타인에게 있는 것처럼 전가함으로써 자신을 방어하는 하나의 방법이다. 이는 사람들이 스스로 받아들일 수 없는 충동이나 행동을 무의식적으로 다른 사람 탓으로 돌리는 방어기제로, 용납할 수 없는 자기 내부의 문제나 결점이 자기 외부에 있는 것으로 생각하는 것이다.

■ 대체형

대체형은 인간이 욕구충족 과정에서 장애가 나타날 때 스트레스를 경험하게 되며 아울러 달성할 수 있는 다른 목표를 설정하여 그것을 달성함으로써 스트레스를 해소하는 유형의 기제다. 여기에는 보상, 치환, 반동형성, 승화, 주지화 등이 있다.

보상은 심리적으로 어떤 약점이나 제한점이 있는 사람이 이를 보상받기 위하여 다른 어떤 것에 몰두하는 기제를 말하며, 치환은 바라던 목표에서 대용의 목표로 에너지를 전환함으로써 스트레스를 해소하고자 하는 방법을 말한다. 이를 전이된 보상이라 부르기도 한다. 반동형성은 자기에게 불안을 주고 위협이 되는 상황에서 벗어나기 위하여 반대되는 태도나 행동 양식을 과장하여 그것을 방패 삼으려는 기제다. 승화는 목표나 욕구 에너지를 사회적으로 용인된 다른 목표나 다른 욕구로 충족시킴으로써 긴장이나 스트레스를 해소하려는 심리적 기제이며, 주지화는 인지적 과정을 통해 자기의 불안이나 스트레스를 해소하려는 노력을 말한다.

■ 도피형

도피형은 현실에서 도피함으로써 만족을 얻거나 스트레스를 해결하려는 기제를 말하며 퇴행, 동일시, 부정 등이 있다. 퇴행은 좌절당했을 때 발달의 일부를 상실하고 안정적이었던 과거로 돌아가 어린아이처럼 행동하는 것으로, 즉 어려움을 피하려고 발달의 초기 단계로 돌아가는 방법이다. 동일시는 자신보다 훨씬 훌륭하다고 인정되는 어떤 개인이나 집단과 강한 정서적 유대를 형성함으로써 만족을 추구하거나 스트레스를 해결하려는 심리적 기제다. 이는 초자아가 형성되는 발달과정에서 일어나는 것으로 방어기제로 볼 수 있는가에 대한 논란의 여지는 있다. 부정은 불쾌하고 위협이 되는 현실이나 스트레스에 대한 기각을 거부함으로써 자아를 지키려는 심리적 기제를 말한다.

스트레스에 대한 적극적 대처

스트레스에 대한 적극적인 대처는 스트레스를 가장 효과적으로 관리하는 대처방식이 될 수 있다. 스트레스에 있어 적극적인 대처란 자신의 능력과 문제 상황을 현실적이고 객관적으로 평가해서 문제 상황에 과감히 부딪히거나 직면하여 다루는 것을 의미한다. 이러한 사람들은 실제 많은 문제를 가지고 걱정과 고민으로 몰아넣는 부정적인 생각을 하고 있다. 하지만 모든 문제를 부정적으로 보는 것은 잘못된 견해다. 왜냐하면 문제는 우리가 해야 하거나 또 풀어야 할 일 또는 과제이기 때문이다. 이를 보다 적극적으로 해석하면 문제라는 것이 새로운 도전과 성장 및 발전의 기회가 된다. 이와 같은 적극적 대처방법에는 합리적 대안 모색과 창의적 문제해결방법의 두 가지가 있다.

■ 합리적 대안 모색 방법

합리적 대안 모색 방법은 스트레스가 대부분 개인적이고 주관적인 평가에 기인한다. 이러한 점에 착안해 스트레스를 해결하기 위해 보다 합리적이고 긍정적인 대안을 모색할 필요가 있다. 그렇지만 개인의 주관적인 평가가 비현실적이거나 부정적일 때 아무래도 스트레스 상황에 놓이기 쉽다. 따라서 어떤 사건에 대한 부정적인 감정반응은 그 사건 자체가 아닌 그 사건에 대한 개인의 해석에 기인한다고 한다. 더불어 스트레스를 잘 관리하거나 적절하게 이용하려면 그 실체를 정확히 알아야 한다.

첫 번째 단계는 현재 상황이 불편하다는 것을 인정하는 것이다. 자세히 따져 스트레스로부터 적극적으로 도망가는 것이 가능하지 않다면, 두 번째 단계인 스트레스의 수용이 필요하다. 스트레스를 수용한다는 것이 단순한 포기를 의미하는 것이 아니기 때문이다. 이렇게 자신에게 주어진 스트레스를 받아들이기로 마음을 먹었다면, 세 번째 단계인 적극적인 문제해결 형으로 대응하는 것이 무엇보다 중요하다.

그래서 문제해결을 위한 적극적 대응의 핵심은 자신의 능력을 확인하고 최선의 대처를 능동적으로 하는 것이다. 반면 스트레스를 회피하거나 무기력하게 받아들이는 것은 스트레스가 불편하다는 것을 받아들이는 것이다. 이는 그로 인해 자신이 느꼈던 불편한 감정을 해결하기 위해 모든 방법을 동원하는 감정 해결형의 전형이라고 할 수 있다. 그리고 부정적 감정반응이 많으면 사건에 대해 비현실적인 평가로 이어질 수 있어서 가능한 한 비합리적 가정에 의한 사고는 찾아서 없애는 것이 중요하다. 그래서 어떤 사건을 지나치게 과장하여 부정적인 평가를 하는 건지, 아닌지에 대한 합리적이고 현실적인 평가를 해야 한다. 일상생활에서 흔히 나타나는 비합리적 가정과 합리적 대안을 다음과 같이 제시한다.

<표 10-2> 비합리적 가정과 합리적 대안

비합리적 가정	합리적 대안
1. 나는 모든 사람으로부터 사랑을 받아야 하고 내가 하는 모든 일에 인정을 받아야 한다.	1. 사랑을 받는 것보다 사랑하는 것에 더 관심을 둔다.
2. 나는 모든 면에서 유능하고 성취적이어야만 가치 있는 사람이라고 할 수 있다.	2. 나도 다른 사람들과 같이 한계와 약점이 있는 불완전한 존재이고 이는 문제가 되지 않는다.
3. 모든 일이 내가 원하는 대로 돌아가야만 한다.	3. 상황을 변화시키려 노력하지만 어쩔 수 없는 조건들은 일시적으로 받아들일 수 있다.
4. 불행은 나에게만 일어난다. 따라서 불행에 대해 내가 할 일은 없다.	4. 불행도 내가 상황을 어떻게 보느냐에 따라 달라진다.
5. 세상일에는 완전한 해결책이 있다. 따라서 그 해결책을 못 찾는다는 것은 파멸적인 일이다.	5. 이 세상에는 모든 일들이 일어날 가능성과 확률이 존재한다. 어떤 문제에 대한 이상적인 해결책이 없다 해도 나는 내 인생을 즐길 수 있다.

■ 창의적 대안 모색 방법

창의적 문제해결이란 우리가 일상생활에서 부딪히는 작은 일에서부터 고도의 기술을 필요한 일까지 다양한 문제 상황에서 사용할 수 있는 체계적인 문제해결방법이다. 첫째, 문제를 정확하게 파악하여 서술하고 둘째, 대안이나 해결방안을 제시하고 셋째, 결과를 예언하고 넷째, 해결방안을 선택하고 다섯째, 재평가하기와 같은 단계적인 대처가 필요하다.

· 문제를 정확하게 파악하여 서술하기

문제를 정의할 때는 추상적이고 일반적 형태보다는 문제의 사실적 측면을 가능한 범위 내에서 여러모로 분석한 후 정확하게 진술하도록 한다. 그러므로 문제가 무엇인지를 밝히는 것은 단순한 것으로 보여도 가장 어려운 문제다.

· 대안이나 해결방안 제시하기

대안이나 해결방안을 제시하기 위해 브레인스토밍(brainstorming)[2]을 활용할 수 있다. 이는 특정한 주제에 대해 마치 뇌에서 폭풍이 휘몰아치듯 생각나는 아이디어를 짧은 시간에 많이

2. 브레인스토밍(brainstorming)은 창의적인 아이디어를 생산하기 위한 학습 도구이자 회의 기법이다. 집단적 창의적 발상 기법으로 집단에 소속된 인원들이 자발적으로 자연스럽게 제시된 아이디어 목록을 통해서 특정한 문제에 대한 해답을 찾고자 노력하는 것을 말한다. 이는 미국 광고회사 부사장이던 알렉스 오스본(Alex Faickney Osborn)이 개발한 기법으로 아이디어의 발상 및 창작 과정에서 '좋다' 혹은 '나쁘다'와 같은 아이디어의 수준을 판단하지 않고 최대한 많은 아이디어를 얻는 것이다. 어떤 생각이라도 자유롭게 말하는 '두뇌 폭풍'을 통해 창의적인 아이디어를 창출하는 것을 목표로 하는 기법이다. 이 기법은 아이디어들이 확산하며 눈덩이가 뭉쳐지듯 연쇄적으로 이어지기 때문에 '눈 굴리기(snow bowling)기법'이라고도 한다.

밖으로 내놓는 것을 말한다.

· 결과 예언하기

브레인스토밍을 사용한 결과 남은 대안들에 대해 각각의 결과에 대해 평가해 본다. 각 대안으로 인해 사태가 호전될지, 악화할지, 같은 갈등상황에 있는 당사자들이 이 해결방안에 찬성할 것인지, 반대할 것인지, 당사자들의 협의에 대한 의지는 어떠한지 등의 물음에 답해 본다.

· 해결방안 선택하기

가장 바람직한 것처럼 보이는 대안을 선택한다. 그러면 그 대안을 토대로 자신이 가지고 있는 문제는 가장 잘 해결될 뿐만 아니라 그 대안을 토대로 당사자들의 욕구도 해결될 것이다.

· 재평가하기

만일 어떤 해결방안이 효과가 없으면 그 이유를 자문해 보고 그 문제를 재정의해 본 다음 다시 문제를 해결하려는 노력을 지속한다,

나의 스트레스 정도는?

1. (　) 머리가 맑지 않고 무겁다.
2. (　) 눈이 피로하고 이전과 비교하면 피로할 때가 많다.
3. (　) 때때로 코가 막힌다.
4. (　) 요즘 눈 떨림을 느낄 때가 많다.
5. (　) 때때로 일어서면 현기증이 날 것 같다.
6. (　) 이전에는 없었지만 요즘 이명이 울릴 때가 있다.
7. (　) 이전과 비교해 가끔 입안에 염증이 생긴다.
8. (　) 목이 아플 때가 많으며 목구멍이 따끔거릴 때가 있다.
9. (　) 이전에는 그렇지 않았는데 요즘 혓바닥이 하얗게 될 때가 있다.
10. (　) 지금까지 즐기던 음식에 대해 먹고 싶은 생각이 없어졌다.
11. (　) 음식이 위장 안에 꽉 찬 것 같고 무엇인가 위장의 상태가 이상하다.
12. (　) 배가 쓰리거나 아프다(설사와 변비가 반복된다).
13. (　) 머리가 무겁고 어깨가 뻐근하다.
14. (　) 이전에는 좀처럼 아프지 않았던 등과 허리가 아프다.
15. (　) 이전과 비교해 피로가 남아 있고 좀처럼 피로가 풀리지 않는다.
16. (　) 요즘 식욕이 없어질 때가 있으며 체중이 줄었다.
17. (　) 무엇인가 하면 금방 피로해진다.
18. (　) 피로가 남아 있는 것 같고 아침에 기분 좋게 일어나지지 않는다.
19. (　) 집중력도 떨어지고 일에 대하여 하고 싶은 생각이 나지 않는다.
20. (　) 좀처럼 잠들기 어렵다.
21. (　) 이전보다 꿈을 꾸는 경우가 많아졌다.
22. (　) 새벽 1, 2시에 잠이 깰 때가 많으며 이후 잠들지 못할 때가 많다.
23. (　) 갑자기 숨쉬기 힘들 때가 있다.
24. (　) 가끔 가슴이 두근거릴 때가 있다.
25. (　) 가슴이 아플 때가 있고 가슴이 꽉 조여드는 것 같은 느낌이 든다.
26. (　) 감기에 잘 걸리고 잘 낫지도 않는다.
27. (　) 별것 아닌 일에도 화가 날 때가 있고 성급할 때가 많다.
28. (　) 이전에는 그러지 않았는데 손발이 찰 때가 많다.

29. ( ) 손바닥에 땀이 날 때가 많다.
30. ( ) 이전과 비교해 사람과 만나는 게 싫어졌다.

<결과 해석방법>

제시된 30개 항목 중 ( )속의 점수를 합한 총합이 자신의 스트레스 점수이다.

득점단계	스트레스 정도	대처 방법
0~5	스트레스 (정상)	
6~10	스트레스 (경, 經)	휴양을 요함
11~20	스트레스 (중, 中)	상담을 요함
21~30	스트레스 (중, 重)	진단을 요함

5. 스트레스의 대처 및 해결방안

1) 스트레스의 대처

아무리 어려운 일이라도 그것을 해낼 수 있는 능력을 갖추고 있다면 큰 위협이 되지 못할 것이다. 이러한 개인의 대처 능력으로는 우선 성격유형이 있고, 문제해결 기술이나 인간관계 기술이 효과적인 대처방식을 결정하는 요인이 된다. 이 밖에 사고방식이나 자아의 정도에 따라 달리 대처하게 되고 개인의 대처 능력과 관련해서 사회적인 지지가 효율적인 대처에 중요한 요인이 된다.

성격요소에 의한 대처

사람마다 개인에게 일어나는 사건이나 그 결과에 대해서 그 원인을 자기 자신에게 돌리거나 환경이나 외부에 돌리는 성격적인 특질을 가지고 있다. 이러한 성격유형 중에는 외부환경에 대해 민감한 성격과 감정을 억압하는 억압형이 있다. 그런데 이들은 성취 스트레스나 질병에 따르는 스트레스에 대처하는 방식이 각기 다르다. 그러므로 이러한 성격 특질을 이해하는 것은 효과적으로 스트레스를 대처하는 데 도움이 된다고 할 수 있다.

자신의 내부규칙 또는 사고방식의 강화

비합리적인 내적 규칙 또는 사고방식 때문에 오는 스트레스를 줄이기 위해서는 내적인 규칙을 의식하고 그런 규칙이나 사고방식을 수반하는 생각들을 잘 살펴본 후 다른 사람들과 함께 토론해 보는 것도 중요하다. 먼저 규칙을 정해 논의해 보고 좀 더 합리적이고 현실성 있는 사고방식으로 바꾸는 노력이 필요하다. 왜냐하면 Ellis(엘리스, 1962)는 이것이 비합리적이라고 보는 것은 누구나 타인을 실망하게 할 수도 있고 약속을 어길 수도 있기 때문이라고 하였다.

자존심의 향상

최근 상담 분야에서는 인간관계 기술 가운데 자기표현 능력의 개선을 강조하고 있다. 이러한 능력을 개발하기 위해 계속 노력하는 것은 자존심을 향상하는 데 도움이 될 수 있다. 한편 이순영(2002)은 문제해결능력을 키워야 자존감이 키워진다고 하였다. 이는 인간관계를 잘할 수 있도록 사회적인 기술 또한 향상해야 한다고 하였다.

사회적 지지

사회적 지지에 있어 부모와 관련된 스트레스는 가족, 친구, 교사의 지지가 도움이 된다. 친구와 관련된 스트레스는 친구 또는 가족 지지자가 도움이 된다. 학업 관련 스트레스는 가족, 교사의 지지가 도움이 된다. 이러한 사회적 지지를 확보할 수단을 취하는 것은 효과적인 대처에 도움이 된다. 스트레스 상황에 대처하기 위해 활용하는 자원은 타인이나 사회기관에서 얻을 수 있다. 이는 스트레스로 인해 불안과 긴장이 계속될 때 이를 공감해 주고 사랑과 관심을 통해 소속감과 안정감을 느끼게 하여 대처할 힘을 제공한다.

부정적인 스트레스 반응의 해소

스트레스의 부정적인 반응에 대처하는 가장 손쉬운 방법은 자신을 돌보는 것이다. 적절한 휴식을 취하고, 모든 일을 천천히 생각하고, 긴장을 풀고 이완하는 시간을 가지며 요가나 명상 등을 통한 이완훈련 등도 도움이 된다.

일상생활에 대한 스트레스 대처

스트레스를 받았을 때의 대처방법은 자신을 보호해 주고 위로해 주는 사람에게 의지하는 것이다. 이는 허심탄회한 대화를 통해 자신의 일상생활에서 받은 여러 가지 스트레스를 해소할 수 있다. 일상생활에서 갈등이나 고민으로 스트레스를 받게 될 때 그것을 일으킨 문제를 놓고 혼자 깊이 생각해 보며 합리화하는 것 또한 긴장해소에 도움이 된다.

2) 스트레스의 해결방안

스트레스는 외적 요인뿐만 아니라 내적 요인에 의해서도 발생이 된다. 하지만 많은 사람들은 스트레스가 외적 요인에 의해서만 유발된다고 생각한다. 이는 자신의 내부에서 스스로 만들어내는 스트레스에 대해 인식을 하지 못하고 있다는 것이므로 스트레스의 해결 및 예방을 위해서는 이러한 사실을 인정하고 스스로 자기 자신에게 변화를 주려고 노력해야 한다.

스트레스 극복을 위해 무엇보다 생활양식에 변화를 주고 자신의 주변 환경을 바꾸는 것도 도움이 된다. 우리 몸에서 스트레스 관리 해로가 작동을 잘하면 웬만한 스트레스는 문제없이 처리된다. 이러한 문제들에 있어 스트레스가 너무 많아 감당하기 어려우면 히스테리 발작을 일으키거나 조용하던 사람이 갑자기 폭발하기도 한다. 그리고 작은 일에도 지나친 걱정으로 의기소침해 있거나 우울증에 빠지기도 한다. 따라서 사람들의 일상생활 중에 나타나는 스트레스를 줄일 수 있는 해결방안을 다음과 같이 설명하고 있다.

심호흡과 스트레칭

장시간 앉아서 신경을 집중하게 되면 근육이 뭉치고 두통이 발생할 확률이 높다. 그러므로 자주 심호흡을 하여 뇌에 산소를 충분히 공급해 주고 일어나서 스트레칭을 해 주는 것이 좋다. 40분마다 일어나 기지개를 켜면서 바깥 공기를 쐬어 주는 것도 하나의 바람직한 방법이 된다.

점진적 근육이완요법

진적 근육이완요법은 스트레스를 감소하는 데 매우 효과적인 방법으로 알려져 있다. 이 요법은 신체를 구성하고 있는 많은 근육을 의도적으로 통제하여 근육이 이완되고 뇌에 유입

되는 구심성 신경 자극을 감소시켜 정신적 긴장을 감소하면서 신체의 자동조절 기제가 적절한 기능을 할 수 있도록 도와준다. 특히 고혈압, 긴장성 두통, 불면증에 효과적이며 불안을 감소하고 자존감과 자기확신이 증가한다고 알려져 있다.

- 자세를 가능한 편안한 상태로 유지한다.
- 이완 요법이 끝날 때까지 복식호흡을 계속 실시한다.
- 각 신체 부위를 긴장하고 이완하는 것을 반복하여 실시하는데 긴장은 10초 정도, 이완은 50초 정도 실시하여 긴장과 이완은 동일한 신체 부위를 3~5회 반복 실시한 후 다음 신체 부위로 넘어간다.
- 신체 부위의 긴장과 이완은 오른팔과 다리, 왼팔과 다리, 이마, 얼굴 중간부위, 얼굴의 아래 부위, 목, 등, 가슴과 배, 오른쪽 대퇴부, 종아리, 발 순서로 옮겨간다.

걷기와 운동

걷기는 신체 활동을 통해 자기 통제감을 확보하는 것으로 아주 잘 알려져 있다. 다른 일에 집중하면 스트레스가 줄 것 같지만 통제가 쉽지 않다. 하지만 몸은 스스로 통제할 수 있어서 아침 산책, 수영, 등산 등을 끝내고 나면 자기통제감이 올라갈 수 있다. 그래서 운동을 통해 얻을 수 있는 심리적·신체적 효과는 매우 다양하다. 따라서 걷기는 스트레스에 아주 좋은 해결방안이 되기도 하며 하루에 5분 정도라도 짧게 걷는 것도 괜찮다. 단지 그냥 걷는 것이 아니라 느낌에 집중해야 한다.

이처럼 적절한 운동은 긴장되고 피로해져 있는 정신기능을 완화해 머리를 맑게 해 주며 자신감과 행복감을 높인다. 그래서 걷기와 운동은 기억력을 향상하고 자신을 돌아보게 해 주며 인간관계 또한 좋아지게 한다.

인지행동치료

인지행동 치료는 사건에 대한 해석이 변하면 그 사건에 대한 정서적인 반응과 생리적 반응도 변화할 수 있다고 본다. 인지행동치료는 긍정적인 행동 변화를 일으키기 위한 신념, 태도, 생각, 기술을 발달시키려는 치료의 한 유형이다. 먼저 스트레스에 적절히 대처하기 위해 그동안 자신이 어떻게 살아왔는지 돌아보아야 한다. 자신이 너무 부정적이거나 편협한 사고로 살아왔다면 그것이 스트레스로 가득 찬 생활에 빠뜨릴 수도 있으므로 긍정적인 사고로 전환하는 것 또한 스트레스의 해결방안이 된다.

생활양식의 점검

규칙적인 생활을 하고, 규칙적인 식사를 하고, 규칙적인 운동을 할 때 스트레스가 쌓인 것을 발산할 수 있다. 그래서 건강한 생활을 위해서는 무엇보다 일상생활의 점검이 필요하다. 이것이 잘 실행될 때 우리는 스트레스에서 벗어나는 삶으로 전환이 된다. 사람들에게 있어 질병은 바람직하지 못한 생활양식에서 비롯된다는 사고가 지배적이어서 질병의 치료나 예방을 위해서라도 생활양식의 개선이 강조되어야 한다는 것은 누구나 잘 알고 있는 내용이다.

전문가와의 상담 및 치료

스트레스는 누구에게나 일어날 수 있는 자연스러운 현상이므로 이에 대해 무조건 혼자서 해결하려고 하는 것은 도움이 되지 않는다. 스트레스가 생겼을 때 혼자서 모든 것을 해결하려고 하지 말고 자신을 둘러싼 가족 또는 주변인들에게 도움을 청하는 것도 하나의 치료 방법이다. 스트레스로 인한 증상이 돌이킬 수 없을 정도로 악화하기 전에 적절한 시기에 주변에 도움을 청해야 한다. 이와 더불어 전문의를 찾아 상담을 한다든지, 약물치료를 받는다든지 하는 것도 스트레스에 있어 효과적이고 좋은 해결방안이 될 수 있다.

자기주장훈련

자기주장 훈련은 먼저 상대방에게 기분 상하지 않게 잘 거절하는 기술을 연습해야 한다. 부정적인 말보다는 긍정적인 말부터, 상대방의 입장을 존중하고 있음을 보여주며, 논의 중인 문제에만 초점을 맞추며, 글로 적으며, 먼저 이해한 다음 이해받기 위해 노력한다. 그다음 미스커뮤니케이션(소통)을 예방하는 것도 중요하다. 상황이나 정보를 솔직하고 과감히 개방하며, 도움이 필요하다면 단도직입적으로 말하며, 선택권을 주어 철저하게 준비한다. 그리고 절대 도움을 잊지 않겠다고 말하며 내 관점에서 문제를 분명하게 설명한다. 그래서 충분한 자기주장훈련을 통해 스트레스를 해결하게 된다. 이처럼 자기주장훈련은 자신의 느낌이나 권리를 표현하도록 가르침으로써 인간관계에 관한 불안이나 스트레스를 감소하는 해결방안이 된다.

| 요약 |

1. 일반적으로 스트레스의 발생 원인은 상황적 원인과 심리적 원인의 두 가지로 구분해볼 수 있다. 사람이 스트레스를 받게 되면 다양한 반응을 나타내는데 이는 신체적 반응과 심리적 및 정서적 반응으로 구분할 수 있다. 심한 스트레스는 신체적·생리적 질병을 초래한다. 이러한 이유는 스트레스에 대한 신체의 급성반응이 신체조직에 일시적으로 손상을 주고 스트레스가 반복되면 그것이 신체조직을 완전히 손상할 수 있다는 가정에 근거해 있다.

2. 스트레스에 있어 일반적인 사람들은 반복적인 스트레스를 경험하면 정서적인 균형을 상실하여 결국은 정서장애가 발생한다. 이렇듯 스트레스는 우리의 일상에 때로는 위협적이기도 하지만 때로는 긍정적인 작용을 하여 인간관계에 도움이 될 수 있다.

3. 스트레스의 원인을 스트레스의 생물학적 원인, 사회·심리적요인, 성격학적 원인, 사회경제적 요인, 생활사건, 일상적 짜증거리, 만성적 긴장을 들 수 있다. 이를 통해 우리는 스트레스를 가급적 줄이는 원인을 찾아 일상생활에 반영해야 한다.

4. 스트레스의 유형에는 신체적 스트레스, 심리적 스트레스, 사회적 스트레스로 나누어져 있다. 사람이 스트레스를 받으면 다양한 반응을 나타낸다. 크게 심리적 반응과 정서적 반응으로 구분할 수 있는데 이는 스트레스에 대한 신체의 급성반응이 신체조직에 일시적으로 손상을 주고 스트레스가 반복되면 그것이 신체조직을 완전히 손상할 수 있다는 가정에 근거해 있다. 비록 스트레스가 가벼울지라도 그것을 조절하는 기능이 부족하면 이것이 누적되어 심한 생리적 반응을 유발하게 된다.

5. 적절한 스트레스는 우리의 생활에 활력을 주고 생산성과 창의력을 높일 수 있다. 즉 스트레스에는 긍정 또는 부정적 생활사건 모두가 포함될 수 있다. 하지만 주로 부정적 생활사건과 관련된 스트레스를 가리킬 때 우리는 일반적으로 스트레스 상황으로 인식하고 있다. 반면 긍정적 스트레스의 경우 생활의 윤활유가 되기도 하며 자신감을 주고 일의 생산성과 창의력을 높여 줄 수 있다. 이러한 점에서 긍정적인 효과도 나타난다. 결국 앞서 설명한 스트레스로 받아들이는 것이 건강, 행복, 성공의 열쇠가 될 수 있다.

11장

인간관계와 의사소통

사람은 두 사람만 모여도 사회적 관계로 맺어지게 된다. 그 속에서 서로의 의사소통으로 인간관계를 맺고 각자의 영향력을 행사하며 살아간다. 자신의 생각이나 감정을 언어, 비언어적인 방식으로 상대방에게 전달하고 인간관계에서 발생할 수 있는 갈등을 해소하기 위해서 효과적인 의사소통 방법을 모색하기도 한다. 효과적인 의사소통은 개인의 자아정체감을 형성하고 타인의 입장을 이해하며 서로의 신뢰를 쌓아가는 최상의 방법이 된다.

또한, 21세기는 정보화 사회다. 정보화 사회에서 가장 필요한 것은 지식과 정보이며 이를 활용하여 사람들은 새로운 아이디어를 창출하고 많은 부가가치를 만들어 낸다. 새로운 아이디어 창출과 부가가치 창출을 위해서 각 분야의 전공분야 사람들이 모이게 된다. 서로 다른 환경에서 만난 이들은 새로운 아이디어를 위해 마음을 맞추고 존중하며 서로의 이해를 위해서라도 필요한 것이 의사소통이다.

이렇듯 사회적 관계에서 사람과 사람 사이에 의사소통은 매우 중요하다는 것을 알게 된다. 이 장에서는 의사소통의 개념과 기능에 대해서 자세히 살펴볼 것이며 의사소통의 구성요소, 의사소통의 형태, 의사소통의 이론, 의사소통의 특징 그리고 의사소통의 장애와 원인에 대해서 살피고 효율적 의사소통의 기술까지 알아보고자 한다.

1. 의사소통의 개념

의사소통(communication)은 '공유' '공통성' '나누다' 등을 뜻하는 라틴어 'communis'를 어원으로 한다. 개인의 일방적 의사전달이 아닌 둘 이상 사람들의 공통성을 만들어내는 과정을 의미한다. 의사소통은 두 사람 이상의 사람이 언어, 전화, 서신, 인터넷 등의 의사소통 수단을 이용하여 정보 전달, 감정, 생각, 행위 등을 전달하는 과정이다. 결국, 의사소통이란 나 외의 누군가와 이야기하기, 협의하기, 상담하기의 의미로 각각의 목적에 따라 공동체를 형성하고 상호작용을 위한 수단이 된다. 자신과 타인의 의사소통이 잘 이루어질 때 공동체의 목표를 실행할 수 있고 개인적 자아실현을 이룰 수가 있게 된다.

의사소통 과정에는 의식적이든 무의식적이든 의사소통의 목적을 갖기 마련이다. 그 목적을 달성하기 위해 미리 상대방에게 알리는 경우도 있지만 약속된 만남에도 목적을 밝히지 않는 경우처럼 숨겨진 소통방식도 있다. 대체로 인간의 의사소통 목적을 살펴보면 다음과 같다.

1) 의사소통의 목적과 필요성

의사소통의 목적으로는 ① 자신과 상대방, 주위환경을 배우기 위해서 ② 상대방과의 관계를 유지하기 위해서 ③ 상대방에게 영향력을 미치기 위해서 ④ 상대방과 놀이, 혹은 여유를 즐기기 위해서 ⑤ 상대방에게 도움을 주기 위해서 등이 있다.

의사소통의 필요성은 인간이 사회적 존재라는 점이 배경으로 작용한다. 개인과 개인의 모든 행동과 말은 사회적 의미를 지니게 되고 개인과 타인은 필연적으로 상호작용을 통해서 살아간다. 이러한 상호작용 속에서 인간은 사회생활을 영위하며 문화양식을 발달시키고 각종 사회 현상이 나타나는 인간 공동생활의 특징을 보여준다. 결국, 인간이란 사람과 사람 사이의 존재를 의미하는 것이다. 여기에서 사람과 사람 사이를 연결하는 매개체는 인간의 말과 행동의 결과인 의사소통이다. 매일의 일상을 경험하고 영위하는 인간의 상호적 과정에서 의사소통은 매우 중요한 요소가 된다.

인간은 타인과의 표현에서 상호작용으로 사회적 공동체를 만들어 간다. 인간의 말과 행동으로 의사소통 과정, 그 결과를 통해 서로 적응하고 생존해 나가기 때문이다. 그리고 의사소통을 통해 인간은 자아정체감을 확립시키고 서로 간의 신뢰감을 형성하여 관계를 유지하려 노력하게 된다. 예를 들어 한 아이가 태어나 부모로부터 이름을 갖게 되고 누군가 처음 만나는 사람이 그 이름을 불러주게 되면 아이는 자기인식과 자아정체감을 갖게 된다. 이름에 의한 압축된 의미를 가슴에 새기게 되는 것이다. 이러한 과정이 의사소통의 시작이고 인간 대 인간 관계 즉 사회 공동체의 시작이 된다.

의사소통은 인간의 건강에도 필요하다. 인간은 삶을 위해 음식을 먹고 운동을 하며 스트레스를 관리한다. 이러한 건강과 수면, 삶의 질을 높이는 과정에서 의사소통은 큰 힘이 되고 나 혼자가 아닌 같이 할 수 있는 공동체 의식에 필수가 되기 때문이다. 그러나, 인간의 과도적·파괴적 의사소통은 오히려 스트레스로 인한 극단적 행동을 유발하기도 한다. 이런 이유로 인간의 의사소통은 수명에 간접적 영향을 미치게 하여 우울증, 식욕부진, 불안 등의 정신적 증상이 나타나기도 하는 것이다.

현재의 정보화 시대에서 의사소통은 중요한 생존전략이다. 21세기 급속한 정보화 시대의 부가가치를 위한 아이디어 창출은 혼자서 만들어 낼 수 있는 것이 아니다. 현대 사회의 대부분 일은 고도의 종합력과 판단력이 필요한 여러 전공 분야의 아이디어 창출을 요구한다. 생산체계에서 소량이지만 다양하고 발 빠른 생산품을 만들어내는 현대사회는 그야말로 아이디어가 더욱더 필요할 수밖에 없고 그 아이디어 창출을 위해서는 사람들 간의 의사소통이 무엇보다 중요하다. 산업사회에서는 위계질서를 통한 명령적 생산 일에 집중되어 많은 상품을 만들기에 급급했다. 풍요가 주는 넉넉함에 인간의 창의적 아이디어는 필요치 않았지만, 지금의 현대사회는 많은 양의 상품보다 많은 종류의 상품과 서비스를 요구하게 되었다. 다방면의 분야에서 새로운 아이디어를 모아서 질 좋은 상품과 가치를 유도하는 인간 중심의 행복을 영위하는 사회로 변화된 것이다. 여기서 의사소통의 중요성은 더욱 강조되고 사람들 간의 이해와 소통의 수단으로, 서로가 존중하기 위한 수단으로 의사소통은 중요한 생존전략이 되는 것이다.

따라서 여러 분야의 다양한 개인이 모여 집단을 형성하고 그 집단의 활동이 효과적인 시너지를 내기 위해서는 구성원들 간의 의사소통이 원활하게 이루어지는 것이 필수적이다. 집단 간 구성원들의 공동 목표달성을 위한 의사소통은 서로를 이해하게 되고 필요한 정보를 교환하게 될 것이며 개인과 집단, 집단과 집단의 공동체 목표달성에 통합될 수 있기 때문이다.

2) 의사소통의 기능

인간관계에서 상호적으로 원만한 관계를 유지하기 위해서는 효과적인 의사소통이 중요하다. 자신의 감정과 생각을 정확히 전달하고 상대방을 잘 이해할 수 있어야 한다. 인간관계에서 의사소통 기능은 개인적 입장으로서 세 가지 기능을 한다.

첫째, 정보적 기능이다. 의사소통을 통한 정보의 이해, 안락한 생활을 위한 기술과 지식의 획득으로 일반적 기능이 여기에 속한다. 각종 일어난 뉴스나 일기예보에 의한 내일의 날씨 변화를 우리는 그대로 받아들여 이해한다.

둘째, 정서적 기능이다. 상대방에게 자신의 감정을 표현하는 것으로 인간 상호관계에서 중요한 역할을 한다. 이웃이나 직장동료에게 인사말을 건네는 것은 서로의 호감을 표현하는 말로 자신과 상대방의 긴장해소에도 도움이 된다.

셋째, 통제적 기능으로서 개인 혹은 공동체 구성원에게 자신의 목표를 위해 부탁을 하거나 이해가 필요한 언행을 의미한다. 예를 들어 갑자기 쏟아지는 비 때문에 우산을 가져다주기를 부탁하는 말을 할 때 상대방은 기꺼이 우산을 가져다주는 행동을 하게 되는 기능을 뜻한다.

또한, 개인적 의사소통 기능은 개인과 개인의 관계에서 개인과 공동체 관계로 나아가 미시적 관점이 거시적 관점의 사회적 기능으로 확대된다. 의사소통이 사회제도, 사회 조직, 사회집단, 사회화 과정 및 사회화 규범에 영향을 미치게 되면 일반 사회체제 기능이 되고, 경제발전, 정치, 다양한 문화 등의 관심, 발전과 유지에 영향을 미치게 되면 경제·정치·문화적 기능으로서 역할을 하게 된다. 역으로 왜곡되거나 거짓된 의사소통의 기능이 정권을 위협하거나 사회 변혁을 가져와서 각종 사회문제를 유발하는 역기능적 역할도 하나의 사회적 기능으로 확대될 수 있다.

2. 의사소통의 구성요소

의사소통의 가장 기본적인 형태는 두 개인 사이에서 이루어지고 개인 간 의사소통에 따라 서로의 의사전달이 결정된다. 의사전달이 결정되기까지 의사소통의 구성요소를 살펴보면 발신자, 수신자, 메시지, 피드백으로 이루어진다.

1) 발신자(communicator)

의사소통에서 자신의 생각과 감정을 말하는 사람으로 송신자, 대화자, 정보원으로 표현되기도 한다. 대화를 시작하는 사람으로서 발신자는 인격과 신뢰가 중요하다. 자신이 말하고자 하는 정보와 의미가 상대방에게 신뢰할 수 있는 내용인지 충분하게 고려해야 한다.

2) 수신자(receiver)

상대방의 말하는 내용을 듣는 사람으로서 청취자라고도 한다. 수신자는 발신자의 메시지를 받아서 해석하고 그 뜻을 파악한다. 개인으로나 조직, 공동체에서의 수신자는 발신자의 특성, 관계, 편견에 따라 메시지 결과에 영향을 받고 해석이 달라질 수 있다.

3) 메시지(message)

메시지는 전달되는 정보 내용과 기호들을 의미한다. 올바른 메시지 전달을 위해 발신자는 내용을 선정, 조직하고 다듬어서 수신자의 성격, 위치, 수준에 맞는 내용을 고려하여야 한다. 메시지는 언어적 메시지와 비언어적 메시지로 나눌 수 있다. 또한, 언어적 메시지는 문서메시지와 구두메시지가 있으며 비언어적 메시지는 몸짓, 표정, 음성, 촉감과 접촉, 옷차림새, 냄새 등에 의한 메시지가 있다.

4) 피드백(feedback)

피드백은 발신자의 메시지에 대한 반응을 뜻하고 수신자가 받은 메시지를 이해했는지, 의문점이 생겼는지에 대해 얼굴, 표정, 말, 태도 등으로 발신자에게 돌려보내는 반응이다. 수신자의 피드백에 대한 발신자의 정보는 다시 수정되거나 보완되어 또다시 수신자에게 전달되고 이러한 피드백은 의사소통이 끝날 때까지 계속 반복된다.

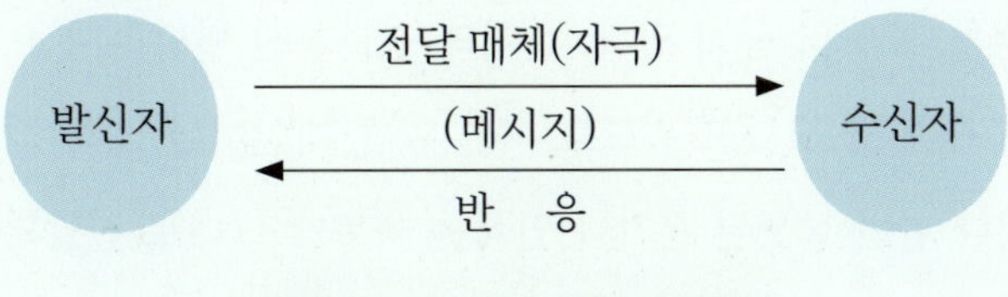

<그림 11-1> 의사소통 구성요소

3. 의사소통의 형태

의사소통의 형태에 의한 유형으로는 크게 언어적 의사소통(verbal communication)과 비언어적 의사소통(nonverbal communication)으로 나눌 수 있다. 언어적 의사소통은 말로써 표현하는 구어적 방법과 글로써 표현하는 문서적 방법이 있다. 비언어적 의사소통은 비언어적 행위, 환경, 반언어적 표현 등이 있다.

1) 언어적 의사소통

구어적인 방법

인간은 음성을 통해서 자신의 가치나 신념, 지각, 의미, 정보를 가지고 흥미, 이해와 판단을 전달한다. 또한, 언어적으로 감정을 분명하고 명확하게 전달하려 하기도 하지만 메시지에 대한 거짓과 왜곡된 정보를 전달할 때도 있다. 이러한 언어적 소통으로서의 대화는 전달되는 과정에서 드러난 의미와 숨겨진 의미가 있기 마련이고 상대방은 대화의 숨겨진 의미를 잘 파악하여야 한다. 그러나 대화하는 두 사람, 혹은 몇몇은 서로가 가지는 문화적 환경에 따라 언어의 숨겨진 의미는 달라질 수가 있다.

구어적 의사소통 방법에서 발신자의 의미가 거짓되거나 왜곡되지 않도록 정확하게 전달되려면 단어에 대한 일반적 이미지와 의미적 이미지가 일치하여야 한다. 대화를 듣는 상대방은 정보를 전달하는 음성에서 정확한 의미를 파악하기 위해 수신자의 비언어적 의사소통에 의존하는 경향이 있기 때문이다. 그리고 상대방도 대화자의 말을 집중해서 듣고 이해하려는 태도가 중요하다.

문서적 방법

문서적인 방법에는 메모, 문자, 서신 등의 메시지 등 개인이 사용하는 방법과 조직에서 사용하는 메뉴얼, 간행물, 포스터 등이 있다. 현대의 정보통신 발달은 펜으로 작성하는 문서에서 통신 문자 메시지가 발달 되었고 속도도 빠른 만큼 개인이나 조직에서 많이 사용하는 경우가 늘어났다. 그러나 한번 잘못된 문자나 인쇄는 빠르게 그대로 전달되어 의미상의 전달보다 왜곡된 내용으로 오해가 생기는 경우도 많아지고 있다.

2) 비언어적 의사소통

비언어적 행위

말이나 문자 이외에 얼굴, 손, 발, 표정 등으로 표현하는 의사소통을 비언어적 행위라고 하며 대화를 듣는 상대방의 눈으로 관찰이 가능한 행위다. 비언어적 행위 중에서 오라는 신호로 손짓을 한다면 이는 말로 하지 않아도 정확한 의미가 전달된다. 그러나 어떤 사람이 '침을 뱉거나' '눈을 찡긋'하는 경우는 문화가 다른 나라의 경우 '호감'인지 '경고'인지 받아들이는 의미와 태도는 완전히 다르게 해석이 된다.

회의 장소에서 발표자(발신자)가 반듯한 자세와 곧은 허리로 서서 발표할 때와 허리가 구부정하거나 비스듬한 자세로 발표하는 경우, 청취자(수신자)의 반응은 신뢰도에서 완전히 다른 결과로 나타날 수 있다. 여기서 청취자의 듣는 자세 또한 발표자에게 몸을 기울이는지 혹은 뒤로 비스듬히 앉아 팔짱을 끼고 듣는지에 따라 회의 결과에 대한 반응도 상반될 것이다. 비언어적 행위 중에서 가장 감정표현이 다양한 것은 표정과 시선이다. 표정에는 분노, 두려움, 혐오, 슬픔, 놀람, 행복 등 여섯 가지 주요 정서가 있어서 5초 이상 유지되기 어려워 같은 표정이 지속하면 진실성은 떨어진다고 할 수 있다(Ekman & Frieesen, 1978). 비언어적 행위와 언어적 행위가 일치하지 않을 때 수신자에게는 비언어적 행위가 더 중요한 효과를 나타낸다(Mehrabian, 1967).

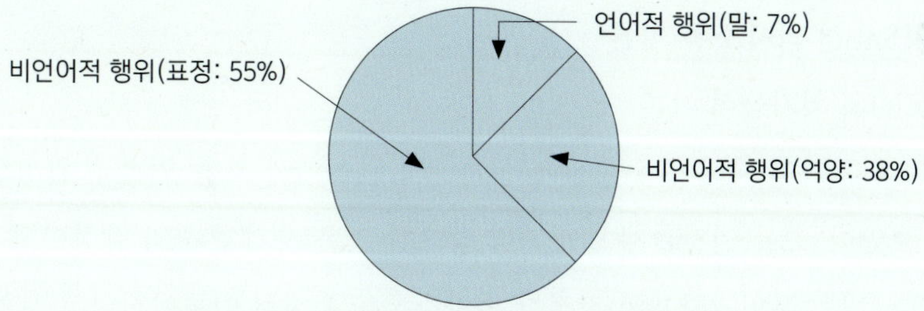

<그림 11-2> 메라비언의 법칙(Mehrabian's Law)

메라비언(Mehrabian, 1967)은 발신자의 말로 하는 언어적 행위의 영향은 7%, 비언어적 행위인 억양이나 목소리 톤은 38%, 표정이 주는 신뢰도 영향은 55%이며 언어적 행위보다 비언어적 행위가 수신자에게 더 큰 영향을 준다고 하였다.

환경

대화자는 자신의 정확한 의사를 전달하기 위해서 장소의 환경과 시간, 상대방과의 거리도 중요하다. 대화자가 자기노출을 하기에 편안하기 위해서 소음이 적은 조용한 장소와 주위환경의 온도가 적당하여야 하며 대화를 나누는 거리도 중요할 것이다. 친밀한 관계일수록 대화하는 거리는 좁아지는 경향을 보이며 이는 두 사람 간의 정서적 친밀성과도 관련이 있다고 할 수 있다.

반언어적 표현

반언어적 표현은 말로 전달하는 내용과 분리되는 목소리의 음조, 전달속도, 강세, 목소리 크기, 억양 등으로 알 수 있다. 이러한 반언어적 표현이 주는 이미지 전달은 의사소통을 감소시킬 수 있는 중요한 요소가 되므로 주의가 필요하다. 예를 들어 "그러니까", "음…" 과 같이 말을 정지하는 표현은 대화의 신뢰성이 떨어져 대화자의 말이 부정적 영향을 미칠 수 있기 때문이다.

4. 의사소통의 이론

1) 사티어(Satir) 의사소통 이론

사티어(Satir)의 역기능적 이론

가족치료의 이론가인 사티어는 긍정적 실존주의 관점에서 모든 인간은 완성의 단계로 가는 과정으로 보았다. 그는 인간관계에서 가장 중요한 것은 자기 존중의 감정이고 자기 존중감을 높일 수 있는 방법은 인간관계의 적절한 의사소통을 통해서 이루어진다고 하였다. 가족 구성원들의 명확하고 정직한 의사소통이 자기 가치와 자존감 형성에 중요한 요인이 된다고 주장하였다. 그러나, 가족 간에도 늘 긍정적일 수 없고 부적응적 관계가 되었을 때 대처방식은 역기능적 의사소통 형태로 표출된다고 하였다. 역기능적 의사소통 방식은 가족 간의 상호작용에서 스트레스가 심할 때 자기 자신을 보호하기 위해서 사용하게 된다. 이러한 역기능적 대처방안을 변화, 발전시킴으로써 스스로 높은 자존감을 형성하고 좋은 인간관계도 형성할 수 있게 된다.

사티어는 역기능적 의사소통 유형을 생존유형(survival stances)이라고 하였다. 인간 상호 간에 사랑, 신뢰, 생존과 관련된 자기 존재가치에 위협을 받게 된다면 즉각 방어적으로 반응하면서 생존 반응을 하게 된다. 자신의 본능적 욕구인 친화욕구, 인정 받고자 하는 욕구, 약점을 숨기려는 욕구의 목적으로 의식 혹은 무의식적으로 역기능적 의사소통 유형을 사용한다고 하였다. 역기능적 의사소통의 유형은 다음과 같다.

■ 회유형(placating)

회유형은 자기 가치 감정을 무시하고, 타인에게 나의 힘을 넘겨주며 모두에게 동의하는 말을 한다. 회유형의 자세로 무릎을 꿇고 한 손은 구걸하듯 내밀며 눈은 애원하듯 쳐다보는 자세와 같다. 이러한 자세를 5분만 하여도 불안한 마음과 많은 에너지가 필요할 것이다. 이러한 회유는 자기 존중감을 무시하고 우리는 중요하지 않다는 메시지를 타인에게 주는 것이다. 결국, 자신의 감정은 무시한 채 타인의 감정과 상황에 동의하고 자신은 편하지 않아도 타인을 편하게 해 주며 내적으로 감정을 억지로 숨기고 태연히 행동한다. "미안하다", "내 실수다", "내가 더 잘 했어야 했다", "당신이 원하면 무엇이든 다 좋다"라는 단어를 사용한다.

■ 비난형(blaming)

비난형 인간은 독선적이고 명령적이며 완고한 성격으로 타인에 군림하려 한다. 회유형과 정반대 유형으로 자신은 강하고 힘이 있는 사람으로 타인에게 인식시키려 하고 무조건 자기의 생각이 옳다는 식의 흑백논리가 강해서 타인을 무시한다. 그러나 비난형의 내면은 자기 자존감이 낮게 깔려 있어 자신은 외롭고 실패자라는 생각을 한다. 약점을 수용할 수 없어서 타인을 비난하고 복종시켜 자신을 우러러 보아야 자신이 중요하게 되었다고 생각한다. 독재적 입장에서 타인의 약점을 지적하고 잔소리, 난폭한 언행을 하기도 한다. "내가 제일 잘 안다", "하라면 하지 말이 많아", "항상", "해야만 한다" 등의 언어를 사용하고 부부 간의 구타, 폭행, 강간 등 극단적 증상을 보이기도 한다.

■ 초이성형(super-reasonable)

초이성형은 자신이나 타인을 과소평가하여 매사를 합리적 사고에 근거한다. 지나치게 상황적으로 분석하며 타인의 실수를 인정하지 않고 권위적이며 경직된 태도를 보인다. 자료와 논리를 내세우며 어떤 감정도 나타내지 않고 이성적이고 냉정하며 침착하다. 즉, 기능적으로 객관적이고 인정이 없으며 융통성이 없다. "통계에 의하면…", "왜 일을 완벽하게 처리하지 못하는가?", "두고 보라, 내 말대로 성공 못 할 것이다"라는 말을 자주 쓴다.

■ 산만형(irrelevant)

산만형은 초이성형과 반대의 유형이다. 어떤 갈등과 문제가 발생해도 아무런 문제가 없는 것처럼 장난을 걸고 공연히 바쁜 듯 다른 일에 몰두한다. 산만한 유형의 사람은 토론하는 주제에 대한 관심을 분산하려 하고 생각도 자주 바뀌고 동시에 여러 가지 행동을 하여 자신뿐 아니라 타인, 상황 모두가 중요하지 않다. 즉 아무 곳에도 초점이 없기때문에 말의 의미나 내용도 없이 혼자 바쁘고 산만하다. 내면적으로는 아무도 자신을 걱정해 주지 않고 자신을 받아들이는 곳이 없다고 생각하여 자신의 무가치함과 고독감을 느끼게 된다. "뭐가 그렇게 심각해? 대충 생각해" "너무 재미없어"와 같이 화제를 자주 바꾸거나 횡설수설하고 눈 깜박이기, 머리카락 만지기, 다리를 흔드는 행동을 한다.

이러한 역기능적 의사소통의 방법을 사용하는 사람들은 주로 한 가지 유형만 사용하거나 다양한 대처방식을 혼용하여 사용한다.

사티어(Satir)의 일치적 의사소통 기법

우리가 일치적으로 소통하기 위해서는 우리 자신을 재평가하는 것이 필요하며 다른 사람과 관계를 갖고 접촉하여 직접적으로 서로가 연결 맺는 것을 의미한다. 특히 긍정적으로 자기가치를 평가하여 자기만의 지배적 모델에서 자기 발전을 이루어 진정한 자기 성장 모델로 옮겨 가는 것을 의미한다. 이것은 사티어의 성장 모델로서 자신에게 나타나는 언어적·비언어적 메시지의 불일치를 탐색하고 분석하여 이것을 일치적으로 변화시켜 자신의 자존감을 확인하는 과정이다. 일치적 의사소통은 자신과 타인의 생각과 감정을 존중하고 서로에 대한 접촉에서 적절한 대화를 통해 말과 행동이 자신의 감정과 일치하는 의사소통을 말한다. 그리하여 역기능적 의사소통에서 벗어나 타인과 친밀한 관계를 형성하기 위해서 일치형 의사소통이 중요하다.

사티어의 일치형 의사소통에는 세 가지 수준이 있다.

수준1은 개인이 자신의 감정(기분, 해석, 감정으로 일어난 결과적 감정)을 인정하고 부정도 투사도 하지 않는 수용하는 자세를 말하며 솔직하게 기대, 열망까지 인정하는 것을 말한다.

수준2는 자신의 깊은 내면에 초점을 두고 성숙하고 완전하며 가치를 깨닫는 상태로 타인과의 주어진 상황을 모두 인정하는 수준이다. 이 수준의 사람은 조화롭고 활력 있는 방법으로 자기 존중을 높게 평가하여 타인과의 관계에서 평화롭다.

수준3은 영적이고 우주적인 영역으로 우주적이고 창조적인 생명력을 자각하도록 하였는데 인생의 의미, 삶의 가치, 세상과 우주의 진리와 이치를 존중하는 상태를 말한다.

적응적이고 효율적인 의사소통의 방식은 일치형 의사소통 방식이다. 자기 자신의 내면을 알고 타인과 관계를 맺고 접촉하여 자신, 타인, 상황을 모두 고려하여 반응한다. 예컨대 내가 당장 원하는 것이 있는데 가족이 해 주지 못할 때, "아니 꼭 필요한 것은 아니고… 나중에 해줘도 되고…"라는 표현보다 "나는 ○○을 원해. 그런데 내 뜻을 들어주지 않으니 많이 서운해"라고 정확한 의미의 말과 표정이 일치되는 의사소통을 말한다.

2) 에릭 번(Eric Berne)의 교류분석

교류분석(transactional analysis)은 1950년대 미국의 정신과 의사인 번(Berne)에 의해 개발되었다. 인간은 생존 영위를 위해 사회적 상호교류가 필요하며 자신이 타인과 주고받는 기본요소가 교류라고 하였다. 여기에 대인관계와 의사소통에 문제가 있는 상황에서 적용되는 것이 교류분석이며 자기 자신을 깊이 자각하고 자율성을 높여 자신의 교류 경향을 이해하고 자신의 행동에 책임을 짐으로써 원만한 대인관계 증진에 기여하게 된다.

자아상태의 기능분석

인간의 인격은 크게 세 가지로 부모(parents), 성인(adult), 아동(child)의 자아 상태로 구성되어 있다. 대인관계에서 사람과 사람이 주고받는 교류는 부모 자아, 성인 자아, 어린이 자아 상태에서 서로 영향을 미치게 된다 앞의 4장에서 다루었듯이 다음과 같이 이와 관련한 분석을 다시 한 번 반복할 필요가 있다.

■ 부모자아(parent ego state · P)

부모자아는 출생 후 5년 동안 부모의 사고, 행동, 감정을 자녀에게 그대로 투사되어 내면화되는 자식의 외부 경험이다. 부모자아는 통제적 부모 자아와 양육적 부모자아로 나누어진다. 강압적, 위협적, 명령적인 말과 행동을 보이는 통제적 부모자아는 "~해야만 해", "~하지 않으면 안 된다" "착한 아이가 되어라"라는 말을 사용한다. 양육적 부모 자아는 아이에게 염려와 관심을 나타내는데 "너는 특별한 존재야", "따듯한 우유라도 먹을까?", "너는 뭐든 잘할 수 있는 아이야"라는 말로 아이를 이해하고 배려한다.

■ 아동자아(child ego state · C)

출생 후 5세까지 외부상황에 대한 반응이 기록되는 내적 상태가 여기에 속한다. 5세 전까지 경험했던 감정이나 행동 유형, 어린 시절의 습관에 영향을 받는다. 아동자아는 자유로운 아동자아와 순응적 아동자아로 나누어진다. 자유로운 아동자아는 자기중심적이고 고집이 세며 충동적이다. 그 예로 "야 울보야", "네가 다 해버려" 등 희노애락의 감정을 솔직하게 다 나타낸다. 너무 솔직하면 타인을 생각하지 않고 자기 마음대로 하려는 경향이 있고 그 반대로 소심하게 위축되고 하고 싶은 것도 못 하는 소극적 아이가 되기도 한다.

순응적 아동자아는 자유로운 아동자아의 변형으로 나타나 중요한 권위적 인물로부터 요구에 대한 경험, 훈련, 정신적 외상까지도 반응으로 나타난다. "어머 깜짝이야", " 집에 돌아가고 싶어" 등 폐쇄적이고 회피적이다. 그리고 의기소침하거나 낙담한 모습을 보이기도 하고 순응적 아동자아가 너무 낮으면 오히려 자기중심이 되어서 제멋대로의 아이가 되기도 한다.

■ 성인자아(adult ego state · A)

성인자아는 세 가지 자아 중에서 가장 늦게 발달한다. 생후 10개월 이후 관찰되는 경험에서 형성되는 사고로 과거의 영향을 받지 않고 '지금-여기'의 상황을 그대로 받아들이는 것을 의미한다. 현실에 대한 객관적 사실, 곰곰이 생각하는 태도, 정보수집에 따른 문제해결 능력

등 육하원칙(언제, 어디서, 누가, 무엇을, 어떻게, 왜)을 생각하여 예, 아니오, 사실은 무엇인가? 등 이해의 확인과 사실에 관심을 보이는 단계다.

예시로 “문제점은…”, “조사해 보도록 합시다”, “비교해 보도록 하지요” 등이 있다. 성인자아가 높을 경우 일을 수행할 때 정보수집부터 분석, 평가까지 계획적으로 일을 수행하지만, 성인자아가 낮을 경우 정확한 판단을 하기 어려워 계획적인 일을 수행하기가 어려워진다.

교류분석

에릭 번(Eric Berne)은 개개인의 특유한 성질에 따라 사람과 사람 사이에서 일어날 수 있는 교류에는 세 가지 유형이 있다고 하였다. 평행적 교류, 교차적 교류, 이면적 교류를 살펴보면 다음과 같다.

■ 평행적 교류(parallel transaction)

평행적 교류란 의사소통의 과정에서 자극과 반응이 평행을 이루는 것을 의미한다. 발신자가 자신의 내포된 의미로 언어적·비언어적 메시지로 자극을 보내면 수신자는 그 내포된 메시지를 잘 판단하여 적절한 반응을 보이는 것을 뜻한다. 예를 들어 발신자의 메시지가 수신자의 객관적 반응을 요구할 때 수신자는 성인자아 상태에서 반응을 보여야 하고 발신자가 수신자에게 야단을 치거나, 사과받기를 원하는 메시지를 보내면 수신자는 아동자아 상태에서 사과하며 순응해 주기를 바란다. 이렇게 발신자와 수신자의 자극과 반응이 기대했던 자극과 반응이 연결된다면 두 사람 사이의 의사소통은 잘 일어날 수 있다.

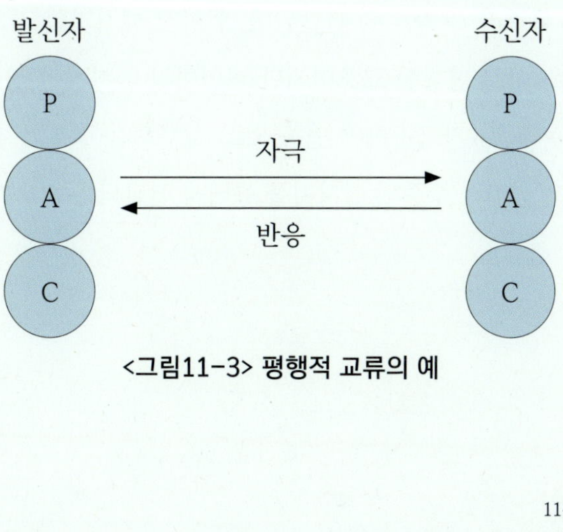

<그림11-3> 평행적 교류의 예

■ 교차적 교류(crossed transaction)

발신자의 자극과 수신자의 반응이 평행을 이루지 못하는 경우다. 발신자의 내포된 의미를 제대로 파악하지 못하거나 수신자의 반응이 방어적·공격적 태도를 보이는 것을 뜻한다. 성인자아 상태의 반응을 기대했던 발신자의 자극에서 수신자가 아동자아 상태의 반응을 보이게 되면 교차적 교류가 되면서 의사소통이 문제가 발생한다. 그러나 교류의 반응이 다시 적절한 반응으로 바뀌게 되면 평행적 교류가 될 수 있다.

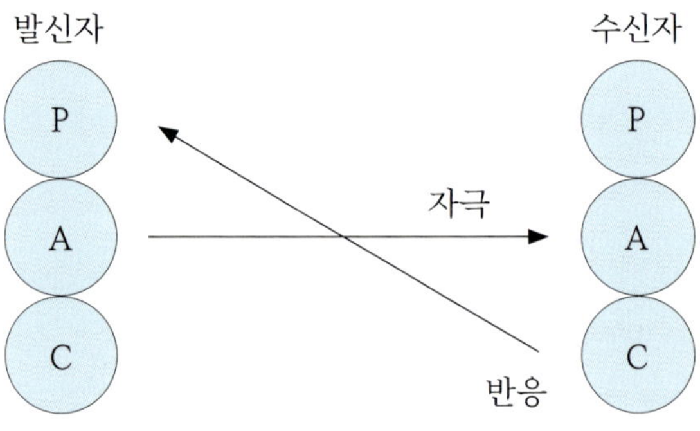

<그림11-4> 교차적 교류의 예

■ 이면적 교류(ulterior transaction)

이면적 교류는 하나의 메시지 안에 두 가지 의미를 내포하는 경우다. 즉 발신자의 드러난 사회적 수준의 메시지와 속에 숨어 있는 심리적 수준의 메시지 두 가지를 자극으로 전달하는 경우다. 사회적 수준의 메시지는 언어적 메시지로 나타나고 숨겨진 수준의 메시지는 비언어적 메시지 즉 태도, 몸짓, 목소리, 표정으로 전달된다. 언어적 메시지인 사회적 수준의 메시지는 〈자극 A에서 반응 A로〉 서로 평행적 교류이지만 비언어적 메시지인 심리적 수준의 메시지는 〈자극 P에서 반응 C로〉 혹은 〈자극 C에서 반응 P로〉 교류하는 경우가 많다. 보통 대인관계에서 의사소통의 문제점은 심리적 수준의 메시지를 통해서 전달되는 경우가 대부분이다.

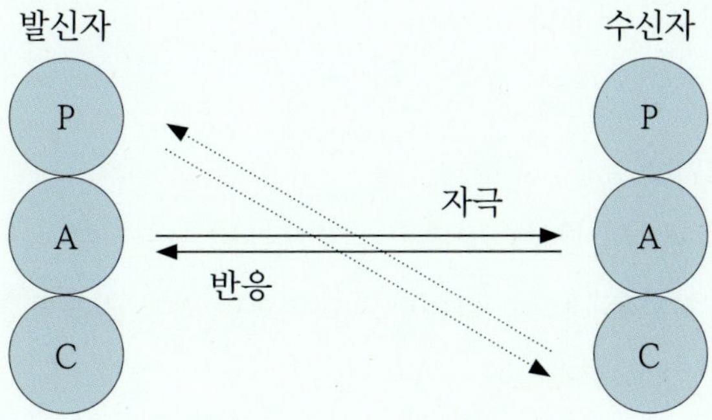

<그림 11-5> 이면적 교류의 예

5. 의사소통의 유형(네트워크)과 특징

의사소통 유형(네트워크)은 누가 누구와 소통을 하느냐의 접촉패턴으로 결정되며 집단이나 조직에서 정보가 소통하는 통로들의 집합을 의미한다. 발신자와 수신자의 상호작용에 따라 크게 일방적 의사소통과 상호작용적 의사소통으로 구분된다. 즉 발신자의 메시지 정보를 해독하고 이해하는 과정이 어떻게 이루어지냐에 따라 일방적 의사소통 혹은 상호적 의사소통으로 나누어지게 된다.

1) 일방적 의사소통

일방적 의사소통은 보통 조직이나 회사에서 업무를 지시하거나 군대와 같은 작전명령을 그대로 받아들이는 상·하 불평등 관계에서 이루어진다. 집단의 소통 네트워크는 집단의 규범, 응집력, 규모, 집단 환경, 작업조건, 업무 특성의 영향을 받는다. 소통 네트워크의 종류를 살펴보면 다음과 같다.

쇠사슬형(chain type)

대부분 네트워크가 연결되지 못하고 공식적인 명령통계에 따라 상·하로만 이루어진다. 상·하 계층구조의 경우 정보는 단계적 최종 중심인물에 집합된다. 과장, 부장, 이사, 사장의 순으로 보고를 받게 되는 경우라 하겠다.

수레바퀴형(wheel type)

집단 구성원들이 한 사람의 중심인물 혹은 리더에게만 보고하는 네트워크의 유형이다. 집단의 리더가 팀원에게 지시를 내리고 팀원들은 리더와만 업무 결과를 보고하는 소통 유형이 여기에 속한다.

Y형(y type)

Y형은 쇠사슬형과 수레바퀴형이 혼합된 네트워크다. 스태프와 라인의 혼합된 집단구성으로 세력집단과 비세력 집단이 존재할 경우 세력집단의 리더가 소통의 중심역할이 되고 비세력집단에 연합되어 전체적인 네트워크를 형성하게 된다.

원형(circle type)

구성원 간에 뚜렷한 서열이나 지위가 없으며 서로가 동등한 입장에서 상호작용적 의사소통이 이루어진다. 보통 위원회나 프로젝트 조직에서 나타나며 상호간 긴밀한 정보를 주고받는다.

완전연결형(all channel)

구성원들 모두가 소통을 주도할 수 있으며 가장 바람직한 네트워크 유형이다. 여기서는 리더가 없고 각자가 누구와도 정보교환을 하며 의사소통을 할 수 있다. 이는 비공식적 의사소통에 해당하며 친구들 같은 모임에서 자유로운 의사소통이 소문의 형태로 포도넝쿨처럼 이루어진다고 하여 그레이프 바인(grape vine)으로 표현되기도 한다.

2) 상호작용적 의사소통

발신자와 수신자가 동등한 관계 속에서 서로 간에 메시지를 교환하는 의사소통 방식이다. 보통 친구, 사회 공동체 동료, 연인과 같이 대화가 상호작용적으로 이루어져 서로가 메시지 발신자 혹은 메시지 수신자가 되는 형태다. 그래서 발신자와 수신자를 그저 의사소통자라고도 한다. 먼저 메시지를 전달하는 발신자의 정보를 수신자는 자신의 지식이나 경험에 근거하여 의미를 파악하게 되고 의문점이 들거나 호응할 때에도 발신자에게 질문과 메시지 전달을 하게 된다. 그렇기에 서로 간의 메시지가 오가는 상호작용적인 의사소통을 하게 된다.

6. 의사소통의 장애와 원인

의사소통에 있어서 발신자는 자신이 전달하고자 하는 목표와 내용을 정확하고 이해하기 쉽게 수신자에게 전달할 책임이 있다. 그러나 전문가들의 연구에서는 발신자의 내용이 수신자에게 제대로 전달되는 경우가 훨씬 적다고 한다. 발신자의 의욕과 의도가 수신자의 의욕에는 못 미치는 경우, 발신자의 말과 태도의 불일치, 말하는 태도에서 머뭇거림, 종교, 사상과 같은 가치관과 문화의 차이에서 오는 요인 등으로 의사소통의 장애는 생각보다 무수히 많다. 이러한 의사소통을 방해하는 장애요인을 살펴보면 다음과 같다.

1) 왜곡

의사소통에서 왜곡은 발신자가 의도했던 의미의 내용이 수신자에게 전달되는 과정에서 변경되어 전달되는 경우를 말한다. 이러한 왜곡의 이유는 세 가지가 있다.

준거 체계의 차이

가정 내 부모와 자녀들은 동일한 사물을 다르게 보거나 혹은 각자의 경험에서 오는 소통의 이해를 서로가 다르게 해석하는 경향을 보이기도 한다. 또한, 조직 공동체에서 동일한 상황도 각자의 업무담당에 따라 다르게 해석하기도 하여 발신자의 메시지와 해독의 과정에서 왜곡을 일으키는 것을 말한다.

어의상의 문제

발신자의 언어가 부적절한 경우 해석의 오류를 낳고 소통을 왜곡하는 것을 말한다. 상대방의 감정을 상하게 하거나 무시당할까 두렵고 자신의 표현방법이 불안하고 서툴러 제대로 의미전달을 하지 못하는 경우다. 그리고 조직 공동체에서 나타나는 어의상의 문제로 발신자의 애매한 언어 표현이 여러 가지 해석으로 가능한 경우에 나타나거나 발신자가 사용하는 용어가 생소한 전문적 용어일 때 수신자는 자신에게 불리한 것으로 왜곡되게 해석을 한다.

선택적 지각

보통 수신자는 이미 믿고 있는 정보를 받아들이기 좋아한다. 자신의 경험, 욕구, 동기유발, 배경, 기타 개인적 특성에 따라 보고 들으며 자신의 믿는 바와 다른 정보는 거부하는 경향을 말한다. 예를 들어 상부의 임금인상과 해외 출장에 대한 정보는 좋다고 받아들이면서 상부의 경비지출 삭감은 대개 묵살하는 경우가 여기에 속한다. 외모나 말투에 따라서도 큰 영향을 미치며 이러한 장애요인으로 발신자는 자기 마음대로 말을 하지만 수신자도 자기 멋대로 듣는 경우가 생기는 것이다.

2) 조직 공동체의 환경

상급자와 하급자의 지위 차이에서 나타나는 경우로 상급자에게 보고하는 내용이 바뀌거나 자신의 의견을 제대로 표명하지 않은 경우에 소통의 장애가 발생 된다. 하급자의 위치에서 위협을 느끼는 경우 왜곡요인이 되기도 한다. 또한, 시간의 압박도 왜곡의 요인으로 시간에 쫓기게 되면 업무 상황에서 참여자를 제외하는 현상이 나타난다. 세일즈맨의 지나친 압박이 물품의 단계적 주문이 아닌 상품생산 리더에게 빠른 물품을 부탁하는 경우 각각의 부서별 동료가 느끼는 당혹감이 여기에 속하게 된다.

3) 여과

여과란 발신자의 의도적 정보 조작으로 수신자에게 호의적이거나 자신의 잘못을 전달하지 않으려고 메시지를 일부분만 전달하는 경우 발생한다. 상품생산 단계에서 자신의 실수로 고장이 난 상품을 단순 고장이라고만 상부에 보고하는 형태로 발신자의 의도한 메시지 일부분만 전달하고 실수는 빼버리는 경우다. 때로는 조직 계층상에 소통단계가 길어지면 고의가 없더라도 불가피하게 여과 현상이 나타나서 소통의 방해요인이 되기도 한다. 일반인들도 많은 이들의 얘기가 전달되면 사실과 다른 자신이 생각나는 얘기만 전달하는 여과 현상을 보인다.

4) 정보의 과부하

정보의 과부하는 정보 전달의 경로가 많아져서 불필요한 정보의 홍수로 인하여 의사소통의 장애를 받는 경우를 말한다. 예컨대 조직 체계에서 하급자들의 정보가 적절하게 검토되지 않은 채 상급자에게 올라가면 마지막 단계인 리더의 결정에서 어려움을 겪게 되고 정보를 분류하는 데 시간을 다시 허비하게 되는 경우다. 적기에 적절한 조치를 방해하게 되는 중요한 문제가 된다. 지금 현대는 온라인 시대로 정보의 홍수에 빠져 있다. 오도광고, 과도광고뿐 아니라 개인 방송을 통한 넘쳐나는 이야기와 뉴스는 제대로 검증되지 않은 채 수신자에게 보도되고 있어 실질적으로 잘못된 결과를 초래하기도 한다.

5) 감정 상태

발신자는 이미지를 전달하는 데 이성에 의해 합리적으로 하려고 애쓴다. 그러나 인간은 이성의 동물이자 감정의 동물이다. 어떠한 사건 혹은 사실에 감정이 쏠리게 되면 감정이 격해져서 전달하려는 이미지와 다르게 표현되거나 수신자에게 오해의 요인을 제공하게 된다. 화가 나거나 기쁜 상태, 놀란 상황 등 감정 상태가 메시지에 지나치게 유입되면 의사소통에 장애가 발생해 발신자와 수신자 모두에게 지장을 초래하게 된다.

7. 효율적 의사소통 기술

우리는 어릴 때부터 다양한 상황, 수많은 사람들과 소통을 하고 살아간다. 굳이 의사소통에 대해 배우지 않아도 자연스럽게 익히고 자기 방식대로 소통함으로써 의사소통의 방법을 배울 필요가 없었다. 사람들과 대화할 때 어떤 말을 하는지, 어떻게 말할지에 대한 깊은 생각 없이 무의식적으로 대화를 하고 있었던 것이다(Hample & Dallinger, 1987). 무의식적인 대화가 시간이 지나면서 자신의 습관적 말투가 되고 그 말투가 상대방을 힘들게 하였을 때 스스로 인식하지 못한 문제의 말투는 쉽게 고치기도 어렵다. 자연스럽고 편한 말투가 익숙하다고 인간관계의 의사소통에 소홀히 하면 갈등의 원인이 되기도 한다. 좋은 인간관계를 위한 효율적 의사소통은 자신의 진심이 상대방에게 온전히 전달되어야 하고 상대방은 대화의 진실성을 왜곡 없이 그대로 받아들여야 의미 있고 효과적인 의사소통이 된다고 하겠다. 효율적 의사소통을 위한 기술에 어떤 것이 있는지 언어적 기술과 비언어적 기술로 나누어 살펴보면 다음과 같다.

1) 언어적 기술

먼저 말 건네기

처음 만났을 때 상대방에게 호감을 느낀다면 내가 먼저 말을 건네는 것이 중요하다. 처음이기 때문에 주제를 끌어내기가 어렵겠지만 먼저 자신을 소개하고 날씨나 뉴스, 여행, 취미와 같은 가벼운 주제로 대화를 건넨다. 대화 중간에 적당한 기회가 오면 상대방의 옷이나 목소리 등의 장점에 대해 칭찬하고 대화를 이끌어 나간다. 대화 중 상대에게 도움을 주거나 받을 수 있는 대화를 하는 것도 호감을 높일 수 있기 때문에 초기의 관계에서 서로의 관심사를 끌어낼 수 있는 좋은 대화법이다.

대화를 유지하는 방법

처음 사람들이 만나서 대화하다 보면 서로의 공통된 관심사를 찾기는 쉽지 않고 시간이 꽤 걸린다. 서로에 대해서 잘 알기도 전에 대화가 중단되기라도 한다면 자신감 결여와 인간관계 형성에 어려움이 생길 수 있다. 그렇다면 효율적인 의사소통의 대화법에 대해 잘 알아야 하고 그 방법에는 어떤 것이 있는지 살피고 배워야 할 필요가 있다.

- 대화하는 동안 대화자의 말을 주의 깊게 경청하고 대화자의 정보를 탐색하여 말을 이어가야 한다. 예를 들어 "어디 사세요?"라는 질문에 "○○○에 살아요, 근처에 대덕산이 있어요"라고 대답을 한다. 여기서 대덕산은 두 사람의 대화를 이어가는 중요한 단서가 되므로 대화자의 대답 중 여분의 정보에 주의를 기울여야 한다.

- 대화자의 말에 적극적으로 참여하고 있다는 신호를 주어야 한다. 머리를 끄덕인다든지, 대화자의

표정과 몸짓, 대화에 경청하는 모습을 보이도록 한다.

■ 두 사람의 대화에서 대화자가 말하는 도중 상대방의 관심도 살펴야 한다. 상대방이 대화의 주제를 잘 모르는 경우이거나 관심이 적은 것 같은 태도를 보이면 즉각, 대화자는 대화의 주제를 바꿀 수 있어야 한다. 예컨대 지나간 학창시절 얘기에 관심을 보이지 않는다면 대화는 자연스럽게 지금의 날씨, 혹은 어제의 일에 대한 사소한 얘기를 하는 편이 나을지도 모른다.

2) 비언어적 기술

비언어적 행위

비언어적 행위는 관찰할 수 있는 반응으로 머리를 움직이는 행위, 손사래를 치는 행위, 주먹을 쥐는 행위, 다리를 움직이는 행위와 같은 행동을 의미한다.

■ 대화자의 시선

대화자의 시선은 상대방의 눈을 똑바로 쳐다보며 대화해야 한다. 그 의미는 대화자 스스로의 말에 신뢰감을 줄 수 있고 대상자의 이해와 격려를 유도할 수 있다. 물론 지나친 시선은 대상자에게 불편을 줄 수도 있어 적절한 시선의 분산도 필요로 한다.

■ 대화자의 표정

대화자의 표정은 자신의 언어적 행위와 같은 의미의 표정을 지어야 한다. 또한, 말하는 속도와 의미에 맞는 표정이 듣고 있는 청취자의 표정과도 서로 일치되는 표정이 되도록 하여야 한다. 서로의 비슷한 감정 전달이 얼굴에서 결정되듯 서로가 일치하는 공감대를 형성하기 때문이다. 상대를 보고 "오랜만이야 반가워"라고 얘기하면서 무표정을 짓는다면 누가봐도 반가운 게 아니라 빈말로 말하고 있다는 것이 표가 나게 될 것이기 때문이다.

■ 몸짓과 위치

우리의 몸짓은 말과 함께 대상자의 이해와 존중을 나타낸다. 손으로 머리를 받치는 동작은 대화가 지루하다는 것을 암시하고, 뺨 위에 손을 대면서 듣는 자세는 대화의 관심을 보이는 몸짓이다. 화가 날 때 미간을 찌푸리게 되고 비난하게 될 때 숨이 거칠어지며 손가락질을 하게 되는 행위도 상대에게 위협을 준다는 것을 쉽게 알게 한다. 주로 상대를 비난 하거나 싫어하는 말과 몸짓은 일치를 보여주지만 비난하려는 의도는 없으면서 말과 몸짓이 일치되지 않는 상황의 의사소통은 서로 간의 갈등 및 문제를 유발함으로 주의를 기울여야 한다. 반대로 적당하게 머리를 끄덕이는 몸짓은 대상자를 격려하고 대화에 주의를 기울인다는 것을 알 수 있다.

공격적인 말과 몸짓으로 나누는 대화자들의 거리는 꽤 떨어져 있거나 뒤로 주춤하게 되고 관심을 가지고 부드러운 분위기의 거리는 적당한 거리에 좀 더 앞으로 당겨진 몸짓을 보인다. 대화를 나누면서 상대방과 닿거나 손을 뻗으면 닿을 거리는 대화자들의 가장 안전함을 느끼게 되는 거리다.

환경

대상자의 적절한 자기표현을 위해서 바람직한 환경은 대화하기에 좋은 장소와 시간이 필요하다. 안정적인 공간과 실내 온도, 대상자의 대화를 공유할 수 있는 분위기가 조성되어야 한다. 대화하기에 적절한 장소가 마련되면 대화의 맥을 끊을 수 있는 핸드폰이나 주위의 소음은 차단하는 것이 좋다.

목소리의 크기와 속도

음성적 단서인 목소리는 너무 크게 소리를 내거나 억양이 센 경우 상대방에게 불안감을 조성할 수 있다. 서로의 친밀감을 위해서 조용하고 명확한 의미를 전달할 수 있는 목소리로 대화해야 한다. 말의 속도는 상대방의 속도에 맞출 수 있어야 정확한 의미를 전달할 수 있다. 말하는 이와 듣는이의 속도가 비슷해야 서로에게 친화력이 형성되고 대화에 집중할 수 있다. 공감 형성에 도움을 줄 수 있는 찬찬하고 나긋한 어투가 바람직할 것이다.

| 요약 |

1. 의사소통은 두 사람 이상의 사람이 언어, 전화, 서신, 인터넷 등의 의사소통 수단을 이용하여 정보전달, 감정, 생각, 행위 등을 전달하는 과정이며 목적에 따른 공동체가 형성된다. 자신과 타인의 의사소통이 잘되어야 공동체의 목표를 실행할 수 있고 개인적 자아실현을 이룰 수 있게 된다.

2. 의사소통은 정보적 기능, 정서적 기능, 통제적 기능이 있다. 의사소통의 구성요소는 발신자, 수신자, 메시지, 피드백으로 구성되고 의사소통의 형태는 구어적·문서적 방법의 언어적 의사소통과 얼굴, 손, 발, 표정, 환경, 반언어적 표현 등의 비언어적 의사소통으로 표현된다.

3. 의사소통을 이해하기 위한 이론으로는 사티어(Satir)의 역기능적 이론으로 자신의 본능적 친화 욕구, 인정받으려는 욕구, 자신을 숨기려는 욕구의 목적으로 역기능적인 의사소통과 세 가지 수준으로 자기자신, 자신의 깊은 내면, 영적 수준의 의미를 인정하고 존중하는 일치적 의사소통 기법이 있다.

4. 에릭 번(Eric Berne)의 교류분석은 인간이 생존하기 위해 사회적 상호교류가 필요하며 자신이 타인과 주고받는 기본요소를 교류라고 하였다. 인간의 인격을 세 가지 자아상태로 구성하여 서로의 영향을 살펴보는 기능분석과 사람과 사람 사이에 일어날 수 있는 세 가지 유형의 교류분석으로 설명할 수 있다.

5. 의사소통의 네트워크 유형으로 쇠사슬형, 수레바퀴형, Y형, 원형, 완전연결형인 일방적 의사소통 유형과 발신자 수신자 서로 간의 상호작용적 의사소통 유형으로 나눌 수 있다. 의사소통의 장애는 왜곡, 공동체의 환경, 여과, 정보의 과부하, 감정 상태의 오해 등으로 살펴볼 수 있다.

6. 좋은 인간관계를 위한 효율적 의사소통은 자신의 진심이 상대방에게 온전히 전달되어야 하고 상대방은 대화의 진실성을 왜곡 없이 그대로 받아들여야 효과적인 의사소통이 된다. 상대방에게 호감을 느끼면 먼저 말을 건네야 하고 상대방과 공통관심사를 위한 주제를 찾기 위해 노력해야 한다. 상대방의 신뢰를 위한 태도나 행동, 표정에도 신경을 쓸 수 있게 대상자에게 이해나 존중을 표현해야 한다.

12장

공감(empathy)의 기술

사람들이 다른 사람을 도우려는 이유는 무엇일까? 다른 사람을 도우려는 행동은 어떤 목적과 동기가 있을까? 인간은 친사회적 동물로서 개인적인 목적 때문이 아니라 순수히 다른 사람을 도우려는 이타적인 행동을 할 수 있다. 이러한 이타적 행동의 기제는 다른 사람의 입장과 감정을 이해하려는 공감의 태도가 있기에 가능하다. 설사 다른 사람을 도우려는 목적이 아니라도 타인의 감정과 입장을 헤아리므로 나와의 관계설정이 더욱 확고해지고 단단해지기 때문에 공감은 매우 중요하다.

다른 사람의 입장을 지각하게 되면 나에게는 강한 정서적 영향이 유발하게 되고 서로에게 공감적 감정을 느끼게 된다. 상대의 입장, 상대의 시각, 상대의 느낌까지도 느낄 수 있게 되는 것이다. 이 장에서는 인간관계에서 가장 기본적 욕구인 소통에서 관계의 신뢰성과 유대를 느끼기 위해 공감의 개념과 필요성을 살펴볼 것이며 더 나아가 공감의 수준, 공감적 경청하기, 나-전달법과 나를 알아갈 수 있는 '조하리의 창' 이론을 살펴보고자 한다.

1. 공감의 개념

공감이라는 용어는 비교적 최근에 생겨났지만 그 개념은 19세기 말에 등장하였다. 1873년 미학 심리학에서 비쉐(Vischer)에 의한 Einfuhlung이라는 독일어의 유래로 'ein'(안에)과 'fulen'(느낀다)의 결합으로 '들어가서 느낀다'는 의미로 사용하였다. 그 후 여러 분야에서 개념이 발전하였고 정신분석학자 프로이트(Freud, 1960)는 공감에 대해 "말하는 상대방의 정신적 상태를 고려해 넣고, 우리 자신을 그 속에 넣어 비교함으로써 이해하려고 노력하는 것"이라고 표현하며 우리 자신이 타인의 내면을 이해하는 데 가장 큰 역할을 하는 것이 공감이라고 강조하였다.

이러한 공감적 개념은 대인지각을 위한 연구로 이어지면서 사회심리학자인 미드(Mead, 1934)에 의해 '이해할 수 있는 능력'이라는 인지적 요소가 공감개념에 첨가되기 시작하였다. 즉 공감하는 사람이 잠정적으로 '다른 사람의 역할을 취하거나' '다른 사람의 입장에 처해 보는 것'으로 나와 타인이라는 두 사람의 통합적 입장으로 발전 시켰다. 다음으로 몇몇 학자들의 공감에 대한 정의를 살펴봄으로써 우리는 공감개념을 좀 더 자세하게 알 수 있을 것이다.

"공감은 자신을 다른 사람의 생각, 느낌 및 행동 속에 상상적으로 전위하는 것이다"(Allport, 1961).

"공감은 당신이 그의 느낌과 느낌에 대한 이유 모두에 대해 이해하고 이를 상대방에게 의사소통하는 능력이다"(Aspy, 1975).

"공감적인 사람은 다른 사람에 대하여 날카로운 통찰력, 상상력이 풍풍한 지각력, 사회적인 명민성을 소유한 사람이다"(Forsyth, 1979).

"공감은 다른 사람의 내적인 준거틀을 정확하게, 그것의 감정적인 요소와 거기에 관련된 의미를 마치(as if)라는 사실을 망각함이 없이 마치 자신이 그 사람인 것처럼 지각하는 상태다"(Rogers, 1959).

이렇듯 공감의 정의는 수없이 많이 있으며 공감을 해석하는 관점에 따라 매우 다양하다. 공감을 행동으로 보는 관점, 하나의 의사소통 과정에서 느끼는 지각적인 관점, 특정한 상황에서 드러나기도 하는 상태적 공감 등 여러 관점에 의한 공감들이 있다. 프로이트는 공감이 타인에게 침투해 들어가는 하나의 도구로써 상대방을 이해하기 위한 동기에서 시작된다고 하였으며 이러한 행동에 대해서 '기제'라는 용어를 사용하였다. 상대방이 숨겨놓은 진실된 감정에 도달하기 위해서는 상대방이 설치한 방어기제의 장막을 넘어서 금기된 영역 안으로 침투해 들어가야 하는데 이를 돕는 수단 혹은 기제가 공감이라고 표현하였다. 반면, 로저스(Rogers)의 공감에 대한 정의는 하나의 도구가 아닌 상대방과의 관계 속에 함께 있는 존재의 양식으로 인간관계에서 성장지향적인 필요충분의 조건으로 지적하였다.

결국, 공감은 다른 무엇보다도 상대방을 이해하는 활동이다. 공감의 능력이 원초적으로 타고나기도 하고 일생을 살아가며 학습이 되기도 하여, 상대를 전체적으로 이해하려는 지적 마음과 상대와 더불어 상호작용하는 체험적 활동으로 어느 순간 상대에 대한 통찰력의 힘이라 할 수 있다.

2. 공감의 필요성

공감은 대인관계를 형성하는 기본 바탕이며 타인에 대한 이해력을 향상하고, 예측력을 증가하는 능력이다. 타인의 행동과 감정을 관찰하고 타인의 입장에서 이해해야 한다. 그렇게 되기 위해서는 타인의 행동과 감정을 자신의 사고에 의해 옳고 그름으로 따져서는 안 되며 타인에 대한 부정적 감정을 미리 가져서도 안 된다. 타인을 있는 그대로 수용하고 공감해야 한다. 결국에 이러한 공감이 대인관계에서 필요한 이유는 우리의 인생이 한시라도 타인과의 관계를 떠나서 살 수 없기 때문이다. '사람과 사람 사이'라는 인간人間의 한자어 의미를 살펴봐도 알 수 있듯이 우리는 인간관계의 시작을 사람을 만나 관계를 맺기 시작하면서 서로에게 영향을 끼치고 살고 있다. '인간이 인간답게'가 되기 위해서는 나와 타인에 대해 서로 이해하고 공감할 수 있는 관계 형성이 중요하다. 이러한 공감이 대인관계에서 미치는 영향을 로저스

(Rogers, 1975)는 다음과 같이 설명한다.

첫째, 공감은 소외를 해소해 준다. 내가 갖고 있던 즐거운 추억 혹은 괴로운 고민에 대해 말할 때 그 내용을 그대로 타인이 수용해 준다면 나는 그것만으로도 소외되지 않았고 내가 이상하지 않다는 안심을 갖게 한다. 공감은 있는 그대로를 진심으로 받아들일 때 형성된다고 하겠다.

둘째, 공감은 타인으로 하여금 자신의 모습 있는 그대로 가치 있다는 느낌을 가지도록 한다. 내가 말하는 대화에서 타인이 주는 공감 메시지는 '이 사람은 나를 신뢰하고 있고 내가 가치 있다고 생각한다. 그렇다면 나는 가치 있는 존재가 될 수 있다'고 여기게 된다. 여기에서 신뢰적 공감이 주는 느낌은 나의 자기개념 단계에 변화를 주는 계기가 될 것이다. 말하는 과정에서 솔직함이 더욱 자신 있게 되고 타인에게 받아들여지는 모습에서 나의 존재는 달라지기 시작한다.

셋째, 공감은 수용적이고 무비판적으로 이루어지므로 자신에 대한 한계에서 자유롭게 된다. 타인이 갖는 수용적 공감과 연민은 나 스스로에게 부여했던 한계를 허물게 된다. 즉, 더는 자신을 부정적으로 판단하지도 않게 되며 나 자신을 그대로 수용하게 될 수 있다.

이렇듯 공감적 관심은 타인의 행복과 복지를 위하여 행동하도록 이끌 수가 있고 공감적으로 각성된 마음은 타인에 대한 관심과 배려로 작용하여 대인관계에서 더욱 친화적 사회 행동으로 유도할 수가 있다.

◆ 공감을 위한 역할 바꾸기

의사소통에서 상대방의 관점을 이해하는 공감 능력을 키우는 방법 가운데 하나는 역할 바꾸기다.
철수와 장난감 때문에 싸운 아들에게 부모는 어떻게 말해야 할까?

"철수가 너를 때려서 네가 화가 나 있는 것을 알아! 하지만 잠깐 생각을 해볼래? 그동안 철수는 너랑 자주 놀았잖아. 철수가 진짜 너를 미워해서 싸웠을까?"

"철수랑 싸우는 것은 나쁜 거야."

부모가 모든 행동을 설명할 필요는 없지만
아이들은 부모를 통해 다른 사람의 관점을 이해하는 것을 배운다.
세상을 다른 사람의 관점으로 보는 것을 장려하고 그것에 대해 보상을 줄 때
아이들의 공감능력이 발달한다.

3. 공감의 수준

공감은 언어적 행동과 비언어적 행동을 교류하면서 타인의 감정을 정확하게 인지하는 능력을 말한다. 상대방의 숨겨진 의미를 파악하는 것은 매우 중요하다. 하지만 상대방의 감정에 지나치게 내면화하는 것은 주의가 필요할 수 있다. 상대방의 감정에 지나치게 내면화하거나 지나친 감정이입은 객관성을 상실할 수 있기 때문이다. 공감은 객관적이고 비판적이어야 하며 상대방의 감정을 함께 느끼면서도 나 자신을 분리할 줄 알아야 한다. 이러한 공감은 그 수준에 따라 공감의 깊이를 알 수 있다. 높은 수준의 공감에 도달하는 것은 매우 가치가 있으나 어려운 일일 것이다. 카키프와 트루악스(Carkhuff & Truax, 1965)는 5단계의 공감 수준을 다음과 같이 설명하였다.

1) 공감 수준 1

상대방의 언어적·비언어적 표현에 정확한 의미를 전혀 인지하지 못하고 자신의 입장에서만 감정과 생각을 판단하는 공감 수준을 말한다. 여기에서 상대방은 자신이 말한 의미와 행동을 전혀 이해받고 있다는 생각을 못한다. 예를 들어 학교생활의 적응이 어려운 친구가 " 나 학교생활이 힘들어. 반 친구들과 대화하는 것이 너무 어려운 것 같아 어쩌지?"라고 말하는 것을 듣고 "뭐 어때? 왕따는 아니잖아. 시비 거는 사람도 없고 그냥 편하지 뭐"라고 한다면 친구의 마음에 전혀 공감을 못하고 있다고 할 수 있다.

2) 공감 수준 2

상대방의 메시지나 감정을 피상적으로 인지하는 것으로 자신에게 의미 있는 것에만 관심을 가지고 대화하는 수준을 의미한다. 상대방이 언어적·비언어적으로 표현하는 행동 중에서 말하고자 하는 의도와는 다른 공감 수준을 말한다. "나 학교생활이 힘들어. 반 친구들과 대화하는 것이 너무 어려운 것 같아 어쩌지?"라는 말에 "그치? 나도 힘들어 죽겠어. 우리 반의 ○○은 어저께…(자신의 이야기로 빠져든다)." 상대방의 말에 맞장구는 칠 수 있으나 말하고자 하는 의도는 파악하지 못하고 자신의 입장으로 대화가 전환되는 수준이라 하겠다. 여전히 상대방은 공감을 받지 못한다고 파악되는 수준이다.

3) 공감 수준 3

상대방의 메시지와 감정을 약간 인지하는 수준으로 겉으로 드러난 감정만 이해하고 속에 숨어있는 의미는 파악하지 못해 숨은 공감은 하지 못하는 수준이다. 그러나 서로가 감정은 공유하고 있다고 느끼기 때문에 친밀한 관계가 될 수 있다. "나 학교생활이 힘들어. 반 친구들과 대화하는 것이 너무 어려운 것 같아 어쩌지?"라는 상대방의 대답으로 "어떡해? 너 힘들었겠네. 진작 얘기하지 그랬어?"라고 한다면 공감의 수준이 비교적 잘 되는 수준이라 하겠다. 힘들다는 친구의 마음을 이해했고 하소연을 잘 들어주는 상태이므로 공감 수준은 비교적 상당한 수준이다.

4) 공감 수준 4

상대방의 메시지와 분명한 감정을 인지하는 단계로 겉으로 표현한 것만이 아닌 마음속 감정을 이해하고 표현해 줌으로써 상대방의 표현할 수 없었던 감정도 표현하도록 돕는 수준이다. "나 학교생활이 힘들어. 반 친구들과 대화하는 것이 너무 어려운 것 같아 어쩌지?"라고 하였을 때 "너 많이 힘들었겠다. 맞아, 같은 반 친구들이 무시한다고 느꼈다면 나라도 힘들어서 학교 오기 싫었을 것 같아"라고 말하고 상대방의 마음속 숨은 뜻의 '학교 오기 싫다'의 마음을 표현해 줌으로써 상대를 공감해 주는 수준은 최대화가 된다. 그러나 여기에는 주의를 요하는 포인트가 있다. 실제 상대방이 학교에 오기 싫은 것이라면 최대의 공감을 하게 되지만, 학교생활이 힘들어도 더 잘해보고 싶다는 의도가 있다면 자칫 성급한 판단으로 더 나쁜 결과를 초래할 수도 있다. 학교를 그만 다니는 것이 당연하다는 결정을 유도할 수 있기 때문이다.

5) 공감 수준 5

상대방의 숨겨진 메시지나 의미에 대해 완전히 치료적으로 인지하는 단계로 마음 속의 기대나 욕구까지 표현하여 현재의 어려움을 극복하는 데 도움을 주는 수준이다. 상대방의 감정도 충분히 공감하며 그 원인을 파악하여 더이상 힘든 감정으로 괴로워하지 않도록 도와주는 수준을 의미한다. “나 학교생활이 힘들어. 반 친구들과 대화하는 것이 너무 어려운 것 같아 어쩌지?”라는 말에 “너 많이 힘들었겠다. 친구들과 많이 사귀고 적극적인 학교생활을 하고 싶었을 텐데, 네 마음을 알아주는 친구가 없어 아쉬웠지? 그렇지만 네가 조금씩 더 다가가서 마음을 열고 대화를 시작하면 친구들도 너에게 호응하고 인정해 주지 않을까?”라고 말한다면 상대방의 괴로운 마음을 적극적으로 공감하면서 힘든 이유와 해결을 위한 관심의 표현으로 대화를 더 좋은 방향으로 이어갈 수 있는 높은 수준의 공감이 된다.

이러한 공감의 수준은 단계가 높은 것이 무조건 좋은 것은 아니다. 부부가 이혼하기로 합의된 부인이 친구에게 힘들다고 하소연할 때, “힘들겠구나. 그러나 좀 더 노력해서 서로 잘 지내고 싶을 텐데”라고 한다면 친구는 더 크게 화가나 폭발할지도 모른다. 그럴 땐, 3단계의 공감 수준이 상대방을 더 잘 이해하는 수준이 될 것이다. “너 힘들었구나, 네가 오죽하면 그럴까?”라고 말해 준다면 친구는 쌓였던 감정을 다 쏟아내면서 마음의 문을 열게 될 것이다.

결국, 인간은 사회적 관계를 맺고 살아간다. 상대방의 감정이나 상황에 따라 인지하고 공감하는 것이 매우 중요 하며 그 상황에 맞는 공감 수준으로 맞추는 것은 더 중요할 것이다. 때로는 언어적 공감보다 비언어적 공감 수준이 더 효과적일 수도 있다. 울고 있는 상대방의 어깨를 감싸주는 행동이 “슬프구나”라고 말로 하는 공감보다 훨씬 상대방을 이해하는 공감 행동이 될 수가 있다.

4. 공감적 경청하기

1) 경청(listening)하기

우리는 보통 상대방의 말을 들을 때, 다음과 같은 다섯 가지 수준 중에 한가지 수준으로 듣고 있음을 알게 된다.

첫째, 상대방의 말을 거의 무시한 채 전혀 듣지 않는 경우다.

둘째, 응응, 그래그래, 맞아 등과 같이 맞장구는 치면서 듣는 체하는 경우다.

셋째, 상대방의 대화를 다 듣지 않고 부분적으로 어느 특정 부분만 듣는 경우다.

넷째, 상대방의 말을 신중하게 주의를 기울이며 집중해서 듣는 경우다.

다섯째, 가장 고차원적 경청인 공감적 경청이다. 내가 먼저 상대방의 말을 이해하려고 노력하며, 귀로 말을 들으며 동시에 눈과 가슴으로 듣는 경우다.

앞에서도 말한 바와 같이 공감은 상대방의 말을 들으며 말 속에 담긴 감정과 상황을 상대방의 입장과 똑같이 이해하고 느끼는 것을 의미한다. 공감의 고차원적인 경청은 상대방의 말을 이해하려는 의도를 가지고 경청하는 것을 말한다. 즉 상대방의 말을 적극적으로 듣는 것(active listening), 적극적으로 참여하는 과정이라고 할 수 있다. 경청은 상대방과 친밀감을 형성하고 서로 간 공감과 소통의 중요한 기술로 상대방을 더 알고 싶고 중요한 존재라는 것을 전하는 가장 중요한 인간관계의 기술 중 하나다. 적극적으로 경청한다는 것은 듣는 사람에겐 내면적 변화를 일으키게 되고 상대방과 보다 깊고 적극적인 관계가 이루어지게 된다. 결국엔 말하는 사람과 듣는 사람 다 같이 인간적인 성장을 촉진하게 되는 것이다.

2) 효과적인 경청 기술(아홉 가지)

■ 상대방의 말을 이해하지 못한 부분에 대해 질문을 하고 피드백을 준다

피드백은 즉각적이고 정직하게 친절히 주어야 한다.

예시 “잠시만요. 제가 지금 하신 말씀을 잘 듣지 못했습니다. 다시 말씀해 주시면 감사하겠어요. 죄송합니다.”

■ 판단을 잠시 유보한다

상대방의 말을 듣고 순간 부정적으로 판단하면 상대방의 자아존중감에 상처를 주게 된다. 상대방의 말을 판단하기 전에 전체적인 이야기를 다 듣도록 노력하라.

예시 "남편분이 때리셨군요. 하지만 아내분이 먼저 밀친 것도 맞네요. 폭력에 대해서는 서로의 의견과 관점을 충분히 들어보고 객관적으로 해결해 나가야 할 것 같아요."

■ 느긋한 마음으로 상대방을 대한다

상대방의 말을 듣는 중간에 끼어들거나 틀린 부분을 고쳐주려고 하지말며 상대방의 입장을 충분히 표현할 수 있도록 주의를 집중해서 들어라.

■ 자기중심적 관점에서 벗어나자

사람들은 같은 사물과 상황 속에서도 다른 느낌과 생각을 한다. 상대방의 생각과 의견, 관점이 끝까지 잘 표현되도록 하여야 하고 경청하는 사람으로서 자기중심적 관점에서 벗어나 상대방의 관점에서 이해하도록 노력해야 한다.

■ 자극적 단어에 대한 감정적인 반응을 피하라

화가 난 상대방이 다소 거칠고 폭력적인 언행을 할지라도 경청자는 자극적이거나 경솔한 태도를 보여서는 안 된다. 상대방은 지금 힘든 과정을 겪고 있다는 것을 인지한다면 조금 더 객관적인 마음으로 집중하여 상대방을 이해하게 될 것이다.

■ 경청하는 자세가 바르고 적극적 태도를 보여주어야 한다

앉은 자세는 살짝 앞으로 기울여서 항시 상대방의 눈을 응시해야 한다. 경청 중에 상대방을 이해하는 몸짓도 필요하며 "네~", "그렇군요~" 등의 반응을 해 주는 것이 상대방을 신뢰하고 지지한다는 경청의 좋은 모습이다.

■ 주의가 산만하지 않도록 집중하자

상대방의 말이 꽤 지루하게 느껴져 주위를 둘러보거나 시계를 본다든가, 다른 방향으로 고

개를 자주 돌리는 태도는 상대방에게 불안한 마음을 가지게 하고 예의에 어긋난 행동임을 명심해야 한다.

■ 상대방의 말속에 언어적·비언어적 소통의 의미를 파악하자

상대방은 먼저 말로써 자신의 의견을 표현하지만, 목소리, 표정에 묻어나는 진정한 의미를 파악해야 한다. 이러한 몸짓과 행동은 자신이 하고자 하는 말 이면에 내포하고 있는 방대한 의미의 단서를 제공하기 때문이다. 언어적 표현으로는 상대방의 숨겨진 의미나 거짓된 정보는 알 수 없다.

■ 들은 말을 자신의 언어로 바꾸어 듣는다

"그러니까 네 말은…", "바꾸어 말하자면…" 등의 말로 상대방의 말을 자신의 언어로 바꾸어서 들은 바가 이해가 잘 되었나 확인한다.

5. 나 전달법(I-Message)

1) 나 전달법(I-Message)과 너 전달법(You-Message)

나 전달법(I-Message)과 너 전달법(You-Message)은 서로 간에 흔히 갈등이나 불만을 표현하는 대화법으로 흔히 상반되는 대화방식이다. 이는 책임소재와 관련이 있는 것으로 나-전달법은 나를 주어로 하여 상대방에게 책임을 묻지 않고 스스로가 책임을 질 수 있게 돕는 대화방식이고 너-전달법은 상대방의 기분도 상하게 하면서 책임이 상대에게 있듯이 말하여 상대방이 방어적 자세가 되는 대화방식이다.

너-전달법의 예시로 다음의 표현을 살펴보자.

"넌 왜 그 모양으로 생겨 먹었냐?"
"나잇값을 좀 해라."

"(너) 밤늦게까지 돌아다니지 말고 일찍 좀 들어와라."

"너 약속 시간 꼭 지켜라."

"당신 일이나 신경 쓰세요."

이상의 표현들은 모두가 상대방을 비난하고 무시하며 책임을 묻는 말로써 상대방의 기분과 자존심을 상하게 하는 대화법이다. 알게 모르게 하는 우리의 전형적 말투인 언어적 기법이라 하겠다.

반대로 나-전달법은 토마스 고든(Thomas Gordon, 1995)에 의해 창시된 용어로 상대방의 감정을 상하게 하지 않고 내 생각과 감정을 표현하면서 상대방 스스로 판단하게 하는 언어적 기법이다.

2) 나-전달법(I-Message)의 구성요소

나-메시지는 다음과 같이 세 가지 요소를 포함한다.

타인의 행동 및 상황

상대방의 행동이나 상황이 불편한 진실이 되어 나타났을 때 나를 중심으로 상대방의 행동에 대해 불평 없이 서술하는 단계다. 즉 나의 가치판단이 개입되지 않은 진술이어야 한다. 행동을 있는 그대로 옮겨야 하며 옳고 그름을 판단해서는 안된다.

행동과 상황에 따른 결과(구체적인 영향)

그 행동이 나에게 미치는 구체적인 영향을 표현한 단계로 상대방의 수용할 수 없는 행동에 신체 혹은 기분 등에 손실손상을 가져온다. 나의 진솔한 표현에 상대방이 느낄 수 있도록 한다.

나의 감정 또는 반응

구체적인 영향에 따른 나의 감정이나 느낌을 표현하면서 상호이해를 돕게 된다. 상대방에게 솔직하게 느낌을 전달하면 상대방은 나의 느낌을 수용하고 자발적으로 문제를 해결하고

자 하는 의도를 지니게 된다. 나에게 끼친 영향을 구체적으로 제시한다.

위의 나-전달법 세 가지 구성요소에 대해 예시를 들어보자.

"너 참 형편없구나" (너-전달법) ⇨ "네가 그렇게 행동을 하니(상황·행동) 많은 사람들에게 혼이 날 것 같아(결과·영향) 내 마음이 아프다(감정·반응)."

"네 일이나 잘 해"(너-전달법) ⇨ "네가 나에게 지나치게 간섭을 하니(상황·행동) 내가 일을 하는데 너무 방해되고(결과·영향) 내 기분이 너무 상하고 화가 나(감정·반응)."

우리는 흔히 상대방의 실수나 잘못을 보면 정확하게 지적하기보다 나무라는 데 익숙하다. 약속시간에 늦은 경우 "네가 늘 그렇지 뭐"라고 상대방을 나무라거나 그런 사람으로 치부해 버린 경우가 많다. 이럴 경우 "네가 번번이 늦으니까 내가 기다리는 게 힘들고 기분이 나빠. 이젠 고쳤으면 좋겠어"라고 늦은 행동을 구체적으로 지적하는 것이 서로의 오해를 줄이게 된다.

3) 나-전달법 유의사항(여섯 가지)

① 나-전달법은 상대방의 말을 적극적으로 경청하면서 함께 활용하여야 한다. 상대방이 하려는 말을 제대로 공감하지 못하고 하는 나-전달법은 오히려 상대방을 질리게 하는 경우가 된다.

② 상대방의 행동에 대한 부정적인 감정만을 표현하지 않아야 한다. 상대방의 행동에 대한 구체적인 영향이 없으면서 하는 감정표현은 그저 잔소리에 불과하다.

③ 나-전달법을 사용한 후 상대방이 저항을 한다면 다시 상대방을 공감할 수 있는 경청의 자세로 돌아가 대화를 시도한다. 나-전달법이 모두 효과가 있는 것은 아니다.

④ 상대방의 행동으로 인한 감정표현에서 표면적이 아니라 내면적인 감정을 표현한다. 늦게 돌아온 아이에게 "네가 늦어서 내가 화가 난다"보다는 "네가 늦으니 무슨 일이 있는지 걱정되었어"라고 표현하여야 한다.

⑤ 나-전달법은 상대를 평가하는 태도가 아니라 나-전달법을 사용한 후 다시 상대방을 수용하는 태도로 돌아와야 한다. 상대방의 행동에 대한 결과와 감정을 표현했다고 반드시 고치

도록 강요하지 않아야 하며 자신 스스로가 잘못을 판단할 수 있게 기다려야 한다.

⑥ 나 전달법을 사용할 경우 상대방의 문제적 행동, 나에게 미치는 영향은 구체적이고 정확하게 서술하고 내가 느끼는 감정은 솔직하게 표현하여야 한다.

6. 조하리의 창(Johari's Window)

사람은 살다 보면 나 자신을 잘 모를 때가 있고 상대방이 나를 일깨워 주는 경우도 있다. 원만한 대인관계를 위해서는 나 자신을 잘 알아야 하고 나를 잘 표현할 줄 알아야 한다. 앞에서 공감을 위해 잘 듣기(경청)를 하고 나를 효과적으로 표현하는 능력을 살펴보았으며 가끔 모르는 나에 대한 상대방이 말하는 이미지도 살펴볼 필요가 있다. 나는 나를 '있는 그대로' 표현하는가? 혹은 남에게 '잘 보이기 위해' 꾸며서 표현하는가? 사람은 가끔씩 자신을 부끄러워 하거나 숨기려고 방어적 태도를 하기도 한다. 나 자신을 잘 모를 때도 있지만 나 자신을 숨기려는 의도로 과장되고 거짓으로 표현하기도 한다. 이와 관련하여 조하리의 창(Johari's Window)은 1955년 조셉 루프트(Joseph Luft)와 해리 잉함(Harry Ingham)에 의하여 자아개방(self-disclosure)과 피드백이란 두 개념을 명료화하기 위해 개발하였다.

자아개방은 자신의 입장을 명확하게 보여줌으로써 상대방에게 자신을 알 수 있도록 하는 행위로 상대방과의 신뢰가 높고 감정과 정보를 공유할 수 있을 때 가능하다. 피드백은 상대방이 서로를 개방적이고 수용적이라고 인지할 수 있을 때 일어난다. 즉 '조하리의 창'은 대인관계의 문제에 있어서 나를 보기 위한 수단으로 갈등의 원인이 어디에 있는지 알아보기 위한 모델이다. 일명 '마음의 네 가지 창'이라고도 하여 각 영역의 창은 고정된 것이 아니며 상호신뢰와 자아개방, 피드백의 교환 정도에 따라 유동적으로 변하게 된다.

	본인 인식	본인 인식 못함
본인 인식	공개적 영역 (open area)	맹목적 영역 (blind area)
본인 인식 못함	비공개적 영역 (hidden area)	미지적 영역 (unknown area)

<그림 12-1> 조하리의 창(Johari's Window)

1) 공개적 영역(open area)

이 영역은 자기 자신에 대하여 본인도 알고 타인도 알고 있는 부분이 많다. 서로 잘 알고 상호작용하는 영역으로 타인에게 관심을 가져주기도 하고 자신의 생각이나 주장을 솔직하게 표현하는 효과적 공감과 소통이 가능한 영역이다. 자신의 창이 여기에 속할 경우, 상대방에 대한 관심도 더 기울이고 나에대한 표현도 솔직하게 하면서 이 영역의 크기를 넓혀 나가야 한다.

2) 맹목적 영역(blind area)

여기에 속하는 영역은 남이 알고 있는 나를 나 자신은 알지 못하는 부분이 많다. 이 영역의 사람은 자신이 하고자 하는 말은 많으며 타인의 말은 잘 듣지 않는다. 타인의 피드백에 대한 말도 불신하거나 잘 들으려 하지 않기에 타인의 말을 무시하는 경향과 독단적 경향을 띤다. 이 영역에 속한 유형의 사람은 자신의 말을 줄이고 타인의 말에 귀 기울여야 한다.

3) 비공개적 영역(hidden area)

이 영역의 자신은 잘 알고 있는 부분을 타인에게 감추거나 타인은 잘 모르는 영역이다. 이 유형의 사람은 말하기보다 듣기를 더 좋아하며 자신의 의견이나 감정을 표출하지 않아 타인이 접근하기가 어렵고 타인으로부터 정보를 얻으려고만 한다. 이 영역의 사람은 더 솔직하고 확실하게 자신의 생각과 의견을 말할 수 있게 노력하여야 한다.

4) 미지적 영역(unknown area)

이 영역은 자신에 대해 자신과 타인 모두 모르는 영역이다. 이러한 사람은 매우 소극적이며 자신의 의견도 내세우지 못하고 타인에게 피드백을 받지도 못한다. 그렇게 계속 지속되면 대인관계에서 공감과 소통은 이루어질 수 없고 자기 폐쇄적 형태로 이어지기 쉽다. 타인에 대한 관심과 자신의 주장에 적극적 태도와 행동을 갖도록 노력과 연습이 필요하다.

이상적으로 나와 타인은 서로 간에 공유하고 공감하는 영역을 넓혀 공개적 영역인 열린 창으로 나아가야 한다. 이를 위해 솔직하고 적극적인 자아개방을 위해 타인에게 마음의 창을 열고 얘기하면 숨겨진 창(비공개적 영역)은 줄어들게 된다. 또한, 타인의 신뢰와 마음의 창을 받아들이고 듣을 수 있다면 보이지 않는 창(맹목적 창)도 줄어들게 될 것이다.

| 요약 |

1. 공감은 대인관계를 형성하는 기본 바탕이며 타인에 대한 이해력을 향상하고 예측력을 증가하는 능력으로 타인의 행동과 감정을 자신의 사고에 의해 옳고 그름을 판단해서는 안 된다. 공감은 타인의 행동과 감정을 관찰하고 타인의 입장에서 이해해야 하는 것이다.

2. 나와 타인에 대해 서로 이해하고 공감하게 된다면 소외를 해소해 주기도 하고 타인을 있는 그대로의 모습으로 가치 있는 사람이 될 것이고 자신의 부정적 판단으로 인한 한계를 허물게 될 것이다.

3. 공감은 객관적이고 비판적이어야 하며 상대방의 감정을 함께 느끼면서도 나 자신을 분리할 줄 알아야 한다. 공감의 수준은 자신의 입장만으로 판단하는 공감 수준 1에서부터 상대방의 감정도 충분히 공감하며 그 원인에 대해 더는 힘들지 않게 도와주는 공감 수준 5까지에 이른다.

4. 공감의 고차원적인 경청은 상대방의 말을 이해하려는 의도를 가지고 경청하는 것을 말한다. 상대방의 말에 피드백과 경청하는 자세로 적극적 태도와 언어적·비언어적 소통의 의미 등을 파악하는 효과적인 경청의 기술을 익혀야 할 것이다.

5. 나-전달법은 상대방에게 책임을 묻지 않고 스스로가 책임을 질 수 있게 돕는 대화방식으로 타인의 행동 및 상황, 행동과 상황에 따른 결과, 나의 감정 또는 반응을 표현하면서 상호이해를 도와야 한다.

6. 대인관계를 위해서는 나 자신을 잘 알아야 하고 나를 표현할 줄 알아야 한다. 가끔 모르는 나에 대해서 혹은 과장되고 거짓으로 나를 표현하는지 살펴볼 필요가 있다. 자신의 입장을 명확하게 보여주는 자아개방을 '조하리의 창'에 의한 네 가지 영역에서 나를 살펴볼 수 있다.

13장

인간관계의 문제진단 및 대처

인간관계는 한 개인의 삶의 질과 방향을 결정한다. 우리는 만족스러운 인간관계를 통해 행복을 느끼기도 하고 때로는 관계 속에서 갈등하고 시름하기도 한다. 인간은 누구나 만족스러운 인간관계를 맺고 발달시킬 수 있다. 하지만 자신이 경험하고 있는 인간관계에 대해 제대로 이해하지 못한다면 관계에서 고립되고 소외된다. 따라서 자신의 인간관계를 객관적으로 살펴보고 좋은 인간관계를 위해 끊임없이 노력할 필요가 있다. 본 장에서는 인간관계의 문제를 진단하고 대처할 수 있는 방안에 대해 살펴보고자 한다. 먼저 현대사회의 다양한 인간관계를 고찰하고 다음으로 바람직한 인간관계와 부적응적 인간관계의 특성에 관해 자세히 알아보았다. 마지막으로 인간관계에 영향을 미치는 요인들을 토대로 인간관계를 분석하고 인간관계 개선을 위해 어떠한 변화와 실천이 필요한지 살펴보았다.

1. 현대사회와 인간관계

1) 만남에서 스침으로의 인간관계

인간은 사회적 존재이며 사회적 관계를 맺으면 살아가고 있다. 인간은 고립되어 살 수 없으며 사회 속에서 타인과 긍정적인 관계를 맺어야지만 인간다운 삶을 영위할 수 있다. 마르크스(K. Marx) 역시 그의 저서 『포이에르바하에 관한 테제』(1845)에서 인간의 본질을 '사회적 관계의 총체'로 규정하고 있다. 개인이 존재하기 위해서는 다른 사람과 끊임없이 상호작용하며 사회 속의 인간으로 살아가야 하는 것이다.

인간이 삶을 살아가면서 경험하는 인간관계는 '만남'과 '스침'의 관계로 구분할 수 있다. 만남의 인간관계란 있는 그대로의 '나'와 '너'가 만나 상호작용하는 인간관계를 의미하고 스침의 인간관계란 꾸며진 '나'와 '너'가 만나 상호작용하는 인간관계를 의미한다. 인간은 상호신뢰를 바탕으로 '있는 그대로의 자기'를 보여줄 수 있는 만남을 추구한다. 진정성 있는 만남의 인간관계는 개인의 성장 동기가 되고 이를 통해 자아실현을 기대할 수 있다. 따라서 만남의 인간관계를 발전적이고 생산적이고 바람직한 인간관계라 할 수 있다.

인간은 누구나 만남의 인간관계를 형성하고 발달시킬 수 있는 가능성을 지니고 있지만 때때로 타인으로부터 인정받기 위해 있는 그대로의 모습을 숨기고 그럴듯하게 꾸며진 모습으로 인간관계를 맺기도 한다. '나'의 가면과 '너'의 가면이 만나서 상호작용하는 스침의 인간관계는 가식적이고 낭비적인 인간관계다. 스침의 인간관계에서는 각자가 상황에 따라 사회와 문화에 의해 정해진 상호작용을 연출하는 것에 불과하다. 따라서 참된 만남을 경험할 수 없고 타인과 정서적으로 깊은 관계를 맺기 어렵게 된다.

오베니언과 오코넬(O'Banion & O'Connel, 1970)은 현대인의 인간관계란 이러한 스침의 인간관계 다시 말해 '가면관계'에 불과하다고 말한다. 이처럼 현대인의 인간관계가 만남의 인간관계가 아닌 스침의 인간관계에 그치는 것은 자기노출의 기피, 자기이해의 부족 등에 기인한 것으로 볼 수 있다.

자기노출의 기피

인간관계는 상호신뢰를 전제로 한다. 서로 간의 믿음을 바탕으로 관계를 맺을 때 진정한 만남의 인간관계로 이어질 수 있다. 하지만 끊임없이 변화하는 사회 속에서 현대인들이 경험하는 불확실성, 복잡성, 단절성 등은 구성원 간의 신뢰를 떨어뜨리고 관계의 긴장을 가져와 자신을 있는 그대로 상대에게 노출하는 것에 어려움을 느끼게 한다.

현대를 살아가는 인간은 개인의 삶에서 타인의 존재가 얼마나 중요하며 타인과의 관계가 절실히 필요함을 내면화하는 동시에 배제되는 것에 대한 두려움을 느낀다. 그러다 보니 있는 그대로의 모습이 아닌 꾸며진 모습으로 자기 자신을 발달시키기에 이르렀다. 예를 들어 있는 그대로의 모습으로 타인과 상호작용했을 때 자신에게 불쾌하거나 해가 되는 결과가 돌아왔다면 점차 있는 그대로의 모습이 아닌 타인에게 인정받을 수 있는 그럴듯한 모습으로 가면을 쓴 채 상호작용하게 되는 것이다.

어쩌면 스침의 인간관계에서 개인이 쓰고 있는 '가면'은 사회 속의 인간으로 살아오는 동안 인간이 경험하고 학습한 결과물이라 할 수 있다. 현대인들은 상호신뢰가 낮은 사회에서 자기 자신을 보호하기 위한 방어기제를 사용하는 것이다. 특히 자급자족이 어려운 고도로 분업화된 사회를 살아가는 현대의 인간에게 타인과 관계 맺지 않는 삶은 불가능에 가깝다. 이러한 상황에서 상호보완적 관계는 필수불가결한 것이며 그 필요에 의해 가면을 쓰고서라도 인간관계를 맺게 된다.

하지만 타인에 대한 믿음 없이 방어기제에 둘러싸인 가식적이고 표면적인 상호작용으로는 자신을 둘러싼 인간관계를 '스침'에 머무르게 할 뿐 '만남'으로 발전하지 못하게 하며 의미 있는 인간관계를 맺기 어렵게 한다. 이처럼 자기노출의 기피는 단편적으로는 자기 자신을 보호하는 것처럼 보일 수 있으나 결과적으로 자신의 성장에도 부정적이고 생산적이지 못하게 된다. 궁극적으로 만남의 인간관계를 추구하는 인간에게 있어 부정적인 결과를 낳게 되는 것이다.

자기이해의 부족

인간관계에서 서로 간의 믿음을 바탕으로 진정한 자기를 보여주는 '만남'을 갖기 위해서는 자신에 대한 정확한 지각이 뒷받침되어야 한다. "나는 누구인가?", "어떤 감정을 가지고 있는가?", "왜 그러한 행동을 하는가?" 등 자기에 대해 잘 이해하고 느낄 수 있는 인지적 능력이 필요하다. 자기이해의 부족은 스침의 인간관계에서 만남의 인간관계로 발전하지 못하는 이유 가운데 하나다.

자기이해가 부족하면 나는 어떤 사람인지, 상대방은 어떤 사람인지, 서로에 대해 어떻게 느끼고 생각하고 있는지 등을 정확하게 판단하지 못한다. 이처럼 '나'와 '너'의 감정과 행동에 대한 해석력이 떨어진 채로 관계를 이어나가다 보면 자신과 타인의 감정에 쉽게 휩쓸리게 되고 상호관계를 악화시킨다. 결국 상대에게 쉽게 마음을 열지 못하고 폐쇄적인 상호작용으로 이어져 진정한 인간관계로의 몰입을 방해받게 된다.

반면에 자기이해가 뛰어난 사람일수록 자기도식(self-schema)이 뚜렷하게 나타난다. 자기도식이란 삶에서 경험한 것들을 토대로 형성된 자기에 대한 신념으로 자신에 대해 어떻게 일반화하였는지를 보여준다. 이는 자신과 관련된 정보를 수집하고 처리하는 기준이 되기도 하고 다양한 상황에서 자신의 행동을 선택하는 기준이 되기도 한다.

뚜렷한 자기도식이 있다면 새로운 정보를 처리할 때 자신에게 맞게끔 정보를 여과하는 능력을 발휘하게 되고 긍정적인 자기도식을 통해 인간관계에서 자신을 보호할 수 있게 된다. 예를 들어 '나는 친절한 사람'이라는 자기도식을 가지고 있다면 타인의 부정적이고 모순된 평가에도 여전히 자신을 친절한 사람으로 이해하고 타인의 말에 흔들리지 않게 되는 것이다.

이처럼 인간은 충분한 자기이해를 통해 환경으로부터 독립되어 스스로를 인지하고 자율적으로 판단하고 행동할 수 있다. 자기이해가 뛰어난 사람일수록 높은 자아존중감과 탁월한 문제해결능력을 보이게 되고 상호이해를 바탕으로 하는 인정과 존중의 인간관계를 맺는 것이 가능해진다. 이로써 인간관계에서 굳이 자신을 보호하고 타인에게 인정받기 위한 '가면'을 쓰지 않아도 되게 된다.

나를 돌아보는 시간 자기표현 능력

다른 사람과 대화할 때의 음성과 내용, 비언어적 표현에 어느 정도의 자기표현 요소가 반영되었는지를 측정하는 '자기표현 평점척도'를 통해 자기표현 능력을 확인해보자.

(출처: 변창진·김성희, 1980.)

▩ 체크리스트

[내용]

1. ( ) 나는 말하고 싶은 것이 있어도 참는다.
2. ( ) 나는 대화가 끝날 무렵이 되어서야 자신의 생각을 말한다.
3. ( ) 나는 내가 무슨 내용을 말하는지 잘 모를 때가 있다.
4. ( ) 나는 상대에게 사과를 많이 한다.
5. ( ) 나는 대화 예절이 바르지 못하다.
6. ( ) 나는 자신의 생각과는 달리 부득이한 이유로 그렇다고 우길 때가 있다.
7. ( ) 나는 잘 아는 사이에서는 상대방의 감정을 고려하지 않는다.
8. ( ) 나는 잘 아는 사이에서는 자신의 행동에 대해 설명하지 않는다.
9. ( ) 나는 잘 아는 사이에서는 자신의 생각만을 고집한다.

[음성]

10. ( ) 나는 중얼거리는 것은 아니나 상대가 알아듣기 어려울 만큼 약하게 말한다.
11. ( ) 나는 단호하게 말하지 못한다.
12. ( ) 나는 말이 입안에서만 중얼거리며 맴돈다.
13. ( ) 나는 억양이 어색하다.
14. ( ) 나는 "예-", "음-" 등의 말로 말이 중간에 끊어진다.
15. ( ) 나는 말하기 전에 주저하고 망설인다.
16. ( ) 나는 말하기 전이나 말하는 도중에 서두른다.

[신체언어]

17. ( ) 나는 말할 때 상대의 얼굴을 바로 보지 못한다.
18. ( ) 나는 말할 때 웃거나 찡그리는 등 표정이 바르지 못하다.
19. ( ) 나는 말할 때 손을 비비거나 발을 굴리는 등 자세가 바르지 못하다.
20. ( ) 나는 말할 때 몸이 어딘가 굳어져서 어색하다.

▩ 평가 및 해석

각 문항에 1(항상 그렇다)부터 5(전혀 그렇지 않다)까지의 점수를 부여한다.
평균 점수가 높을수록 자기표현을 바람직하게 하고 있음을 의미한다.

2) 관계의 역설

우리는 관계를 형성하고 발달시키는 과정을 통해서 자신의 가능성과 잠재력을 성장시킨다. 하지만 오늘날의 사회는 오히려 관계 속에서 인간을 고립, 소외하고 있다. 인간성 상실은 현대사회의 심각한 문제 가운데 하나로 꼽히고 있다. 인간성은 인간다움을 뜻하는 인간의 본성으로 선善을 추구하고, 지성, 감정, 의지를 균형 있게 갖춘 원만한 인격을 의미한다. 이러한 인간성의 상실은 자기소외로까지 이어져 인간관계의 불안정성과 취약성을 증가하게 하고 있다.

현대사회는 거대화, 조직화, 분업화되어 가고 있으며 그 사회에 속한 개인의 역할은 점차 축소되고 개개인의 가치와 의미는 옅어지고 있다. 여기에 개인의 이익과 욕구를 최우선으로 여기는 개인주의적 경향이 더해져 공동체 의식과 사회적 유대감은 약화 되고 타인에 대해 무관심한 사회적 관계를 형성하게 되었다. 사회가 거대해진 만큼 환경은 복잡해졌다. 인간의 욕구는 다양하게 증대되고 다원화된 사회에서 인간의 개성발달은 갈등의 요소로 작용하기도 한다. 이러한 개인 간 공통성의 감소로 의미 있는 관계를 나눌 대상을 찾기가 쉽지 않고 우리가 맺은 인간관계는 예측이 어렵고 뜻하지 않은 결과를 가져오기도 한다.

또한 현대사회의 인간은 무한경쟁시대에 살고 있다. 사람들은 개인의 성공에 집중하느라 타인에게 관심을 쏟을 여력과 시간이 부족하고 이해타산적이고 독단적인 상호작용에 관심을 보인다. 마음의 여유가 사라진 경쟁사회 속의 인간은 타인을 이해하고 배려하는 것에 소홀해지고 진정성 있는 인간관계를 맺기보다 목적 달성을 위한 수단으로 인간관계를 이용하기도 한다. 때로는 능력주의 사고에 빠져 승자와 패자의 간극에 대한 스트레스와 좋은 결과를 내야 한다는 압박감에 시달리며 지나친 경쟁, 불공정한 경쟁으로 인간관계에서 갈등을 낳기도 한다.

한편 리프킨(J. Rifkin)은 그의 저서 『소유의 종말』(2001)에서 "'접속의 시대'가 도래한다"고 말했다. 실제로 디지털 기술과 소셜 미디어의 발달로 현대사회에서는 사람들 대부분이 접속자의 삶을 살고 있다. 기술의 발달로 사람들 사이의 접촉 빈도는 늘어났으나 그만큼 익명성이 높은 비대면 상호작용이 늘어나게 되면서 그 관계는 피상적인 경향이 있다. 이처럼 현대사회에서 나타나는 여러 가지 특성은 인간 소외를 가져오고 결국 현대인의 인간관계 형식을 변화시키게 되었다. 그리고 이러한 소외 현상은 우리에게 고립과 고독을 경험하게 한다. 관계의 홍수 속에서도 관계에서 소외된 현대인들은 고독하다.

인간은 누구나 고독하다. 복잡한 현실에서 잠시 벗어나 고독을 느끼는 시간은 개인의 변화와 성장을 위해 필요하다. 누구의 방해도 받지 않고 생각할 수 있는 시간을 갖는 것은 스스로에게 해방감을 주고 자기반성과 자기이해를 돕는 기회가 된다. 고독은 다시 그리움으로 바뀌고 타인과 의미있는 관계를 맺고자 하는 욕구를 강하게 하는 계기를 마련해준다. 하지만 절망적인 고독은 인간에게 독이다. 완전한 고립에서 오는 고독은 단순히 사람과의 접촉이 없는 것을 의미하는 것이 아니다. 감각 기관에 대한 무자극은 인간관계 능력을 더욱 떨어뜨리고 상실감과 우울감을 불러일으킨다. 실제로 고독이 짙어지면 우울증과 같은 정신질환으로 이어지거나 자신에 대한 부정적인 평가가 지나쳐 자살충동을 일으키기도 한다.

사회적 존재인 인간이 고독한 삶을 산다면 고통이 따른다. 그럼에도 불구하고 현대인들은 소외와 고립, 고독의 가능성이 높은 사회에 살고 있다. 현대사회는 불행의 함정에 빠지지 않기 위해 친밀한 인간관계 형성을 위한 적극적인 노력을 기울여야 하는 시대다. 인간성을 상실한 지금 진정성 있는 인간관계를 맺는 것에 어려움이 따르지만 '만남'의 중요성을 다시금 생각하고 바람직한 인간관계 회복을 위해 애써야 한다.

나를 돌아보는 시간 고독감 수준

우정, 가족관계, 이성관계, 이웃 및 지역사회와의 관계에서 얼마나 고독한지를 측정하는 'Differential Loneliness Scale'을 통해 자신의 외로움이 어느 정도이며 인간관계의 종류에 따라 어떠한 차이가 나타나는지 알아보자.

(출처: Schmidt, N. & V. Sermat, 1983.)

▩ 체크리스트

[우정]

1. (   ) 내가 필요할 때 도움을 청할 수 있는 친구들이 주변에 있다고 느끼지 않는다.
2. (   ) 나는 친구들과의 관계에 편안함을 느낀다.
3. (   ) 현재 내가 살고 있는 지역에는 친구가 별로 없다.
4. (   ) 나는 내 친구들로부터 많은 도움과 지지를 얻고 있다.
5. (   ) 내 친구들은 내가 이해받고자 하는 방식대로 나를 이해하지 못한다.

[가족]

6. (   ) 나는 내 가족들에게 친밀감이 든다.
7. (   ) 나는 가족들과 접촉을 거의 하지 않는다.
8. (   ) 나는 가족들과 사이가 썩 좋은 편은 아니다.
9. (   ) 나는 대부분의 가족과 사이가 좋다.
10. (   ) 나의 가족은 나의 말에 거의 귀를 기울이지 않는다.

[이성]

11. (   ) 나의 중요한 문제들과 걱정거리들을 상의할 만한 이성 친구가 있다.
12. (   ) 지금 나의 이성 친구와의 관계는 서로 진솔한 협력을 기울이는 관계다.
13. (   ) 나는 이성관계로부터 정서적인 든든함을 얻는 적이 별로 없다.
14. (   ) 내 이성 친구는 내가 불편해하는 상황을 잘 알고 그 점에 대해 내가 이야기하는 것을 격려해 준다.
15. (   ) 현재의 이성관계에서 나는 존중받는 소중한 사람이라고 느낀다.

[이웃 및 지역사회]

16. (   ) 내가 살고 있는 지역에 소속감을 많이 느낀다.
17. (   ) 내가 살고 있는 곳에서는 나를 신경 써 주는 사람이 아무도 없다.
18. (   ) 나는 내가 살고 있는 동네 혹은 지역사회에 '뿌리(소속감)'를 두고 있다는 생각이 든다.
19. (   ) 필요할 때 나를 도와줄 이웃이 없다.
20. (   ) 나의 견해와 신념을 이해하고 같이 나눌 수 있는 사람들이 내가 살고 있는 지역에 있다.

▩ **평가 및 해석**

각 문항에 맞으면 T, 틀리면 F를 작성한 뒤 채점표와 자신의 답이 일치하면 1점, 불일치하면 0점을 부여한다. 점수가 높을수록 더 고독함을 의미한다.

채점표										
우정	1	T	2	F	3	T	4	F	5	T
가족	6	F	7	T	8	T	9	F	10	T
이성	11	F	12	F	13	T	14	F	15	F
이웃 및 지역사회	16	F	17	T	18	F	19	T	20	F

2. 다양한 인간관계와 태도

1) 인간관계의 분류

우리는 다른 사람과 끊임없이 상호작용하며 살아가고 이러한 주고받음을 통해 다양한 인간관계를 맺게 된다. 어떠한 상호작용을 하느냐에 따라 우리가 맺게 되는 인간관계는 달라진다. 우리가 보다 나은 인간관계를 맺기 위해서는 인간관계 양식에 따른 특성을 바탕으로 자신이 경험하고 있는 인간관계를 이해하는 것이 우선되어야 한다.

일차적 인간관계와 이차적 인간관계

인간관계는 상호작용의 발생 요인에 따라 일차적 인간관계와 이차적 인간관계로 분류할 수 있다. 일차적 인간관계는 혈연, 지연, 학연 등이 계기가 되어 이와 같은 집단 구성원들과의 상호작용으로 형성되는 인간관계를 의미한다. 부모, 발달 단계, 친척, 동문, 동향인 등과의 관계가 일차적 인간관계에 해당한다. 자신이 이미 소속된 집단 구성원과의 상호작용을 바탕으로 인간관계가 형성되며 이는 자신의 의지가 반영된 선택이 아니라 부여된 상호작용이라 할 수 있다. 따라서 인간관계를 시작하거나 해체하는 것에 제약이 따른다. 일반적으로 일차적 인간관계에서는 집단에 대한 소속감이나 공동체 의식을 가지고 지속적이고 집단적인 상호작용을 하며 대체로 한 번 관계가 형성되면 평생 그 관계를 유지하게 된다.

일차적 인간관계가 자신에게 부여된 인간관계라면 이차적 인간관계는 자신이 선택한 인간관계라 할 수 있다. 이차적 인간관계는 신념, 이념, 가치관, 호감, 취미, 이해관계 등이 계기가 되어 이와 같은 요인을 공유하는 대상과의 상호작용으로 형성되는 인간관계를 의미한다. 친구, 애인, 직장동료, 동호인 등과의 관계가 이차적 인간관계에 해당한다. 사회적 경험 속에서 자신의 의지에 따른 상호작용을 바탕으로 인간관계가 형성되며 이는 자유의지로 선택한 상호작용이라 할 수 있다. 따라서 인간관계의 시작과 해체에 있어 개인의 자발성이 강하게 작용한다. 개인의 성향에 따라 관계를 자유롭게 선택하고 우연한 선택에 의해서도 관계가 형성되거나 해체되기도 하여 일차적 인간관계에 비해 상대적으로 그 관계가 부분적이고 일시적인 경향이 있다.

수직적 인간관계와 수평적 인간관계

인간관계는 상호작용하는 당사자들 간 지위의 동등성에 따라 수직적 인간관계와 수평적 인간관계로 분류할 수 있다. 지위란 상대적인 성격을 지니고 있으며 연령, 성, 직업, 소득 등의 특정 사회적 상황에 따라 집단에서 결정된 자신의 사회적 위치를 의미한다. 수직적 인간관계는 이러한 지위가 동등하지 않은 당사자들 간의 상호작용으로 형성되는 인간관계를 의미한다. 부모와 자녀 관계, 스승과 제자 관계, 선배와 후배 관계, 상급자와 하급자 관계 등 상대적 지위가 종적인 차원에서 이루어지는 관계가 수직적 인간관계에 해당한다. 불평등한 지위를 바탕으로 상호작용이 이루어지며 대체로 자신이 처한 지위에 맞는 역할에 따라 수단적인 상호작용이 이루어진다.

수직적 인간관계에서 상위 지위를 가지는 자에게는 권위, 책임, 명령, 지휘, 지도, 보호, 격려 등의 역할이 기대되고 하위 지위를 가지는 자에게는 순응, 복종, 예의, 존경 등의 역할이 기대된다. 일반적으로 상급자의 경우 하급자를 보호하고 이끌어주어야 할 존재이며 하급자의 경우 상급자의 권위에 예를 갖추어야 한다. 하지만 때때로 사회적 지위에 우월감이 포함되어 하급자를 인격적으로 존중하지 않거나 상급자의 권위를 인정하지 않아 관계에서 갈등을 빚기도 한다.

수직적 인간관계가 불평등한 지위를 바탕으로 한 인간관계라면 수평적 인간관계는 평등한 지위를 바탕으로 한 인간관계라 할 수 있다. 수평적 인간관계는 지위가 동등한 당사자들 간의 상호작용으로 형성되는 인간관계를 의미한다. 교우관계, 연인관계, 부부관계 등 상대적 지위가 횡적인 차원에서 이루어지는 관계가 수평적 인간관계에 해당한다. 동등한 위치에서 자신이 처한 지위나 역할보다는 인격이나 개성에 의해 자발적인 정의적情意的 상호작용이 이루어진다. 수평적 인간관계에서는 일방적인 권력으로 서로를 강제하는 것이 아니라 상호영향을 미치는 평등한 관계를 나타낸다.

우호적 인간관계와 적대적 인간관계

인간관계는 상호작용하는 당사자들 간 태도의 우호성 여부에 따라 우호적 인간관계와 적대적 인간관계로 분류할 수 있다. 우호적 인간관계는 협동적인 상호작용으로 형성되는 긍정적인 인간관계를 의미한다. 협동은 공통된 목표를 달성하기 위해 서로의 마음과 힘을 합하는 것이다. 우호적 인간관계에서는 상대방에 대해 우호적인 감정을 갖고 보다 진실된 상호작용을 하고자 하며 그 관계를 유지하려고 함께 애쓴다.

서로 간의 매력이나 호감에 의해 이루어지는 관계인 만큼 상대방에 관대하며 상호신뢰를 바탕으로 친밀한 관계를 맺고자 한다. 상호작용 당사자들은 이타적이며 상호의존적인 관계에 놓여있어 상대방에 대한 배려와 이해를 통해 관계의 균형을 유지하고자 한다. 이러한 점에서 관계 맺은 어느 한쪽의 변화에 따라 다른 쪽의 변화가 일어나기도 하고 외부 관계와의 경쟁이나 갈등 상황은 내부 관계를 더욱 강화하는 자극이 되기도 한다.

적대적 인간관계는 비협조적인 상호작용으로 형성되는 부정적인 인간관계를 의미한다. 적대란 서로 간에 사이가 안 좋은 상태로 상대방에게 미움, 질투, 분노, 원한 등의 감정을 느끼고 후회, 자책 등의 부정적 감정을 낳는다. 적대적 인간관계에서는 상대방을 경쟁과 갈등의 대상으로 인식하여 적대적인 감정을 갖고 비협조적인 태도를 보이거나 상대방에 직접적인 피해를 주는 행동에도 서슴없다.

상대방의 성공과 행복을 곧 자신의 실패와 불행으로 여기는 관계인 만큼 관계를 유지하려 노력하기보다 서로 더 많은 이익을 보기 위해 조금도 양보하지 않고 각박하고 인색한 태도를 보인다. 이러한 관계에서는 공통된 목표를 서로 차지하기 위해 애쓴다. 어느 한쪽의 목표 달성은 다른 쪽의 목표 달성을 제한하는 결과를 가져오게 되고 경쟁이 지나치면 상대방을 강제로 굴복시키거나 제거해 목표를 달성하려는 갈등이 고조된다.

표출적 인간관계와 수단적 인간관계

인간관계는 상호작용의 목적에 따라 표출적 인간관계와 수단적 인간관계로 분류할 수 있다. 표출적 인간관계는 좋아하고 싫어하는 감정적 선호를 표출하는 것으로 관계를 형성하고 유지하는 인간관계를 의미한다. 부모-자식, 친구, 연인 등의 관계가 표출적 인간관계에 해당한다. 상대방에 대한 매력에 기인하여 사랑과 인정을 주고받는 관계이며 사람 자체가 관계의 목적이자 유지 요인이 된다. 상대에 대한 긍정적인 감정을 바탕으로 표출적 상호작용이 이루어지고 그러한 감정교환의 만족도에 의해 관계가 유지된다. 정서적이고 인간적인 교류가 활발하여 정서적 자기노출이 강하게 나타나는 애정중심적 관계가 표출적 인간관계다.

표출적 인간관계가 사람 자체가 목적인 인간관계라면 수단적 인간관계는 사람과의 관계에서 얻는 이익이 목적인 인간관계라 할 수 있다. 수단적 인간관계는 관계를 수단으로 여겨 서로의 목적을 달성하고자 맺는 인간관계다. 사업가-고객, 거래처 등 상대방이 어떤 사람인지와 무관하게 함께 하는 작업 때문에 관계가 형성되고 유지되는 일 중심적인 인간관계다. 이는 서로가 서로를 수단으로 두고 이익을 추구하는 관계로 이득을 본다는 전제하에 관계를 형성하며 이득이라는 공통분모를 공유하고 상호이익이 될 때 그 관계가 유지된다. 표출적 인간관계가 정서적이고 인간적인 상호작용을 바탕으로 한다면 수단적 인간관계는 감정이 배제된 계산적이고 사무적인 상호작용이 이루어진다.

2) 태도와 인간관계

인생에서 우연히 일어나는 일은 없다. 베버(M. Weber)는 그의 저서 『경제와 사회』(1924)에서 인간의 행동을 주관적으로 의도된 의미의 측면에서 해석하고 있다. 어떻게 상황을 인지하고 어떠한 상황을 추구하는가에 따라, 이를 위해 어떤 목표를 선택하고 어떠한 수단을 채택하는가 등에 따라서 사람들은 주관적으로 의도된 행위를 한다. 일반적으로 태도는 한 인간이 특정한 의도를 가지고 행동하게 한다. 태도를 보면 그 사람의 행동을 짐작할 수 있다고 한다. 태도와 행동이 항상 일치하는 것은 아니지만 태도는 행동의 주요한 원인이 된다. 이는 인간관계에서도 마찬가지다. 관계 당사자들의 태도는 관계를 형성하고 유지하는 데 지대한 영향을 미치게 된다. 따라서 좋은 인간관계를 위해서는 자신과 타인에 대한 태도에 깊이 이해할 수 있어야 하며 태도로부터 행동이라는 결과가 나타나는 과정에 관해 자세히 살펴볼 필요가 있다.

태도의 개념

태도란 사람의 마음가짐을 나타낸다. 태도는 경험을 통해 학습되는 것이며 인간이 대상이나 상황에 반응하는 데 영향을 미치는 심리적 상태로 정의할 수 있다(Allport, 1935). 태도는 인간이 대상에 대해 주관적으로 평가내린 신념으로 인간이 느끼는 감정의 측면에서 본다면 사물에 대한 좋음과 싫음의 감정이다(Fishbein & Ajzen, 1975; Bettinghaus & Cody, 1987). 즉 태도란 대상에 대해 호의적 또는 비호의적으로 비교적 일관되게 반응하도록 학습된 성향이라 할 수 있다.

사람들과의 상호작용을 통해 학습되고 그 결과 개인의 성향이 되는 것이 태도다. 어느 정도의 지속성이 있지만 타인에 대한 감정이나 생각은 언제나 변화할 수 있고 대상에 따라 다르게 나타난다. 때문에 태도는 상대가 누구냐에 따라 다르고 달라질 수 있다. 하지만 태도 자체가 자신과 타인에 대해 취하는 행동을 의미하는 것은 아니다. '습관'이 일상적으로 반복되는 행동이라면 태도는 구체적인 행동 이전 상태로 행동을 예측하게 할 뿐이다. 또한 태도는 도덕적 판단을 포함하지 않고 정서적 요소를 내포하고 있다. 선악, 옳고 그름 등과 같은 도덕적인 내용이 포함된 '가치관'보다는 좁은 개념이며 좋아하거나 싫어한다는 심리적 상태에 초점을 둔다. 매우 좋아하는 것에서부터 매우 싫어하는 것에 이르는 감정이 연속선상에 나타나는 다차원적 개념이라 할 수 있다.

태도의 구성요소

합리적 행위 이론에 따르면 태도는 인지적 요소, 정서적 요소, 행동적 요소의 세 가지 구성요소를 통해 형성된다(Fishbein & Ajzen, 1975). 각 요소들은 서로 긴밀하게 연결되어 특정 대상에 대한 태도로 나타나게 된다. 태도의 구성요소들이 일관되게 나타나면 강한 태도를 보이고 일관성이 떨어지면 약한 태도를 보이게 된다.

구체적으로 인지적 요소란 대상에 대해 알고 있는 지식이나 신념을 의미한다. 이는 경험을 통해 얻는 정보이자 믿음이라 할 수 있다. 정서적 요소란 대상에 대해 좋고 싫음을 느끼는, 대상에 대한 긍정적이거나 부정적인 감정을 의미한다. 인지적 요소에 기인한 개인의 평가라는 점에서 평가적 요소라고도 한다. 마지막으로 행동적 요소란 대상에 대해 특정한 방식으로 행동하려는 생각과 의도를 의미한다. 이는 정서적 요소의 발현에 따른 결과이며 태도를 보고 그 사람을 알 수 있다는 것은 이러한 행동적 요소로 태도가 구성되기 때문이다. 따라서 한 개인이 특정 대상에 대해 긍정적 감정을 가지고 있다면 긍정적 태도를, 부정적 감정을 가지고 있다면 부정적 태도를 취하고자 할 것이다.

일반적으로 태도는 인지적 요소, 정서적 요소, 행동적 요소의 순으로 발현된다. 예를 들어 수시로 마주치는 그의 모습에서 얻은 '그 사람은 다정한 사람이야'라는 신념은 그에 대한 긍정적인 평가를 내리게 하고 '다정한 그 사람이 참 좋아'라는 감정은 행동하려는 생각과 의도를 가져온다. 결국 '좋아하는 그에게 사귀자고 고백해야지'라는 다짐으로 태도가 발현되는 것이다. 인간관계에서 태도가 중요한 이유는 이처럼 태도로부터 행위가 발현되기 때문이다. 태도와 행동의 일치는 인간에 대한 신뢰다. 신뢰할 수 있는 사람은 올바르게 이해하고 자신의 감정에 솔직하고 자신의 신념을 행동으로 옮기는 사람이다. 우리는 이와 같은 신뢰를 바탕으로 좋은 인간관계를 유지할 수 있으며 필요에 따라 서로의 태도 변화를 이끌어 더 나은 방향으로 인간관계를 유도할 수 있다.

대부분의 사람들은 자신의 태도에 일관성을 유지하려고 하며 태도와 행동의 일치를 추구한다. 하지만 태도와 행동이 항상 일치하는 것은 아니다. 때로는 태도와는 모순된 행동이 나타나기도 한다. 태도로부터 행동이라는 결과가 나타나는 과정에서 사회적 압력, 직접적인 경험, 태도의 구체성, 기억 가능성 등과 같은 외부 요인이 작용하여 태도와는 다른 행동이 나타날 수 있다.

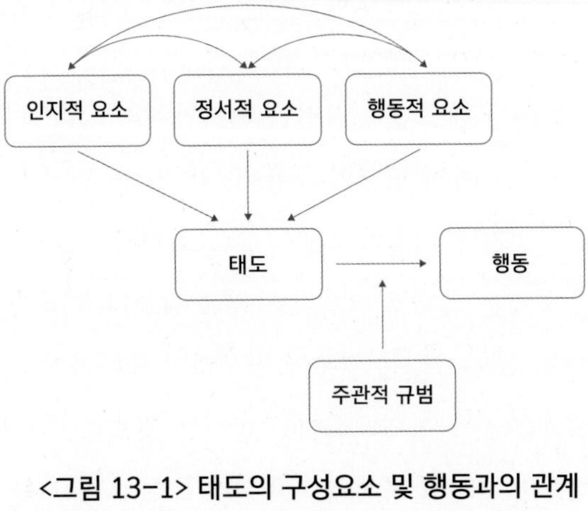

<그림 13-1> 태도의 구성요소 및 행동과의 관계

태도의 형성과 변화

인간은 사회화 과정에서 자신이 속한 집단의 문화에 많은 영향을 받는데 이 과정에서 태도가 형성된다. 구성원들과의 상호작용을 통한 다양한 경험들이 한 개인의 태도가 된다. 태도를 형성하는 데 가장 큰 영향을 미치는 집단은 가족이며 동료집단 역시 중요한 요인이 된다. 집단의 준거 틀 내에서 태도를 학습하게 되고 자신이 속한 집단 내의 지위와 역할에 따라 학습해야 할 태도의 규범과 기준이 제시된다.

이렇게 형성된 태도는 비교적 일반적이고도 지속적이다. 누구나 자신에 대한 긍정적이거나 부정적인 태도를 지니고 있으며 타인에 대해서도 마찬가지다. 관계 속에서 자신의 태도를 정립하며 관계를 통해 새로운 태도를 개발해 간다. 태도는 경험에 의해 학습되고 변화되는 것이다. 태도에는 행동이 따르기 때문에 좋은 태도를 유지할 수 있도록 끊임없이 노력해야 한다. 물론 기존 태도에서 벗어나 새로운 태도를 선택하는 일이 쉽지만은 않다. 하지만 변화할 수 있다.

태도변화는 해빙-변화-재동결의 3단계를 거쳐 이루어진다(Lewin, 1947). 태도변화 제1단계인 '해빙'은 변화의 필요성을 인식하고 변화를 준비하는 과정이다. 개인에게는 이미 형성된 태도에 대해 일관성을 유지하려는 경향이 있어 변화에 저항하는 심리적 요인이 작용한다. 따라서 태도변화의 첫 단계에서는 변화에 대한 동기를 부여하고 변화를 수용할 수 있도록 과거의 방식이나 태도를 깨뜨려 변화에 대한 저항을 완화해야 한다. 일반적으로 인지부조화를 경험하면 해빙이 요구된다. 인지부조화란 태도와 행동의 불일치를 의미한다. 인지부조화 상태의 인간은 불안정하며 마음의 긴장과 불안을 해소하기 위해 조화 상태를 만들려 노력하며 이 과정에서 자연스럽게 태도의 변화가 일어나게 된다.

태도변화 제2단계인 '변화'는 태도에 실질적인 변화가 일어나는 과정이다. 변화의 과정에서는 순응, 동일화, 내면화의 세 가지 형태의 수용이 나타난다. 먼저 순응이란 타인이나 집단으로부터 호의적인 반응을 얻거나 비호의적인 반응을 회피하기 위해 발생하는 것으로 환경에 적응하여 요구에 가장 알맞은 상태로 변화하는 것을 말한다. 다음으로 동일화란 타인이나 집단과의 관계가 보상적이고 만족스러운 경우에 발생하며 좋아하거나 존경하는 대상을 변화 모델로 발굴하고 그 모델과 자신을 동일시하여 모방하는 것으로 태도를 학습한다. 마지막으로 내재화란 타인이나 집단의 주장이 자신의 가치관에 부합될 때 발생하며 신뢰하는 대상과의 상호작용을 통해 타인의 생각과 가치, 태도를 수용하여 자신의 것으로 만든다.

태도변화 제3단계인 '재동결'은 '변화'를 통해 획득한 새로운 태도가 정형화되고 고착화되는 과정이다. 학습된 태도는 시간이 지남에 따라 원래의 상태로 되돌아가려는 경향이 있다. 이에 새로운 태도가 소거되지 않도록 지속적인 관심을 갖고 적극적인 의지를 가지고 재동결을 촉진해야 한다. 새로운 태도에 대한 사회적 지지나 강화가 뒷받침되는 것으로 학습한 태도를 자신의 태도로 유지할 수 있다.

3. 인간관계 진단

1) 바람직한 인간관계

우리 삶의 궁극적인 목적은 행복이다. 그리고 이 행복은 인간관계에서 얻을 수 있다. 포웰(J. Powell)은 그의 저서 『행복의 조건』(1995)에서 '인간은 타인과의 관계를 통해 행복에 이른다'라고 하고 시인 푸시킨(A. Pushkin)은 '인간이 추구해야 하는 것은 언제나 인간이다'라고 하였다.

사회적 존재인 인간은 혼자서 살 수 없다. 다른 사람과 상호작용하고 관계를 맺으며 살아간다. 그것이 인간다운 삶이다. 우리는 수없이 많은 관계 속에서 갈등하고 시름하지만 그속에서 자신의 가치를 발견하고 행복감을 느낀다. 만남은 한 개인의 삶의 질과 방향을 결정하고 바꾼다. 인간은 타인과의 관계를 통해 자신이 누구인가를 정립하고 성장하게 된다. 원만한 인간관계의 형성과 유지는 인간을 인간답게 행복하게 만든다. 그렇다면 우리를 인간다운 존재로 만들고 삶에서 행복을 가져다주는 바람직한 관계란 무엇일까?

바람직한 인간관계는 원활한 상호작용을 바탕으로 서로의 성장과 행복을 위하는 관계라 할 수 있다. 서로를 수용하고 함께 할 때 가치 있고 인간다운 존재가 될 수 있으며 행복한 삶을 살 수 있다. 우리는 바람직한 인간관계를 위해 자기 자신을 잘 알고 타인에게 잘 표현할 수 있어야 한다. 또한 타인에 대해 이해하고 있는 그대로 받아들일 수 있어야 한다. 이처럼 올바른 인간관계를 형성하고 유지하기 위해서는 인정과 존중의 자세로 공감과 격려를 주고받는 것이 중요하며 안정된 정서를 토대로 사회적 기술을 효율적으로 발휘할 수 있어야 한다.

인정과 존중

바람직한 인간관계에는 자신과 타인에 대한 올바른 이해를 바탕으로 한 인정과 존중의 자세가 필요하다. 서로 다른 '나'와 '너'의 만남은 때때로 기대와 다른 방향으로 흘러가기도 한다. 이는 인간관계가 서로 다른 개성이 만나 상호작용하는 것이기 때문이다. 각자 저마다 다른 배경과 경험으로 가치관을 달리하기 때문에 서로를 이해하고 인정하고 존중하는 것이 쉽지 않다. 하지만 다름을 인정하지도 존중하지도 않는 관계에서는 진정한 만남을 기대할 수 없다.

원활한 인간관계를 위해서는 나와 상대방이 어떠한 욕구를 지니고 있는지, 어떠한 생각을 하고, 어떻게 말하고 행동하는지, 서로에게 어떠한 영향을 미치는지 등 나와 타인에 대한 깊은 이해가 필요하다. 상대를 신중하게 관찰하고 오해나 왜곡 없이 타인의 의도나 감정을 객관적이고 정확히 지각하고 판단해야 한다. 이를 통해 자신을 소중히 하고 자신의 가치를 인정하는 자기 존중과 타인의 입장에서 공감적 이해를 보이는 타인에 대한 존중의 자세를 갖출 수 있다.

『The Nibble Theory and the Kernel of Power』(1989)의 저자 제미슨(K. Jamison)은 인간관계를 '손에 쥐고 있는 모래알'에 비유하였다. 그는 관계란 손에 쥐고 있는 모래와 같아서 가만히 쥐고 있으면(상대를 구속하지 않고 존중하면) 그 관계가 유지되지만 꽉 쥐게 되면(상대를 소유하려 하면) 슬그머니 멀어져 그 관계를 잃게 된다고 하였다. 성숙한 인간관계에서는 타인에 대해 서로 다르지만 대등한 존재로 인식하고 '너도 옳고, 나도 옳다. 다만 다를 뿐'이라는 인정과 존중의 자세를 보인다. 이러한 태도는 상호신뢰를 높여 서로 간에 더욱 자유로운 표현이 가능하게 하고 관계를 건강하고 긍정적으로 유지하며 갈등을 예방하고 해결하는 데 도움을 준다.

공감과 격려

누구나 행복한 삶을 꿈꾸지만 살아가다 보면 어려움을 마주할 때가 있다. 삶에서 고통스럽거나 두려운 상황에 직면하게 되었을 때 희망과 용기를 갖고 그 어려움을 극복하면 스스로를 더 이해하고 성장하게 되고 삶의 진정한 의미를 발견하게 된다. 삶은 도전의 연속이기에 누구든 언제나 어려움을 겪을 수 있다. 그럴 때 필요한 것이 주위 사람들이다. 이루고자 하는 목표에 대한 열망과 목표 달성을 위한 믿음과 기대로 자신이 처한 어려움을 극복하기 위해서는 내면의 힘을 키우는 것도 중요하지만 다른 사람의 도움을 받는 것 역시 중요하다.

서로에게 지지를 주고받으며 협력하는 것은 어려움을 극복하는 데 큰 도움이 되며 이처럼 서로의 성장과 행복에 도움을 주는 관계를 바람직한 인간관계라 할 수 있다. 아들러(A. Adler)는 그의 저서 『아들러 인생방법 심리학』(2017)에서 인간의 행복은 다른 사람들에게 공헌함으로써 얻을 수 있다고 하였다. 아들러에 따르면 인간은 자신의 선택과 의지에 따라 불행을 극복하고 변화할 수 있으며 자신의 성장과 발전을 위해서 타인에게 도움을 주는 삶을 살아야 함을 강조하고 있다. 상대가 자신감을 갖고 스스로 문제를 해결할 수 있도록 곁에서 공감과 격려를 주고받는 것은 인간관계에서 중요하다.

자신의 어려움과 두려움을 다른 사람에게 이야기하고 나눈다는 것은 앞으로 나아갈 수 있는 기회를 얻는 것이다. 서로 감정과 상황을 공유함으로써 공감하고 이해받고 있다는 심리적 안정을 얻게 되며 나를 이해하는 사람의 적절한 격려가 이어진다면 자신감이 쌓이고 희망과 용기를 얻게 된다. 상대방에 대한 동정 섞인 위로가 아니라 타인에 대한 충분한 이해와 공감을 바탕으로 서로를 격려하는 관계가 서로에게 좋은 영향을 줄 수 있는 바람직한 인간관계다.

유연한 신념과 안정된 감정

우리는 다른 사람과 상호작용하는 과정에서 다양한 감정들을 느끼게 된다. 인간관계를 통해 사랑, 행복, 신뢰, 감사, 희망, 용기 등의 긍정적 감정을 느끼기도 하지만 부담, 미움, 슬픔, 불안, 서운함, 분노 등의 부정적 감정을 느끼기도 한다. 바람직한 인간관계를 위해서는 안정된 감정을 유지하는 것이 중요하며 이를 위해 불필요한 부정적 감정을 경험하지 않는 것이 필요하다.

타인과 관계 맺음에 있어 부정적 감정을 전혀 경험하지 않을 수는 없다. 어쩌면 관계를 형성하고 유지하는 과정에서 자연스럽게 발생하는 감정이다. 하지만 부정적 감정에 대해 감정적 동요 없이 침착하게 상황을 이해하고 공감하려 노력해야 한다. 바람직한 인간관계란 관계에서 나타나는 부정적인 감정에 압도되지 않고 자신의 감정을 관리하고 균형을 유지하여 감정적으로 안정된 관계를 맺는 것이다.

안정된 감정을 유지하기 위해서는 유연한 신념을 지닐 필요가 있다. 신념은 믿음이자 무언가를 결정하는 판단 근거가 된다. 하지만 신념에 집착하게 되면 사고가 단방향으로 굳어버려 편견이나 선입견으로 인해 올바른 선택을 하지 못하게 된다. 신념을 바꾸는 일은 매우 어려운 과정이지만 의지만 있다면 가능한 일이다. 유연한 신념은 인간관계에 대한 현실적인 이해를 토대로 한 성숙한 태도를 가져다준다. 인간과 관계에 대한 유연한 신념으로 인간관계에 있어 수용적이고 개방적인 태도를 가지게 하고 이는 감정적으로 안정된 관계를 맺을 수 있게 한다.

효과적인 사회적 기술

사회적 기술이란 인간관계에서 사회적 의사소통을 수월하게 하는 역량이라 할 수 있다. 인간은 사회화를 통해 사회적 기술을 학습하고 타인과 소통하고 도움을 요청하고 욕구를 충족하는 건강한 관계를 맺는다. 설득, 경청, 위임, 책무 등의 긍정적인 대인관계 기술을 통해 사회와 조화롭게 상호작용한다. 효과적이고 원활한 사회적 기술은 바람직한 인간관계를 맺는데 중요한 요소가 된다.

나 자신과 타인 간의 상호작용을 성공적으로 이끌어 갈 수 있는 친사회적 행동 능력을 사회적 기술이라 할 수 있다. 바람직한 인간관계를 위해서는 첫째, 상황에 따라 어떠한 말과 행동을 해야 하는지 그 기준을 이해하고 적응하며 다양한 상황에서 효과적으로 사회적 기술을 사용할 수 있어야 한다. 둘째, 자신에 대해 먼저 이해하여야 하고 자신을 합리적인 방법으로 타인에게 표현할 수 있으며 타인을 있는 그대로 받아들일 수 있어야 한다. 셋째, 적절히 요구하고 적절히 개입해야 한다. 넷째, 상대의 말을 경청하고 개방적이고 긍정적인 태도로 공감을 통한 조화를 이루어야 한다.

한편 서로 다른 개성이 상호작용하는 인간관계에서 서로의 가치와 욕구가 충돌하는 것은 불가피하다. 우리는 인간관계에서 다양한 갈등과 스트레스를 경험할 수 있다. 하지만 불필요한 오해와 갈등을 유발할 필요는 없다. 건강한 사회성은 인간이 관계 맺는 과정에서 효과적으로 의사소통하며 갈등을 평화적으로 해결하는 데 도움이 된다. 따라서 원만한 인간관계를 맺고 관계 내의 갈등을 잘 극복하기 위해 끊임없이 사회적 기술을 훈련해야 한다. 인간관계는 하나의 기법이고 기술이다. 연습을 통해 생활 속에서 서로를 인식하며 이해하는 방법을 터득하고 관계 맺음을 통해 서로 더불어 사는 삶의 지혜를 학습하여야 한다.

2) 인간관계 분석

사회는 수없이 많은 인간관계로 이루어져 있다. 그 가운데 바람직한 인간관계는 인간을 성장하게 하고 행복을 가져다준다. 이에 인간은 늘 보다 더 좋은 관계를 추구한다. 인간관계를 잘 맺고 더 나은 관계로 발전하기 위해서는 인간관계에 대해 깊이 이해하고 꾸준한 관심을 보여야 한다. 좋은 인간관계를 위해 어떠한 변화와 노력이 필요한지 정확히 파악하고 관계를 개선하고자 노력해야 한다. 이를 위해 인간관계에 영향을 미치는 요인을 보다 구체적으로 살펴보고 심층적으로 분석해야 한다.

인간관계는 '나'와 '너'의 상호작용을 통해 맺어지고 이때의 상호작용에는 복잡한 심리적 과정이 포함된다. 대표적인 내적 요인으로 대인동기, 대인신념, 대인기술을 들 수 있다. 우리는 서로 각기 다른 대인동기, 대인신념, 대인기술을 지니고 있으며 자신의 대인동기와 대인신념을 저마다의 대인기술을 활용해 상대방에 드러낸다. 이러한 의사소통 과정에서 인지과정이 작동하여 다양한 감정을 느끼게 되고 그에 대한 반응으로 특정 행동을 주고받는다. 인간은 이렇게 인간관계를 맺는다. 따라서 좋은 인간관계를 위해서는 인간관계에 주요한 영향을 미치는 대인동기, 대인신념, 대인기술, 대인사고에 대해 충분히 이해하고 자신의 대인관계를 분석해 보는 일이 필요하다.

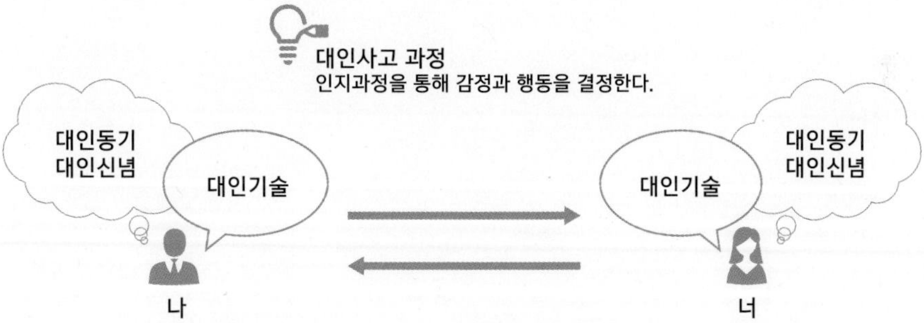

<그림 13-2> '나'와 '너'의 의사소통 과정

대인동기

동기란 인간의 행동을 유발하는 내적 원동력으로 욕구, 욕망, 동인 등의 개념을 포함하고 있다. 인간이 사회적 행동을 하게끔 하고 인간관계를 지향하도록 하는 내적 동기를 대인동기라고 한다. 아가일(M. Argyle)은 그의 저서 『The Psychology of Interpersonal Behavior』(1983)

를 통해 인간의 주요한 대인동기를 몇 가지 제시하였다. 인간에게는 첫째 생존을 위한 기본적인 욕구에 해당하는 생물학적 동기, 둘째 타인으로부터 보호와 보살핌을 받고자 하는 의존적 동기, 셋째 타인과 친밀한 관계를 맺고자 하는 친애 동기, 넷째 다른 사람에게 영향력을 행사하고자 하는 지배 동기, 다섯째 개체의 보존과 적응을 위해 다른 사람에게 해를 가하는 공격 동기, 여섯째 자신을 가치 있는 존재로 여기고자 하는 자아존중감의 동기, 일곱째 명확한 자아상을 가지려는 자아정체성의 동기 등이 있다고 하였다.

이러한 대인동기는 타인과의 관계를 통해 충족시킬 수 있으며 이는 인간이 사회적 존재일 수밖에 없음을 설명한다. 인간은 다양한 대인동기를 지니고 있으며 저마다 서로 다른 대인동기를 지니게 된다. 대인동기는 선천적으로 주어지기도 하지만 대부분 환경과의 상호작용, 즉 사회화를 통해 형성된다. 따라서 중요시하는 대인동기의 종류와 강도에는 개인차가 있다. 충족하고자 하는 대인동기의 우선순위에 따라 추구하는 인간관계의 양상에도 차이가 나타난다. 누군가는 혼자가 편하고 누군가는 함께하는 것이 편하다. 또 다른 누군가는 경쟁적이거나 적대적인 관계가 익숙하다. 타인과 관계 맺고자 하는 대인동기가 서로 다르기 때문에 개인마다 인간관계에서 지향하는 목표나 행동방식에 차이가 발생하고 인간관계에 대한 성향이 달리 나타나게 된다.

나를 돌아보는 시간

대인동기

▩ 인간관계를 통해 충족하고자 하는 자신의 욕구는 무엇인가?

- 성취지향적 동기와 인간관계지향적 동기의 적절한 균형이 이루어지는지 살펴보자.

▩ 인간관계에서 긍정적 감정을 경험하게 한 욕구 충족에는 어떤 것이 있는가?

- 좋아하고 자주 만나는 사람들이 어떠한 욕구를 충족해 주었는지 떠올려 보자.

▩ 인간관계에서 부정적 감정을 경험하게 한 욕구 좌절에는 어떤 것이 있는가?

- 갈등을 겪었던 사람들이 어떠한 욕구를 위협하고 좌절시켰는지 떠올려 보자.

대인신념

신념은 개인의 믿음이며 행동의 근거가 된다. 인간관계에서 개인의 행동에 영향을 주는 이해와 믿음을 대인신념이라 한다. 인간은 자신의 축적된 경험과 지식을 토대로 믿고 판단하고 행동한다. 인간관계에 대한 신념, 자기 자신과 타인에 대한 신념은 인간관계에 대한 태도와 기대, 행동에 영향을 미친다. 이러한 대인신념은 과거의 경험과 기억으로부터 형성된 안정된 믿음이다. 과거의 경험으로부터 자신과 타인 그리고 인간관계에 대한 인식과 생각이 발달하게 된다. 다른 사람과의 상호작용을 통해 형성된 대인신념은 인간관계의 의미를 해석하고 평가하는 근거가 되며 이를 바탕으로 상대에 대한 감정을 느끼고 행동으로 반응한다. 예를 들어 자신에 대한 믿음이 부족하다면 인간관계에서 소극적인 태도를 보이게 되고 타인에 대한 부정적 신념이 지배적이라면 인간관계에서 회피적이거나 적대적인 태도를 보이게 된다.

삶에서 인간관계를 얼마나 중요시하는지에 따라 관계 맺는 것에 대한 관심과 할애하는 에너지에 차이가 나타나게 된다. 그리고 중요시하는 인간관계의 영역에 따라 인간관계의 양상이 달라진다. 인간관계에는 가족관계, 교우관계, 이성관계, 동료관계 등 다양한 영역이 있으나 중요시하는 영역에는 개인차를 보이며 특정 영역의 인간관계에 치중할 수도 있다. 또한 지향하는 인간관계에 차이가 나타날 수 있다. 다수의 사람과 폭넓은 인간관계를 선호하는지, 소수의 사람과 깊은 인간관계를 선호하는지 혹은 지지적인 인간관계를 선호하는지, 비판적인 인간관계를 선호하는지 등에 따라 타인에 대한 기대나 자신의 행동이 달라진다. 인간관계를 맺는 방법에 있어서도 자연성을 강조하는지, 의도적인 노력을 강조하는지에 따라 인간관계의 방식에 지대한 영향을 미치게 된다. 즉 인간은 과거의 경험에 근거해 나름의 신념 체계를 정립하고 그 신념에 따라 행동하며 자신의 인간관계를 결정짓는다.

나를 돌아보는 시간 대인신념

▩ 인간관계에 대한 신념은 어떠한가?

- 나에게 인간관계는 얼마나 중요한가? 어떤 관계가 가장 중요한가? 관계를 위해 얼마나 노력하는가? 등을 떠올려 보자.

▩ 자기 자신에 대한 신념은 어떠한가?

- 나의 장단점은 무엇인가? 현재의 나에 대해 어느 정도 우수하다고 평가하는가? 등을 떠올려 보자.

▩ 타인에 대한 신념은 어떠한가?

- 나의 인간관은 어떠한가? 나에게 의미 있는 타인은 누구이며 그에 대해 어떻게 생각하는가? 등을 떠올려 보자.

대인기술

인간관계는 서로의 감정과 행동을 주고받음으로써 맺어진다. 인간은 서로 다른 대인동기나 대인신념을 지니고 있으며 대인기술을 활용해 자신의 대인동기나 대인신념을 상대방에 전달한다. 대인기술은 바람직한 인간관계를 형성할 수 있는 사교의 기술이며 다른 말로 사회적 기술이라 한다. 대인기술은 '나'와 '너'의 대인동기나 대인신념이 효과적으로 공유되어 서로의 욕구를 충족하고 원만한 인간관계를 맺을 수 있도록 하는 행동적 기술이다. 서로의 대인기술에 따라 원하는 관계를 맺기도 하고 관계 맺기에 실패하기도 한다.

우리는 효과적인 대인기술을 구사함으로써 관계 속에서 자신의 욕구를 타인에게 적절히 표출하고 자신의 욕구를 충족시킬 수 있어야 한다. 그리고 대인기술에는 타인에 대한 진심과 배려를 담고 있어야 한다. 대인기술을 통해 서로의 욕구에 해를 끼치지 않고 모두가 만족스러운 생산적인 공유가 이루어져야 한다. 이처럼 자신을 잘 전달함과 동시에 상대를 잘 이해하는 대인기술은 원만한 인간관계를 형성하는 중요한 요소다(Philips, 1978).

대인기술은 언어적 대인기술과 비언어적 대인기술로 구성되며 인간관계에서 자신이 추구하는 목표를 달성하기 위해 다양한 대인기술을 적절히 구사할 수 있어야 한다. 언어적 대인기술은 말이나 글로 나타내는 직접적이고 효과적인 의사소통 방식이다. 경청하기, 질문하기, 공감하기, 설명하기, 자기노출 등의 요소들을 통해 언어적 대인기술의 효과를 촉진할 수 있다. 일반적으로 언어적 대인기술은 비언어적 대인기술을 수반한다. 예를 들어 표정, 눈맞춤, 몸동작, 신체접촉, 공간행동 등이 비언어적 대인기술에 해당하며 언어적 대인기술을 대체하거나 보완하는 역할을 한다. 대인기술은 특정 상황에서 언어적 혹은 비언어적 메시지를 전달하고 해석하며 서로 간에 조화를 이룰 수 있도록 하는 의사소통 능력이다. 따라서 바람직한 인간관계를 위해 꾸준히 학습하고 효율적으로 구사할 수 있어야 한다.

나를 돌아보는 시간 대인기술

▩ 자신의 의도대로 인간관계를 유도할 수 있는가? 어떠한 사회적 기술을 활용하는가?

- 욕구 충족.

▩ 자신의 생각이나 감정을 잘 전달할 수 있는가? 어떠한 사회적 기술을 활용하는가?

- 자기 표출.

▩ 타인의 생각이나 감정을 잘 이해할 수 있는가? 어떠한 사회적 기술을 활용하는가?

- 타인 공감.

대인사고

인간은 동일한 환경과 상황에서 서로 다른 생각과 행동을 한다. 이러한 개인차를 가져오는 중요한 요인이 바로 대인동기, 대인신념, 대인기술, 대인사고다. 대인사고란 인간관계에서 일어나는 사건들의 의미를 추론하는 과정이자 결과다. 인간은 행동하기 위해 사고한다. 타인의 행동에 대한 의도를 추론하는 인지과정을 통해 타인의 행동에 의미를 부여하고 자신의 행동을 결정한다. 상대의 행동에 대한 이해를 바탕으로 자신의 행동을 결정짓는 것이다. 같은 대상, 같은 사건이라 하더라도 어떻게 의미를 부여하고 평가하느냐에 따라 느끼는 감정과 그에 따른 행동이 달라질 수 있다.

대인사고의 과정은 의미추론 과정, 의미평가 과정, 대처결정 과정의 세 단계로 구분할 수 있다. 먼저 의미추론 과정이란 인간관계에서 나타난 결과에 대해 그 의미를 추론하는 과정이다. 왜 저런 행동을 할까? 상대방의 특정 말이나 행동의 의도나 인간관계에서 나타난 결과에 대한 원인이 무엇인지 파악하는 과정이다.

다음으로 타인의 행동에 대한 의미를 부여하고 나면 의미평가 과정으로 넘어간다. 의미평가 과정이란 의미 부여된 타인의 행동이 자신에게 어떠한 영향을 미치는지 평가하는 과정이다. 그 의미가 긍정적인지 부정적인지 자신의 판단기준에 따라 평가내린다. 저마다 지니고 있는 대인신념이 판단의 기준이 되고 자신의 기대와 비교한 결과에 따라 타인에게 느끼는 감정이 결정된다. 기대와 현실이 일치하면 긍정적 감정을 경험하게 되고 기대와 현실에 괴리가 발생하면 부정적 감정을 경험하게 된다. 의미평가 과정은 대인신념을 기반으로 한 가치판단의 과정이다. 따라서 의미추론 과정에서 동일한 의미로 해석되더라도 개인의 대인신념에 따라 의미에 대한 평가는 달라질 수 있으며 결과적으로 동일한 사건에 대해 제각기 다른 감정이 나타날 수 있다.

마지막으로 느껴진 감정을 어떻게 표현할 것인가에 대한 결정이 이루어진다. 사건에 부여된 의미를 평가하고 나면 사건에 대해 자신이 어떻게 행동할 것인가를 판단하고 결정하는 과정을 거치게 된다. 이를 대처결정 과정이라 한다. 자신이 사용할 수 있는 대처자원이 무엇인지, 해당 상황에 얼마나 효과적인지 등을 고려하여 대처를 위한 구체적인 방법을 선택하며 이러한 선택이 곧 자신이 취해야 할 행동으로 결정된다. 즉 인간관계에서 경험하는 타인에 대한 감정과 수반된 행동은 대인사고 과정을 통해 결정되는 것이다. 우리가 좋은 관계를 맺고 유지

나를 돌아보는 시간 | 대인사고

▩ 인간관계에서 주로 드는 생각은 무엇이며, 어떤 대상이나 상황에서 그러한 감정을 느끼는가?

- 자신의 대인사고 과정을 나열해 보자.

1단계, (감정) 인간관계에서 경험한 불쾌한 감정을 회상하여 구체적으로 작성한다.
2단계, (사건) 불쾌한 감정을 유발한 구체적인 말과 행동을 객관적으로 작성한다.
3단계, (사고) 어떤 의미로 받아들였는지 떠올려 자신이 해석한 내용을 작성한다.

사건(타인의 행동과 말)	사고(의미추론)	감정(의미평가)

↘ 일련의 사건들에 대한 대인사고를 분석하면 인간관계에서 보이는 자신의 특정 사고방식을 발견할 수 있다. 자신을 불쾌하게 만드는 타인의 말과 행동들을 현실적이고 긍정적으로 사고하려는 노력이 필요하다.

하기 위해서는 긍정적이고 올바른 대인사고가 필요하다.

3) 인간관계 평가

인간은 행복한 삶을 꿈꾸고 이러한 행복은 인간관계에서 얻을 수 있다. 그리고 모든 인간은 행복을 가져오는 만족스러운 인간관계를 형성하고 발달시킬 수 있다. 하지만 행복은 그냥 얻어지는 것이 아니다. 행복한 삶을 위해 끊임없이 노력해야 한다. 인간관계도 마찬가지다. 인간관계가 나에게 긍정적이고 기능적인 역할을 할 수 있도록 꾸준히 관심을 가지고 노력해야 한다. 지금의 인간관계가 자신의 삶에 어떠한 영향을 미치는지 생각하고 보다 만족스러운 인간관계를 위한 개선의 노력이 필요하다.

인간관계의 개선은 이를 위한 자신의 의지를 확고히 하는 것으로 시작한다. 변화는 하루아침에 일어나지 않는다. 인간관계 개선을 위한 굳은 의지로 끊임없이 노력해야지만 관계의 변화를 기대할 수 있다. 자신의 삶에서 인간관계가 어떠한 의미인지 정확히 하고 어떠한 인간관계가 자신에게 행복을 가져올 만족스러운 인간관계인지 고민해야 한다. 이를 통해 인간관계 개선의 필요성을 느끼고 개선 의지를 명확히 해야 원하는 인간관계로의 변화를 가져올 수 있다.

개선의 의지가 확고하다면 자신이 맺고 있는 인간관계를 보다 객관적으로 살펴보고 구체적으로 어떠한 변화가 필요한지 분석한다. 이를 통해 인간관계의 문제를 자각하고 구체적인 변화의 방법을 모색한다. 그리고 행동으로 옮겨 실천한다. 방법을 알아도 실천하지 않으면 아무런 변화도 일어나지 않기 때문에 계획대로 실천하는 것이 중요하다. 인간관계 개선을 위한 노력과 실천이 늘 기대한 결과를 가져오는 것은 아니다. 자신의 노력과 실천이 인간관계에 어떠한 변화를 가져오는지 평가하고 기대한 결과를 얻을 수 있도록 그 방법을 수정하고 보완한다. 이러한 과정을 반복하고 지속하는 것으로 인간관계는 서서히 개선된다.

나를 돌아보는 시간 인간관계의 의미

우리는 자신에게 작용하는 인간관계의 기능적인 측면을 분명하게 인식하고 부정적인 측면을 개선하기 위해 노력해야 한다. 다음 문항은 인간관계가 자신에게 어느 정도 기능하는지 알아보는 척도이다. 이를 통해 지금의 인간관계가 자신에게 어떠한 영향을 미치는지 알아보자.

(출처: 안범희, 2010.)

▩ 체크리스트

1. ( ) 나의 인간관계는 외로움을 경감시킨다.
2. ( ) 나의 인간관계는 나의 취약점을 노출시켜 불편한 위치에 있게 한다.
3. ( ) 나의 인간관계는 지적, 육체적, 감정적 자극을 갖도록 한다.
4. ( ) 나의 인간관계는 의무를 증가시킨다.
5. ( ) 나의 인간관계는 자아를 알며 자존감을 얻도록 한다.
6. ( ) 나의 인간관계는 또 다른 관계를 발전시키는 것을 방해한다.
7. ( ) 나의 인간관계는 육체적, 감정적인 건강을 증진시킨다.
8. ( ) 나의 인간관계는 와해 되기 어려운 것이어서 나에게 두려움을 준다.
9. ( ) 나의 인간관계는 기쁨을 크게 해 주고 고통은 줄여 준다.
10. ( ) 나의 인간관계가 나를 해치고 있다.

▩ 평가 및 해석

각 문항에 1(전혀 그렇지 않다)부터 10(매우 그렇다)까지의 점수를 부여한다.
홀수 문항은 인간관계에서의 장점, 짝수 문항은 인간관계에서의 단점이다.
장점 점수가 높을수록, 단점 점수가 낮을수록 지금의 인간관계가 자신에게 기능적인 역할을 하고 있음을 의미한다.

나의 인간관계는 어떠한가? 어떤 것인 적절한 인간관계인가? 이를 이해하기 위해 인간관계의 적절성을 평가하는 준거를 살펴보고 자신의 인간관계를 평가내리고 인간관계의 적절성을 유지할 수 있는 방법에 대해 고민해야 한다. 인간관계의 적절성에 대한 학자들의 견해를 살펴보면 다음과 같다.

먼저 베니스(W. Bennis, 1973)는 그의 저서 『Interpersonal Dynamics』(1973)를 통해 인간관계를 표현적-정서적 관계, 확인의 관계, 변화와 영향력의 관계, 도구적 관계 이상의 네 가지 유형으로 구분하였다. 그리고 각각의 유형이 지니고 있는 긍정적인 속성을 최대한 이끌어낼 수 있는 관계를 적절한 인간관계로 보았다. 그에 따르면 표현적-정서적 관계에서는 자신의 정서적 만족을 충족시킬 수 있어야 하며 확인의 관계를 통해 자신과 사회에 대한 객관적인 정보를 얻고 현실성을 구축할 수 있어야 한다. 변화와 영향력의 관계에서 상호 간의 성장을 기대하고 도구적 관계를 통해 추구하는 목표를 달성할 수 있어야 한다. 만약 적절한 인간관계를 맺지 못하는 경우에는 소외, 자의식 약화, 일탈, 의존, 낮은 성취 등의 부정적인 결과를 낳게 된다고 보았다.

다음으로 인간관계의 적절성을 평가하는 준거로 자기 자신에 대한 인정과 타인에 대한 존중을 제시한 버거(Berger, 1952)의 연구에서는 자기수용을 잘하고 서로 다름을 인정하는 사람이 인간관계의 적절성을 잘 유지할 수 있다고 보았다. 서로 간에 만족스러운 인간관계를 맺기 위해서는 상대에 적극적으로 관심을 갖고 서로의 가치를 인정하고 타인의 권리를 침해하지 않는 선에서 자아 발전을 위해 노력하는 것이 중요함을 보여주었다.

효율적인 의사소통이 인간관계의 적절성을 유지하는 중요한 요소임을 강조한 조라드(Jourard, 1971)는 인간관계를 통해 서로의 성장과 행복을 기대할 수 있는 관계가 적절한 인간관계임을 설명하고 이를 위해 서로의 개성을 존중하고 적절히 요구하고 기대하는 효율적인 의사소통이 필요하다고 보았다. 로저스(Rogers, 1958) 역시 그의 연구에서 도움을 주는 관계가 적절한 인간관계이며 사고의 개방성이 중요함을 피력하였다. 타인에 대한 믿음과 존경을 바탕으로 솔직하고 적극적인 태도로 인간관계를 맺되 상호 독립된 존재임을 인정할 필요가 있음을 보여주었다.

이상의 견해에 따라 긍정적인 자극과 영향을 주고받는 관계가 좋은 인간관계라 할 수 있으며 정서적 안정을 바탕으로 관심과 기회를 나누며 친밀하게 지내는 정도가 인간관계의 적절성을 평가할 수 있는 기준이 됨을 알 수 있다. 그리고 인간관계의 적절성을 유지하기 위해서는 인정과 존중을 바탕으로 효과적인 사회적 기술을 발휘하여 관계로부터 얻을 수 있는 장점을 극대화할 수 있어야 한다.

나를 돌아보는 시간 | 인간관계의 적절성

인간관계에서 주고받는 자극과 반응의 정도를 파악하기 위한 '스트로크 검사'를 통해 인간관계에서 자신이 주고받는 자극과 반응은 어느 정도이며 개선할 점은 무엇인지 알아보자.

(출처: 우재현, 2002.)

▩ 체크리스트

[내가 상대에게 주는 긍정적 자극과 영향]

1. (　) 친구나 가족과 함께 외출이나 나들이할 때 자기가 먼저 권해서 가는 일이 많다.
2. (　) 아는 사람을 만나면 상대방보다 먼저 인사한다.
3. (　) 곤경에 처한 사람을 지나치게 돕기 때문에 친구나 가족들로부터 '너무 참견하지마'는 말을 자주 듣는다.
4. (　) 학교나 가정에서 다른 사람의 노고에 대해 별 어려움 없이 위로하고 감사를 표할 수 있다.
5. (　) 생일이나 기념일 등을 잘 기억해 두었다가 먼저 축하해준다.

[내가 상대에게 주는 부정적 자극과 영향]

6. (　) 다른 사람의 결점을 지적하는 편이다.
7. (　) 다른 사람에게 칭찬보다는 엄한 충고나 꾸중을 많이 하는 편이다.
8. (　) 상대방이 내 생각대로 행동하지 않을 때 그 자리에서 지적하는 편이다.
9. (　) 음식점과 같은 곳에서 서비스가 나쁘면 바로 불평을 토로하는 편이다.
10. (　) 다른 사람의 잘못이 발견되면 즉시 주의를 주는 편이다.

[내가 상대에게 받는 긍정적 자극과 영향]

11. (　) 자신이 먼저 인사하기 전에 상대방에게 인사받는다.
12. (　) 다른 사람들로부터 인정받고 있는 편이다.
13. (　) 결과에 상관없이 노력을 인정받아 격려해 주는 사람이 많다.
14. (　) 자신의 수고에 대해 다른 사람으로부터 위로와 감사의 표시를 자주 받는다.
15. (　) 매우 곤란한 문제에 직면했을 때 바로 상의할 수 있을 만한 사람이 있다.

[내가 상대에게 받는 부정적 자극과 영향]

16. (　　) 학교나 가정에서 작은 실패나 실수에 대해 꾸중을 듣거나 압박을 느낀 일이 있다.
17. (　　) 지난 반년 동안 자신의 책임이 아닌 일 때문에 다른 사람에게 책망을 받았다고 느낀 일이 있다.
18. (　　) 주위에 비교적 신경질적인 사람이 있어 악의는 없지만 당신을 비판하거나 책망하는 일이 있다.
19. (　　) 학교나 가정에 보통 이상으로 엄격한 사람이 있어 당신을 힘들게 한다고 느낀 일이 있다.
20. (　　) 자신의 가족이나 주변 환경이 다른 친구들보다 너무 엄격하다고 느끼는 경우가 많다.

[무자극과 무반응]

21. (　　) 휴일에 하루 종일 혼자 지내도 고통스럽지 않고 오히려 친구가 찾아오면 부담감을 느낀다.
22. (　　) 길을 가다가 아는 사람을 만나는 것이 귀찮아서 길을 돌아간 적이 있다.
23. (　　) 다른 사람과 이야기를 나눌 때 갑자기 다른 생각에 잠겨 상대가 재차 말을 하고서야 제정신을 차린 경우가 많다.
24. (　　) 사정이 있어서 혼자 식사하게 되면 해방감을 느낀다.
25. (　　) 약속이나 친목회 같은 모임 등에 불가피한 사정으로 불참하게 될 경우 오히려 잘 되었다고 생각한 적이 있다.

▩ 평가 및 해석

각 문항에 0(전혀 그렇지 않다)부터 2(매우 그렇다)까지의 점수를 부여한다.

스트로크 진단	
내가 상대에게 주는 긍정적 자극과 영향	7~8점이면 충분/ 5점 이하면 부족
내가 상대에게 주는 부정적 자극과 영향	3점 이상이면 많이 주는 편
내가 상대에게 받는 긍정적 자극과 영향	7~8점이면 충분
내가 상대에게 받는 부정적 자극과 영향	3점 이하면 적당
무자극과 무반응	2~3점이면 적당

↘ 사람마다 원하는 스트로크가 다르고 선호하는 스트로크 지수가 있다. 자신에게 맞는 스트로크는 받아들이고 그렇지 않은 것은 걸러냄으로써 보다 건설적으로 소통하는 것이 중요하다.

4. 부적응적 인간관계의 유형과 특성

1) 부적응적 인간관계의 기준

우리는 다양한 사람들과 관계 맺으며 살아가고 이러한 인간관계를 통해 성장하고 발전해 간다. 흔히 바람직한 인간관계를 통해 행복이라는 삶의 목표에 도달할 수 있다고 하지만 그 과정이 쉽지만은 않다. 인간은 복잡하고 다양한 관계 속에서 끊임없는 희로애락을 겪는다. 서로의 희로애락을 이해하고 나누는 과정에서 인간관계는 더욱 깊어진다. 따라서 우리는 역동적인 인간관계에서 느끼는 다양한 감정에 적응하고 안정된 상태로 유지하려 노력해야 한다. 하지만 인간이 느끼는 감정과 서로의 감정을 이해하고 나누는 방법은 매우 복잡하고 다양하며 그만큼 개인차가 크기 때문에 때로는 인간관계 속에서 부적응을 경험하게 된다.

바람직한 인간관계와 부적응적 인간관계를 구분 짓는 기준에는 개인의 주관적 감정, 사회규범과 행동, 인간관계에서의 결과 등을 들 수 있다. 먼저 부적응적 인간관계에서는 과도한 불쾌감을 경험하게 된다. 이는 개인이 느끼는 주관적 고통의 정도이며 타인과의 관계가 자신에게 정서적으로 매우 힘든 상태를 가져온다면 적응적이지 못한 인간관계라 할 수 있다. 인간관계에서 부정적인 감정을 느끼는 것은 자연스러운 것이다. 하지만 관계에서 경험하는 감정을 이해하고 풀어내어 안정된 상태로 다시 추슬러야 한다. 부적응적 인간관계에서는 관계 속에서 느끼는 부정적 감정을 과도하게 느끼게 된다. 그리고 과도한 불쾌감이 지나치게 오랜 기간 지속되어 고통받는다. 때로는 일반적으로 불쾌감을 유발하지 않는 상황임에도 불구하고 불쾌감을 느끼거나 자신이 타인에게 불쾌감을 유발한다고 생각해 위축되거나 일상생활에까지 지장을 받기도 한다.

다음으로 부적응적 인간관계에서는 사회규범으로부터의 일탈이 나타나게 된다. 일반적으로 집단이나 사회가 구성원들에게 기대하는 사고와 행동양식이 있다. 하지만 이러한 사회규범에 따르지 않고 부적절한 행동을 한다면 인간관계에 적응적이지 못하다고 할 수 있다. 사회규범은 자신이 속한 집단이나 사회에 따라 제각기 다르다. 따라서 타인과의 관계에서 지켜야 하는 최소한의 규범을 대상과 상황에 맞추어 충분히 이해하고 실천해야 한다. 그렇지 않으면 타인에게 불쾌감을 느끼게 하고 타인으로부터 부정적인 평가를 받게 되어 건강한 인간관계를 형성하고 유지하기 어렵게 된다.

결과적으로 부적응적 인간관계는 관계의 역기능을 가져온다. 바람직한 인간관계는 개인의 성장과 행복에 기여하고 나아가 그들이 속한 집단이나 사회의 안녕과 발전을 기대할 수 있게 한다. 하지만 부적응적 인간관계는 자기 자신뿐만 아니라 타인과 집단에까지 해를 끼치게 된다. 인간관계가 자신에게 긍정적이고 기능적인 역할을 하지 못하고 손해와 지장을 초래하는 관계가 부적응적 인간관계다. 결국 이러한 관계에서 갈등과 불행이 파생된다. 타인과의 관계를 통해 자신이 추구하는 목표를 달성하고 모두의 성장과 행복에 기여하고자 한다면 긍정적인 감정과 사회규범에 적합한 행동양식으로 적응적인 인간관계를 맺을 수 있도록 노력해야 한다.

2) 부적응적 인간관계의 유형

우리는 때때로 인간관계를 통해 과도한 불쾌감을 느끼기도 하고 관계 속에서 규범에 벗어나는 부적절한 행동을 주고받기도 한다. 이러한 부적응적 인간관계는 자신과 타인에게 부정적인 영향을 미치고 다양한 문제로 나타난다. 권석만(2004)의 경우 인간관계에 대한 신념, 태도, 사교 능력 등에 따라 부적응적 인간관계를 크게 네 가지 유형으로 분류하고 있다. 회피형, 피상형, 미숙형, 탐닉형 이상의 네 가지 유형 분류에 따라 부적응의 원인과 양상에 대해 구체적으로 이해하고자 한다.

회피형

부적응적 인간관계의 유형 가운데 회피형은 인간관계를 꺼리어 고립된 삶을 살아가는 사람들이 속한 유형이다. 이들은 인간관계에 소극적인 태도를 보이며 그 결과 인간관계의 범위가 좁고 폐쇄적인 양상을 보인다. 회피형 인간관계는 경시형 인간관계와 불안형 인간관계로 세분화할 수 있다.

경시형은 자신의 삶에서 인간관계의 중요성이 크지 않은 사람들이 속한 유형이다. 인간관계에 대한 부정적 신념이 강하게 자리 잡고 있어 인간관계에서 시간과 노력을 쏟는 것을 낭비라 생각한다. 일상생활에서 외로움을 느끼기보다 혼자의 삶을 편안해하고 자기 자신에게 몰두하는 일을 좋아한다. 하지만 인간은 혼자서는 살아갈 수 없는 존재다. 이러한 유형은 시간이 흐름에 따라 무기력감, 회의감, 의욕 저하 등의 모습을 보이는 경향이 있다.

불안형은 자신과 타인에 대한 불안과 두려움으로 인간관계를 피하는 사람들이 속한 유형이다. 경시형과 달리 삶에서 외로움을 느끼고 다른 사람과 관계 맺고자 하는 욕구가 있으나 자신과 타인에 대한 부정적 신념이 강해 결과적으로 고립된 삶을 선택한다. 쉽게 상처받고 관계를 맺는 과정에서 긴장, 불안, 두려움, 불편함 등의 부정적 감정이 증폭되는 경향이 있어 상처받지 않고 안전할 것으로 기대하는 가족이나 소수의 친구에 국한된 관계를 추구하고 새로운 인간관계를 맺는 것에 소극적이다.

피상형

부적응적 인간관계의 유형 가운데 피상형은 인간관계의 본질에 관심이 있지 않고 겉으로 드러나 보이는 관계에 집중하는 사람들이 속한 유형이다. 이들은 사적인 정보나 마음을 주고받는 것에 오히려 두려움과 부담감을 느끼며 인간관계에서 적당한 거리를 유지한다. 겉으로는 폭넓은 관계를 원만하게 맺는 것처럼 보이나 내면적으로 고독한 경향이 있다. 피상형 인간관계는 실리형 인간관계와 유희형 인간관계로 세분화할 수 있다.

실리형은 인간관계를 현실적인 이해관계로 바라보는 사람들이 속한 유형이다. 이러한 유형의 사람들은 성취 지향적 대인동기가 내면에 강하게 작용하여 자신의 목적 달성을 위해 적극적으로 관계를 맺는가 하면 원하는 목적을 달성하게 되면 관계에 금세 흥미를 잃는 모습을 보인다. 자신의 욕구를 충족하려는 목적으로 인간관계를 맺고 현실적인 이득과 효율성을 관계에서 강조한다.

유희형은 인간관계를 하나의 놀이로 바라보는 사람들이 속한 유형이다. 이들에게 인생은 즐기는 것이고 인간관계 역시 심각할 필요 없이 재미있게 즐기는 것이 최고라 여긴다. 쾌락 지향적 대인동기가 강하게 나타나 가벼운 인간관계를 선호하고 진중한 인간관계를 싫어한다. 이러한 유형에서는 함께 일시적인 쾌락을 즐길 사람들은 많지만 지속적인 관계를 유지하기는 어렵다.

미숙형

부적응적 인간관계의 유형 가운데 미숙형은 대인기술이 부족하여 인간관계가 원만하지 못한 사람들이 속한 유형이다. 타인과 관계 맺고자 하는 욕구는 강하지만 관계를 형성하고 유지하는 데 필요한 대인기술이 미숙하여 결국 관계 맺기에 실패한다. 미숙형 인간관계는 소외형 인간관계와 반목형 인간관계로 세분화할 수 있다.

소외형은 인간관계에서 타인에게 호감을 얻지 못하고 소외되거나 따돌림당하는 사람들이 속한 유형이다. 인간관계에도 기술이 필요하다. 자기 자신을 적절히 표현하고 타인에게 적절히 반응하는 기술이 필수적이다. 하지만 예의나 규범에 어긋나는 행동, 상황에 맞지 않는 행동, 자기중심적인 행동 등으로 오히려 타인에게 불쾌하고 불편한 존재로 여겨져 관계 맺기에 실패한다. 다만 이들의 미숙함은 타인에 대한 악의적 의도가 없는 서투름으로 이해되어 상대로부터 거리를 두게 하지만 인간관계에서 갈등을 초래하지는 않는다.

반목형은 인간관계에서 타인과의 다툼과 대립을 반복하는 사람들이 속한 유형이다. 소외형과 달리 인간관계에 대한 강한 욕구를 바탕으로 인간관계를 형성하는 데 성공하지만 감정조절이 미숙하고 감정표현이 서툴러 관계의 반목을 자주 경험하게 된다. 이러한 유형은 감정손상이 두드러지고 주위에 경쟁자나 적이 많은 유형이다. 특히 인간관계에서 쉽게 갈등 상황에 놓이나 적절히 대응하지 못해 관계의 해체에 이르는 경향이 있다.

탐닉형

부적응적 인간관계의 유형 가운데 탐닉형은 혼자라는 것에 불안해하고 허전해하며 끊임없이 자신이 관계 맺을 사람을 찾아 헤매는 사람들이 속한 유형이다. 이들은 인간관계에 대한 신념이 강렬하며 강박적이고 독점적인 경향이 강하다. 탐닉형 인간관계는 의존형 인간관계와 지배형 인간관계로 세분화할 수 있다.

의존형은 인간관계에서 상당한 희생과 부담을 감수하는 사람들이 속한 유형이다. 늘 외로워하고 자신을 한없이 나약한 존재로 인식하여 의지할 수 있는 상대를 끊임없이 갈구한다. 의지할 만한 사람에게 적극적으로 접근하여 자신의 희생으로 관계를 형성한다. 인간관계에서 자신의 모든 것을 의탁하는 양상을 보이고 이러한 종속적인 인간관계에서 만족감을 느낀다. 한편으로는 버려질 것에 대한 두려움으로 늘 상대를 의심하고 집착하게 되어 불안정한 인간관계를 보인다.

지배형은 의존형과는 반대로 인간관계에서 누군가를 거느리고 주도하려는 사람들이 속한 유형이다. 자기주장이 강하고 경쟁적이며 자기 의사에 반하는 상대에 대해 공격적이다. 동등한 위치에서 관계 맺기보다는 지배적인 위치에서 관계 맺을 때 행복감을 느낀다. 상대를 구속하고 제한하는 만큼 상대는 구속과 부담으로 불만을 느껴 장기간 안정된 관계를 유지하지 못하는 경향이 있다.

3) 부적응적 인간관계의 특성과 대처

인간은 누구나 자아실현 욕구, 존경 욕구, 사랑과 소속 욕구, 안전 욕구, 생리적 욕구를 가지고 태어나며 타인과의 관계를 통해 이러한 욕구를 충족하려 노력한다(Maslow, 1971). 하지만 여러 가지 이유에서 인간관계의 부적응이 나타나고 다양한 문제들로 이어지게 된다. 우리가 진정한 인간관계를 맺기 위해서는 인간관계에서 부적응적 행동 양상을 나타내는 사람들의 특성을 이해하고 적응적 인간관계를 위해 어떠한 노력을 해야 하는지 살펴볼 필요가 있다. 인간은 다양한 관계 속에서 적응적 모습을 보이기도 하고 부적응적 모습을 보이기도 한다. 자신의 인간관계가 어떠한 상태인지 평가하고 보다 좋은 관계를 위해 스스로 노력하는 것이 행복한 변화와 성장의 시작이다.

비현실적 대인동기

인간관계에 부적응적 양상을 나타내는 사람들의 대인동기를 살펴보면 부적절하거나 비현실적인 경우가 많다. 인간관계에서 어느 정도의 욕구 좌절은 참아낼 수 있어야 하며 이러한 경험에도 불구하고 우리는 자신의 대인동기를 충족하기 위해 꾸준히 노력해야 한다. 하지만 부적절하거나 비현실적인 대인동기는 어떠한 방법으로도 충족하기 어려우며 오히려 부적응적 인간관계를 불러온다. 자신의 지위나 다른 사람의 기대에 어긋나는 대인동기는 인간관계를 불편하게 만들고 불쾌감을 가져온다. 관계를 맺는 대상이나 상황에 맞지 않는 비현실적이고 무리한 대인동기는 욕구 좌절과 관계에 대한 불만만을 경험하게 할 뿐이다.

인간관계에서 지나치게 강한 대인동기는 자기 자신의 과도한 희생이나 타인에 대한 무리한 기대와 요구로 이어지게 되고 결국 과부하를 가져오거나 과도한 부담으로 거부당하는 결과를 초래하게 된다. 자신의 대인동기를 충족하기 위한 노력은 균형을 잃게 되고 스스로 그 욕구를 감당하지 못하고 좌절하게 된다. 이와 같은 극단적인 대인동기에는 지나치게 약한 대인동기도 포함된다. 이 경우 관계에 대한 욕구가 사라져 인간관계에서 고립되고 소외되는 부적응적 양상을 가져오게 된다. 즉 대인동기에는 균형이 중요하다. 타인에게 의존하려는 동기,

친밀해지고자 하는 동기, 지배하려는 동기 등 개인의 다양한 대인동기 가운데 어느 하나에 치중하거나 지나치게 강하거나 약한 대인동기로는 적응적인 인간관계를 기대하기 어렵다.

부적응적 대인동기에 대처하기 위해서는 자신의 부적절하고 비현실적인 대인동기를 자각하고 의식적으로 조절해야 한다. 타인과의 관계에서 자신이 어떠한 동기를 가지고 행동하는지 깊이 생각하고 평가해봄으로써 자신의 대인동기를 객관적으로 파악하는 것이 중요하다. 그리고 자각된 대인동기에 문제가 있다면 적절히 조절하려는 노력을 기울여야 한다. 어렵지만 실제 인간관계에서 충분한 기회를 갖고 서서히 대인동기를 조절하여 욕구를 충족하는 경험을 쌓는 것이 개인의 대인동기 조절 능력을 기를 수 있는 방법이다. 실패하더라도 관계 맺기를 도전하고 조금씩 욕구 충족의 경험을 쌓다 보면 건강한 인간관계를 지속할 수 있게 된다.

부정적이고 경직된 대인신념

인간관계에 부적응적 양상을 나타내는 사람들의 대인신념을 살펴보면 부정적이거나 경직된 경우가 많다. 인간관계는 상대에 대한 신뢰에서 시작하며 상호신뢰는 관계를 발전시키는 중요한 요인이 된다. 하지만 인간관계에서 부적응적 행동 양상을 보이는 사람들은 자신과 타인 그리고 인간관계에 대한 부정적 생각과 믿음으로 관계의 발전을 저해하기도 한다. 일반적으로 대인신념은 과거의 경험에 기인하고 있어 개인의 부정적 대인신념이 현재의 인간관계와 일치하지 않을 수도 있다. 하지만 이러한 편향된 신념으로 인간관계에 부정적 영향을 미치고 때로는 사실과 다른 왜곡된 신념을 보이기도 한다. 뿐만아니라 인간관계는 마땅히 그래야 한다는 경직된 대인신념으로 현실의 인간관계에서 괴리를 경험하고 오히려 타인과의 관계에서 부정적인 감정을 느끼게 한다.

부적응적 대인신념에 대처하기 위해서는 자신의 대인신념에 대한 정확한 분석을 토대로 인간관계에 적응적일 수 있도록 대인신념을 수정해야 한다. 일반적으로 대인신념은 개인이 직접적 혹은 간접적인 경험을 통해 얻은 지식과 정보에 근거하여 오랜 기간에 걸쳐 형성된다. 이러한 대인신념은 지극히 당연한 것으로 인식되어 자각하고 바꾸는 것이 쉽지 않다. 하지만 자신이 가지고 있는 신념이 사실인지, 실현 가능한 것인지 분명히 확인하여 유연하게 대체할 필요가 있다. 건강한 인간관계를 위해 사실과 다른 신념, 사실이라 하더라도 편향된 신념, 현실에 괴리된 신념 등에 대해 비판적으로 분석하고 자신의 삶에 유용한 신념이 될 수 있도록 보다 긍정적이고 현실적인 대인신념으로 대체할 필요가 있다.

부적절한 대인기술

인간관계에 부적응적 양상을 나타내는 사람들의 대인기술을 살펴보면 대인기술이 미숙하거나 적절한 대인기술을 지니고 있지만 제대로 활용하지 못하는 경우가 많다. 새로운 환경에서 낯선 사람을 만났을 때 인사를 나누고 대화를 이어 나가고 그 관계를 심화하고자 한다면 적절한 대인기술을 효과적으로 발휘해야 한다. 대인기술은 인간관계에서 서로의 동기와 신념을 공유하고 추구하는 목표를 실현할 수 있게 하는 하나의 수단이다. 이러한 대인기술은 워낙 다양하고 복잡미묘하여 숙련되게 활용하기가 쉽지 않다. 대인동기가 강하고 긍정적인 대인신념을 지니고 있더라도 대인기술이 미숙하여 상대에게 호감을 얻지 못하거나 불편감이나 불쾌감을 주어 거부당하기도 한다. 또는 적절한 대인기술을 갖고 있음에도 낯선 상황에 대한 긴장과 불안, 두려움 등으로 인해 대인기술을 제대로 발휘하지 못하는 사람들도 있다.

건강한 인간관계를 위해서는 다양한 대인기술을 적절히 구사할 수 있어야 한다. 대인기술은 타고나는 것이 아니다. 학습되는 것이며 의식적인 노력을 통해 개선될 수 있다. 부적응적 대인기술에 대처하기 위해서는 자신의 의사를 명확히 표현하고 상대의 말을 진지하게 경청하고 적절히 반응하는 연습이 필요하다. 이를 위해 자신과 타인의 대인기술을 관찰하고 연구해 자신의 대인기술 문제를 파악하고 적절한 대인기술을 터득하는 것이 중요하다. 이를 토대로 자신의 문제점을 수정하고 현실의 인간관계에서 시도하고 평가해 보아야 한다. 즉 인간관계에서 적절한 대인기술을 익히고 효과적으로 발휘하기 위해서는 끊임없이 배우고 연습해 보고 타인과의 관계에서 시도하고 평가하고 개선하기를 반복해야 한다.

대인사고의 오류

인간관계에 부적응적 양상을 나타내는 사람들의 대인사고를 살펴보면 의미를 추론하는 과정에서 인지적 오류를 범하는 경우가 많다. 인간관계에서 나타나는 반응은 대인사고의 결과다. 타인의 행동에 대해 어떠한 의미를 부여하고 평가하느냐에 따라 자신의 행동이 결정된다. 하지만 타인의 행동에 대한 의미 부여와 평가가 사실 그대로 정확히 이루어졌는지 확신할 수는 없다. 인간관계에서 나타나는 행동이나 사건에 의미를 부여하는 것은 그 행동을 한 사람이 아니라 지각하는 '나'이기 때문이다. 자신의 경험이나 주어진 상황에 따라 선택적으로 지각할 수 있으며 지각된 자극이 가지는 의미를 달리 해석할 수 있다. 이러한 점에서 인지적 오류가 발생할 수 있으며 타인과 관계 맺는 과정에서 왜곡이나 오류로 인해 오해가 생기고 갈등을 겪게 된다.

우리는 대인사고의 과정에서 이분법적인 사고를 보이거나 지나치게 일반화하여 확대해석하기도 하고 특정 정보에만 주의를 기울여 전체를 해석하기도 한다. 막연한 감정에 치우친 해석을 하기도 하고 충분한 근거 없이 마음대로 단정짓거나 마치 예언자처럼 이후에 나타날 일을 확신하기도 한다. 사람마다 정도의 차이가 있지만 인간관계에서 이러한 인지적 오류는 흔히 나타날 수 있다.

우리가 부적응적 대인사고에 대처하기 위해서는 지각하고 사고하는 '나'의 객관적 자세가 필요하다. 인지과정에서 일어날 수 있는 수많은 왜곡과 오류의 가능성을 인정하고 자신의 대인사고 과정이 인간관계에 어떻게 작용하는지 탐색하고 주로 어디서 오류가 발생하는지 파악하는 것이 중요하다. 보다 정확한 판단을 위해 타인과의 적극적인 의사소통으로 다른 사람의 생각과 자신의 생각을 비교하고 타인의 충고에 귀 기울인다. 막연하게 받아들이기 보다 타인의 생각을 이해하려 노력해야 한다. 자신의 관점이 늘 옳은 것은 아니며 언제든지 바뀔 수 있다는 사실을 명심하고 인간관계에서 자신의 오류를 발견하고 변화시켜 보다 조화롭게 사고할 필요가 있다.

5. 인간관계 개선을 위한 노력

살면서 '나는 지금 행복한가?'라고 자문하는 순간이 온다. 행복하다고 자신 있게 대답할 수 없어도 괜찮다. 지금 당장 행복을 자신하지 못해도 행복을 추구하고 행복한 삶을 위해 노력하는 것이 중요하다. '나는 지금 행복한가?'라는 의심이 든다면 변화할 때다. 행복은 스스로 만들어 가는 것이다. 인간관계는 삶의 중요한 영역이며 타인과의 만족스러운 관계를 통해 행복에 이를 수 있다. 앞으로의 행복을 위해 자신의 인간관계를 긍정적으로 바꾸려 노력해야 한다. 그리고 이러한 변화를 위해 삶의 의미와 목표를 스스로 찾고 자신의 가치를 높이기 위해 도전해야 한다. 특히 관계의 주체이자 행복의 주체인 자신에 대한 관리와 개발이 필요하다. 다음에서는 바람직한 인간관계로 나아가기 위한 리더십을 알아보고 좋은 리더와 좋은 팔로워가 되기 위한 역량에 대해 살펴본다. 또한 인간관계를 변화시킬 수 있는 긍정적인 생각과 태도의 기초가 되는 '나'의 이미지에 대해 이해하고 더 나아가 적극적으로 도전하고 책임지는 행동의 중요성에 관해 자세히 살펴본다.

1) 관계의 리더십

리더란 집단의 통일을 유지하고 구성원의 자발적인 행동을 이끌어내는 역할을 하는 사람이며 리더십은 공동의 목표를 달성하기 위해 개인이나 집단에 영향을 미쳐 변화를 가져오는 리더의 힘을 의미한다. 리더십은 변화에 대처하는 능력이자 상호 간에 지지와 도움을 주고받는 사회적 과정으로 이를 통해 개인과 집단을 바람직한 방향으로 이끌고 변화에 적응하여 안정을 유지할 수 있도록 한다. 집단의 역량은 리더십을 통해 시너지 효과를 얻게 된다. 집단 구성원에 효과적으로 리더십을 발휘함으로써 집단의 목표 달성을 위한 동기를 부여하고 개개인의 역량을 증대시킨다. 리더십이 제대로 발휘되지 못한다면 개인이나 집단은 목표 달성에 실패할 수 있으며 심각한 경우 집단의 존속을 기대하기 어렵게 된다.

절대적으로 좋은 리더십 혹은 나쁜 리더십은 없다. 리더십은 집단 구성원의 행동 방향을 제시하고 자발적으로 노력하게끔 영향력을 행사하는 과정이다. 개인이나 집단이 처한 상황이나 주어진 조건에 따라 리더십의 성과는 달리 나타난다. 즉 리더십은 '관계'의 개념을 포함하고 있다. 혼자서는 리더가 될 수 없다. 타인과의 관계 속에서 리더십이 나타날 수 있다. 팔로워 없는 리더는 존재할 수 없으며 리더와 팔로워의 지속적인 상호작용하에 리더십이 존재한다. 훌륭한 리더는 집단 구성원의 특성을 잘 이해하고 끈끈한 유대관계를 갖는다. 따라서 바람직한 인간관계로의 개선을 위해서는 관계의 리더십이 필요하다. 인간관계에서 리더십은 서로에게 영향을 미치고 변화를 가져온다. 좋은 리더십은 서로를 바람직한 방향으로 이끌어주지만 나쁜 리더십은 서로에게 긍정적인 영향을 미치지 못하고 결국 관계의 해체를 가져오게 한다. 우리는 만족스러운 인간관계를 위해서 좋은 리더이자 좋은 팔로워가 되어야 하며 이를 위한 역량을 갖추어야 한다.

리더십은 행동을 이끄는 것이다. 동기부여를 통해 타인의 바람직한 행동을 이끌어낸다. 좋은 리더십은 자신의 지위와 권력을 활용해 복종을 강요하는 것이 아니라 타인의 욕구에 대한 배려와 자발적 참여를 전제로 한다. 다른 사람의 의견을 존중하고 충분한 의사소통을 통해 영감을 주어야 한다. 또한 좋은 성과를 낼 수 있도록 도움을 주고 공정한 평가와 보상으로 지지를 아끼지 않아야 한다. 집단 구성원이 처한 상황에 따라 요구되는 리더십의 양상과 정도에는 차이가 있다. 리더와 구성원 간의 신뢰, 존경, 친밀감 등에 따라 서로의 의견을 수용할 수 있는 정도가 다르다. 서로 간의 관계가 호의적이거나 성숙도가 높을 때 배려적 행동, 관계지향적 리더십이 효과적이고 비호의적이거나 성숙도가 낮은 상황에서는 과업주도적 행동, 과제지향적 리더십이 보다 높은 만족도와 성과를 가져온다.

최근 주목받는 현대적 리더십은 그린리프(Greenleaf, 1977)에 의해 제시된 '서번트 리더십'으로 섬김의 리더십이다. 통솔하는 리더가 되기 보다는 봉사하는 리더가 되어 상호신뢰를 형성하고 구성원 스스로가 공동의 목표 달성을 위해 기여하도록 하는 것이다. 리더의 희생으로 구성원들이 잠재력을 발휘할 수 있는 환경을 조성하며 환경적 맥락에서 소통하고 신뢰와 비전을 공유할 수 있어야 한다. 이를 위해 서로의 배려 속에서 경청하고 공감하고 설득하는 과정을 반복하고 지속해야 한다.

한편 리더십만으로 집단의 목표 달성을 기대하기는 어렵다. 집단의 목표 달성을 위해서는 팔로워의 역할이 중요하다. 팔로워는 단순히 리더를 따르는 존재가 아니라 협력을 위한 파트너다. 리더가 팔로워에게 리더십을 발휘한다면 팔로워들은 리더에게 팔로워십을 발휘한다. 팔로워십은 리더를 만드는 힘이다. 효과적인 리더십을 위해서는 훌륭한 팔로워가 필요하다. 우리 모두는 리더이면서 팔로워다. 대상이나 상황에 따라 좋은 리더가 되어야 할 때가 있고 훌륭한 팔로워가 되어야 할 때도 있다.

팔로워의 요구에 귀 기울이고 들어주는 것이 좋은 리더라면 바람직한 팔로워는 리더의 권위를 존중하고 효과적인 리더십 발휘를 위해 비판적으로 지지하는 것이다. 제대로 된 팔로워십을 갖추기 위해서는 자기관리를 게을리하지 않고 부단히 노력하고 도전하는 자세가 필요하다. 자기 자신만의 이익을 추구하기보다는 팀워크를 중시하고 집단을 위해 능동적으로 계획하고 실천하는 강한 책임감을 보이는 것이 진정한 팔로워십이다.

2) 이미지 관리와 자기개발

풀머(R. Fulmer)는 그의 저서 『The Leadership Investment』(2000)에서 성공과 행복을 위해 기꺼이 자신의 태도를 바꾸라고 말한다. 인간관계에서 문제가 발생하면 그 문제를 해결하기 위한 변화가 필요하다. 인간관계에서 변화시킬 수 있는 것은 문제가 되는 상황 그리고 관계의 중심에 있는 '나'와 '너'다. 가장 현명한 방법은 자기 자신을 변화하는 것이다. 문제에 직면하지 않기 위해 수시로 상황을 바꾸는 것은 쉬운 일이 아니며 상대에게서 문제의 원인을 찾고 바뀌기를 기대하고 강요하는 것 또한 효과적인 방법은 아니다. 인간관계에서 대상과 상황을 통제하는 것은 어려운 일이기 때문에 자기 자신을 통제하는 것으로 문제를 해결하는 것이다. 관계를 바꾸려 하기보다는 바뀌는 것이 효과적이다.

그렇다고 인간관계에서 나타나는 모든 문제의 원인을 '나'에게 돌리라는 것은 아니다. 인간관계에서 나의 태도와 행동은 내가 선택하는 것이다. 상황이나 상대의 행동이 부적절하더라도 나에게 집중하고 주어진 환경에서 스스로가 할 수 있는 최선의 선택을 해야 한다. 바람직한 인간관계로의 개선을 위해서는 자기 자신을 바로 알고 바람직한 방향으로 바꾸어야 한다. 우리가 맺고 있는 인간관계는 자신에게 유익하고 만족스러워야 하며 자신이 원하는 관계를 위해 스스로를 격려하고 노력하는 것이 중요하다. 인간관계에 대한 긍정적이고 일관된 생각과 태도를 정립하고 자신을 믿고 능력을 최대한 발휘해야 한다. 이를 위해 자신의 삶의 목표에 맞는 전략적인 자기개발이 이루어져야 한다.

이미지 관리

자신과 타인에 대한 긍정적인 생각과 태도는 바람직한 인간관계를 위해 꼭 필요하며 이러한 긍정적인 개념 정립에는 이미지가 중요한 역할을 한다. 이미지는 대상에 대한 주관적 인지, 인상을 의미하며 이미지를 형성하는 요소로는 표정, 외모, 말, 행동, 자세, 심성, 생각, 습관, 욕구, 감정 등을 들 수 있다. 심성, 생각, 습관, 욕구, 감정 등을 포함하고 있는 이미지를 내적 이미지라 하며 이는 인간의 내면에 형성된 본질을 의미한다. 내적 이미지는 행동을 불러일으키는 잠재력을 가지고 있으며 개인의 이미지를 형성하는 근간이 된다.

한편 표정, 외모, 말, 행동, 자세 등을 포함하고 있는 이미지를 외적 이미지라 하며 이는 밖으로 드러나는 현상적인 이미지를 의미한다. 개인의 내적 이미지는 외적 이미지로 표출되며 인간관계에서는 이러한 이미지들의 교환이 이루어진다. 우리가 어떠한 이미지를 가지고 있고 누구와 어떻게 교환하느냐에 따라 사회적 이미지는 달라진다. 자신의 이미지와 자신과 관계 맺고 있는 주변의 이미지를 통해 '나'의 이미지가 형성되는 것이다.

좋은 이미지는 인간관계에서 강점으로 작용하고 바람직한 인간관계의 형성을 통한 개인의 행복과 삶의 질 향상에 기여한다. 인간관계에서는 자신의 이미지를 긍정적으로 표현해 내는 기술이 필요하며 이를 위해 꾸준히 이미지를 관리해야 한다. 이미지 관리는 긍정적 이미지를 위한 인위적인 노력이며 자신의 이미지를 형성하고 긍정적으로 변화하고 이를 유지하고 발전시켜 나가는 일련의 과정이다. 인간관계에서는 자기 자신을 제대로 이해하고 상대에게 호감을 줄 수 있는 이미지를 가꾸어 잘 활용하는 사람이 인정받는다. 이미지 관리의 시작은 자신에 대해 정확히 아는 것이다. 자신의 장점은 살리고 단점은 보완할 수 있는 이미지를 형성하여 타인과의 관계에서 자신의 이미지를 적절히 표현해 낼 수 있어야 한다. 상호신뢰를 바탕으로 한 긍정적인 이미지의 교환은 좋은 관계를 유지할 수 있게 한다.

자기개발

인간관계의 개선을 위해서는 적극적이고 주체적인 자세로 변화를 위해 꾸준히 노력해야 하며 여기에는 건강한 정신과 바른 행동이 바탕이 되어야 한다. 바람직한 인간관계를 위해서는 새롭게 생각하고 도전하고 신뢰하고 결과에 책임을 질 수 있어야 한다. 타인과의 관계에서 위기를 극복하고 보다 좋은 관계로 발전하기 위해서는 '나'와 '너'에 대해 깊이 이해하고 새로운 것에 적극적으로 도전하는 것이 중요하다. 성장을 위해서는 지킬 것은 지키고 변화시킬 것은 변화시킬 수 있어야 한다. 관계의 위기를 변화와 발전의 기회로 여기고 새로운 생각과 사고를 통해 더 나은 방법을 발견하고 과감히 시도하는 것이 필요하다. 실패를 두려워하지 않는 책임감 있는 행동이 더 나은 모습으로의 변화를 가져온다.

인생에서 그리고 관계에서 나타나는 모든 것은 '나'의 일이다. '나'는 결정권자이며 책임자다. 주체성을 갖고 자신의 삶과 인간관계에 끊임없는 관심을 보이고 보다 성장하는 내가 될 수 있도록 폭넓게 사고해야 한다. 우리가 건강한 정신과 바른 행동으로 일관되게 노력한다면 바람직한 인간관계를 통한 행복이라는 목표 달성을 기대할 수 있다. 여기서 바른 행동이란 신뢰를 바탕으로 한 존중의 자세이며 이러한 신뢰는 성실함과 정직함으로 구축할 수 있다.

한편 이러한 변화의 노력에는 전략적인 자기개발이 필요하다. 자신의 능력, 적성, 특성 등에 대한 이해를 바탕으로 자기 발전을 위한 목표를 스스로 수립하고 성취할 줄 알아야 한다. 자아실현과 만족스러운 인간관계를 위해 능동적으로 선택하고 도전할 필요가 있으며 따라서 자신에 대한 올바른 이해와 함께 알맞은 목표를 정립하고 실행해야 한다. 그리고 행동했다면 그 결과를 점검하고 보완하여 다시 새로운 목표를 세워 실천하기를 반복해 자신을 꾸준히 관리하는 것이 중요하다.

이와 같은 자기개발은 자신의 인생에 대한 동기부여로 시작된다. 강한 동기부여는 목표가 무엇이고 어떻게 달성할 수 있을지를 보다 명확하게 해준다. 우리는 자신의 가치체계를 분명히 하는 것으로 새로운 자기를 발견하고 그에 대한 동기를 불러일으킬 수 있다. 새로운 나를 발견하고 제대로 인식했다면 긍정적인 변화를 위해 자신의 핵심역량을 찾고 삶의 원칙과 중심가치를 정하는 과정을 거쳐야 한다. 이는 인간관계에서도 마찬가지다. 강한 동기부여를 기반으로 관계에 대한 명확한 목표를 두고 계획하고 실행한다. 그리고 평가하고 혁신한다. 그렇게 '나'와 '너'의 관계의 가치를 높이고 진정한 행복을 추구할 수 있다.

나를 돌아보는 시간 열정과 끈기

자신의 가치를 높이기 위한 도전에는 열정과 끈기가 필요하다. 타고난 재능보다 인내와 열정을 바탕으로 한 노력이 더욱 중요하다. 현재의 열정과 끈기를 측정하는 'Grit Test'를 통해 자신의 열정과 집념이 있는 끈기가 어느 정도인지 알아보자.

(출처: 앤절라 더크워스, 2019.)

▩ 체크리스트

[열정] 오랫동안 같은 목표에 일관되게 집중하는 일

1. (　) 나는 새로운 아이디어와 프로젝트 때문에 기존의 것에 소홀해진 적이 있다.
2. (　) 나는 한 가지 목표를 세워놓고 다른 목표를 추구한 적이 종종 있다.
3. (　) 나는 몇 개월 이상 걸리는 일에 계속 집중하기 힘들다.
4. (　) 나의 관심사는 해마다 바뀐다.
5. (　) 나는 어떤 아이디어나 프로젝트에 잠시 사로잡혔다가 얼마 후에 관심을 잃은 적이 있다.

[끈기] 열심히 노력하며 좌절을 딛고 일어서는 일

6. (　) 나는 실패해도 실망하지 않는다. 나는 쉽게 포기하지 않는다.
7. (　) 나는 노력가다.
8. (　) 나는 뭐든 시작한 일은 반드시 끝낸다.
9. (　) 나는 성실하다. 나는 결코 포기하지 않는다.
10. (　) 나는 좌절을 딛고 중요한 도전에 성공한 적이 있다.

▩ 평가 및 해석

열정 문항에 1(매우 그렇다)부터 5(전혀 그렇지 않다)까지의 점수를 부여한다.
끈기 문항에 1(전혀 그렇지 않다)부터 5(매우 그렇다)까지의 점수를 부여한다.
평균 점수가 높을수록 그릿 점수가 높음을 의미한다.

미국 성인 표본과 비교

백분위수	그릿 점수	백분위수	그릿 점수
10%	2.5	70%	4.1
20%	3.0	80%	4.3
30%	3.3	90%	4.5
40%	3.5	95%	4.7
50%	3.8	99%	4.9
60%	3.9		

| 요약 |

1. 현대사회의 인간관계는 스침의 인간관계에 지나지 않는다. 인간성 상실에 따른 관계의 불안정성과 취약성으로 인해 우리는 고립과 고독을 경험하게 된다. 관계의 홍수 속에서 불행의 함정에 빠지지 않기 위해 '만남'의 중요성을 떠올리고 바람직한 인간관계 회복을 위한 적극적인 노력을 기울여야 하는 시대다.

2. 우리가 어떠한 상호작용을 하느냐에 따라, 어떠한 태도를 지니느냐에 따라 맺게 되는 인간관계는 달라진다. 다양한 인간관계에서 나타나는 상호작용의 특성에 대해 이해하고 자신과 타인에 대한 긍정적인 태도를 유지할 수 있도록 끊임없이 노력해야 한다. 이를 통해 서로 간의 신뢰를 바탕으로 좋은 인간관계를 형성하고 유지할 수 있다.

3. '인간이 추구해야 하는 것은 언제나 인간이다.' 바람직한 인간관계는 행복을 가져온다. 무엇이 자신에게 행복을 가져올 만족스러운 인간관계인지 고민해 보고 현재의 인간관계를 객관적으로 평가해 보아야 한다. 이를 위해 바람직한 인간관계의 조건을 심층적으로 분석해 보고 올바른 인간관계를 위해 어떠한 변화가 필요한지 명확히 해야 한다.

4. 인간관계를 통해 행복이라는 삶의 목표에 도달할 수 있다고 한다. 하지만 그 과정이 쉽지만은 않다. 행복한 인간관계를 위해 먼저 우리가 경험하고 있는 인간관계의 부적응에 대해 구체적으로 살펴본다. 다음으로 인간관계에 주요한 영향을 미치는 요인들을 중심으로 부적응적 인간관계에 대처할 수 있는 방안을 검토해 보고 개선의 방향을 설정할 필요가 있다.

5. '나는 지금 행복한가?'라는 물음에 자신 있게 대답할 수 있도록 변화해야 한다. 삶의 의미와 목표를 찾고 바람직한 인간관계로 나아가기 위해 굳은 의지로 도전하는 것이 중요하다. 무엇보다 행복의 주체인 '나'에 대한 관리와 개발이 필요하다. 기꺼이 변화할 수 있는 용기로 관계의 개선, 더 나아가 성공과 행복을 기대할 수 있다.

참고 문헌

■ 참 고 문 헌 ■

- 강수택(1998). 『일상생활의 패러다임: 현대 사회학의 이해』. 민음사.
- 강수택(2020). 『알프레드 슈츠』. 커뮤니케이션북스.

  ______(2023). 『인간관계론』. 창지사.
- 거겐(2020). 『사회구성주의로의 초대』. 한유리 옮김. 피와이메이트.
- 국립국어원(2017). 『표준국어대사전』. 두산동아.
- 권석만(2004). 『젊은이를 위한 인간관계의 심리학』. 학지사.

  ______(2007). "한국 청소년의 사이버 공동체 참여와 친구 관계 형성과의 관계 연구". 한국사회연구, 32(4).

  ______(2023). 『젊은이를 위한 인간관계의 심리학』. 학지사.
- 권정호·김동원·이윤식·이윤희·이재석·이지연(2008). 『인간관계와 리더십』. 양서원.
- 권태환·설동훈·홍두승(2006). 『사회학의 이해』. 다산.
- 권희경(2023). 『인간관계와 의사소통』. 양서원.
- 그리핀(2012). 『첫눈에 반한 커뮤니케이션 이론』. 김동윤·오소현 옮김. 커뮤니케이션북서.
- 김강민(2010). "시민참여 시대의 갈등 발생과 공직윤리". 공공인적자원과 정책.
- 김광수·김영진·이점수·전정수(2011). 『인간관계론』. 청람.
- 김광웅·방은령(1992). "아동기의 도덕적 사회화과정". 아동연구 7(1).
- 김나미(2005). "한국 유아의 친구 관계 형성 과정에 있어서 어머니의 양육 태도의 영향". 이화여자대학교 대학원 석사학위 논문.
- 김덕영(2007). 『게오르그 짐멜의 모더니티 풍경 11가지』. 도서출판 길.

  ______(2016). 『사회의 사회학: 한국적 사회학이론을 위한 해석학적 오디세이』. 도서출판 길.
- 김동윤 편역(2013). 『인간관계 이론』. 커뮤니케이션북스.
- 김문조 외(2013). 『현대사회학이론 : 패러다임적 구도와 전환』. 다산출판사.
- 김선주·김정호(2018). 『긍정 심리학』. 시그마프레스.
- 김양희(1993). 『한국 가족의 갈등연구』. 중앙대학교 출판부.
- 김영한(2010). 『칭찬하는 멘토 리더가 명품을 만든다』. 북 플래닛.
- 김용학(2010). 『사회 연결망 이론』. 박영사.
- 김은영·이규은(2011). 『인간관계론』. 동문사.
- 김종운(2022). 『인간관계의 심리학』. 학지사.
- 김종운·박성실(2010). "한국판 RODE-2-K 기질 척도 개발 및 타당화". 한국심리학회지, 45(3).
- 김종재(2003). 『인간관계론 : 이론과 응용』. 박영사.
- 김혜숙·박민철·윤석빈(2017). "자아개념 향상 프로그램 효과". 상담학연구, 18(2).

· 김환석(2020). "인간관계의 사회학에서 인간-비인간 관계의 사회학으로". 경제와사회, 127.
· 김효창·김경숙·이인숙(2021). 『인간관계 심리학』. 마인드포럼.
· 김희동·이성희(2022). 『대인관계능력』. 동문사.
______(2023). 『대인관계능력』. 동문사.
· 김희숙·강문희·김판희·박경란·박정미·신은정·유광자·정현옥·채영선·하태희(2022). 『인간 관계와 의사소통의 이론과 실제』. 학지사메디컬.
· 다렌도르프(1982). 『산업사회의 계급과 갈등』. 정대연 옮김. 기린원.
· 로자·슈트렉커·콧트만(2022). 『사회학 이론 : 시대와 관점으로 본 근현대 이야기』. 최영돈 외 옮김. 한울아카데미.
· 루만(2020). 『사회적 체계들: 일반이론의 개요』. 이철·박여성 옮김. 한길사.
· 리프킨(2001). 『소유의 종말』. 믿음사.
· 마르크스·엥겔스(2015). 『독일 이데올로기』. 표재명 옮김. 두레.
______(2018). 『공산당 선언』. 심철민 옮김. b.
· 마틴 부버(1995). 『나와 너』. 표재명 옮김. 문예.
· 맥체스니(2006). 『부자 미디어 가난한 민주주의』. 한국언론재단 옮김. 한국언론재단.
______(2009). 『미디어 정책개혁론: 21세기 미국의 미디어 정치학』. 오창호·최현철 옮김. 나남.
· 맥케일(2002). 『매스 커뮤니케이션 이론』. 양승찬·이강형 옮김. 나남.
· 문은식·박선환·정미경·최순영(2022). 『대인관계 심리학』. 공동체.
· 미국정신분석학회(2002). 『정신분석용어사전』. 한길사.
· 미드(2010). 『정신·자아·사회: 사회적 행동주의자가 분석하는 개인과 사회』. 나은영 옮김. 한길사.
· 미첼(2007). 『가족과 결혼의 사회학』. 변화순·김현주 옮김. 한울아카데미.
· 바우만(2009). 『액체근대』. 이일수 옮김. 강.
· 바우만·레온치니(2020). 『액체세대: 지그문트 바우만의 마지막 대담집』. 김혜경 옮김. 이유출판.
· 박선웅(2008). "제프리 알렉산더의 문화사회학". 문화와사회, 2008(4).
· 박선웅·김수련(2017). "5·18 민주화운동의 서사적 재현과 문화적 외상의 한계: 5·18영화를 중심으로". 문화와사회, 25.
· 박성실·김종운(2014). 『인간관계 심리학』. 학지사.
· 박성희(2014). 『공감학: 어제와 오늘』. 학지사.
· 박숙자·손승영·조명덕·조은(1995). 『가족과 성의 사회학: 고전사회학에서 포스트 모던 가족론까지』. 사회비평사.
· 박양근·민경호·조국행(2015). 『인간관계론』. 양서원.
______(2016). 『인간관계론』. 양서원.
· 박욱환(2019). "발달 단계가 지각한 부모 양육태도가 진로결정에 미친 경험에 관한 질적 연구". 광운대학교 대학원 석사학위 논문.

- 박은종(2012). 『인간관계론 탐구 : 이론과 실제』. 한국학술정보.
- 배정미(2011). "셀프리더십 프로그램이 대학생의 자아효능감 및 대인관계에 미치는 영향 : 데일카네기 리더십 프로그램 중심으로". 아주대학교 대학원 석사학위 논문.
- 버거·루크만(2013). 『실재의 사회적 구성: 지식사회학논고』. 하홍규 옮김. 문학과 지성사.
- 법정(2006). 류시화 편. 『살아 있는 것은 다 행복하라』. 조화로운삶.
- 베버(1997). 『경제와 사회』. 문학과지성사.
- 벡(2000). 『적이 사라진 민주주의 : 자유의 아이들과 아래로부터의 새로운 민주주의』. 정일준 옮김. 서울: 새물결.
- 벡(2007). 『자기만의 신 : 우리에게 아직 신은 존재할 수 있는가』. 홍찬숙 옮김. 서울: 길.
- 변창진·김성희(1980). "주장훈련 프로그램". 학생지도연구, 13(1).
- 부르디외(1995). 『구별짓기: 문화와 취향의 사회학』. 최종철 옮김. 서울: 새물결.
- 서상아(2017). "민주적 부모교육을 병행한 아동의 개인미술치료가 분노감정 및 공격적 행동에 미치는 효과". 동의대학교 대학원 석사학위 논문.
- 서혜석·김영혜·이난(2011). 『의사소통』. 청목출판사.
- 손영화(2016). 『인간관계의 심리학』. 학지사.
- 손은영(2003). "한국 청소년의 친구 관계의 특성 및 변천: 사례 연구 분석". 연세대학교 대학원 석사학위 논문.
- 손장권·이성식·전신현(편저)(1994). 『미드의 사회심리학』. 일신사.
- 송대영(2007). 『인간관계론』. 한국방송대학교 출판부.
- 송운석(2007). 『인간관계의 이론과 실제』. 박영사.
- 송인섭(1998). 『자아개념 연구』. 학지사.
- 신호재(2018). 『정신과학의 철학 : 신칸트학파, 딜타이, 그리고 후설의 현상학과 역사적 인문·사회과학의 철학적 토대』. 이학사.
- 아들러(2017). 『아들러 인생방법 심리학』. 동서문화사.
- 안범희(2010). 『대인관계론』. 태영출판사.
- 알렉산더(1993). 『현대 사회이론의 흐름 : 사회학도를 위한 스무개의 강의록』. 이윤희 옮김. 민영사.
- 앤절라 더크워스(2019). 『그릿』. 비즈니스북스.
- 엘리엇(1993). 『가족 사회학』. 안병철·서동인 옮김. 을유문화사.

  ______(2020). 『현대사회이론의 모든 것: 프랑크푸르트학파부터 지구화론까지』. 김봉석·박치현 옮김. 앨피.
- 오기봉(2013). 『인간관계의 이해 : 행복한 삶과 성공적인 삶을 위한 지침서』. 양서원.
- 우재현(2002). 『교류분서(TA) 프로그램』. 정암서원.
- 유기현(2013). 『인간관계론』. 무역경영사.
- 유승호(2013). "구조기능주의 패러다임". 『현대사회학이론: 패러다임적 구도와 전환』. 강정한 외. 다산출

판사.
· 유영주·김순옥·김경신(2013). 『가족관계학』. 교문사.
· 윤대혁(2010). 『인간관계와 커뮤니케이션』. 탑북스.
_____(2019). 『인간관계의 이해』. 탑북스.
· 윤에스더(2018). "ADHD발달 단계를 둔 청소년의 심리사회적 현상". 백석대학교 대학원 박사학위 논문.
· 이강래(2007). 『해체주의와 그 이후』. 열린책들.
· 이경화·김수동·박승민(2004). "청소년 자아개념 형성과정". 청소년상담연구, 12(2).
_______________(2009). 『자아개념 이론과 실제』. 학지사.
· 이무석(2009). 『인지행동치료의 이론과 실제』. 학지사.
· 이미숙(2003). "사회적 스트레스와 중년기 남성의 정신건강: 피고용 직장인을 중심으로". 한국사회학, 37(3).
· 이병창(2009). 『현대 사상사: 모더니즘과 포스트 모더니즘』. 먼빛으로.
· 이상복(2016). 『행복을 부르는 긍정 심리학』. 공동체.
_____(2021). 『긍정심리학』. 공동체.
· 이순영(2002). "초등학교 보건교육 내용의 국제 비교분석". 한국교원대학교 교육대학원 석사학위 논문.
· 이우경·이원혜(2019). 『심리평가의 최신 흐름』. 학지사.
· 이재열(2009). 『생활 속의 인간관계론』. 북코리아.
· 이태연(2014). 『인간관계 심리학』. 신정.
_____(2021). 『인간관계 심리학』. 신정.
· 이훈희(2011). "발달 단계 유무 및 관계가 결혼·자녀관에 미치는 영향". 한국교원대학교 대학원 석사학위 논문.
· 임종만·이성혜·구현서(2000). 『인간관계론』. 청목출판사.
· 장성화(2009). 『(쉽게 풀어 쓴) 인간관계론』. 동문사.
_____(2021). 『대인관계와 의사소통』. 동문사.
· 장세진(2002). "스트레스의 사회심리적 요인". 한국의학회지, 24(2).
· 장수용(2014). 『소통과 공감을 통한 변화관리』. 북스 페이지.
· 정옥분·정순화(2014). 『결혼과 가족의 이해』. 학지사.
· 정유진·최경순(2023). 『상담심리학 이론과 실제』. 공동체.
· 정종진(2023). 『교양으로 읽는 생활속의 심리이야기-인간심리의 이해-』. 공동체.
· 정태연(2022). 『대인관계와 의사소통의 심리학』. 학지사.
· 조나단(2019). 『현대사회학 이론』. 정태환·한상근·정일준·김윤태·송영민 옮김. 나남.
· 주석진(2022). 『인간관계론』. 공동체.
· 지용근·김옥희·김희수·김병숙(2004). 『인간관계론』. 박영사.
· 차대운·안춘복(2009). 『성공적 삶을 위한 인간관계론』. 대명.

- 채성준(2020). 『인간관계론』. 동문사.
  ______(2020). 『인격유형으로 보는 성격』. 양서원.
- 촘스키·허먼(2006). 『여론조작: 매스미디어의 정치경제학』. 정경옥 옮김. 에코리브르.
- 최규련(2014). 『가족관계론』. 공동체.
- 최세영·한주빈·오봉욱(2021). 『대인관계 기술 향상을 위한 인간관계론』. 정민사.
- 최해진(2004). 『갈등구조와 전략』. 두남.
- 최혜원(2023). "한국은 개인주의적 사회로 변화하고 있는가?: 가족구성, 대중가요 가사, 아기 이름 속 개인주의 변화추이". 한국심리학회지 사회 및 성격, 37(3).
- 케니스(2020). 『사회구성주의로의 초대』. 한유리 옮김. 박영스토리.
- 크라우치(2008). 『포스트 민주주의 : 민주주의 시대의 종말』. 이한 옮김. 미지북스.
- 크레이브(1989). 『현대사회이론의 조명: 파슨스에서 하버마스까지』. 김동일 옮김. 문맥사.
- 터너 외(2010). 『현대사회이론의 흐름』. 박형신 외 옮김. 도서출판 한울.
- 포웰(1995). 『행복의 조건』. 분도출판사.
- 푸코(2009). 『감시와 처벌』. 고광식 옮김. 다락원.
  ____(2023). 『담론의 질서』. 이정우 옮김. 중원문화.
- 하버마스(2001). 『공론장의 구조변동: 부르주아 사회의 한 범주에 관한 연구』. 한승완 옮김. 나남출판.
  ________(2006). 『의사소통행위이론』. 장춘익 옮김. 나남.
- 하버마스·루만(2018). 『사회이론인가, 사회공학인가? : 체계이론은 무엇을 수행하는가?』. 이철 옮김. 이론출판.
- 하홍규(2013). "해석적·현상학적 패러다임". 『패러다임적 구도와 전환』. 강정한 외. 다산출판사.
  ______(2014). "실재의 사히적 구성과 해방의 가능성: 피터 버거의 인간주의적 사회학". 사회사상과 문학, 30.
- 한지민·최훈석(2021). "코로나19 대유행 시기에 집단주의 성향과 사회적 거리두기 행동 간의 관계: 사회적 거리두기에 관한 주관적 규범의 매개효과". 한국심리학회지: 문화 및 사회문제, 27(3).
- 함승애(2022). 『대인관계심리학』. 양서원.
- 호르크하이머·아도르노(1995). 『계몽의 변증법』. 김유동·주경식·이상훈 옮김. 문예출판사.
- 홍경자(2007). 『대인관계 심리학』. 이너북스.
  ______(2007). 『의사소통의 심리학』. 이너북스.
- 휴이트(2001). 『자아와 사회: 상징적 상호작용주의 사회심리학』. 윤인진 외 공역. 학지사.

- Adler, A. (1927). "Individual psychology". Journal of Abnormal and Social Psychology, 22.
  ________ (1938). Social interest: A challenge to mankind. Faber & Faber.
- Allport, G. W. (1935). Attitudes, in A Handbook of Social Psychology. Clark University Press.

___________ (1937). Personality: A psychological interpretatio. Holt.

___________ (1961). Pattern and growth in personality. Holt, Rinehart, & Winston.

- Anderson, N. H. & S. Hubert(1963). "Effects of Concomitant Verbal Recall on Order Effects in Personality Impression Formation". Journal of Verbal Learning & Verbal Behavior2(5-6).
- Argyle, M. (1983). The Psychology of Interpersonal Behavior(4th ED.). Penguin Books.
- Aronson, E. & D. Linder(1965). "Gain and Loss of Esteem as Determinants of Interpersonal Attractiveness". Journal of Experimental Social Psychology, 1(2).
- Asch, S. E. (1946). "Forming Impressions of Personality". The Journal of Abnormal and Social Psychology, 41(3).
- Aspy, D. N. (1975). Helping teachers discover empathy. Humanist Educator, 14.
- Bandura, A. (1997). Self-efficacy: The exercise of control.W.H. Freeman and Company.
- Beck, U. (1983). "Jenseits von Stand und Klasse?". Kreckel, R.(eds.), Soziale Ungleichheiten. Soziale Welt, Sonderband 2.

_______ (2008). "Jenseits von Klasse und Nation: Individualisierung und Transnationalisierung sozialer Ungleichheiten". Soziale Welt, 59(4).

- Bennis, W. G. (1973). Interpersonal Dynamics. Dorsey Press.
- Berger, E. M. (1952). "The Relation Between Expressed Acceptance of Self and Expressed Acceptance of Others". Journal of Abnormal Psychology, 47(4).
- Bernes, E. (1964). Games people play: The psychology of Human relationship. Groves press.
- Berscheid, D. K. & E. Walster(1972). "What is Beautiful is Good". Journal of Personality and Social Psychology, 24(3).
- Berscheid, E. & E. H. Walster(1978). Interpersonal Attraction(2nd ed.). Addison-Wesley.
- Bettinghaus, E. P. & M. J. Cody(1987). Persuasive Communication, Fourth Edition. Holt, Rinehart and Winston.
- Bourdieu, P.(1983). "Ökonomisches Kapital, kulturelles Kapital, soziales Kapital." Kreckel, R.(eds). Soziale Ungleichheiten. Verlag Otto Schwartz & Co.
- Branden, N. (1969). The psychology of self-esteem. Bantam.
- Brehm, S. S. (1992). Intimate Relationships(2nd ed.). Mcgraw-Hill Book Company.
- Bryant, F. B. (1989). "The impact of gratitude on emotional well-being". Journal of Positive Psychology, 14(3).
- Buhrmester, D. & G. H. Ladd(1986). Children's peer relationships. Wiley.
- Byrne, D. & D. Nelson(1964). "Attraction as a Function of Attitude Similarity-Dissimilarity : The Effect of Topic Importance Social Behavior and Attitudes". Psychonomic Science Volume 1.
- Carkhuff, R. R. & C. B. Truax(1965). "Training in counseling and psychotherapy: An evaluation

of an integrated didactic and experiential approach". Journal of Consulting Psychology, 29(4).

- Carstensen, L. L., Pasupathi, M., Meade, C. M. & J. M. Gottman(1999). "Adult friendship quality over the life course". Journal of Personality and Social Psychology, 77(2).
- Clark, M. S. & J. Mills(1979). "Interpersonal Attraction in Exchange and Communal Relationships". Journal of Personality and Social Psychology, 37(1).
- Cooley, C. H. (1902). Human nature and the social order. Scribner's.
- Coopersmith, S. (1967). The antecedents of self-esteem.W.H. Freeman.
- Dahrendorf, R.(1992). Der moderne soziale Konflikt: Essay zur Politik der Freiheit. Deutsche Verlag.
- Damon, W. (1977). The social world of the child. Jossey-Bass Publishers.
- Davis, K. (1967). Human Relations at Work: The Dynamics of Organizational Behavior. McGraw-Hill Book Company.
- Dweck, C. S. (2006). Mindset: The new psychology of success. Random House.
- Ekman, P. & W. V. Friesen(1978). Facial Action Coding System: A technique for the measurement of facial movement. Palo Alto, Consulting Psychologists Press.
- Ellis, A. (1962). "Reason and emotion in psychotherapy". Secaucus, NJ: Lyle Stuart and Citadel Press, 7(2).
- Erikson, E. H. (1950). Childhood and society. W. W. Norton &Company.
- Festinger, L., S. Schachter & K. Back(1950). Social Pressures in Informal Groups: A Study of Human Factors in Housing. Stanford University.
- Fishbein, M. & I. Ajzen(1975). Belief, Attitude, Intension and Behavior: An Introduction to Theory and Research. Addison Wesley Publishing Co.
- Fiske, A. P. (1991). Structures of Social Life: The Four Elementary Forms of Human Relations. Free Press.
- Fiske, S. T. (1980). "Attention and Weight in Person Perception : The Impact of Negative and Extreme Behavior". Journal of Personality and Social Psychology, 38(6).
- Forsyth, G. L. (1979). Exploration of empathy in children: Some theoretical and empirical considernations. The Counseling Psychologist, 5.
- Freud, S. (1923). The ego and the id. Internationaler Psychoanalitischer Verlag.

________ (1960). Jokera and their relations to the unconscious. Routledge, & Kagan Paul(Original work published 1905).

- Fromm, E. (1941). Escape from freedom. Farrar & Rinehart.
- Fulmer, R. M. (2000). The Leadership Investment. Amacom Books.

- Gardner, R. M. & Y. R. Tockerman(1994). "A Computer-TV Video Methodology for Investigating the Influence of Somatotype on Perceived Personality Traits". Journal of Social Behavior & Personality, 9(3).
- Gazda, G. M. (1973). Human Relations Development: A Manual for Educators. Allyn & Bacon.
- Gilligan, C. (1982). In a Different Voice: Psychological Theory and Women's Development. Harvard University Press.
- Goleman, D. (1995). Emotional intelligence. Bantam Books.
- Gordon, T. & S. Edwards(1995). Making the Patient your Partner : Comunication Skills for Doctors and other Caregivers. Greenwood Publishing Group.
- Gordon, T. (1975). Parent effectiveness training. New American Library
- Gottman, J. M. (1986). "Friendships in context". Journal of Personality and Social Psychology, 50(3).
- Greenleaf, R. K. (1977). Servant Leadership. Paulist Press.
- Guiaux, J. M., Rusch, J. L. & R. D. Sherman(2007). "Friendships and subjective well-being in later life: Examining the interplay between perceived support, emotional closeness, and conflict". Psychology and Aging, 22(3).
- Hample, D. & J. M. Dallinger(1987). "Individual differences in cognitive editing standards". Human, Communication Research, 14.
- Harris, T. A. (1967). I'M OK-YOU'RE OK. Harper & Row.
- Hartup, W. A. (1993). The origins and early development of social competence. Erlbaum.
- Hawkins, J., C. Weisberg & D. Ray(1980). "Spouse differences in communication style: preference, perception, behavior". Journal of Marriage and Family, 42.
- Holland, J. L. (1985). Marking vocational choices: A theory of careers. Prentice-Hall
- Holmes TH. & Rahe RH. (1967). "The social readjustment Scale". J Psychosom Res.
- Horney, K. (1945). Our Inner Conflicts: a Constructive Theory of Neurosis. W. W. Norton & Company.
- Huston, T. L. & G. Levinger(1978). "A theory of interpersonal communication". Annual Review of Psychology, 29.
- James, W. (1890). The principles of psychology. Henry Holt and Company.
- Jamison, K. (1989). The Nibble Theory and the Kernel of Power. Paulist Press.
- Jourard, S. M. (1971). Self-Disclosure. Wiley-Interscience.

______________ (1971). The Transparent Self. Van Nostrand Reinhold.

- Kaslow, F. W. & L. L. Schwartz(1983). "Vulnerability and Invulnerability to the Cults: An Assessment of Family Dynamics, Functioning, and Values". In D. Bagarozzi et al. (Eds.). New Perspectives in Marriage and Family Therapy: Issues in Theory, Research, and Practice. Human Sciences Press.

- Kiesler, D. J. (1983). The 1982 "Interpersonal Circle : A Taxonomy for Complementarity in Human Transactions". Psychological Review, 90(3).
- Larson, R. (1988). "Social support: A source and consequence of psychological well-being". Journal of Personality and Social Psychology, 55(3).
- Lazarus R. S. (1981). "Little hassles can be hazardous to your health". Psuchol Today.
- Lewin, K. (1947). "Frontiers in Group Dynamics". Human Relations, 1(2).
- Litterer. L. A. (1965). "Managing Conflict in Organization, Proceedings of the Anmual Midwest Management Conference". Southern Illinois Univ, Business Research Bureau.
- Luhmann, N.(1988). Die Wirtschaft der Gesellschaft.Suhrkamp.
- Marcia, J. E. (1966). "Development and validation of ego-identity status". Journal of Personality and Social Psychology, 3(5).
- Marston, W. M. (1928). Emotions of normal people.Kegan Paul, Trench, Trubner & Co. Ltd.
- Maslow, A. H. (1954). Motivation and personality. Harper & Row.

  ____________ (1971). The Farther Reaches of Human Nature. Penguin Books.
- Mead, G. H. (1934). Mind, self and society. University of Chicago Press.
- Mee, J. F. (1963). Management Thought in a Dynamic Economy. New York University Press.
- Mehrabian, A. & S. R. Ferris(1967). "Inference of attitudes from nonverbal communication in two channels". Journal of consulting psychology, 31(3).
- Mischel, W. (1968). Personality and assessment. Wiley.
- Nelson-Jones, R. (2015). Theory and Practice of Counselling and Therapy. SAGE Publications.
- O'Banion, T. & A. O'Connell(1970). The shared Journey: An introduction to encounter. Prentice-Hall.
- Parker, J. G. & S. R. Asher(1993). "Friendship and friendship quality in middle childhood: Links with peer group acceptance and feelings of loneliness and social dissatisfaction". Developmental Psychology, 29(4).
- Parsons, T.& R. F. Bales(1956). Family Socialization and Interaction Process. Routledge & Kegan Paul.
- Philips, E. L. (1978). The Social Skills Basis of Psychopathology: Alternatives to Abnormal Psychology and Psychiatry. Grune & Stratton.
- Prensky, M. (2001). Digital natives, digital immigrants part 2: Do they really think differently?, On the horizon.
- Reece, B. L. & R. Brandt(1993). Effective Human Relations in Organizations (5th edn). Houghton

Mifflin.
- Rempel, J. K., J. G. Holmes & M. P. Zanna(1985). "Trust in Close Relationships". Journal of Personality and Social Psychology, 49(1).
- Roethlisberger, F. J. & W. J. Dickson(1939). Management and the Worker. Harvard University Press.
- Rogers, C. R. (1958). "The Characteristics of Helping Relationship". The Personnel and Guidance Journal, 37(1).

__________ (1959). A theory of therapy, personality and interpersonal relationships as developed in the client centered framework. In S. Koch(Ed.), Psychology: A study of a science: Formulations of the person and the social context(Vol. 3). Mcgrow Hill.

__________ (1961). On becoming a person: A therapist's view of psychotherapy. Houghton Mifflin.

__________ (1975).Empathic: An unappreciated way of being. The Counceling Psychologist, 5.

- Rosenberg, M. (1965). Society and the adolescent self-image. Princeton University Press.
- Rosenthal, R. & L. Jacobson(1968). Pygmalion in the Classroom. Holt, Rinehart & Winston.
- Rosenthal, R. (2010). "Friend dynamics and psychopathology". Journal of Abnormal Psychology, 119(4).
- Ryckman, R. M. (2000). Theories of personality(7th ed.). Wadsworth.
- Sabin, F. R. (1992). "Friendships as an emotional resource in later life: A qualitative analysis". Journal of Gerontology: Social Sciences, 47(3).
- Satir, V. (1995). Conjoint family therapy, Rev. (ed). Palo Alto, Science & Behavior Book.
- Schimank, U. (1988). "Gesellschaftliche Teilsysteme als Akteurfiktion". Kölner Zeitschrift für Soziologie und Sozialpsychologie, 40.

__________ (2000). Theorien gesellschaftlicher Differenzierung.Leske+Budrich.

- Schmidt, N. & V. Sermat(1983). "Measuring Loneliness in Different Relationships". Journal of Personality and Social Psychology, 44(5).
- Schmitt, L. (2012). "Ralf Dahrendorf: Der geregelte Konflikt als Grundpfeler der bürgerlichen Gesellschaft". Konfliktdynamik, 2012(4).
- Schütz, A. (1981). Der Sinnhafte Aufbau der Sozialen Welt: Eine Einleitung in die verstehende Soziologie. Suhrkamp.
- Seligman, M. E. (1975). Helplessness: On depression, development, and death. W.H. Freeman.
- Shavelson, R. J., Hubner, J. J. & G. C. Stanton(1976). "Self-concept: Validation of construct interpretations". Review of Educational Research, 46(3).
- Simmel, G. (1904). "The Sociology, of Conflict". American journal of Sociology, 9(January).
- Stevens, A. A. (2009). "Friendships and aging: Examining patterns of change, stability, and loss in

older adults". The Gerontologist, 49(5).

- Stinnett. N., J. Walters & E. Kaye(1984). Relationships in marriage and the family. Macmillan.
- Swensen, C. H. (1973). Introduction to Interpersonal Relations. Scott Foresman.
- Thomas, A. & S. Chess(1957). "A study of temperament in infancy". Journal of Personality, 25(2).
- Udry, J. R. (1971). The social context of marriage. Lippincott company.
- Weiss, R. S. (1973). Materials for A Theory of Social Relationships. Dorsey Press.
- Wells, J. G. (1984). Choices in marriage and family. Piedmont Press.

- 국민총행복전환포럼(2020.01.30.). 행복하지 않은 미국인은 누구인가. https://www.gnhforum.org/staff-item/natalie-naples-4-2-2-2-2-2-2-2-2-3.
- 디지틀조선일보(2019.03.26.). 직장인 81% '사람 싫어' 퇴사 결심, 직장 내 인간관계 갈등 원인 1위는?. https://digitalchosun.dizzo.com/site/data/html_dir/2019/03/26/2019032680050.html.
- 브라보마이라이프(2017.12.26.). 허상의 배려. https://bravo.etoday.co.kr/view/atc_view/8122.
- 프리모아(2019.04.26.). 브레인스토밍 7가지 기법. https://m.blog.naver.com/freemoa1/221523040564.
- 한국경제(2024.06.05.). 韓 1인당 국민소득, 사상 첫 日 추월. https://www.hankyung.com/article/2024060583641.
- 한국생명존중희망재단(2024.04.15.). 자살유족의 정의. https://www.kfsp.or.kr/home/kor/contents.do?menuPos=52.
- brunchstory(2020.03.27.). 인간관계와 행복의 상관관계를 보여주는 두 가지 실험. https://brunch.co.kr/@itrendlab/224.
- metro(2019.05.12.). 직장인 73.5% "존버 중"… 직장생활 버티기 힘든 것 1위 '인간관계'. https://www.metroseoul.co.kr/article/2019051200042.
- Mitochondria Studio(2018.11.12.). 토마스-킬만 갈등관리유형. https://brunch.co.kr/@mitochondria/17.